Thomas Göbel Die Quellen der Kunst

Die Quellen der Kunst

Lebendige Sinne und Phantasie als Schlüssel zur Architektur

Thomas Göbel

Philosophisch-Anthroposophischer Verlag
Goetheanum Dornach/Schweiz

Einbandgestaltung von Lotte Boelger-Kling

Werner Druck AG, Basel

ISBN 3-7235-0319-5

Inhalt

Für Hertha und Burkhart Messer

Mit herzlichem Dank
für Freundschaft und Förderung goetheanistischer Arbeit.

Kant hat uns aufmerksam gemacht, dass es eine Kritik der Vernunft gebe, dass dieses höchste Vermögen, was der Mensch besitzt, Ursache habe, über sich selbst zu wachen. Wie grossen Vorteil uns diese Stimme gebracht, möge jeder an sich selbst geprüft haben. Ich aber möchte in eben dem Sinne die Aufgabe stellen, dass eine Kritik der Sinne nötig sei, wenn die Kunst überhaupt, besonders die deutsche, irgend wieder sich erholen und in einem erfreulichen Lebensschritt vorwärts gehen solle.

J.W. Goethe,
Betrachtungen im Sinne der Wanderer

Vorwort

> Wem die Natur ihr offenbares Geheimnis zu enthüllen anfängt, der empfindet eine unwiderstehliche Sehnsucht nach ihrer würdigsten Auslegerin, der Kunst.
>
> Goethe, Maximen und Reflexionen

Goethe hat die Natur als die Quelle seiner künstlerischen und naturwissenschaftlichen Arbeiten angesehen. Wer ihm heute auf den Pfaden zu dieser Quelle nachfolgen will, braucht dazu die Anthroposophie. Rudolf Steiners Verdienst ist es, den Untergrund in Begriffen ausgesprochen zu haben, aus dem Goethe schaffen konnte und den Goethe in sich fruchtbar fühlte. «Natur» ist dafür heute ein zu wenig illustratives, ein zu allgemeines Wort geworden. «Natur» ist die Lebensorganisation des Menschen, ist sein Ätherleib, der sich als kleine Welt, vor die grosse Welt gehalten, als deren Metamorphose zeigt. Aus dieser geistigen Welt holte der schöpferische Mensch schon immer seine Kräfte. In alten Zeiten führte ihn die im Äther schaffende Weisheit, deren Bild uns heute als Naturwerk umgibt. Aus eigener Kraft diese unserem Bewusstsein verschüttete Quelle von Wissenschaft, Kunst und Sittlichkeit wieder aufgraben zu wollen, ist das Lebensziel mancher Menschen. Sie brauchen die Hilfe, die Rudolf Steiner geben kann. Mit seiner Hilfe dem Goetheschen Wissenschaftsimpuls nachfolgen zu sollen, wurde mein Lebensproblem.

Dass eine «Phänomenologie der Sinne» eine der Säulen ist, auf der sowohl Wissenschaft wie Kunst stehen, wurde schon vor Jahrzehnten geahnt, und jugendliches Ungestüm führte auf der Suche nach Vorbildern und Lehrern in manche fatale Situation. Dass Wissenschaft entsteht, wenn die im Denken errungenen Ideen mit der Sinneserfahrung zur Wirklichkeitserkenntnis verknüpft werden, ist die damals gewonnene Überzeugung. In der Kunst ist es die Phantasie, welche die Sinnesqualitäten begriffsfern zu neuen Welten schafft. Diese zweite Seite des Menschenwesens auch ohne Begabung wenigstens in Anfängen erüben zu wollen, wurde zum zweiten Anliegen, an dem es zu arbeiten galt. Die vorliegende Schrift gibt in zwei Teilen einen Überblick über das Problem: Wie entwickelt man den Künstler in sich selbst aus eigener Kraft; und wie wendet man die erworbenen Arbeitsmittel auf das Kunstbetrachten an. Zum ersten Teil dieses Doppelproblems werden die Grundlagen geschildert. Das ist einmal eine Sinneslehre und zum anderen eine Menschenkunde der Phantasie. Beides kann nicht vollständig sein. Und es ist nicht das Ganze. So fehlt zum Beispiel die Beschreibung sinnvoll aufgebauter Übungsschritte. Dazu muss man Kunstausübender sein. Wer aber selber einen Übungsweg suchen will, dem können – so glaube ich – die folgenden Darstellungen einen Ausgangspunkt bieten.

Wer seine eigene Biographie studiert, wird finden, dass er Unersetzliches der Begegnung mit anderen Menschen verdankt. Es ist mir gar nicht möglich, hier alle zu nennen, denen ich Förderungen zu diesem Thema verdanke. An erster Stelle sei Christof Lindenau genannt, dem ich zur Sinneslehre das meiste verdanke. Als Sprachwissenschaftler hat er eine Phänomenologie der Sprache erarbeitet, deren Ordnung sich im Denksinn spiegelt. Mir fehlt auf diesem Felde alle Fähigkeit, und so hoffe ich auf eine breite Darstellung von seiner Seite. Rudolf Steiners Vortragszyklus «Das Rätsel des Menschen», dem ich zur Menschenkunde der Phantasie alles verdanke, lernte ich durch Rosemarie Bünsow kennen. Vertiefungen dieses Themas sind oft die unmittelbare Folge von Gesprächen gewesen, die im Carl Gustav Carus-Institut gepflegt werden. Hier nenne ich Heinrich Brettschneider, Reinhard Koehler, Winfried Reindl, Armin Scheffler und Hans Werner als die hauptsächlichen Gesprächspartner. Bei den Versuchen, die grossen Bauwerke der Menschheit auffassen zu lernen, war Fritz Marburg ein grosser Helfer. Durch ihn lernte ich während einer gemeinsamen Reise den Taltempel der Chephren-Pyramide verstehen.

Die Maler Ise-Maria Marburg und Michael Englert haben sich auf die Intention einlassen können, Architektur in der vorherrschenden «symbiontischen» Farbe zu malen. Diese Versuche sind hier wiedergegeben.

Das ganze Buch wäre nicht ohne Lisa Blask zustande gekommen, die in hilfsbereitester Art alle Schreibarbeiten übernommen hat. Die farbigen Tafeln verdankt das Buch der technischen Hilfe von Siegfried Kussmaul. Schliesslich sei dem Philosophisch-Anthroposophischen Verlag für die Übernahme und die gute Betreuung des Buches herzlich gedankt.

Thomas Göbel

Teil I: Die menschlichen Sinne

Zur Einführung: Das Problem, einen Einstieg zu finden, von dem auszugehen ist

Wer sich heute die Frage stellt, was Kunst sei, wird einerseits schnell Antworten finden und andererseits auch nicht so leicht Boden unter die Füsse bekommen. Schnell Antwort haben manche Künstler auf der Zunge, die meinen, alles was ihnen einfalle, sei Kunst. Manchem kommt sogar in den Sinn, sich selber auszustellen. Heute ist die Regel, dass alle Objekte als Kunst zu gelten haben, die die Hersteller als solche bezeichnen. Dazu wird viel getan, und man kann sich denken, dass es auch hier schon Marktforschung gibt. Graphische Arbeiten ständen nicht im Vordergrund der Kunstszene, wenn sie nicht durch ihre Reproduzierbarkeit den in der Industrie gängigen Absatzformen entgegen kämen. Man darf aus dieser Richtung wohl nicht erwarten, dass viel zur Bestimmung, was Kunst ihrem Wesen nach ist, beigetragen wird. Eher möchte man glauben, dass es im Interesse des Wirtschaftsfaktors «Kunst» liegt, den Kunstbegriff so unscharf wie möglich zu halten. Also werden wir uns die Frage, was Kunst sei, nicht gleich von denen beantworten lassen, die gern verkaufen möchten.

Nicht viel günstiger kann die Lage sein, wenn wir statt die Künstler die zeitgenössischen Objekte befragen. Wir finden eine bunte Mischung, die von unverfrorener und geschmackloser Willkür auf der einen bis zu ausgedachten, mit wissenschaftlichen oder psychologischen Mitteln zweckfrei konstruierten Dingen auf der anderen Seite reicht. Das war nicht immer so, denn wir finden durchaus Antworten auf die Frage, was Kunst sei, wenn Werke vergangener Epochen betrachtet werden.

Im Beginn dieses Jahrhunderts war der Eindruck, den ein Kunstwerk machte, noch ein vom Industrieprodukt durchaus verschiedener. Heute schrumpft dieser Unterschied in vielen Fällen auf die Frage zusammen, ob etwas einen praktischen Zweck habe oder nicht. Ein wirklicher Unterschied in dieser Hinsicht zeigt sich, wenn wir ein Werk von Franz Marc mit einem Industrieprodukt aus dem Anfang unseres Jahrhunderts vergleichen. Das technische Produkt, sagen wir eine Dampfmaschine von 1900, zeigt die Mechanik ihres Funktionierens in unverhüllter Weise. Blanke mechanische Gewalt, von der Physik aus der Natur herausgeholt, in ihrer Gesetzmässigkeit erkannt und gleich darauf auch beherrscht, zeigt sich in dieser Technik. Alles, was die Natur sonst noch an qualitativen Phänomenen in sich trägt, ist ausser acht gelassen. Nichts, was in den Farben, in der Morgenröte, im Vogelsang lebt, ist je Teil einer Maschine geworden. Die Natur ist unter die Schwelle ihrer vollen Erscheinung hinuntergedrückt. Was an Kreischen, Zischen und Reiben aus den technischen Geräten vom Anfang dieses Jahrhunderts herauskam, ist adäquater Ausdruck dieses Absinkens der Technik unter die Natur. Halten wir den «Turm der blauen Pferde» von Franz Marc[1] dagegen, sehen wir ebenso deutlich wie er das, was in der Natur lebt, dadurch erhöht, dass er allem Qualitativen vollkommener zur Erscheinung verhilft, als es die Natur selber kann.

Gehen wir weiter zurück, an den Beginn der Neuzeit, und sehen uns die Dürerschen Naturstudien an: beispielsweise «Grosses Rasenstück» oder «Hirschkäfer»[2], da fällt neben dem grossen, auch handwerklichen Können Dürers doch ein analysierendes, zerteilendes Element ins Auge. Man betrachte den Hirschkäfer nur gründlich. Kunst erscheint hier naturnah, wie die Arbeiten der Handwerker aus der gleichen Zeit kunstnah erscheinen: ein Wasserkrug des beginnenden 16. Jahrhunderts hat Stil und verrät Kunstgefühl.

Da hier keine Kunstgeschichte betrieben werden soll, mögen diese Beispiele genügen, um darauf hinzuweisen, dass es vom Beginn der Neuzeit bis zum Anfang des 20. Jahrhunderts eine Entwicklung gegeben hat, in der Erzeugnisse von Handwerk und Industrie kunstlos, schliesslich mechanisch und die Kunstwerke kunstvoller geworden sind. Beides hat sich aus einem ursprünglichen Umgang mit der Natur von dieser fortentwickelt: Die Kunst, indem sie sich über die Natur erhob, die Technik, indem sie darunter sank. Es wäre leicht, sich diese sicher nicht nur geradlinig verlaufende Entwicklung mit Beispielen aus allen vier Jahrhunderten zwischen Dürer und Marc zu belegen. Die aus dem Mittelalter in die Neuzeit führende Renaissance hat zuerst südlich der Alpen eine grosse kulturelle Blüte auf allen Gebieten des Lebens hervorgebracht. Der Renaissance-Kunst fehlte diese Entmischung der Natur, von der eben gesprochen wurde. Der Blick der Künstler jener Zeit richtete sich auf das klassische Altertum. Die Art, wie sie mit den alten Motiven arbeiteten, zeigt aber das kommende Zeitalter. Das offenbart sich im individuell werdenden Verstand. Die Kraft des analytischen Denkens wird ergriffen und auf allen Lebensgebieten erprobt. Die Inhalte, auf die sich die neuen Fähigkeiten richten, bleiben vorerst die alten. So erscheint in der Malerei die Natur noch als allegorischer Hintergrund mythologischer Szenerie. In der Architektur wird das griechische Mass neu entdeckt. Platonismus und Aristotelismus sind in der Geisteswissenschaft die Schwelle, über die die Naturwissenschaft brachte, was uns heute als technische Umwelt umgibt.

Die Kunst des Mittelalters stand ganz im Zeichen des Christentums und drückte sich auf eine merkwürdig gegenständlich-drastische Art in Bildern aus, wo sie belehrend wirken wollte. Man denke an die Tympana der romanischen Kirchen, wie wir sie besonders im Westen Europas, zum Beispiel in Vézelay, in Moissac oder Conques bewundern können. Der Malerei fehlt die Perspektive ganz. Die Natur erscheint nur als Schmuck auf Bildern, die die Geschehnisse des Alten und Neuen Testamentes vor einem Goldhintergrund zeigen. Die Bildinhalte setzen christliche Bildung voraus, sie erläutern die Evangelien und wenden sich durch ihre malerischen Qualitäten an tiefere Schichten der betrachtenden Menschen als es die sowieso nur von wenigen beherrschte Schrift könnte.

Farbe, Form und Komposition sind lesbarer Glaubensinhalt und moralische Stütze, im Tages- oder Wochenrhythmus immer wieder betrachtet und deshalb wohl von grosser volkspädagogischer Kraft. Vieles oder alles, was Menschen bildet, ist auch Kunst. Wissenschaft in unserem Sinn ist noch nicht geboren, aus der Kunst noch nicht entlassen. Mittelalterliche Gebrauchsgegenstände sind gar nicht so zahlreich erhalten geblieben, wie man meinen könnte. Das Spartanische, Weltabgewandte der mittelalterlichen Seele, in der moralische Läuterung, oder wenigstens der Wille dazu, eine grosse Rolle gespielt haben muss, drückt sich in der einfachen Form der Geräte aus, die oft plumper und grober wirken als die des 17. oder gar 18. Jahrhunderts.

In der griechischen Kultur lässt sich aus dem Inventar, das auf uns gekommen ist, kein Unterschied zwischen Kunst und Alltag mehr entdecken. Jeder Gegenstand ist sowohl zweckmässig wie künstlerisch; es ist auf den ersten Blick auch gar nicht auszumachen, ob er profanem oder kultischem Zweck diente. Eher sollte man an kultische Zwecke denken, auch wenn die Form noch so praktisch erscheint. Grabbeigaben hatten immer kultischen Sinn, waren aber für den praktischen Gebrauch in der geistigen Welt gedacht. Dem Toten sollte in dem Reiche nichts mangeln, in das er eintrat.

Das gilt in noch viel stärkerem Mass für das alte Ägypten. Was aus dieser Kultur an Kult-Kunstwerken erhalten blieb, zeigt, dass der Mensch als Einzelwesen sich in ihnen nicht darstellt. Hier hat es keinen Sinn, nach der Individualität des Künstlers zu fragen; von der Amarna-Kunst abgesehen. Diese Frage hat erst in der griechischen Kultur vom strengen Stil an einen Sinn. Alles, hinsichtlich Inhalt und Ausführung, ist der Welt der Toten und über diese hinaus den Göttern angemessen. Wenn der Mensch von sich selbst spricht, wie in den Texten des Totenbuches, so spiegelt er sich in der Götterwelt, ist Ausfluss der Götter, ist ihr Wort, ihre Tat, ihr Wille, ihr Werk. Bedeutung in der Erdenwelt hat nur, was göttlich ist.

Dem steht unsere Gegenwart am Ende des 20. Jahrhunderts geradezu polar gegenüber. Alles ist auf den Menschen zugeschnitten, insofern er ein sinnliches Erdenwesen ist. Nichts ist mehr göttlich, alles dient der Befriedigung emotionaler und intellektueller Bedürfnisse. Die von der Technik geborenen sogenannten vernünftigen Sachzwänge fordern vom Menschen, dass er seinen Egoismus in ihren Dienst stelle. So wird auch die Kunst zur Dienerin der Technik, und den technischen Produkten wird ein Design übergehängt, das durch einschmeichelnde, geglättete Gestalt eine einfache Funktion vortäuscht, während im Inneren ein völlig undurchschautes, elektronisch-technisches Wesen sich als Knecht für alle Verrichtungen anbietet, die der Alltag oder die Freizeit kennt. Kein Wille ist mehr nötig, alles macht dieser unerkannte Diener. Der Mensch als ein ebenso «tumber» wie bewegungsloser Herr einer technischen Welt, die durch ihn ans Licht gekrochen ist – diese Vorstellung blieb keine Zukunftsvision ängstlicher Geschöpfe. Da ist es kein Wunder, wenn ein neuer Kunstimpuls, einem menschlichen 20. Jahrhundert würdig, sich aus der Aufbruchstimmung vor dem Ersten Weltkrieg nicht entwickeln konnte.

Die geschichtliche Betrachtung zeigt, dass aus der Religion die Kunst und aus der Kunst die Wissenschaft hervorgegangen ist. Der grosse Bruch im Beginn dieses Jahrhunderts entstand, weil die von der Wissenschaft wie ein Zauberbesen losgelassene Technik die Kunst als Design wieder eingefangen und die Religion als Kinderglauben lächerlich gemacht hat. Dieser Bruch lehrt uns auch, dass die verschütteten Quellen dieses Zeitalters wieder aufgegraben werden müssen. Und die Folgen der technischen Zivilisation unserer Tage zeigen im Zerrbild, dass der Weg auf neuer Ebene wieder zur Zusammenfügung dessen führen muss, was sich in der vergangenen Menschheitsentwicklung einst auseinanderlegte: Wissenschaft, Kunst und Religion.

An den Objekten vergangener Kulturen zeigen zu wollen, was Kunst ist, führt zu keinem in der Gegenwart brauchbaren Kunstbegriff, weil sie in Zeiten entstanden sind, in denen das menschliche Bewusstsein ein anderes war. An den heutigen Objekten ist wegen der korrumpierten Situation nicht auszumachen, was Kunst ist und was nicht. Bleibt noch übrig, auf den schöpferischen Prozess zu achten, durch den Kunstwerke entstehen. Mit dieser Frage lässt sich auch an den Impuls vom Beginne dieses Jahrhunderts anschliessen, zu dem Rudolf Steiners Vorträge zur Kunst[3] gehören, welche noch lange nicht gehobene Schätze darstellen. Aber auch andere, wie beispielsweise Kandinsky[4], haben zum Problem der «Menschenkunde des künstlerischen Schaffens und Geniessens», wie wir das Problem einmal nennen wollen, kostbare Beiträge geliefert. Trotzdem sollten wir uns der Prüfung künstlerischer Tätigkeiten erst einmal von aussen nähern, um einen Weg von dem, was heute üblich ist, zu dem zu suchen, worauf mit dem Wort «Kunstschaffen» gedeutet ist. Die heue allein etablierte Tätigkeit ist die naturwissenschaftliche. Und doch gibt es nicht wenige Menschen, die darin nicht die sachgemässe Arbeitsweise für die Lösung jeder Art von Problemen sehen. Es gibt heute junge Menschen, die sehen können, dass der technische Fortschritt und seine Denk- und Arbeitsweise eine geradezu mystische Grösse geworden sind, die durch sich selber Autorität heischt und den Menschen immer wieder dadurch beschämt, dass sie ihm nicht ohne weiteres gestattet zu verstehen, was vor sich geht, wenn er technisches Funktionieren beobachtet. Heute regt sich Widerspruch, wenn die Meinung vertreten wird, dass sich soziale Probleme durch naturwissenschaftliche Verfahren lösen liessen. Die Katastrophe, die sich durch Technisierung und wirtschaftliche Gigantomanie anbahnt, bleibt nur noch Uneinsichtigen verborgen. Auf medizinischem Felde werden die nächsten Jahrzehnte zeigen, welche Folgen naturwissenschaftlich orientierte Therapie für den Menschen hat, denn der Erwachsene ist hier der unmittelbar Betroffene, nicht nur das wehrlose Kind wie in der Pädagogik. Wenn wir darüber hinaus noch auf die Genetik blicken und die Manipulationsmöglichkeiten ins Auge fassen, die uns hier bevorstehen, wird niemand mehr unbekümmerte naturwissenschaftliche Arbeit wollen, weil er sich den Folgen nicht mehr verschliessen kann. Es ist doch ein merkwürdig durchgängiges Charakteristikum unserer Zeit, dass solche Folgen nie vorhergesehen werden oder werden wollen. Seien es die Folgen für den Menschen selbst, seine Gesundheit, seine Erziehung, seine biographische Entwicklung, oder seien es die Folgen für seine Umwelt, die Verkehrsverhältnisse und die Arbeitsstätte, oder für die Natur, vom Rhein bis zum Regenwald am Amazonas. Soviel «Notwendigkeit» in der naturwissenschaftlichen Arbeit auch stecken mag, mit Notwendigkeit erfährt der Handelnde nicht, was sich aus den Folgen seines Tuns entwickeln wird. Alle Zukunft ist dieser Art von Wissenschaft verschlossen. Das hängt mit ihrer Selbstbestimmung unmittelbar zusammen, sie hat, so unwahrscheinlich das für manches Ohr noch klingen mag, einen weltanschaulichen Hintergrund, auf dem sich der heutige Pragmatismus entwickelt hat. Das zeigt sich schon, wenn man das erste Axiom der Naturwissenschaft, das deren Entwicklung einläutete, und sich auf Descartes zurückführen lässt, einmal prüft. Es lautet:

Das Ganze ist die Summe seiner Teile.

Ein solcher Satz kann nur gelten, wenn es ausser additiven Beziehungen nichts gäbe; diese sind aber im Beziehungsgefüge der Natur ziemlich selten, – falls sie überhaupt vorkommen.

Das seelische Gefüge ist final, das lebendige korrelativ bezogen. Allein das Gegenständlich-Tote lässt sich additiv und kausal behandeln, und wer die hier gewonnene Denkungsart über den Rest der Welt stülpt, vertritt die Weltanschauung eines extremen Mechanismus.

Aber Erfolg hat sich eingestellt. Man kann sich den Einfluss der mechanistischen Naturauffassung Descartes' auf die gesamte naturwissenschaftliche Entwicklung gar nicht gross genug vorstellen. Er führte die ausgehende Renaissance aus ihren scholastischen Bindungen in die rein analytisch-rationale Denktechnik, aus der die offizielle Wissenschaft bis heute trotz aller Folgen nicht herausgefunden hat. Noch zwei weitere Axiome dieser analytisch-mechanistischen Denktechnik mögen die heutige Bewusstseinslage beleuchten:

– Das Ergebnis eines Experimentes muss vorhersagbar oder reproduzierbar sein.
– Die einfache Erklärung ist der komplizierten vorzuziehen.

Schon auf den ersten Blick lässt sich sehen, dass durch Arbeitsmethoden, die auf solchen Grundlagen beruhen, der Mensch nicht verstehbar ist. So ist das menschliche Leben prinzipiell nicht vorhersagbar. Schon der nächste Tag bringt Unvorhergesehenes, das sich nicht einmal aus dem Nachhinein extrapolieren lässt. Auch sind die Erklärungen für soziale Ereignisse, für das, was zwischen Menschen alles geschehen kann, unsinnig, wenn man nach einfachen Erklärungen sucht. Die komplizierteste Erklärung kommt in der Regel der Wahrheit am nächsten. Das alles hängt damit zusammen, dass der Mensch kein Wesen ist, das sich allein aus den Bedingungen seiner Vergangenheit verstehen lässt. Der Mensch ist keine Billardkugel, deren Zukunft aus dem Stoss mit dem Queue folgt. Wenn man nicht ernst nehmen will, was als Schicksal aus der Zukunft wirkt, lernt man sich selbst nicht kennen. Dazu aber ist die heutige naturwissenschaftliche Arbeitsweise nicht deswegen ausserstande, weil ihr die nötige Gedankenschärfe fehlt, sondern weil sie vergessen hat, dass sie sich aus weltanschaulichen Gründen auf dasjenige festlegte, was kausalanalytisch fassbar ist. Sie kann nicht mehr über den Rand ihrer eigenen Beschränkung hinausblicken. Es ist möglich, dass die unvorhergesehenen Folgen technischer Entwicklung damit zusammenhängen, dass es einen im Menschen, in der Menschheit, in der Natur und im Kosmos aus der Zukunft wirkenden Zeitstrom gibt. Dieser Zeitstrom kann mit derjenigen Denktechnik nicht erfasst werden, die allein kausal, also aus der Vergangenheit in die Gegenwart denkt. Dieser Zeitstrom wird zwar vom naturwissenschaftlichen Verstand nicht erkannt, vom naturwissenschaftlichen Handeln aber betroffen, denn erst durch Handeln greift man in die Wirklichkeit ein. Wir wollen uns diesem Zeitstrom auf einem Felde nähern, das die Naturwissenschaft für ihre Domäne hält, um ihn als Denknotwendigkeit kennenzulernen. Wir wollen die Vorfahrenreihe des Menschen betrachten. Wir sind uns dabei darüber im klaren, dass wir aus der Betrachtung einer Reihe von Schädelformen kein Urteil darüber ableiten wollen, wie die Ahnenreihe des Menschen tatsächlich ausgesehen hat. Es soll lediglich der Frage nachgegangen werden, wie der Zusammenhang einer Form mit der anderen sachgemäss gedacht werden muss, ohne in die Problematik der Paläanthropologie einzutreten.

Über die aus der Zukunft fliessende Zeit

Der verdienstvolle O.H. Schindewolf bildete eine Reihe menschlicher Altersschädel und darunter die zugehörigen Jugendschädel ab, – soweit diese bekannt waren[5]. Es handelt sich dabei um sehr alte Formen, den Australopithecus, den man auf drei Millionen Jahre schätzt, den Pithecanthropus und den Neandertaler, die er in dieser Reihenfolge vor den Menschentyp stellte, der heute lebt. Diese Zeichnung ist in der *Abbildung 1* wiedergegeben. Wenn wir zuerst einmal die Formverwandlungen der Erwachsenenschädel von einer Stufe zur anderen beschreiben wollen, bemerkt man, dass der Hirnschädel sich zunehmend kräftiger wölbt und die Stirn sich steiler stellt. Der Gesichtsschädel wird relativ kleiner und rückt schliesslich fast vollständig unter die Gehirnkapsel. Die Kiefer verlieren ihre Mächtigkeit, am Unterkiefer rückt das Kinn nach vorn. Vergleichen wir die Jugend- mit den Altersschädeln, lässt sich die entgegengesetzte Entwicklungsrichtung entdecken. Der jugendliche Schädel hat in allen Fällen den gewölbteren Hirnschädel mit der steileren Stirn und dem kleineren Gesichtsschädel, der tiefer unter der Hirnkapsel liegt. Von der jugendlichen Schädelgestalt gibt es eine reale, die eine Form in die andere überführende Entwicklung: aus dem jungen Schädel entwickelt sich der alte durch Umbildung. Das ist für die Verwandlung des Australopithecus in den Pithecantropusschädel, von diesem in den Neandertaler usw. in keiner Weise so. Kein Zwischenglied ist je gefunden worden. Inzwischen glauben die Paläanthropologen auch nicht mehr, dass solche Zwischenformen noch gefunden werden können, denn zu gross ist das Material schon, das man kennt, und immer lässt es sich eindeutig einer der vier oder aber noch älteren Formstufen zuordnen, die Schindewolf nicht abgebildet hat.

Wir sehen also, dass die beiden Arten der Gestaltwandlung, vom Jugend- zum Altersschädel und von einer Formstufe zur anderen, aus zwei verschiedenen Arten, wie die Zeit bildet, hervorgegangen sind. Die erste verläuft kontinuierlich-gegenständlich, die zweite diskontinuierlich und in Rhythmen. Aber auch die Richtung, in der die Zeit fliesst, ist nicht dieselbe. Wenn die Zeitrichtung vom Jugend- zum Altersschädel in gewohnter Weise ein Älterwerden genannt werden soll, muss man die Zeitrichtung von Formstufe zu Formstufe – wenn wir uns an denselben Sprachgebrauch halten – ein Jüngerwerden nennen. Wir sind durch unsere Erziehung gewohnt, Begriffe zu prägen, die für die Entwicklung vom Jugend- zum Altersschädel gelten. Anders wird das, wenn wir die Zeitrichtung, mit der ein Jüngerwerden verbunden ist, denken sollen, weil diese Gewohnheit uns behindert. Das ist aber auch das einzige, was uns hindern kann, denn die Wirklichkeit hindert uns keineswegs. Ohne nachgewiesen zu haben, dass wir verallgemeinern dürfen, soll einmal das Ergebnis aus der Betrachtung der Schädelreihen zusammenfassend formuliert werden: in biologischen oder Lebensprozessen lassen sich zwei Zeitströme entdecken:

Ein Zeitstrom fliesst aus der Vergangenheit in die Gegenwart. Er fliesst als Kontinuum. Die Metamorphosen, die er betreibt, bestehen in einer Umbildung der Form, und diese verwandelt sich dabei vom Jugend- in ein Altersstadium.

Ein zweiter Zeitstrom fliesst aus der Zukunft in die Gegenwart. Dieser fliesst diskontinuierlich, rhythmisch. Seine Metamorphosen schafft er durch Neubildung von Formen, und diese verwandeln sich dabei von alten in junge.

Mit dem Älterwerden des menschlichen Schädels ist auch heute noch eine Abflachung der Stirn und ein Vorrücken des Gesichtsschädels im Verhältnis zur Hirnkapsel verbunden. Es ist unser physischer Leib, der sich unter dieser Zeitwirkung in einen alten metamorphosiert. Das schrittweise, diskontinuierliche Jüngerwerden der menschlichen Schädeltypen offenbart ein wunderbares Schrittmass. Das zeigt sich in der Tatsache, dass das Jugendstadium der einen Entwicklungsstufe als Reifestadium der nächstfolgenden wiederkehrt. Das darf man nicht kleinlich in allen Details erwarten, aber mit einer gewissen Generalisierung lässt sich die jeweilige Entsprechung sehen. Schindewolf[5] behandelte diese Übereinstimmung: sie zeige sich besonders evident beim Vergleich des Jugendschädels des Neandertalers mit dem Altersschädel des rezenten Menschen. Wir haben damit zwei in Harmonie gegenläufig wirkende Zeitströme vor uns. Die Wegstrecke, die der alternde Zeitstrom von der Jugend- zur Altersform durcharbeitet, hat die gleiche Länge wie die, die der jüngende Zeitstrom überspringt. Die Zeit, die dem Älterwerden zugrunde liegt, ist dieselbe, die mit dem Fluss unserer Sinneserfahrung übereinstimmt und die wir als wachende Menschen erleben. Für den jüngenden Zeitstrom schlafen wir vermutlich, er ist mit dem Nachtmenschen verbunden.

Bevor wir die erarbeiteten Zeitbegriffe für das Problem des «Kunstschaffens» fruchtbar machen, soll die Wesensschicht bestimmt werden, welcher der jüngende Zeitstrom angehört. (Der alternde gehört dem physischen Leibe an.) Zu diesem Zweck betrachten wir ein zweites Beispiel eines doppelten Zeitflusses, das aus dem Pflanzenreich genommen ist. Das Beispiel stammt aus den Arbeiten, die Jochen Bockemühl über den Zusammenhang der Laubblattfolge der Pflanze mit ihrer Einzelblattentwicklung vorgelegt hat[6]. Es handelt sich um die Gestaltentwicklung der Gartenkresse. *Abbildung 2* gibt seine zusammenfassende Zeichnung etwas verändert wieder. Betrachten wir zuerst die Laubblattfolge. Links in der Abbildung ist das wurzelnächste, rechts das blütennächste Laubblatt dargestellt. Auf dem Halbkreis dazwischen finden wir sieben weitere Laubblätter in der Reihenfolge, wie sie am Spross von unten nach oben angeheftet sind. Auf den ersten Blick ist zu erkennen, dass sie durch schrittweise Formverwandlung die Gestalt des wurzelnächsten mit der des blütennächsten Laubblattes verbinden. Für den Botaniker ist es wichtig, die einzelnen auftretenden Formprinzipien und ihre Wertigkeit zu erkennen. Wir wollen sie hier nur nennen. Das wurzelnächste Laubblatt hat den längsten Blattstiel und die verhältnismässig geschlossenste Spreite. Es folgen Formen, deren Spreite sich

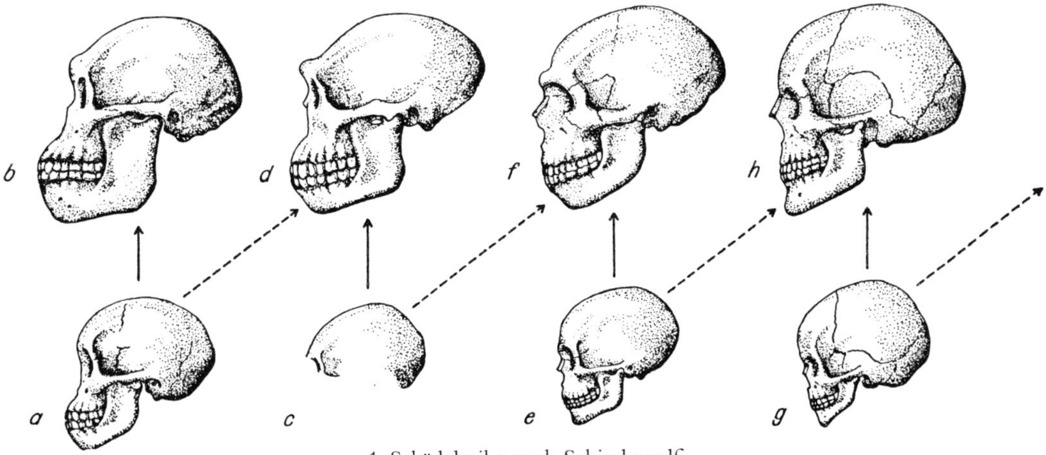

1 Schädelreihe nach Schindewolf
Phylogenetische Entwicklung des Schädels innerhalb der Hominidae, dargestellt durch einen Vergleich von Jugend- und Reifestadien der Australopithecus-Stufe (a, b), Pithecanthropus-Stufe (c, d), Neanderthalensis-Stufe (e, f) und Sapiens-Stufe (g, h).

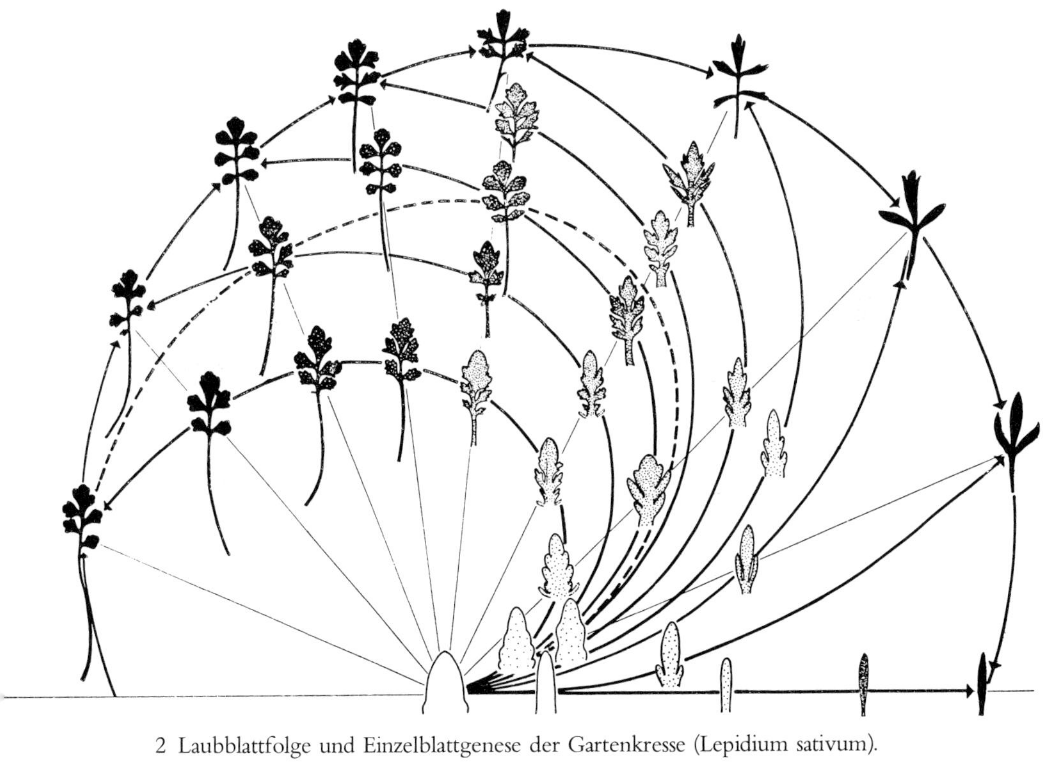

2 Laubblattfolge und Einzelblattgenese der Gartenkresse (Lepidium sativum).

zunehmend gliedert, während die Blattstiele kürzer werden. Schliesslich bildet sich die Gliederung zurück, und es bleibt allein eine blattstiellose gespitzt-lanzettliche Spreite übrig: das blütennächste Blatt. Also sind vier Formprinzipien zu unterscheiden, die in der Blattbildung erscheinen: die Stiele, die Spreiten, deren Gliederung und ihre Spitzen.

Die so beschriebene Laubblattfolge der Gartenkresse lässt sich nun mit ebendem Begriff aufschliessen, den wir an der Schädelreihe des Menschen gebildet haben. Gegenständlich findet sich auch hier kein Übergang einer Form in die andere, und doch sieht man die Formverwandtschaft unmittelbar und kann das Gesetz der Wandlung beschreiben. Mit der Verwandlung des Jugend- in den Altersschädel lässt sich dagegen die Formverwandlung des Einzelblattes vergleichen, die es von der Anlage am Vegetationskegel bis zu seiner vollen Entfaltung durchläuft. Betrachten wir zunächst diese gegenständliche Umbildung und beachten dabei, dass die Formen der besseren Vergleichbarkeit halber alle in der Endgrösse der Spreite gezeichnet sind. In der *Abbildung 2* findet man sie auf den Spiralen aufgetragen, die vom Mittelpunkt des Halbkreises zu den ausgewachsenen Formen auf der Peripherie führen. Es ist nicht schwer zu entdecken, dass jede dieser Formreihen sich in umgekehrter Richtung entwickelt wie die Laubblattfolge an der Pflanze. Endete diese mit der gespitzten Form, so eröffnet das Einzelblatt seine Entwicklung mit dieser Gestalt. Umgekehrt die gestielte Form mit geschlossener Spreite: mit dieser Gestalt beginnt die Laubblattfolge, und die Einzelblattentwicklung endet in ihr. Alles, was wir schon bei der Betrachtung der Schädelreihen geurteilt haben, lässt sich hier wiederholen. Es liegen zwei Zeitrichtungen vor, die gegenläufig arbeiten. Die mit der Sinneserfahrung übereinstimmende alternde Zeitrichtung, die wir dem physischen Leib zugeschrieben haben, finden wir in der Einzelblattentwicklung wieder. Die in Sprüngen verlaufende, diskontinuierliche oder rhythmisch jüngende Zeitrichtung beherrscht die Laubblattfolge.

Stellen wir uns jetzt die Frage nach der Wesensschicht, die in der rhythmischen Metamorphose wirkt, so ist die Antwort sehr viel leichter zu finden als bei der Betrachtung der Schädelreihe, weil die Pflanze ausser einem gegenständlich erscheinenden physischen Leib nur noch eine Lebensorganisation hat, die ihrer Bildung zugrunde liegt. Sie hat keine seelische Organisation und kein Ich wie der Mensch. Also muss es die Wirkung der Lebensorganisation sein, auf die wir zu blicken haben. Diese Lebensorganisation schafft die bildende Zeit unmittelbar, in verschiedenen Zeitqualitäten wirkend. Den Raum bildet sie mittelbar, indem sie Substanzen in die Form giesst, das geschieht in der alternden Zeitrichtung. Sie selbst entwickelt sich ausserhalb des Raumes, denn die verjüngende Zeitrichtung wirkt gerade dann, wenn räumlich kein Blatt erscheint. Sowie ein folgendes Blatt angelegt wird, greift dieses Zeitwesen wieder in die Raumbildung ein und entwikkelt ein Blatt, das dem jüngeren Zeitzustand der Lebensorganisation dieses Momentes entspricht. So gesehen, entpuppt sich die lebendige Pflanze als ein Wesen, das zwei Welten angehört: der Raumeswelt und der Zeitwelt. In der Anthroposophie wird diese Zeitwelt die ätherische genannt und der individuelle Zeitleib, die Lebensorganisation eines Organismus, sein Ätherleib. Die an der Pflanze gewonnene Einsicht über den konkreten Zusammenhang von Raum und Zeit lässt sich auch auf unsere Schädelreihe anwenden. Der physische Leib des Menschen wird älter; das drückt sich im räumlichen Umbau der Schädelform vom Kindes- zum Altersschädel aus. Die Ätherleiber der diskontinuierlichen Menschenschädelreihe aber sind bis zum Gegenwartsmenschen hin jünger geworden; das ist eine ausserhalb des Raumes verlaufende Entwicklung – der Grund dafür, warum Zwischenstufen nicht zu finden sind. Nun lässt sich aber an unserem Pflanzenbeispiel für den hier verfolgten Zweck noch etwas lernen. Beobachten wir, was auf die Laubblattreihe räumlich folgt, so ist es die Blüte. In der ganzen Pflanzenwelt gibt es keine Metamorphose der Laubblattfolge, bei der die Ursache nicht in der Blühtendenz der Pflanze zu entdecken wäre. In der Blüte berührt die seelische Welt die Pflanze von aussen. Man kann das im seelischen Ausdruck der Blühfarben entdecken, in der Art, wie Blüten für den Besuch von Insekten oder gar Vögeln gebaut sind, und im Duft, der – besonders bei Orchideen – dem Sexualduft der die Blüten besuchenden Insekten entspricht. Das Seelische zieht nicht ein in die Pflanze, es inkarniert sich nicht in ihr, aber es bildet die Blüte aus dem Umkreis. Die Blütenbildung unterscheidet sich hinsichtlich der Zeitqualität, die ihrer Bildung zugrunde liegt, von den beiden Arten, die wir bisher kennengelernt haben. Zwar können wir eine Gestaltwandlung von den Kelchblättern über die Blüten und die Honig- bis zu den Staubblättern entdecken, die nicht kleiner, sondern sogar vielgestaltiger sein kann als im Laubblattbereich, aber es gibt kein Nacheinander in der Erscheinung mehr. Die Blüte öffnet sich auf einmal, alle ihre Organe erscheinen gleichzeitig. Diese Gleichzeitigkeit der Erscheinung, das Zeittableau, gehört so zur Seelenwelt wie das kontinuierliche Älterwerden zur räumlichen Gegenstandswelt. Zwischen beiden vermittelt die Ätherwelt in Rhythmen, deren jüngender Zeitlauf die Gegenstands- und Seelenwelt verbindet.

Diese Erörterungen haben wir unternommen, um als Denkkonsequenz auf den ätherischen Zeitstrom aufmerksam zu werden, der aus der Zukunft kommt und den die Naturwissenschaft aus weltanschaulichen Gründen nicht erfassen will und kann. Um unsere Frage nach dem künstlerischen Schaffen weiterzubringen, ist nun zu untersuchen, ob es auch in der seelischen Selbstbeobachtung etwas diesem Strom Vergleichbares gibt.

Im folgenden wird wiedergegeben, wie eine Malerin ihre Arbeitsweise zu beschreiben versuchte.

Malen sei ihr ein Lebensbedürfnis wie Essen und Trinken. Wie man nicht ohne Essen und Trinken bleiben könne, könne sie nicht ohne Malen sein. Sie spüre das Malen-Müssen als einen elementaren Drang, und sie fühle, dass sie krank werde, wenn sie diesem Bedürfnis nicht nachkomme. Da setze sie sich vor ein weisses Blatt Papier, nehme ihre Malutensilien zur Hand und blicke das Papier an. Indem sie das Papier betrachte, erlebe sie die vollkommene Reinheit dieser Fläche. Das gäbe ihr jedesmal aufs neue ein Bewusstsein ihrer eigenen Unzulänglichkeit. Und so komme es, dass sie das Papier am liebsten in diesem Zustand belasse. Aber etwas dränge weiter in ihr und zwinge sie, den Pinsel zu ergreifen; sie müsse ihn in die Farbe tunken. Doch dann drücke sie die Farbe wieder aus, lege den Pinsel wieder an seinen Platz und empfinde aufs neue, dass alles, was sie jetzt machen könne, nichts weiter sei als eine Befleckung dieser weissen Vollkommenheit, in der ihr das Papier entgegentrete.

Den Zwiespalt zwischen Müssen und doch nicht Können, in dem sie lebe, bis der erste Pinselstrich auf dem Papier sei, gelte es auszuhalten. Dann aber keime in ihr Entsetzen über das, was sie gemacht habe. Der blaue Fleck – auf dem herrlich weissen Papier – erscheine ihr wie eine Untat. Da sie ihn nicht wieder beseitigen könne, gehe all ihr Streben dahin, wiedergutzumachen, was sie dem Papier mit dem blauen Fleck angetan habe. Darin bestehe nun all ihre Malkunst, mit dem dunklen Streben, das in ihr dränge, den ersten Pinselstrich aus seiner verletzenden Unvollkommenheit zur Harmonie zu führen. Wenn sie dieser Arbeit hingegeben sei, dann könne es geschehen, dass ihr ein Wesen über die Schulter blicke und ihr sage, welche Farbe sie nehmen und wohin sie sie setzen müsse. Solche Bilder gehörten zu den besten, die sie gemalt habe; von dem Bildinhalt, der so anschaubar zustande komme, sei sie immer selbst überrascht. Ja, sie erkenne die Wesen, die hin und wieder aus den Bildern blickten, manchmal erst dann, wenn andere sie darauf aufmerksam machten. Oft genüge es, nur einen oder zwei Pinselstriche auszuführen, um dies oder jenes zu betonen oder deutlicher hervorzuheben, dann sei das Bild fertig. Aus dem blauen Fleck sei ein Fisch geworden, der im Rot schwimme und von diesem Farbelement getragen ganz aus seinem Sein in dieser Farbe lebe, weil in seinem Leibe ein Violett heranwachse, das ihn mit Trost erfülle. Hier müsse sie ihre Tätigkeit beenden; denn alles, was sie noch machen könne, wenn einmal die Formen im Bild Gestalt gewonnen hätten, wäre zum Schaden für das Ganze.

Ohne es auszusprechen, gab die Malerin mit dem Geschilderten ein Bild derjenigen Kräfte, die aus ihr selber zum Malen drängten – aus Untergründen ihres Wesens herauf –, um im Kunstwerk als Farben und den aus Farbe gewonnenen Formen zu Menschen zu sprechen.

Dieses Erlebnis einer Kunst, die im Schaffen lebt, veranschaulicht, dass sich der schöpferisch-künstlerische Prozess ebenso in einem Zeitstrom abspielt, der aus der Zukunft kommt, wie die Metamorphose der Schädeltypen oder der Laubblattfolge. Dem Künstler wird das Ziel seines Strebens erst mit den letzten Pinselstrichen deutlich bewusst. Man kann, die Bildentstehung mit der Metamorphose einer Laubblattfolge vergleichend, sagen, dass das Werk im ersten blauen Pinselstrich nicht deutlicher erhalten ist als die Blüte im wurzelnächsten Blatt. Das Malen, die künstlerische Arbeit richtet sich darauf, diese erste Erscheinung so zu verwandeln, dass das im Willen des Künstlers rumorende Motiv sich im Werk zunehmend deutlicher den Sinnen kundgibt.

Wir werden im Kapitel «Die Beseelung der Lebensprozesse oder die künstlerische Phantasie» die Betrachtung des Ätherleibes und seiner Zeitstruktur noch einmal aufnehmen, die Inhalte ausführlich wiederholen und vermehren und die Denkkonsequenzen für die Kunst vertiefen. Jetzt vergleichen wir das von unserer Malerin fertiggestellte Bild mit der Pflanzenblüte als Krönung der Laubblattmetamorphose.

Die Pflanzenblüte zeigt, dass sie sich von Blatt zu Blatt demjenigen deutlicher zu erkennen gibt, der die Sprache der Laubblattfolge lesen kann. Beim Malen wird das Papier ein ums andere Mal überarbeitet, sozusagen Laubblatt über Laubblatt gelegt, bis alles Drängen sich in das Werk ergossen und zur «Schönheit» erblüht ist. Wir finden im künstlerischen Schaffen ganz offenbar den Gang der Zeit, den wir dem Ätherleib zuzuschreiben haben, denn aus der Zukunft drängt heran, was sich schrittweise so gestaltet, dass das Bewusstsein des Inhaltes das Letzte ist, was in der Künstlerseele erscheint.

Das künstlerische Schaffen ist nicht die einzige Seelentätigkeit, der der Ätherleib zugrunde liegt. Auf eine weitere soll hingewiesen werden, um sodann zu einer Differenzierung des Begriffes Ätherleib überzuleiten, soweit sie für unseren Zweck erforderlich ist. Wer das Auftauchen von Ideen im Bewusstsein kennt, hat erfahren, dass hier dem Kunstschaffen Vergleichbares vorliegt. Man erinnere sich an Lebens- und Erkenntnisprobleme, mit denen man lange umgegangen ist, auf Antworten hoffend, heute eine Antwortmöglichkeit versuchend, nach Tagen oder Wochen eine modifizierte, doch wissend, dass es nicht die Lösung ist. In diesem Stadium könnte das «Keine-Lösung-sehen» bedrängend werden. Durch den Umgang mit dem Problem ändert sich die Fragehaltung, wandelt sich der Komplex, ohne dass es dem Bewusstsein immer deutlich ist, worin die Verwandlung besteht. Wenn die Idee, der man so entgegengeht, erst einmal durch ihr Seelenlicht Klarheit schafft, wird auch beschreibbar, worin die noch unbewusste Wandlung der Fragehaltung bestanden hat. Das allererste Aufleuchten der Idee kann man als ein Gefühl bezeichnen, dass sich «ein Ganzes» nähert, das zwar nicht voll-, aber doch träumend, halbbewusst vor die Seele tritt. Die Schwierigkeit kann darin bestehen, dass man nicht genügend Zeit hat, alles in die wache Vorstellung zu bringen, ehe die Idee wieder untertaucht. Was untergetaucht und nicht wache Vorstellung geworden ist, scheint aufs erste vollkommen verloren. Später, mit nüchternen Augen angesehen, ist das, was von der Idee nach ihrem ersten Auftreten in der Erinnerung bleibt, oft nur ein grauer Schleier dessen, worin das Erlebnis wirklich bestanden hat. Die eigentliche Arbeit besteht darin, Sprachformen zu finden, die einigermassen ausdrücken, was Inhalt der wahrgenommenen Idee ist.

Wenn wir zu demjenigen, was wir aus den Natur- und Kunstbeispielen gewonnen haben, noch die Wahrnehmung einer Idee hinzufügen, kann man vergleichbare Stufen der Metamorphose des jüngenden Zeitstromes zusammenfassend formulieren: das wurzelnächste Laubblatt, der erste Farbfleck auf dem weissen Papier und die erste Form der Frage sind die jeweils erste Erscheinung dessen, was sich enthüllen will. Jedes folgende Laubblatt entspricht einer erneuten Überarbeitung des entstehenden Bildes und den Umwandlungen des Frageprozesses. Wie die Blüte den Abschluss der Laubblattmetamorphose krönt, krönt das Motiv das Bild und das Auftauchen der Idee als Tableau den Frageprozess.

An dieser Stelle der Betrachtung ergibt sich eine Fülle von Fragen und Problemen. Wie kann man einen deutlicheren Begriff des Ätherleibes erarbeiten, der in den drei beschriebenen Prozessen das wirksame Prinzip ist? Was unterscheidet, wenn wir auf den Menschen blicken, den kunstschaffenden vom ideenschaffenden Prozess? Wie gewinnt man menschenkundlich Einsicht in dasjenige, was auf leiblichem, seelischem und geistigem Felde beim Kunstschaffen zusammenspielt? In welchem Verhältnis steht die Kunstbetrachtung zum Kunstschaffen und wie übt man erstere? Am Beispiel der Architektur, an den Tempeln des alten Ägypten, den griechischen Heiligtümern, an romanischen Kirchenbauten und dem Bau des ersten Goetheanums Kunstbetrachtung zu üben, ist ja ein Anliegen dieses Buches. Die Frage, was beim Kunstschaffen zusammenspielt und wie Kunstbetrachtung dazu steht, wird im Kapitel «Die Beseelung der Lebensprozesse oder die künstlerische Phantasie» behandelt.

Zur Frage nach der menschenkundlichen Einsicht in dasjenige, was beim künstlerischen Prozess leiblich, seelisch und geistig zusammenspielt, führt der Einstieg durch die Frage nach den Sinnen. Ihre Phänomene sind die Arbeitsgegenstände des künstlerischen Schaffens, und ihre genaue Kenntnis ist eine Voraussetzung für denjenigen, der, unabhängig von Begabungen, mit einfachen Übungen beginnen will, den künstlerischen Menschen in sich auszubilden. Eine Phänomenologie der 12 Sinne des Menschen soll im folgenden dafür entwickelt werden.

Die 12 Sinne des Menschen

Die Frage nach den Sinnen des Menschen soll bis zur Beschreibung aller Sinnesqualitäten, die sich auffinden lassen, geführt werden. Wir leiten diese Untersuchung mit der Beschreibung eines Sinneserlebnisses ein, das ein Mensch hat, der sich mit offener Seele einem Naturerlebnis zuwendet, und nicht mit der Aufzählung einzelner Qualitäten; denn letztere sind uns nur im Sinneszusammenhang gegeben. Von ihm wollen wir ausgehen. Ein «Blick aus den Augen» zeigt, dass wir einer Welt gegenüberstehen, die aus natürlichen oder auch technisch-kulturellen Dingen besteht, die sich zum Ganzen des «Sehfeldes» ordnen. Ein «Ganzes» erscheint umsomehr, je weniger der Mensch eine Einzelheit fixiert, dabei den Blick bewusst auf einen Punkt richtend. Der Träumer erlebt mehr die Ganzheit, der Wachfixierende mehr die Folge der Einzelheiten. Gleichzeitig hat der Mensch das «Gefühl», dass er einer Wirklichkeit gegenübersteht, die ihn räumlich umgibt, einer Erde, auf der er sich als Mittelpunkt erlebt. Gemeint ist das in der Regel nicht reflektierte naive Sinnesbewusstsein. Man freut sich des blauen Himmels, ist einfach da, die Landschaft geniessend, Blumen am Wegesrand bewundernd, das Spiel von Licht und Schatten am Waldesrand betrachtend und in all dem seine Seele dieser Welt öffnend. Wendet der Betrachter den Kopf, so wandert der sich bewegende Blick über das ruhende Sehfeld, bei jedem Schritt ändert sich die Perspektive so, dass der Betrachter im Mittelpunkt bleibt. Jeder Schritt wird mehr träumend als wachend in leichter Erschütterung der Gestalt erfahren, die Eigenbewegung wird gefühlt und der Boden wird durch die Sohlen der Schuhe in seinen Unebenheiten miterlebt. Der Duft der Frühlingsluft und ihre den Leib erfrischende Kühle wird dankbar genossen; dazu der Gesang der Vögel und das Rascheln von Laub und Gras und das Rauschen von Wasser und Wind. Das alles gehört zur Totalität eines die Natur geniessenden Sinneserlebnisses. Wer so die Natur er*lebt,* dem kommen keine Zweifel an ihrer Wirklichkeit, jedenfalls nicht im Moment des Erlebens. Zum Problem wird das Sinneserlebnis erst dann, wenn wir zu begreifen versuchen, wie diese Fülle durch unsere Sinnesorganisation zur wirklichkeitsgesättigten Erfahrung wird.

Da das Naturerlebnis, so wie es uns als Wirklichkeit begegnet, ein Ganzes ist, so bleibt keine andere Wahl, als erst einmal unsere analysierenden Fähigkeiten einzusetzen, um einen verstehenden Zugang zu gewinnen, dies aber mit der erklärten Absicht, im Denken bis zum Wirklichkeitserlebnis zurückkehren zu wollen.

Das erste, worauf man aufmerksam werden kann, ist die selbstverständliche Tatsache, dass wir Sinnesorgane zur Wahrnehmung brauchen. Das Schliessen der Augen reicht, um darauf aufmerksam zu werden, dass es ohne Augen kein Sehen gibt. Aber auch das Umgekehrte gilt: offene Augen führen dann nicht zur Wahrnehmung, wenn die Seele schläft und sich ihrer Organe nicht bedient. Das reicht bereits, um die allgemeinen Bedingungen der Wahrnehmung zu formulieren. Zur Wahrnehmung müssen zusammenwirken: die Wahrnehmungsgegenstände, gesunde Sinnesorgane und eine die Sinneswerkzeuge ergreifende Seele. Wir dürfen nicht ausser acht lassen, dass die Sinnesorgane dem physischen Leib angehören, die Seele aber zu einer Seelenwelt gehört. Die Seele muss über einen dem Leibe zugewendeten Teil verfügen, mit dem sie sich in die Sinnesorgane hineinbegeben kann. Diesen Teil der Seele hat Rudolf Steiner «Seelenleib» genannt. Durch diesen Seelenleib erst wird die Sinnesempfindung in der Seele wach.

Eine zweite Art der Unterscheidung lässt sich treffen, wenn wir beobachten, aus welchen Phänomengruppen sich das geschilderte Ganzheitserlebnis der Naturbeobachtung zusammensetzt. In der Reihenfolge, in der das Naturerlebnis geschildert wurde, finden wir Farben, Begriffswahrnehmungen, Gestalten, Eigenbewegungen, Tasterlebnisse, Gerüche, Wärmeerlebnisse, Hörerlebnisse. Vom Ganzen der Sinneserfahrung her gesehen, ist das selbstverständlich eine unvollständige und in der Reihenfolge zufällige Aufzählung. Wir können uns nun darauf besinnen, dass jede Wahrnehmungsart, wie das Farbensehen, eine ganze Reihe von Qualitäten umgreift, zum Beispiel Rot und Grün. Diese unterscheiden sich – das ist unmittelbar einzusehen – prinzipiell von anderen Wahrnehmungsarten, zum Beispiel von den Tönen. Das Seelenorgan, das die Summe aller Farbqualitäten auffasst, soll «Sehsinn» genannt werden, dasjenige für die Hörerlebnisse «Hörsinn» und so weiter. «Sinn» heisst in unserer Betrachtung daher ein Seelenorgan, das für eine bestimmte Qualitätsart der Sinneswelt offen ist. Es wird sich zeigen, dass der Mensch zwölf solcher Sinne hat, die zusammen einen Teil seiner Seele bilden. Rudolf Steiner bezeichnete diesen Teil als «Empfindungsseele»[7].

Der Sehsinn

Wenn wir den Blick auf einen Baum richten, so müssen die folgenden Faktoren zusammenwirken, damit dieses Erlebnis zustande kommt: das Wahrnehmungsobjekt «Baum», die Sinnesorgane «Augen», der in die Augen ragende «Empfindungsleib», die «Empfindungsseele» und das wache «Ich», das den Blick auf den Baum richtet, dabei die genannten Seelenglieder und das Auge als Werkzeug gebrauchend. In der so entstehenden einheitlichen Wahrnehmung lassen sich mehrere Qualitätsfelder der Empfindungsseele unterscheiden: eine «begriffliche», die Baum zum Inhalt hat, eine «gestaltliche», die die Form, und schliesslich eine dritte, die die Farben zwischen Hell und Dunkel wahrnimmt. Nur auf die Phänomene, die mit der Farbenwelt zu tun haben, soll im folgenden geblickt werden. Erst wenn auf diese Weise alle Sinne betrachtet sind, wollen wir darauf zurückkommen, wie die einzelnen Sinne zur Ganzheit der uns gegebenen Sinneswelt zusammentreten. Die Erscheinungen des Farbigen in ihrer ganzen Vielfalt überblickend, lassen sich zwei Phänomengruppen durch den verschiedenen Gebrauch des Auges unterscheiden: einmal die Körperfarben an den Oberflächen der Gegenstände. Hier finden wir nur ausnahmsweise reine Farben. In der Regel wirken sie erdig und gebrochen. Ihre Erscheinung ist dadurch charakterisiert, dass sie *fixierbar* sind und in der Textur der Oberfläche erscheinen, an der sie gesehen werden. Zum anderen unterscheiden wir die Lichtfarben. Diese finden wir in der Natur als Himmelsfarben. Selten sind sie gebrochen, und nie wirken sie erdig. Mit den Augen sind sie *nicht fixierbar* und erscheinen daher auch nie als Oberflächen. Dass Farbe und Oberflächentextur zwei verschiedene Dinge sind, lässt sich im Experiment zeigen: man blicke auf eine beleuchtete farbige Wand, diese fixierend. Dann halte man die Hand mit gespreizten Fingern in 30 cm Abstand vor die Augen und fixiere die Finger. *Dabei* beobachte man, wie sich die Wand verändert. Die Textur der Wandoberfläche ist verschwunden, und die Farbe bekommt den Charakter einer Lichtfarbe. Wir entdecken dabei, dass die Leuchtkraft oder Lichtartigkeit der Farbe in dem Masse zunimmt, wie die Merkmale der gegenständlichen Raumwelt und wie Oberflächentextur und Gegenstandsgrenzen abnehmen. Daher sind Farberlebnisse als isoliertes Sinnesphänomen am reinsten an den Himmelsfarben wahrzunehmen. Man blicke an einem wolkenfreien Tag so nach oben, dass der Horizont nicht in das Blickfeld ragt. Was dann noch an Differenzierung des Himmelsblau übrigbleibt, liegt in der Farbe selbst: zum Zenit hin wird das Blau dunkler, zum Horizont heller. Das deutet auf die Grenzen der leuchtenden Farbe, die sich unmerklich in die tiefste Dunkelheit oder die strahlendste Helle verlieren kann. Das ist der Fall, wenn es Nacht wird oder wenn man den Blick langsam zur Sonne wendet. Ausser der blauen Himmelsfarbe gibt es die Dämmerungsfarben, die am Morgen oder am Abend in der weiteren Umgebung der Sonne oder selten auch am Gegenhimmel zu beobachten sind. Dabei scheint charakteristisch zu sein, dass die Sonne selbst die grösste Farbintensität zeigt und dass der Rand der Sonnenscheibe scharf zu sehen ist. Der scharf erscheinende Sonnenrand erscheint immer, wenn die Sonnenscheibe farbig ist, und er verschwindet, wenn die Sonnenscheibe grau wird, was bei Nebel der Fall ist oder wenn die Sonne durch dünne Wolken scheint, wenn Wolkenstriche oder -fetzen über die Sonne ziehen. Nun verschwimmt der scharfe Rand, und die Sonne scheint grau durch die Wolke. Das macht darauf aufmerksam, dass die von Goethe sogenannte «Trübe», durch die eine Lichtquelle rot erscheint, einen bestimmten physikalischen Zustand haben muss, der «kolloidal» genannt wird. Dieser Substanzzustand ist weder eine Lösung noch ein Gemenge. Er hält dazwischen – und zwar unter bestimmten Bedingungen – stabil die Mitte; er ist der Zustand aller lebenden Substanz.

Die Dämmerungsfarben zeigen uns hauptsächlich gelbe, orange und rote Töne, nur manchmal kommt Eisblau und Seegrün dazu. Dass die Dämmerungsfarben auch in ein tiefes Violett (nicht nur Purpur) übergehen, ist sehr selten zu beobachten, deshalb beschreiben wir ein solches Erlebnis: Im Moment des Sonnenunterganges war der Himmel gelb, orange und rot im kontinuierlichen Übergang gefärbt. Das Rot lag dem Horizont auf. Plötzlich quoll ein dunkles Violett vom Horizont auf und drängte Rot bis Gelb nach oben, wobei diese zunehmend schmaler wurden, bis schliesslich ein breites tiefes

Violett unter einem sehr schmal gewordenen rötlichen Band stand, ehe das ganze Phänomen erlosch.

Eine zweite Art von Lichtfarben erscheint, wenn wir durch ein Prisma blicken. Wird es so gehalten, dass eine Kante nach oben und eine Seite nach unten weist, erscheinen an den Grenzen dunkler Flächen Farbsäume so, dass über der dunklen Fläche ein rot-orange-gelber Farbsaum, unter ihr ein Violett-Tiefblau-Eisblau erscheint. Sind schwarze Linien auf hellem Untergrund so angeordnet, dass sich die entstehenden Farbsäume überdecken, entsteht Purpur und Grün im Wechsel. (An diese bekannten Experimente soll hier nur erinnert werden.) Die prismatischen Versuche zeigen, wie sich die Lichtfarben sachgemäss so ordnen lassen:

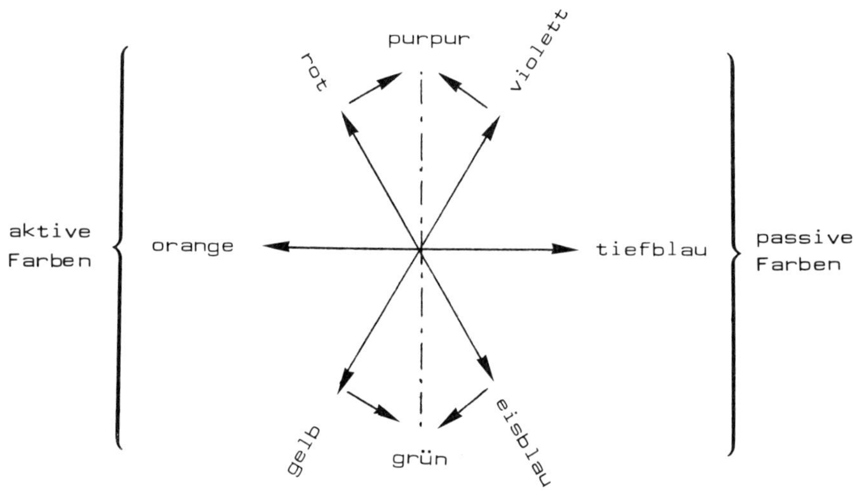

Wir können von sechs Lichtfarben sprechen, drei auf der Seite passiver, drei auf der Seite aktiver Farben. Wo sie sich begegnen, ist Steigerung zu Purpur und Grün möglich. Damit haben wir auch ein Spektrum des Sehsinns gefunden, denn diese Anordnung enthält alles, was der Sehsinn in den Phänomenen der Lichtfarben wahrnehmen kann. Lediglich der Übergang in strahlende Helle oder tiefe Finsternis ist im Schema nicht enthalten.

Der experimentelle Umgang mit Körper- oder Pigmentfarben zeigt, dass wir ihr Spektrum gesondert zu betrachten haben. Mit Pigmentfarben kann man überhaupt nur so umgehen, dass man sie mischt. Daher scheint die erste Frage zu sein, welche Farben durch Mischung entstehen und welche gegeben sein müssen. Rot, Gelb und Blau lassen sich nicht aus anderen Pigmentfarben mischen – jedoch Orange, Grün und Violett. Soll aus dieser Unterscheidung ein Spektrum gebildet werden, hätte es folgendermassen auszusehen:

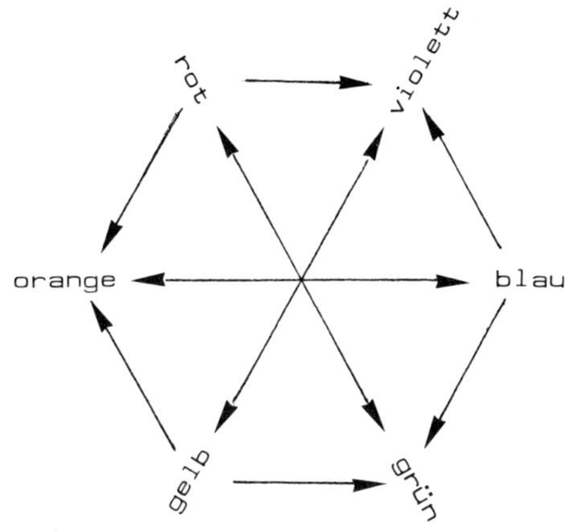

Zwischen die Primärfarben Rot, Gelb und Blau sind die jeweiligen Mischfarben gestellt. Allerdings sind aus diesem Spektrum nicht alle Möglichkeiten der Mischung zu erkennen. Es lassen sich, um eine weitere zu nennen, die drei Primärfarben zu Grau verbinden. Das Grau selber kann sich bis zu Schwarz verdunkeln und zu Weiss erhellen. Schwarz und

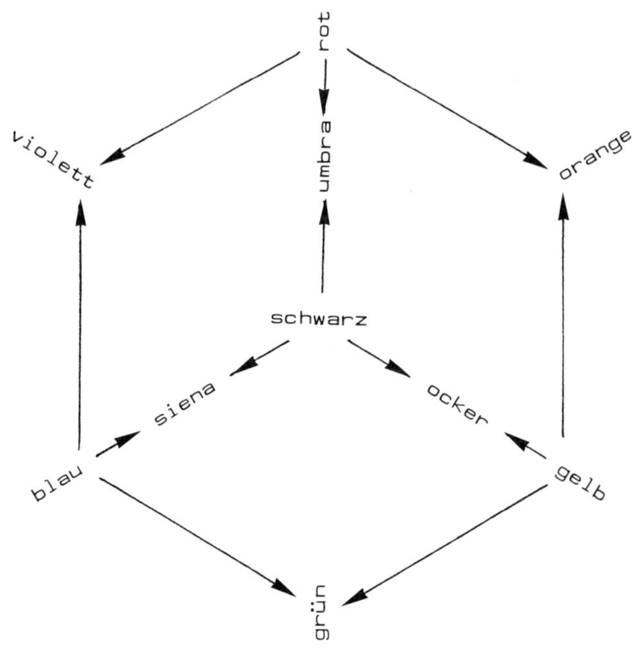

Weiss sind demnach ebenfalls als Mischfarben zu bezeichnen. Sind sie das, muss man mit ihnen wieder die Primärfarben mischen und sie dabei stufenlos in Weiss oder Schwarz überführen können. Untersucht man diese Frage experimentell, findet man alle Brauntöne, wenn in Schwarz gemischt wird und eine Farbe dabei überwiegt. Überwiegt Rot, entsteht Umbra, überwiegt Gelb, entsteht Ocker und durch das Überwiegen des Blau Siena. Unser Schema eines Spektrums lässt sich damit folgendermassen erweitern (siehe Seite 29).

Aber auch einzeln lassen sich die Farben in Schwarz einmischen. Dabei ergeben sich qualitative Tonverschiebungen. Mischt man Rot ein, entsteht ebenfalls Braun. Das Gelb ergibt einen grauen Olivton, ehe es in Schwarz übergeht, und das Blau wird zu einem dunklen Taubengrau. Durch Weiss als Einmischfarbe entsteht Rosa (Pink) aus Rot, Milchblau durch Blau und Gelb wird Creme.

Eine weitere Mischmöglichkeit besteht darin, das Lösungsmittel zu wechseln. Durch Öl bildet sich eine glänzende Oberfläche, durch Wasser eine matte. Schliesslich kann das Pigment selbst eine höhere oder eine geringere Farbintensität zeigen. Diese ganze Vielfalt weist darauf hin, dass sich die Variationen jeder einzelnen Farbe zu einen Spektrum ordnen lassen. Im folgenden Beispiel für eines dieser Spektren sind die Mischungsverfahren, die zur entsprechenden Variation führen, nicht mit angegeben:

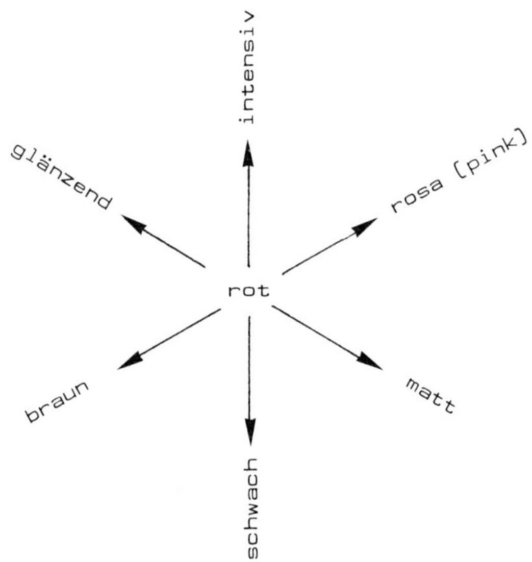

Wir stellen abschliessend die Spektren des Sehsinnes noch einmal nebeneinander. Im Spektrum der Körperfarben ist diesmal die Mischung der Einzelfarben in Schwarz und Weiss angegeben.

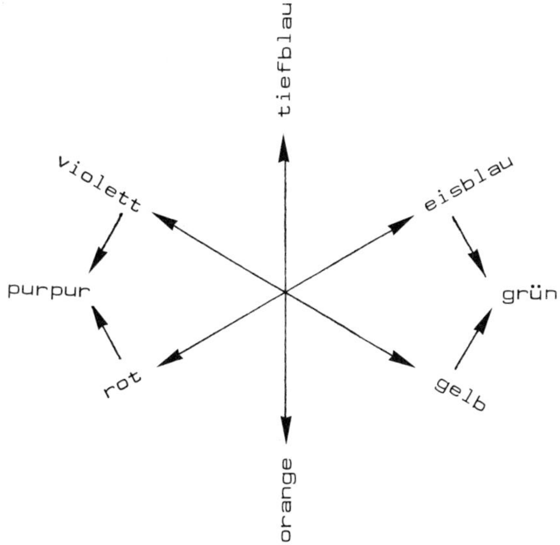
tiefblau
violett
eisblau
purpur
grün
rot
gelb
orange

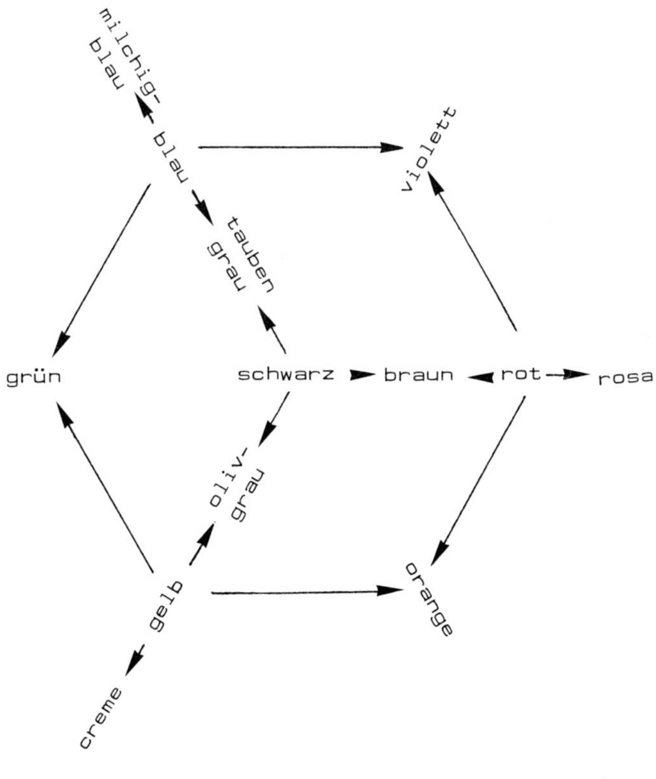
milchig-
blau
blau
violett
tauben
grau
grün
schwarz
braun
rot
rosa
oliv-
grau
gelb
orange
creme

Die reinen Lichtfarben des Himmels beherrschen die kosmischen Phänomene des Tages und der Dämmerungen. Sie stehen den an die Körper der Gegenstandswelt gebundenen Farben gegenüber. Die Brauntöne als Höhepunkt der gemischten Pigmentfarben beherrschen den Boden der Erde. Die grüne Pflanzenwelt vermittelt in der Natur zwischen beiden Erscheinungen. Eine wohlgeordnete Farbwelt steht vor unserem Blick, die das Auge als Instrument des Sehsinnes der Seele gibt.

Will man das seelische Verhältnis bestimmen, das man zu den Farben gewinnen kann, lässt sich zuerst nach dem Unterschied der Wirkung von Licht- und Körperfarben fragen. Dazu besinnen wir uns auf die schon besprochene Tatsache, dass die Lichtfarben nicht fixierbar sind. Das führt dazu, dass die Seele sich ihrer Wirkung unmittelbar hingeben kann. Der Betrachter fühlt sich in das Farbenmeer hineingezogen, von ihm aufgenommen und spürt, wie er sich selbst darin verlieren kann. Der Wirkung einer farbigen Fläche steht man dagegen distanzierter gegenüber. Das Ich fixiert beobachtend und für die Nuancen wach werdend. Zu den Lichtfarben entwickelt die Seele eine mehr sympathisch-träumende, zu den Körperfarben eine mehr antipathisch-aufwachende Beziehung. Das ist auch zwischen passiven und aktiven Farben so. Besonders Rot geht dem Betrachter entgegen, in Blau kann er sich hineinbegeben. Der Farbsinn bindet vor allem die fühlende Seele an die Sinneswelt, sie in Sympathie weitend oder in Antipathie zusammenziehend.

Überblickt man die Ordnung aller Sinne, so liegt der Sehsinn in der Mitte. Es ist naheliegend, drei weitere Sinne zu behandeln, die mit dem Sehsinn insofern verwandt sind, als sie in ihren Spektren wie er je sechs Urphänomene aufzuweisen haben und wie er primär das Gefühl affizieren.

Der Geruchssinn

Den Reigen der Gerüche deutlich gegeneinander abzugrenzen, ist nicht einfach. Wir kennen, um mit einem Phänomen zu beginnen, an welches man sich leicht erinnert, einen scharf-stechenden Geruch, wie er zum Beispiel vom Ammoniak ausgeht. (Mit der Bezeichnung «scharf-stechend» wurde zu einem Doppelwort gegriffen, weil es hier keine so festen Begriffe gibt wie beim Sehsinn. Die die Gerüche bezeichnenden Wörter stammen mehr aus einem charakterisierend-beschreibenden Verhältnis zum Phänomen als aus einem definitorisch-abstrakten. Aus diesem Grunde sollen auch weiterhin hinweisende Doppelwörter gebraucht werden.)

Einen anderen Geruch findet man, wenn im Herbst nach dem Laubfall die Walderde riecht, die man aus der oberen Bodenschicht geholt hat. Hier können wir von moderig-erdig sprechen. Beiden Gerüchen, dem stechend-scharfen wie dem moderig-erdigen, steht die Seele mehr antipathisch gegenüber. Die Antipathie aber kulminiert, wenn es stinkend-faulig riecht. Und bei hoher Intensität kann sich die Antipathie, die dieser

Geruch erzeugt, bis zur leiblichen Übelkeit steigern. Mehr mit Sympathie antwortet die Seele auf süsslich-schwere und säuerlich-fruchtige Gerüche. Den ersteren erleben wir beispielsweise am Pfeifenstrauch oder falschen Jasmin, den letzteren, wenn wir an gärenden Früchten riechen. Die Mitte hält hier der duftend-blumige, der sympathischste aller Düfte, wie ihn Osterglocke oder Narzisse verströmen. Wegen der engen Bindung seelischer Reaktionen an Gerüche scheint es schwer, Mischgerüche von reinen zu unterscheiden; um einige sympathische zu nennen: aromatisch, würzig, frisch – und einige antipathische: muffig, moschusartig, brenzlig. Auch wenn nur einfache Wörter für diese Gerüche gebraucht werden, scheinen sie doch die zusammengesetzten Mischgerüche zu sein. «Aromatisch» setzt sich aus den Hauptkomponenten duftend-blumig und süsslich-schwer zusammen. «Würzig» aus stechend-scharf und einem oder mehreren der sympathischen Düfte. «Frisch» aus säuerlich-fruchtig mit duftig-blumiger Note. Noch komplizierter wird die Sache, wenn ganz charakteristische und gut bekannte Düfte wahrgenommen werden. Sie sind am ehesten definierend zu beschreiben, beispielsweise: wie Maiglöckchen- oder Veilchenduft. So eindeutig solche Gerüche durch die Wahrnehmung zu erkennen sind, so schwierig ist es, die Vielzahl ihrer Komponenten auseinanderzuhalten.

Zwei Pole, zwischen denen sich die Palette aller Gerüche aufspannt und in die sie wie die Farben in Hell und Dunkel verschwinden, konnten nicht gefunden werden, was nicht heissen soll, dass es sie nicht gibt. Wohl aber sind Intensitätsgrade deutlich zu beschreiben. Befasst man sich mit diesen, bemerkt man, dass es im Sprachgebrauch keine für alle Gerüche in gleicher Weise verwendeten Begriffe gibt wie «schwach» und «intensiv» oder «grell» für die Farben. Hier sind die Bezeichnungen an einzelne Gerüche gebunden. Bei «süsslich-schwer» unterscheidet man zwischen «leicht» und «betäubend» duftend, bei «säuerlich-fruchtig» zwischen «zart» und «stark», bei «stinkend-faulig» zwischen «kaum» und «penetrant». Die Intensität wird stark mit der Geruchsqualität verbunden erlebt, was zu einer weiteren Differenzierung der Erlebnisskala führt. Daher wird die gleiche Geruchsqualität oft als eine neue empfunden, wenn sie mit anderem Intensitätsgrad auftritt.

Bei der Besprechung der Phänomene des Sehsinnes haben wir bemerkt, dass das Farbige sinnlicher Ausdruck einer seelischen Welt ist. Was drückt sich in den Phänomenen des Geruchs aus? Eine Antwort findet sich, wenn wir beobachten, unter welchen Bedingungen sich in der Pflanzen- wie in der Tierwelt Gerüche besonders stark entwickeln.

Die Blüten der Pflanzen emanieren charakteristische Gerüche, die aus den genannten Urphänomenen komponiert sind. Der Duft der Blüte korreliert mit den Blühfarben, dem Geschmack des Nektars, dem Zerstäuben des Pollens und schliesslich der Blütengestalt. In diesen die Blüte charakterisierenden Erscheinungen zeigt sich die Wirkung eines Seelischen, das die Pflanze von aussen, sozusagen transzendent berührt. Im Erlebnis des Blütenduftes offenbart sich die paradiesische Unschuld seelischer Wirkungen, die aus dem Umkreis kommen. Dieses Seelische bringt aber der Pflanze den Tod. Denn spätestens nach der Fruchtreife sterben alle vom Blühimpuls ergriffenen Pflanzenorgane. Mit der Blüteninduktion endet alles fortschreitende (proliferierende) Pflanzenwachstum. Endgestalten, die sterben müssen, werden ausgebildet. Der Blütenduft erscheint also, wenn ein seelischer Bildeimpuls die Pflanze todbringend von aussen berührt.

Ähnlich verhält es sich beim Tier. Stirbt es, so entfaltet der Kadaver seinen Gestank. Auch hier ist es der Tod, den man riecht. Unschuldig können wir das Tier wegen seiner inkarnierten Begierden nicht mehr nennen. Das offenbart der Gestank, der im Gegensatz zum Blütenduft die menschliche Seele antipathisch berührt.

Der Tod berührt das Wesen von aussen:

duftend-blumig

↕

stinkend-faulig

Der Tod ergreift das Wesen von innen.

Nun kann im Pflanzenreich der duftend-blumige Geruch in zwei Richtungen abgewandelt werden. Einmal kann die Blüte in Gestalt und Biologie Beziehungen zur Insektenwelt zeigen wie zum Beispiel bei den Erdorchideen (Ophrysarten) Süd- und Mitteleuropas. Das Seelische, das den Tod bringt, ist einem Innerseelisch-Tierischen soweit ähnlich geworden, wie es einer Pflanze irgend möglich ist. Jetzt verwandelt sich der Blütenduft in einen süsslich-schweren Geruch. Polar dazu der stinkend-faulig riechende Tierkadaver: in dem Masse, wie das aggressive Innerseelische aus dem Verwesungsprozess verschwindet, verwandelt sich der Geruch zum Moderig-Erdigen.

Der Tod berührt eine sich dem Innerseelischen zuneigende Pflanze:

süsslich-schwer

↕

moderig-erdig

Endphase der Tierverwesung, in der das Innerseelische verflogen ist.

Die zweite Richtung, in die sich das Duftend-Blumige wandeln kann, finden wir, wenn sich nach der Blühphase die Fruchtreife entwickelt. Hier tritt die seelische Wirkung zurück, und die Lebenskräfte überwiegen, ehe der Tod eintritt. Der Geruch verwandelt sich zum Säuerlich-Frischen, einer Komponente, die man an Äpfeln, überhaupt an Obst findet. Wirkt die tötende Kraft des Seelischen im Tiere nicht so stark, dass sie den Tod bringt, dann trägt sie Abbauvorgänge in den Tierorganismus. Deren Stoffwechselprodukte werden als Harn ausgeschieden, der stechend-scharf riecht.

Das Lebendige überwindet das von aussen tötende Seelische:

säuerlich-frisch

↕

stechend-scharf

Das Lebendige überwindet das von innen abbauende Seelische.

Süsslich-schwer, duftend-blumig und säuerlich-frisch: so sind die Gerüche auf der Seite des Spektrums, die dadurch zustande kommt, dass die tötenden Seelenwirkungen die Pflanze mehr oder weniger überwinden. Stechend-scharf, stinkend-faulig und moderig-erdig: dieses Geruchsspektrum entsteht, wenn der Tierorganismus vom Innerseelischen mehr oder weniger getötet wird. Die den Tod in die Welt bringenden Seelenwirkungen riechen wir.

In ein Schema gebracht, lässt sich das Spektrum des Geruchssinnes folgendermassen darstellen (siehe Seite 36).

Der Geschmackssinn

Zum Schmecken gehört, dass wir die festen oder flüssigen Substanzen der Umwelt mit unserem eigenen Leib in Berührung bringen. Ohne die Substanzen mit der Zunge zu berühren oder ganz in den Mund zu nehmen, erleben wir keinen Geschmack. Dann aber lassen sich «süss», «salzig», «sauer» sofort und deutlich voneinander unterscheiden. Waren es beim Riechen die drei antipathischen Gerüche, die wir besser kannten als die sympathischen, so ist es hier gerade umgekehrt. Dem Süssen, dem Salzigen und dem Sauren bringen wir, wenn sie nicht zu intensiv auftreten, Sympathie entgegen. Der bittere Geschmack ist der nächste, auf den man sich besinnen kann. Er scheint dem süssen polar

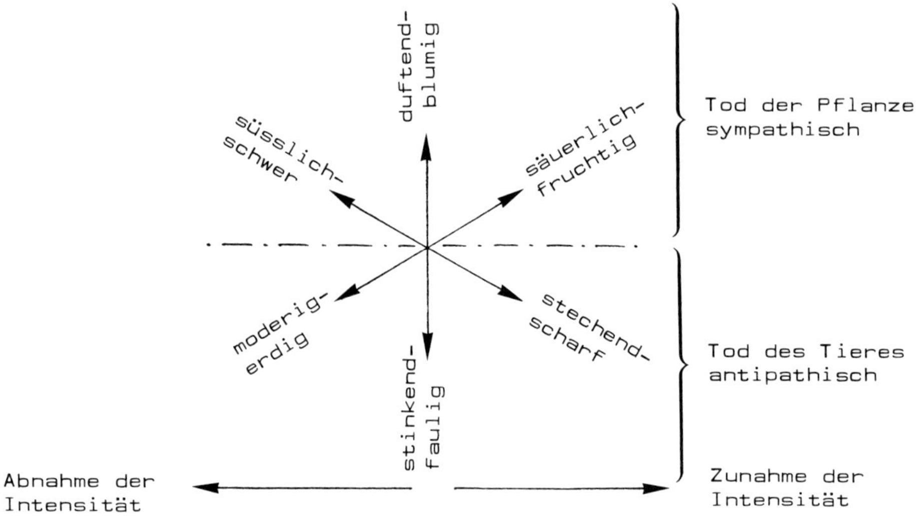

gegenüberzustehen. Wir kommen weiter, wenn wir nach der Polarität des sauren Geschmackes fragen. Dieser Geschmacksempfindung steht das Seifig-Basische gegenüber, dem salzigen Geschmack der herbe. Gemeint ist der meist mit einem Zusammenziehen der Schleimhäute verbundene Geschmack, wie ihn die unreife Schlehe mit hoher Intensität erzeugt. Alle sechs genannten Geschmacksqualitäten können nun zwischen «fein» und «mild» einerseits und «grob» und «aufdringlich» andererseits ihre ganze Intensitätsbreite entfalten. Ähnlich wie bei den Farben scheinen die Geschmackspolaritäten sich gegenseitig auszulöschen oder sich zumindest gegenseitig zu mildern. Dazu muss man die schmeckenden Substanzen mischen. Am deutlichsten ist das zwischen «seifig» und «sauer» der Fall. Ein herber Geschmack lässt sich durch Salz zumindest mildern, während «bitter» und «süss» eher eine Kombination bilden, bei der beide Komponenten, wenn auch gemildert wahrzunehmen sind, wie man durch das Einnehmen bitterer Arznei auf Zucker weiss. Da «seifig» der einzige Geschmack ist, dem auch in der Kombination mit anderen Komponenten keine sympathische Empfindung abgewonnen werden kann, könnte man erwägen, von fünf mehr oder weniger – zumindest in der Komposition mit anderen Geschmacksarten – sympathischen Phänomenen des Geschmacks zu sprechen. Aus diesem Grunde verzichten wir bei der schematischen Darstellung des Spektrums auf das Verhältnis von Sympathie und Antipathie zu diesem.

Nun gibt es Sinnesempfindungen, die durch eine Kombination zwischen Geruchs- und Geschmackswahrnehmungen entstehen. Da gibt es beispielsweise dasjenige, was wir «ranzig» nennen. Um was es sich handelt, kann man am besten im Experiment herausfinden. Man nehme dazu ranzige Butter und rieche zuerst nur daran, halte sich alsdann die Nase zu und probiere davon. Ist man sich über den Geruch und Geschmack der ranzigen Butter getrennt klar geworden, öffne man die Nase und koste noch einmal. Was sich jetzt ergibt, ist eine dritte, von den beiden vorangegangenen deutlich verschiedene Wahrnehmung.

Fragen wir schliesslich nach der Schicht der Welt, die sich durch den Geschmackssinn dem Menschen offenbart. Wir erinnern uns, dass es das Wasser ist, in dem sich die Fülle der schmeckenden Substanzen gelöst haben muss, damit sie schmeckend wahrgenommen werden können. Das Wasser ist überhaupt das Element, durch das und in dem chemische Prozesse vorzugsweise ablaufen; ausserdem ist es die Grundlage aller Lebensvorgänge. Die chemischen Prozesse, die von Lebensvorgängen betrieben werden, sind an das Wasser im Organismus gebunden, und deshalb wird uns auch ein geeigneter Organismus Aufschluss geben können, wie die Geschmacksstoffe entstehen und sich entwickeln. Am geeignetsten scheinen die Obstgewächse zu sein, wenn sie nach der Blüte ihre Früchte entwickeln. Unreife Äpfel schmecken sauer. Die Schlehen haben vor der die Süsse bringenden Vollreife, die sich erst nach den ersten Frösten im Spätherbst oder Winter entwickelt, eine Phase, in der sie besonders herb schmecken. Manche Früchte, die nicht süss werden, bleiben auf der herben Stufe stehen wie beispielsweise die Eicheln, die Früchte von Eberesche, Mehlbeere und Speierling. Geht die Fruchtreife in Fäulnis über, wird der Geschmack fade. Einen faden Geschmack findet man aber auch, wenn man kostet wie Rinde, Bast, sogar manchmal Holz schmeckt. Salzgeschmack findet sich in Wurzeln und in allen sukkulenten (wasserspeichernden) Organen der Pflanze. Zum Beispiel Selleriewurzeln haben einen leicht salzigen Geschmack. Auch die Bitterstoffe entwickeln sich vornehmlich in Wurzelorganen, wie der gelbe Enzian zeigt. Da Wurzelkräfte bis in die Blüte aufsteigen und Blüten-Frucht-Kräfte bis in die Wurzel der Pflanze hinab wirken können, überschneidet sich im Einzelfall manches. Aber auf den zugrunde liegenden Typus wird doch gedeutet, wenn man zeigt, dass «sauer», «herb» und «süss» die Geschmacksarten sind, die die Lebensprozesse der Pflanze unter der Wirkung kosmischer Kräfte, der Wärme und dem Licht der Sonne, hervorbringen. Unter der Wirkung der terrestrischen Kräfte, die aus dem Humus und dem Wasser des Bodens wirken, entfalten sich fade, salzige und bittere Geschmacksstoffe. Das folgende Schema fasst das Gesagte zusammen (siehe Seite 38).

Der Wärmesinn

Um das Sinnesfeld kennenzulernen, in dem die Wärmewahrnehmungen auftreten, wollen wir uns darauf besinnen, wann wir warm und wann wir kalt empfinden. Das ist beispielsweise der Fall, wenn wir im Sommer aus einem kühlen Keller ins Freie treten oder im Winter aus der warmen Stube in die klirrende Frostnacht. Es ist also vor allem der Übergang von einer Temperatur in eine andere, worauf unser Wärmesinn antwortet.

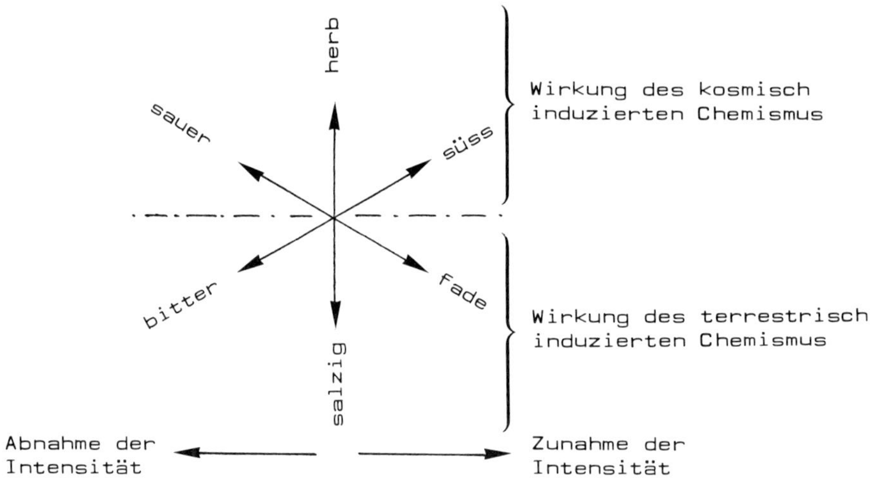

Dieses Übergangserlebnis tritt nur dann isoliert und losgelöst von weiteren Empfindungen des Wärmesinns ein, wenn die Temperaturen verschieden warmer Räume zwischen etwa +18° und +28° C liegen. Nach dem Wärme- oder Kälteerlebnis beim Übergang tritt sehr bald ein Abklingen der Wahrnehmung ein, auch wenn man sich bemüht, für das Erlebnis wach zu bleiben.

Gehen wir diesem Phänomen mit Hilfe eines Experimentes nach: man nehme drei gleich grosse Töpfe, die etwa drei Liter Flüssigkeit aufnehmen können. Den ersten fülle man mit drei Liter möglichst kaltem, den zweiten mit ebensoviel auf 40°C erhitztem Wasser. (Das ist eine Temperatur, bei der man gerade noch hineinfassen kann.) Dann giesse man aus dem Topf mit heissem und dem mit kaltem Wasser je einen Liter in den dritten Topf. Die linke Hand halte man in den Topf mit kaltem Wasser, die rechte in den mit heissem. Nach etwa einer Minute bringe man beide Hände in den Topf mit der Wassermischung. (*Abbildung 3* zeigt, wie man es machen soll.)

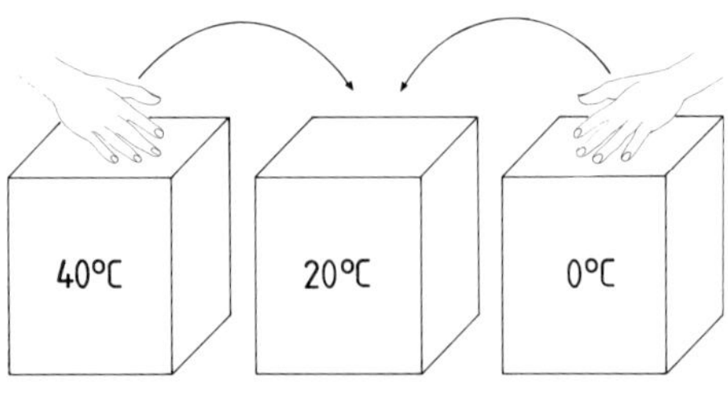

3 Versuchsanordnung mit drei Töpfen verschieden warmen Wassers.

Über das Verhältnis des menschlichen Denkens zu den Sinneserfahrungen sei an dieser Stelle Goethe zitiert:

> Den Sinnen hast du dann zu trauen,
> Kein Falsches lassen sie dich schauen,
> Wenn dein Verstand dich wach erhält.
> Mit frischem Blick bemerke freudig
> Und wandle, sicher wie geschmeidig,
> Durch Auen reichbegabter Welt[8].

Wir wollen prüfen, ob uns unser Verstand bei der Urteilsbildung wach erhalten hat. Der Inhalt der Erfahrung, die wir gemacht haben, ist leicht zu beschreiben: beide Hände haben ein verschiedenes Erlebnis beim gleichzeitigen Eintauchen in den Topf mit dem Wasser mittlerer Temperatur. Die linke Hand, die aus dem Topf mit kaltem Wasser kam, empfindet warm; die rechte Hand, die aus dem Topf mit warmem Wasser kam, dagegen kalt. Lässt man die Hände einige Minuten im Wasser mittlerer Temperatur, klingt die geschilderte Wahrnehmung ab. Wollen wir jetzt sachgemäss urteilen, müssen wir sagen, dass unser Wärmesinn Temperaturdifferenzen erlebt: durch die linke Hand eine positive Differenz = wärmer, durch die rechte Hand eine negative = kälter. Leider ist es üblich, gerade dieses Experiment dazu zu benutzen, um sogenannte Sinnestäuschungen nachzuweisen. Das vorgebrachte Fehlurteil besteht darin, dass behauptet wird, im Topf mit dem Wasser mittlerer Temperatur müssten beide Hände die gleiche Empfindung haben. Da das nicht der Fall sei, habe auch die Sinneserfahrung keinen objektiven Inhalt. Wer so urteilt, irrt sich über das Wesen der Temperaturmessung, das er der Beurteilung der Sinneserfahrung zugrundelegen will, denn er geht ja davon aus, dass zwei Thermometer, in das Wasser mittlerer Temperatur gehalten, die gleiche Temperaturhöhe anzeigen. Er vergisst, dass auch die Temperaturmessung mit Differenzen geschieht. Es gibt dabei eine Konvention, gegen welchen Temperaturwert die Differenz gemessen wird: das ist der Gefrierpunkt des Wassers. Seine beiden Thermometer messen im Wasser mittlerer Temperatur diese gegen 0°C. Das macht der Wärmesinn ohne Frage nicht. Er «misst» die Differenzen einmal vom heissen und zum anderen vom kalten gegen das Wasser mittlerer Temperatur. Das können die Thermometer auch: man braucht sie nur ebenso wie die Hände vom kalten, beziehungsweise vom heissen Wasser her in das mittlerer Temperatur zu bringen und man wird finden, dass das eine steigt und das andere fällt. (Noch besser macht man so etwas mit dem Temperaturschreiber, bei dem dann die fallende und die steigende Temperaturkurve schwarz auf weiss zu betrachten ist.) Im Wärmesinn lebt keine Konvention über den Temperaturpunkt, gegen den zu messen ist, sondern er nimmt gegen die jeweils vorangehende Temperatur wahr wie das Thermometer, wenn man seinen Gang wirklich beobachtet. Der Wärmesinn ist also ein Sinn, der uns auf sachgemässe Weise mit den wechselnden Wärmeverhältnissen unserer Umwelt in Beziehung bringt. Alles andere offenbart sich bei sorgfältiger Prüfung als Denkschwäche.

Das ist noch nicht alles, was wir mit dem Wärmesinn wahrnehmen können. Wir kennen das Phänomen, dass wir für den Wärmezustand unseres eigenen Leibes anfangen aufzuwachen, wenn wir zu schwitzen beginnen. Dann fühlen wir uns selbst zu warm. Umgekehrt, wenn wir ohne ausreichende Kleidung in der Kälte stehen, empfinden wir uns selbst nach einiger Zeit zu kalt, frieren und fangen an zu zittern. Schwitzen und Zittern sind deutlich von einer Temperaturempfindung des zu kalten oder zu warmen eigenen Leibes begleitet. Auch hier wird vom Wärmesinn eine Differenz wahrgenommen: die Differenz zu dem Wärmebereich, in dem sich der mitteleuropäische Mensch wohlfühlt. Und das ist ungefähr der Bereich zwischen 18° und 28 °C. Innerhalb dieses Bereiches verklingt die Wahrnehmung einer Wärmedifferenz schnell. Ausserhalb dieses Bereiches bleibt sie solange wach, von den physiologischen Vorgängen des Zitterns oder Schwitzens begleitet, bis sich der Mensch wieder in einen Temperaturraum begibt, in dem er sich wohlfühlen kann. Dieses Wohlfühlen ist die seelische Antwort auf die unbewusst bleibende Wahrnehmung des Wärmesinns. Schwitzen und Zittern sind dagegen von antipathischen, dauernd wach bleibenden Empfindungen, begleitet.

Schliesslich gibt es eine dritte Art, in der der Wärmesinn tätig ist. Darauf werden wir aufmerksam, wenn wir uns daran erinnern, dass verschiedene Materialien, sagen wir Kupfer und Holz, auch bei gleicher Temperatur vom Wärmesinn verschieden erlebt werden. Fasse ich bei gleicher Temperatur der Materialien Kupfer mit der einen Hand und Holz mit der anderen an, so fühlt sich das Kupfer kalt, das Holz dagegen warm an. Der Wärmesinn sagt uns in diesem Fall etwas über das Verhältnis aus, das die Substanz selber zur Wärme hat. Das Kupfer ist für die Wärme eine durchlässigere Substanz, die sie in einem viel geringeren Masse staut als das Holz. Auch diese Wahrnehmung wird mit der Wärmestaufähigkeit des eigenen Leibes in Beziehung gebracht.

Durch das Kupfer fliesst die Wärme schneller, durch das Holz langsamer als durch die fühlenden Fingerspitzen. Das erstere wird kühl, das letztere warm empfunden.

So haben wir, wie schon beim Sehsinn, Geruchs- und Geschmackssinn, sechs Urphänomene gefunden, die zusammen das Wärmefeld der Wahrnehmung erschliessen: Einmal den Wärmezustand des eigenen Leibes, den wir ausserhalb der Temperaturgrenzen wahrnehmen, innerhalb derer wir uns wohlfühlen; polar dazu das Wärmeverhalten fremder Substanzen und vermittelnd dazwischen den Wechsel der Umgebungstemperatur.

In jedem dieser drei Phänomengebiete gibt es Paare polarer Urphänomene, die sich gegenseitig ausschliessen. Die Empfindung ist entweder wärmer oder kälter, sie kann nicht beides sein. Die Intensität der Wahrnehmung steigt mit der Differenzgrösse, die innerhalb des Beziehungsgefüges des Wärmesinnes auftritt. Damit lässt sich das Spektrum auch dieses Sinnes im Schema darstellen:

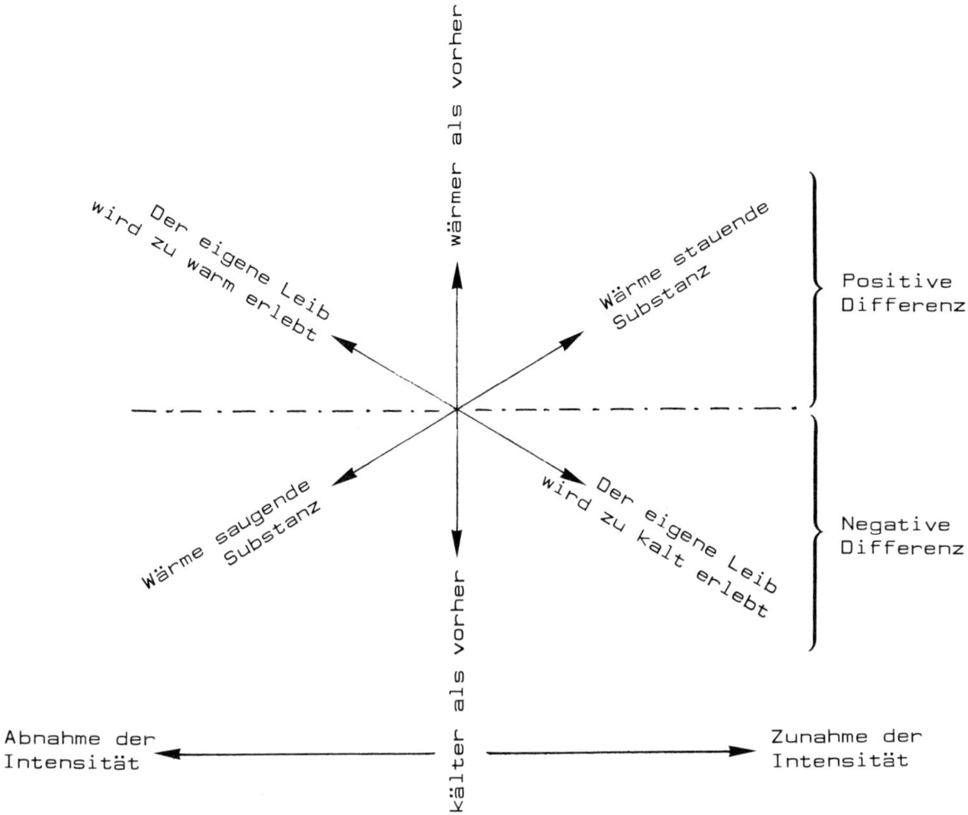

Für welche Schicht der Welt öffnet sich der Wärmesinn? Eine Antwort ist nicht so leicht zu finden wie beim Seh-, Geruchs- und Geschmackssinn. Wir müssen zunächst ins Auge fassen, dass der Mensch so etwas wie eine Wärmeorganisation hat, die einen tagesrhythmischen Phasenwechsel zeigt. Die Wärmeorganisation des Menschen ist durch zwei räumliche Gebiete charakterisiert, die ein unterschiedliches Wärmeverhalten, besonders bei Kältebelastung, zeigen: Wärmekern und Wärmemantel. Der Wärmemantel umfasst das Gebiet von der Hautoberfläche bis wenige Zentimeter nach innen, und die Gliedmassen. Der Wärmekern umfasst mehr den Kopf und das Leibesinnere des Rumpfes. Bei Kältebelastung kühlt sich der Mantel ab, aber die Kerntemperatur wird gehalten. Das kann so weit gehen, dass die Durchblutung der Gliedmassen fast vollkommen aufhört und Erfrierungen eintreten, wenn das zur Aufrechterhaltung der Kerntemperatur notwendig ist. In unserem Zusammenhang interessiert aber mehr das tagesrhythmische Verhalten von Mantel und Kern. Nachts sinkt die Kerntemperatur um einen (geringen) Betrag, tags steigt sie. Umgekehrt die Manteltemperatur. Tags sinkt sie und erhöht sich nachts im Schlafe. Dazu kommt noch eine räumliche Komponente: nachts dehnen sich Mantel und Kern aus, tags ziehen sie sich zusammen, so dass am Tage die Mantel-Kern-Grenze tiefer im Leibe liegt. Ein Grund dafür, warum wir uns nachts zudecken und dann Behagen empfinden, wenn die Bettdecke eine nicht zu geringe Dicke hat.

Den Tag-Nacht-Rhythmus bringt das Ich in die menschliche Organisation. Am Tage erleben wir uns selbst als Zentrumswesen. Von diesem Ich geht jede Intention aus, die wir in die Wahrnehmung oder in das Handeln tragen. Nachts verlässt das Ich zusammen mit der Seele den lebendigen Leib und wird schlafend zu einem Umkreiswesen. Diesen Rhythmus macht die Wärmeorganisation in gewisser Weise mit. Tags zieht sie sich wie das Ich zusammen, nachts dehnt sie sich aus, den Kern abkühlend und den Mantel erwärmend, damit dem wärmer werdenden Teil, dem Ich, im sphärischen Zustand, sich zuwendend. In der im folgenden beschriebenen Situation kann man erleben, dass das so ist: muss man nachts zu einer ungewohnten Zeit aufstehen, beispielsweise zwischen ein und vier Uhr, stellt sich bald nach dem Aufstehen ein inneres Frösteln ein. Das kommt dadurch zustande, dass die Kerntemperatur für das Zentrums-Ich des wachen Zustandes noch zu kühl ist. Umgekehrt, wenn wir einschlafen, lässt sich bei einiger Übung beobachten, dass sich im Einschlafen eine innere Wärmewahrnehmung einstellt. Das Ich verlässt bereits den Leib und die Kerntemperatur ist noch nicht gesunken.

Aus den beschriebenen Phänomenen lässt sich noch nicht urteilen, dass der Wärmesinn die geistige Schicht der Welt, dem das Ich ja angehört, den Sinnen im Abbild erschliesst. Aber wir können sagen, dass die menschliche Wärmeorganisation für die beiden Ich-Zustände offen ist und der Wärmesinn dem Menschen dann (ein meist unbewusst bleibendes) Wohlempfinden vermittelt, wenn Ich und Wärmeorganisation aufeinander eingestimmt sind. Wir empfinden Frösteln oder Wärme im Innern in den Umstimmungsphasen. Das Ich ist daher bestimmend für den Temperaturraum und die Temperaturzone, mit der der Wärmesinn vergleicht, wenn wir Temperaturübergänge wahrnehmen oder besonders uns selbst als zu warm oder zu kalt empfinden. Das Geistige in uns selbst scheint das Mass zu sein, mit dessen Wärmestimmung der Wärmesinn arbeitet. Das Geistige ist deshalb nicht Inhalt der Wahrnehmung, sondern Mass des Wahrnehmens. Es ist der Sinneswahrnehmung übergeordnet.

Zusammenfassung: Die Gefühlssinne

Wir haben damit gefunden, dass sich die vier bisher besprochenen Sinne nach den Schichten der Welt ordnen lassen, für deren Abbilder sie offen sind. Für den physischen Leib ist der Geruch so offen, dass er dem Menschen Kunde gibt, wie das Tote in der Gesamtorganisation wirkt. Für die Lebensorganisation (Ätherleib) ist der Geschmack so offen, dass er dem Menschen Kunde gibt, wie die kosmischen und irdischen Wirkungen im Lebendigen schaffend tätig sind. Für die seelische Welt ist der Sehsinn so offen, dass er die sich weitende Seele mit den Farben verbindet oder die sich zusammenziehende Seele davon distanziert. Für die geistige Schicht der Welt ist der Wärmesinn so offen, dass der Rhythmus des Ich zum Mass der Wahrnehmung wird.

Die gleiche Ordnung finden wir auch, wenn wir untersuchen, wie die einzelnen Phänomene der vier Sinnesspektren untereinander zu beurteilen sind. Beim Geruch stehen, um ein Beispiel zu nennen, «duftend-blumig» und «stinkend-faulig» so nebeneinander, dass man sich erst auf die Ganzheit des Spektrums besinnen muss, um darauf aufmerksam zu werden, dass es sich hier um Polaritäten handelt. Auch sind beide Gerüche mischbar, ohne dass sie sich in irgend einer Weise gegenseitig auslöschen. Das gegenseitige Auslöschen beginnt beim Geschmack, insofern sich polare Geschmacksqualitäten gegenseitig mildern, und erreicht einen Höhepunkt bei den Farben, die sich zum vollkommenen Grau mischen. Beim Wärmesinn schliessen sich die Polaritäten von vornherein gegenseitig aus. Entweder empfinde ich mich selbst als zu kalt oder als zu warm. Die Empfindung ist immer eine absolute.

Die besprochenen vier Sinne lassen sich also in eine Reihe ordnen:

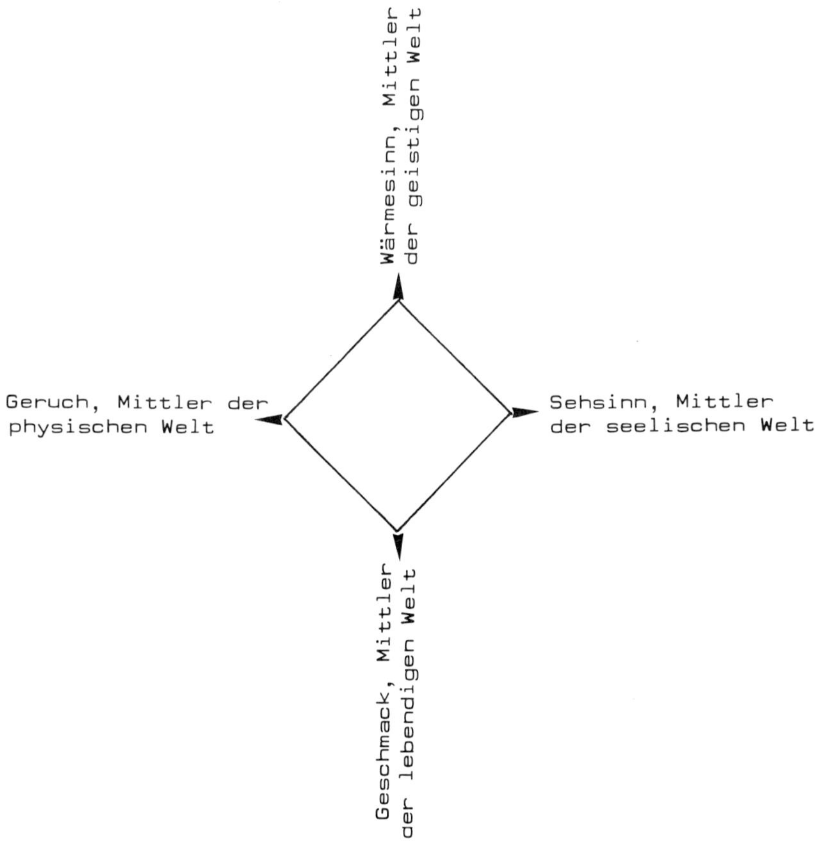

Die leiblichen Werkzeuge, die dem Sehsinn, dem Geschmack und dem Geruch dienen, sind lokalisierte Gebiete des physischen Leibes – zwar unterschiedlicher morphologischer Gestalt, aber gut beschreibbar. Dem Wärmesinn dagegen dient die gesamte Oberfläche des Leibes, die Haut ist sein Werkzeug. Auch hier finden sich morphologische Differenzierungen, durch die sich die Haut mehr oder weniger gut als Werkzeug für die Tätigkeit des Wärmesinnes eignet. Es scheint so, dass alle konkaven Stellen der Haut deutlich empfindlicher sind als die konvexen Flächen. Die Mutter prüft die Wärme der Milchflasche am Auge. Man prüfe selbst die Empfindlichkeit unter der Achsel oder in der Leistenbeuge. Auch die Zunge, das Riechorgan und selbst die Augen liegen in Körperhöhlen – offenbar eine Gemeinsamkeit von Organen der bisher besprochenen Sinne.

Beim Tasten ist es anders. Beginnen wir mit konkaven Flächen, beispielsweise dem Handteller, der sich für die Wärmewahrnehmung gut eignet. Wenn wir mit der ganzen Handfläche gegen eine Tischplatte tasten, zeigt sich sofort die Untauglichkeit dieser Körperstelle. Anders dagegen verhält es sich bei den Fingerspitzen. Mit ihnen haben wir deutlichere Tasterlebnisse. Probieren wir weiter, zeigt sich, dass der Fingernagel ein noch geeigneteres Organ ist als die Fingerkuppe. Eine weitere Steigerung erfährt das Tasterlebnis, wenn wir einen spitzen Gegenstand zu Hilfe nehmen, zum Beispiel einen Bleistift. Auch das Organ des Tastsinnes ist über die ganze Oberfläche des Leibes verteilt, aber die Deutlichkeit der Wahrnehmung steigt, je spitzer und härter das vorgewölbte Tastorgan ist. Tastet man mit einem spitzen Bleistift oder einem ähnlichen Instrument über verschiedene Gegenstände, wird die Rauheit viel deutlicher erlebt, als es mit der Fingerkuppe möglich wäre. Auf diese Weise fortexperimentierend zeigt sich bald, dass man zum Ertasten der verschiedenen Oberflächen das jeweils geeignete Tastinstrument erst finden muss. Um feine Kratzer auf einer Glasplatte zu tasten, eignet sich eine Nadel, die am besten in einem Griff, zum Beispiel einem dünnen Pinselstiel, gefasst ist. Dagegen ist die Nadel ganz ungeeignet, die Rauheit von Papier oder Stoff wahrzunehmen. Hier hilft uns die rundgeschliffene Spitze eines Drahtes von der Stärke der Büroklammern. Besinnt man sich beim Tasten mit einem spitzen Bleistift über eine Holzoberfläche, ob es ausser der Wahrnehmung «rauh» an der Spitze des Bleistiftes ein weiteres Erlebnis gibt, können wir wach werden dafür, dass auch die haltenden Fingerspitzen ein Tasterlebnis haben, das wir sonst verschlafen. Richten wir unsere Aufmerksamkeit auf diese Erfahrung, können wir sie mit dem Wort «hart» beschreiben. Von jetzt an hängt es von unserer Intention ab, wohin wir die Aufmerksamkeit richten, ob wir «rauh» an der betasteten Oberfläche oder «hart» an den Fingerspitzen wahrnehmen. Die Frage dieser willkürlich zu richtenden Aufmerksamkeit wird uns später noch ausführlich zu beschäftigen haben. Hier soll uns diese Erfahrung darauf hinweisen, dass wir bis tief in den Leib hinein – und nicht nur mit künstlichen Werkzeugen wie in dem beschriebenen Experiment – träumend bis schlafend überall dort Tasterfahrungen machen, wo sich feste bis harte Oberflächen begegnen: so in allen Gelenken. Im beschriebenen Experiment können wir unsere Aufmerksamkeit nicht nur auf Bleistiftspitze oder Fingerkuppe, sondern auch auf die Gelenke der Finger, der Hand, bis in das Gelenk des Ellenbogens richten und das jeweilige Tasterlebnis beschreiben.

Im Gegensatz zu der Gruppe der früher besprochenen Sinne bleibt die Tasterfahrung nicht in der Umwelt des Menschen, sondern sie reicht von der Oberfläche des Tastorgans, auch des technisch erweiterten, bis tief in das Skelett hinein.

Zwei Tasterfahrungen, «rauh» und «hart», haben wir schon bezeichnet. Eine erste Polarität von Tasterfahrungen lässt sich feststellen, wie eben beschrieben, wenn wir mit einem geeigneten Tastinstrument *über* eine Oberfläche tasten. Die Pole dieser Erfahrung kann man «glatt» und «rauh» nennen und dazwischen kontinuierliche Übergänge finden.

Eine zweite Polarität von Tasterlebnissen entdecken wir, wenn wir das Tastinstrument *gegen,* und nicht über eine Oberfläche führen. Beginnen wir mit der Fingerkuppe. Vorsichtig gegen eine Tischoberfläche getastet, erleben wir erst einmal «weich». Mit der Verstärkung des Druckes geht «weich» in demselben Masse in «hart» über, wie der Druck verstärkt wird. Macht man dasselbe Experiment mit einer Bleistiftspitze, so erlebt man von vornherein «hart». Das «Weich»-Erlebnis rührt von einer Wahrnehmung unserer Fingerspitzenmuskulatur her und geht erst nach und nach über in das Erlebnis des Verhältnisses zwischen dem dahinterliegenden Knochen und der Tischplatte. Dieses erst erzeugt die Wahrnehmung «hart». Auch hier ist es wichtig, das geeignete Tastinstrument jeweils zu finden, wenn wir die Härte oder Weichheit einer Oberfläche tastend erleben wollen.

Mit den zwei Richtungen des Tastens haben wir Verhältnisse beobachtet, bei denen das Tastinstrument deutlich kleiner war als das Tastobjekt. Lässt sich dieses Verhältnis auch umkehren? Tasten wir also mit der Fingerkuppe gegen ein Tastobjekt, das kleiner als diese ist, beispielsweise sowohl gegen die Spitze als auch gegen das Ende eines Bleistiftes. Der erste Erfahrungsinhalt kann mit «spitz», der zweite mit «rundlich» bezeichnet werden. (Das Wort «stumpf» muss aufgespart werden für einen anderen Erfahrungsinhalt.) «Rundlich» bezeichnet, auch wenn es ungewohnt klingt, zutreffend den tatsächlichen Inhalt der Erfahrung. Man prüfe das an mehreren Objekten, deren Tastfläche rund, eckig oder gar ringförmig sein kann. Wenn die (kleine) Tastfläche eine bestimmte Grösse nicht überschreitet, bleibt das Erlebnis von ihrer Form unabhängig, eben «rundlich». Wollen wir über ein Tastobjekt streichen, das kleiner als das Tastorgan ist, muss es eine gewisse Länge haben, wie zum Beispiel eine Messerklinge. Hier kann die Erfahrung einmal «scharf» und ein andermal «stumpf» sein. Wieder haben wir zwei Paare von Polaritäten mit allen Übergängen dazwischen gefunden.

Ein letztes Polaritätenpaar lässt sich entdecken, wenn das Tastinstrument in das Objekt eindringt. Das ist bei Wasser bis hin zum Teer der Fall. Die Erfahrung reicht dann von «flüssig» bis «zäh». Hat nur die Oberfläche eine durchdringliche Konsistenz, können wir beim Darübertasten «glitschig» bis «klebrig» erleben.

Diese 12 Urphänomene sind der Reigen des ganzen Tastfeldes. Sein Spektrum setzt sich aus drei Doppelpolaritäten zusammen, die auf die folgende Art beschrieben und in ein Schema gebracht werden können:

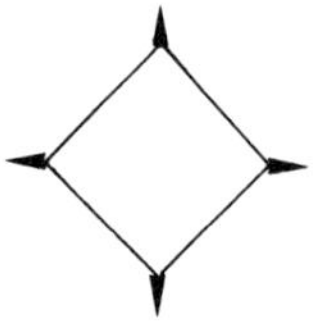

Das Tastobjekt ist von undurchdringlicher Konsistenz
- es ist grösser als das Tastinstrument:
Dagegengetastet ergibt "hart" bis "weich",
darübergetastet ergibt "glatt" bis "rauh".

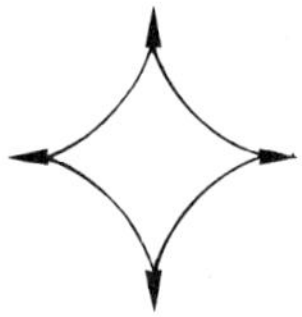

Das Tastobjekt ist von undurchdringlicher Konsistenz
- es ist kleiner als das Tastinstrument:
Dagegengetastet ergibt "spitz" bis "rundlich",
darübergetastet ergibt "scharf" bis "stumpf".

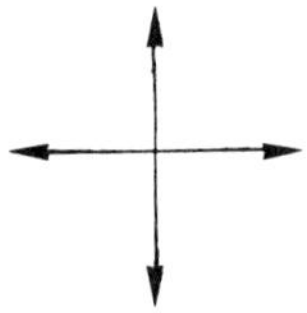

Das Tastobjekt ist von durchdringlicher Konsistenz:
Dagegengetastet ergibt "flüssig" bis "zäh",
darübergetastet ergibt "glitschig" bis "klebrig".

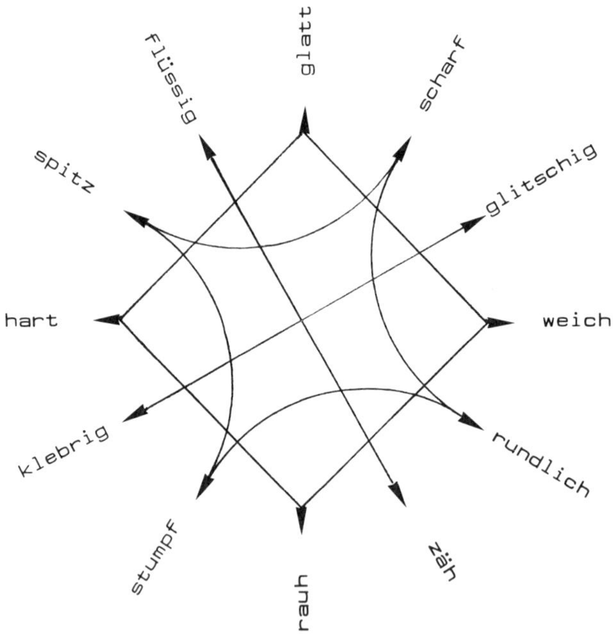

Ohne den Raum, den die Gegenstände erfüllen, hätte der Tastsinn keine Objekte. Ohne ihr Beharrungsvermögen und ohne ihre Masse würde er sie nicht in die Erfahrung bringen. Die Schwerkraft schliesslich ist es, die als eine dauernde Wirkung die Knochen des Skelettes gegeneinander und den ganzen Leib gegen seine Standfläche zieht. Für die davon ausgehenden Wahrnehmungen werden wir – ohne besondere Intention – umso wacher, je älter wir werden. Es ist die physische Welt, in die uns der Tastsinn stellt. Er führt uns in die tote Welt schwerer Massen.

Der Lebenssinn

Mit dem Lebenssinn verfügen wir über ein Sinnesfeld, das uns die Lebenszustände des eigenen Leibes erschliesst. Ein einfaches Experiment bringt eine erste Erfahrung. Man schwinge einen Arm aus lose hängender Haltung in die Horizontale auf, halte ihn in dieser Lage und beobachte, wie sich die Wahrnehmung im Arm mehr oder weniger schnell ändert. Beschreiben wir diese Erfahrung: noch im Aufschwingen in die Horizontale habe ich eine Wahrnehmung der Leichte, die mit der Zeit in Schwere und schliesslich in Schmerz übergeht, wenn die Last nicht mehr zu tragen ist. Dieses Gefühl von Leichte oder Schwere ist etwas, was man besonders aus den Gliedmassen während der körperlichen Arbeit kennt. Wer längere Zeit schwere Schuhe oder auch einen schweren Rucksack getragen hat, wird das Gefühl der Leichte kennen, wenn er sich der Last entledigt. Hier wandelt sich Schwereempfindung in Empfindung der Leichte – umgekehrt im Vergleich mit dem obigen Experiment. Immer aber klingen die Wahrnehmungen nach kurzer Zeit ab, ebenso schnell wie sie sich entwickeln. Sie haben einen kurzen Rhythmus.

Polar dazu, aber nicht so wach zu erleben, ist das Gefühl, das man vom Ganzen seines Leibes hat, wenn man morgens nach einer guten Nacht vom Frühstückstisch aufsteht, oder die Empfindung, die man nach einem arbeitsreichen Tag hat, wenn man abends ins Bett sinkt. Die Morgenfrische, wie wir die erste der beiden Wahrnehmungen nennen wollen, ist etwas, was man aus seiner Jugendzeit bis in die zwanziger Jahre als etwas kennt, das einen ständig erfüllte. Die Abendmüdigkeit nimmt mit dem Alter so zu, wie die Morgenfrische abnimmt. Im ganzen ist es aber doch ein *Tagesrhythmus,* auf dessen Verwandlung im Lebensgang wir eben geblickt haben.

Zwischen den beiden Polaritäten, der einen mit dem kurzen und der anderen mit dem langen Rhythmus des Tages, findet sich eine dritte Wahrnehmungspolarität. Hat man – besonders wenn man es nicht gewohnt ist – einige Stunden körperlich gearbeitet, stellt sich das Gefühl der «Abgeschlagenheit» oder Mattigkeit ein, wie man es als Dauerzustand auch von manchen Krankheiten kennt. Polar dazu ist der Zustand, in dem man nach einer erholsamen Pause – besonders wenn man in der Arbeit, die gemacht wird, geübt ist – die kraftvolle Frische wieder spürt, die einen in die Hände spucken lässt. Das ist ein *Stundenrhythmus.*

Auf die Lebenszustände des eigenen Leibes blickend, können wir sechs Urphänomene in drei nach ihrem Rhythmus geordneten Polaritäten finden:

Morgenfrische –	Abendmüdigkeit
Kraftgefühl –	Abgeschlagenheit
Leichte –	Schwere.

Eine zweite Gruppe von Empfindungen des Lebenssinnes finden wir in den Verhältnissen, die die eigene Lebensorganisation zur Umwelt eingeht. Man halte einige Zeit die Luft an und beobachte die einsetzende Empfindung, die wir als Atemnot beschreiben können. Für die gegensätzliche Empfindung, die wir in frischer Bergluft, aber auch nach einigen tüchtigen Atemzügen haben, kennt unsere Sprache keine eindeutig zutreffende Bezeichnung. Es soll «atemkräftig» dafür vorgeschlagen werden. In der Wahrnehmung von Atemkraft und Atemnot haben wir hier die Polarität mit dem kürzesten Rhythmus gefunden.

Ein zweiter Rhythmus hängt mit der Aufnahme von Flüssigkeit zusammen. Auch hier ist es schwierig, zum Durst, der die Empfindung des Mangels beschreibt, das seinen Gegensatz bezeichnende Wort zu finden. In dem schönen Partizip «erquickt» lebt mehr die seelische Antwort auf die Wahrnehmung als diese selbst. Wir wollen es trotzdem aufnehmen und dabei beachten, dass wir es allein für die Bezeichnung des Wahrnehmungsinhaltes verwenden wollen.

Die dritte Polarität, die sich auf die feste Nahrung bezieht, ist mit den Worten «satt» und «hungrig» gut beschrieben. Da wir mehrmals täglich essen und trinken, ist es schwer zu sagen, welcher der beiden Rhythmen «erquickt – durstig» oder «hungrig – satt» die längere Phase hat. Das stellt sich erst heraus, wenn man erfährt, welche der beiden Mangelsituationen der Organismus länger erträgt: zweifellos den Hunger. Deshalb stellen wir die drei Polaritäten der umweltgerichteten Seite der Lebensorganisation in die folgende Reihe, die sich aus der abnehmenden Phasenlänge ihrer Rhythmen ergibt: satt – hungrig, Erquickung – Durst, Atemkraft – Atemnot.

Es ist naheliegend, die 12 Urphänomene des Spektrums des Lebenssinnes im Kreis zu ordnen und die drei Phasenlängen ihrer Rhythmen als Ordnungsprinzip heranzuziehen (siehe Seite 49).

In der Regel ist der Mensch für diesen Sinn nicht besonders wach. Wer gesund ist, sein Leben harmonisch gestaltet, bei dem erscheint die Wahrnehmung des Lebenssinnes nur, wenn er seine Aufmerksamkeit bewusst auf einzelne Phänomene richtet. Sonst aber stellt sich ein seelisches Gefühl gegenüber dem Leibe ein, das man «behaglich» nennen kann. Es ist die die Leibesempfindung begleitende Stimmung der Seele, die sofort unterbrochen wird, wenn die Wahrnehmung eines einzelnen Phänomens hervortritt. Wie wir im Fortgang der Betrachtung noch sehen werden, wie einleitend und wie eben noch einmal kurz erwähnt, zeigt die menschliche Lebensorganisation (Ätherleib) zwei Wirkungsrichtungen: zur Umwelt gerichtet zerstört sie alle qualitativen Eigenschaften, die der

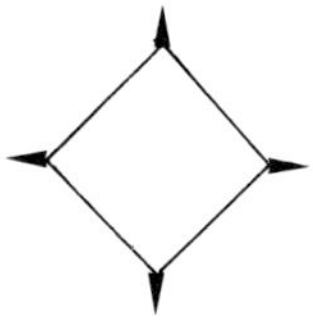

Kurzer Rhythmus der Lebensorganisation
- umweltgerichtete Seite:
  Atemkraft - Atemnot
- leibgerichtete Seite: Leichte - Schwere.

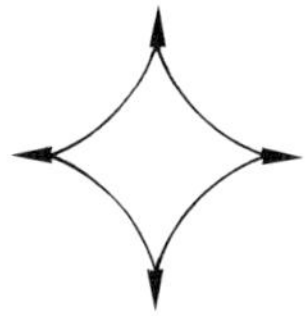

Mittlerer Rhythmus der Lebensorganisation
- umweltgerichtete Seite:
  Erquickung - Durst
- leibgerichtete Seite:
  Kraftgefühl - "Abgeschlagenheit".

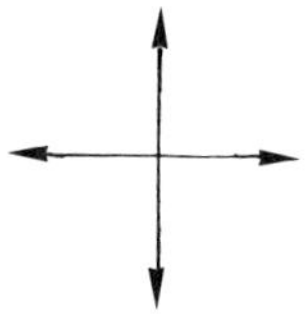

Langer Rhythmus der Lebensorganisation
- umweltgerichtete Seite: satt - hungrig
- leibgerichtete Seite:
  Morgenfrische - Abendmüdigkeit.

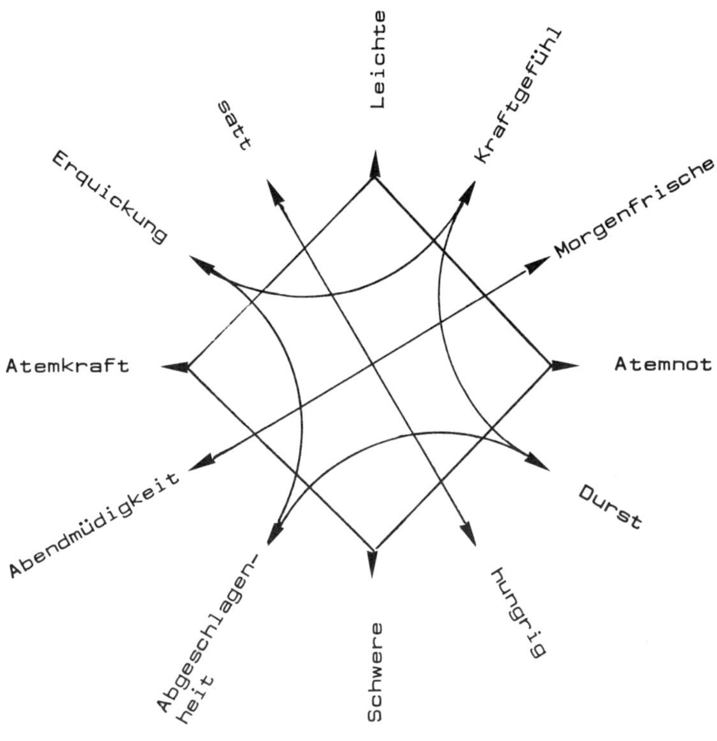

Mensch aufnimmt, soweit, dass davon kein Rest mehr bleibt. Die auf den eigenen Leib gerichtete Seite erhält diesen, lässt ihn wachsen und reproduziert ihn. Von den Tätigkeiten unseres Ätherleibes in unserem physischen Leib gibt uns der Lebenssinn Kunde.

Wie verhält es sich mit dem Schmerz? Man könnte denken, dass er ein Phänomen des Lebenssinnes sei, zumal wir ihn hier schon erwähnt haben. Als wir die Erfahrung des schwerwerdenden Armes gemacht haben, ist die Wahrnehmung der Schwere langsam in die des Schmerzes übergegangen. So ist es auch beim Tastsinn. Wenn wir eine Spitze tasten, brauchen wir nur den Druck zu verstärken, und die Wahrnehmung geht in Schmerz über. Beim Wärmesinn ist es nicht anders, wenn wir uns einer heissen Platte nähern. Schmerz ist eine Empfindung, die sich immer dann einstellt, wenn ein beliebiges Phänomen der Wahrnehmungswelt über eine bestimmte Schwelle hinaus gesteigert wird. Schmerz ist im Gegensatz zur Sinnesempfindung indifferent. Es ist immer derselbe Schmerz, ob er aus dem Wärme-, dem Tast-, dem Lebenssinn oder irgend einem anderen Sinn hervorgeht. Trotzdem bleibt der Eindruck berechtigterweise bestehen, dass der Schmerz auch im Leibe, und nicht nur in der Seele ist, wo er selbstverständlich auch entstehen kann. Worum es sich handelt, wird man am besten an lokalisierten Sinnesorganen wahrnehmen können, an Auge und Ohr. Geht die Licht- oder die Tonwahrnehmung durch Steigerung in Schmerz über, so entsteht dieser im Sinnesorgan. Das Auge oder das Ohr schmerzt. Statt ein Tor zur Welt für die Seele zu sein, erscheint das Organ selbst im Sinnesbewusstsein. Damit hängt zusammen, dass der Schmerz räumlich differenziert sein kann. Er kann an der Oberfläche des Leibes auftreten oder im Inneren. Er kann punktuell oder flächig erscheinen. Auch sein zeitlicher Ablauf und seine Intensität differenzieren sich. Da der ganze Leib an jeder Stelle schmerzen kann (von Haaren, Nägeln und dem Zahnschmelz abgesehen), ist auch der ganze räumliche Leib des Menschen Sinnesorgan.

Der Bewegungs- und Lagesinn

Beginnen wir wiederum mit einem Selbstversuch. Man schliesse die Augen, bewege eine Hand und beobachte, welche Bewegung der ausgestreckte Zeigefinger dabei im Raum ausführt. Unterscheidend lassen sich dabei zwei Qualitäten feststellen. Ob die Bewegung schnell oder langsam oder ob sie gerade oder gekrümmt geführt wird. Wollen wir «schnell» oder «langsam» von «gerade» oder «gekrümmt» isolieren, bleibt nur übrig, einen Punkt vorzustellen und allein dessen Verhalten in der Zeit, nicht im Raume, zu beobachten. Das ist zwar etwas, was in der Sinneswirklichkeit als reine Beobachtung nur annähernd zu erleben ist, aber als Qualität natürlich vom linearen Aspekt von «gerade – krumm» getrennt werden muss. Das Zeitliche einer Bewegung kann aber auch ganz zur Ruhe kommen. In diesem Fall bleibt eine Wahrnehmung von der Lage meines Fingers im Verhältnis zu mir selbst bestehen. Diese Wahrnehmung kann ich von allen meinen Gliedern haben: am deutlichsten von allen Vorsprüngen, besonders den Gliedmassen, am wachsten an den Händen. Da der Bewegungssinn auch eine Wahrnehmung des ruhenden Leibes vermittelt, können wir ihn auch Lagesinn nennen. Denn die Lage der Glieder zueinander ist für diesen Sinn der Inhalt ihrer Wahrnehmung, wenn sie ruhen. Will ich für die Qualitäten der Lage meiner eigenen Leiblichkeit «zu mir selbst» erwachen und das nicht als eine Frage der euklidischen Geometrie abtun, ist es gut, mir ein Empfindungsurteil darüber zu verschaffen, welche der zu erlebenden Polaritäten der Raumrichtungen «vorn – hinten», «links – rechts» und «kopfwärts – fusswärts» mit den bisher entdeckten polaren Bewegungsqualitäten: «ruhend – schnell» und «krumm – gerade» zusammenklingen. Die zeitliche Komponente von «ruhend – schnell» passt nur zu der Raumrichtung «hinten – vorn». In der Art, wie ich mich gehend fortbewege, wie ich durch die Welt oder den Raum schreite, drückt sich meine eigene seelische Natur aus: vom tastend-zögernden bis zum kraftvoll-zielsicheren Schritt vorwärts. Gemeint ist damit nicht die Art, wie der Mensch als Ich-Wesen seinen Schritt führen kann. Da ist er frei zum Gestalten dessen, was der Situation angemessen ist. Gemeint ist dasjenige, was sich unbewusst im Schreiten eines Menschen seelisch ausdrückt.

Der Raum, der mich in ein linkes und in ein rechtes Wesen teilt, ist der Raum, in dem Arme und Hände ihr Bewegungsspiel entfalten. Da kommt es auch auf den Gegensatz «ruhend – schnell» an, aber die zweite Polarität «gerade – krumm» tritt dazu. Im schnellen Deuten bis zum langsam beschreibenden Bogen lebt die Gestik, in der sich das menschliche Seelenwesen rein ausspricht.

Bleibt noch «kopfwärts – fusswärts». Lässt sich auch zu dieser Lagewahrnehmung eine Bewegungspolarität entdecken, die so zu ihr passt wie «ruhend – schnell» zur Lage «hinten – vorn» und «gerade – krumm» zu «links – rechts»? Bauen wir dazu eine Reihe auf. Die Polarität «ruhend – schnell» lebt sich vor allem in der Zeit dar, für das zugehörige Räumliche genügt ein Punkt. Aus dem Punkt wird eine Linie, wenn die Polarität «gerade – krumm» dazukommt. Wir sehen also, dass wir einen Schritt «räumlicher» werden müssen, falls sich die Reihe fortsetzen lässt. Beobachten wir, wie Kumuluswolken, die sich am Nachmittag eines sonnigen Hochsommertages bilden, sich zu hohen, oft Gewitter ankündigenden Wolkentürmen aufbauen. In der oberen Partie solcher Wolken sieht man eine oft sehr schnell ablaufende Bewegung, die am besten mit dem Wort «quellen» belegt wird. Solche Quellbewegungen sind auch im Wasser schön zu beobachten, sei es in aufschäumenden Gebirgsbächen oder, sehr viel ruhiger und das Phänomen in Reinheit endlos und nur leicht rhythmisiert vorführend, in den Karstquellen. Am schönsten zeigt sie wohl der Blautopf in der Schwäbischen Alb. Die Polarität zur Quellbewegung nennen wir «schwinden». Auch das ist im Wasser an jedem einsaugenden Wirbel schön zu sehen. Die Natur führt vor, dass Quell- und Schwindebewegungen in der «oben – unten» oder, hinsichtlich des Menschen in der «kopfwärts – fusswärts»-Raumrichtung zu Hause sind. Wie ist es nun für das Selbsterlebnis mit quellend – schwindenden Bewegungen? Auch hier lässt sich von einer Reihe ausgehen. «Ruhend – schnell» haben wir ja das Schreiten zugeordnet empfunden, «krumm – gerade» die Arm- und Handbewegungen im freien

Raum des linken und rechten Menschen, in dem sich die Seele in den Gesten offenbart. Das Quellen – Schwinden in den «kopfwärts – fusswärts»-Richtungen ist bekannt als seelisches Selbstgefühl. Damit verlassen wir die *Sinnes*wahrnehmung.

Um ein Beispiel zu nennen: im vierten Lebensjahrsiebt hat der Mensch dieses seelische, nach oben aufquellende Erlebnis, wenn er von der sozialen Umwelt, auf die er Wert legt, in seiner Leistung anerkannt wird; im umgekehrten Fall hat er das Erlebnis des Schwindens.

Wir sehen, wie im Menschen die Bewegung aus der Sinneswelt in die Seelenwelt übergeht. Im Hinblick auf die Bewegungen in der Natur können wir sagen: in den Strömungen von Wasser und Wolken sind die quellend – schwindenden Bewegungen deutlich nicht auf den Beobachter, sondern auf das Objekt der Beobachtung bezogen. So ist es auch, wenn der Lauf eines Tieres oder der Flug eines Vogels beobachtet wird. Anders ist es mit den Raumesrichtungen der Lage. Im Seh- und im Hörfeld bezieht sich die Lage eines Ortes im Raum immer auf den Ort, von dem aus beobachtet wird. «Vorn – hinten», «links – rechts», «kopfwärts – fusswärts» breiten sich vom Beobachtungsort in die Umwelt aus. Deshalb sind Lagewahrnehmungen mehr dem eigenen Leib, Bewegungswahrnehmungen mehr dem Umgebungsraum zugeordnet.

Aus den entwickelten Gesichtspunkten lassen sich damit die 12 Urphänomene des Lage- und Bewegungssinnes zum Spektrum ordnen (siehe Seite 53).

Auf die Schicht der Welt, die sich dem Menschen durch den Lage- und Bewegungssinn offenbart, haben wir schon hingewiesen. Alles Seelische lebt in den Bewegungen. Die Tiere sind überhaupt *das* Beobachtungsfeld für den Bewegungssinn. Alles Tierverhalten setzt sich aus Bewegungsabläufen zusammen. Jede Tierart zeigt das ihr eigentümliche Verhalten, von den nervösen, immer in Flucht übergehenden schnellen Bewegungen der Maus bis zu den ruhigen, durch die Umwelt nur wenig beeinflussten Verhaltensweisen der Rinder. Schad hat gezeigt, dass Färbungen und Verhalten der Tiere korrelierende Erscheinungen sind[9]. Aus unserem Gesichtspunkt hängen Farben und Bewegungen ebenfalls zusammen, da beide in der Seelenwelt ihren Ursprung haben. Der Bewegungssinn kann in seiner Bedeutung für die Ganzheit des Sinneserlebnisses nur dann richtig eingeschätzt werden, wenn wir noch auf einige Phänomene aufmerksam machen.

Nicht nur die menschliche Gestalt als Ganzes dient dem Lage- und Bewegungssinn als Sinnesorgan, wie es der Fall ist, wenn ich die Lage eines meiner Organe zum Ganzen des Leibes wahrnehme. Der Bewegungssinn kann auch über das Auge, über das Ohr, ja sogar über den Tastsinn arbeiten. Über letzteren beispielsweise nehmen wir Bewegung wahr, wenn ein Marienkäfer oder – noch kontinuierlicher – eine Schnecke über die Hand läuft. In beiden Fällen sind zwei Sinnesqualitäten in ihrem Zusammenspiel gegeben: zum einen das Tasterlebnis, zum anderen die Bewegung über die Hand. Nur das letztere vermittelt der Bewegungssinn. Ganz unabhängig von unserem eigenen Leib erleben wir Bewegungen, die wir sehen oder hören, wenn der Bewegungssinn sich des Auges oder

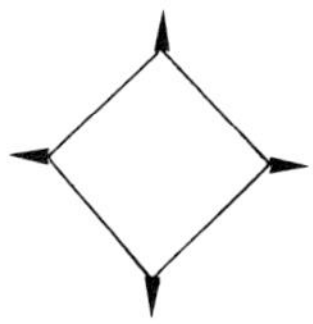

<u>Zeitliche Komponente herrscht vor:</u>

Umraum: schnell - ruhend
Eigenraum: vorn - hinten

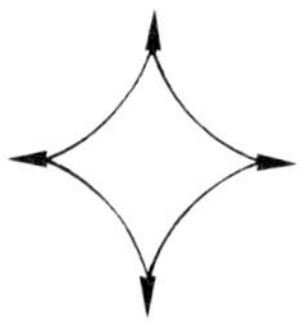

<u>Zeitlich-räumliches Gleichgewicht:</u>

Umraum: gerade - krumm
Eigenraum: links - rechts

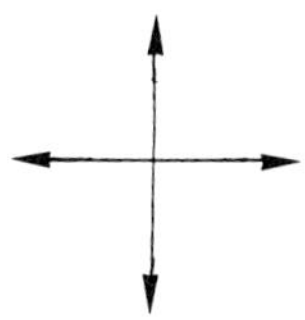

<u>Räumliche Komponente herrscht vor:</u>

Umraum: quellen - schwinden
Eigenraum: kopfwärts - fusswärts

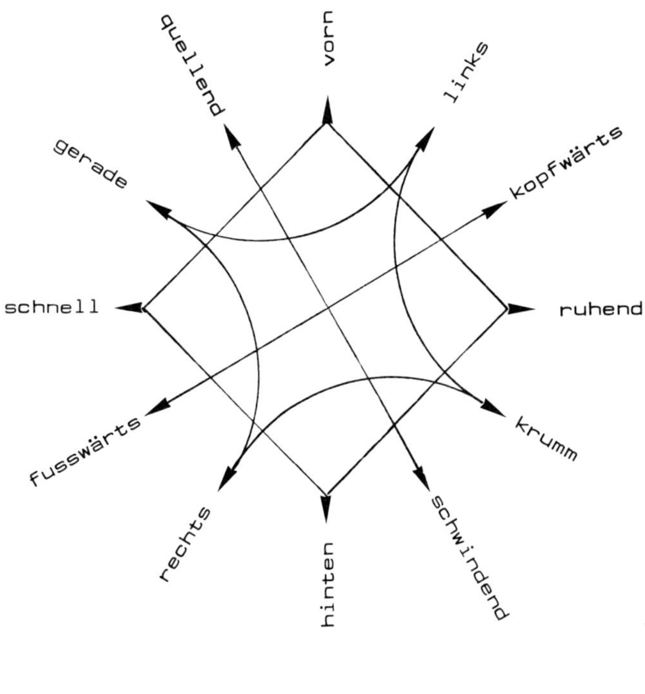

des Ohres als Sinnesorgan bedient. Wir sehen oder hören den Menschen oder das Tier, das sich in der Landschaft bewegt, die Wolken, die über den Himmel ziehen, das Fliessen des Wassers oder die Bewegung der Blätter im Winde. Bleibt das sich bewegende Objekt stehen, so ist auch dann seine Lage im Verhältnis zur Lage aller anderen Dinge im Sehfeld eine Erfahrung, die wir dem Bewegungs- und hier dem Lagesinn zuzuschreiben haben.

Vor einem weiteren Problem stehen wir, wenn wir auf den Mond blicken, der sich zwischen Wolken hin und wieder blicken lässt. Hat man dabei weder eine Hauswand, einen Baum noch die Horizontlinie im Blickfeld, so wird der Mond bewegt und die Wolken werden ruhend erscheinen. Oder man sitzt im Zug und hat die Empfindung, dass die Fahrt begonnen habe, bis man bemerkt, dass es der Zug auf dem Nachbargleis ist, der sich wirklich bewegt. Das macht uns auf die Bedingungen aufmerksam, die zur eindeutigen Wahrnehmung einer Bewegung gegeben sein müssen. Es muss ein ruhendes Bezugssystem vorhanden sein. Dieses kann entweder durch die Lagewahrnehmung des ganzen Leibes oder auch durch den Hintergrund, die Kulisse des Sehfeldes, erzeugt werden. Gerade hier gilt, dass die Objekte umso eindeutiger bewegt erscheinen, je kleiner sie sind und je erfüllter die ganze Kulisse ist. Das ist eine tiefgehende Erfahrung, an die der Bewegungssinn und die in ihm waltende Intelligenz gewöhnt sind und an der sie sich geübt haben. Kehrt sich dieses Verhältnis um, wie beim Mond zwischen den Wolken, wo ja allein der Mond der Kulisse angehört, so greift der Bewegungssinn dann in der oben geschilderten Art ein. Sobald eine Hauswand oder auch nur ein Mast mit dem Mond zur ruhenden Kulisse zusammenwächst, bewegen sich die Wolken, und der Mond erscheint ruhend. Genauso ist es auch beim anfahrenden Zug. Sobald ein Kulissenelement wahrgenommen wird, das Dach des Bahnhofes, der Würstchenverkäufer zwischen zwei Wagen oder der Hintergrund des Bahnhofsgebäudes, organisiert der Bewegungssinn das Gesamtbild wirklichkeitsgemäss. Schliesslich sei noch auf eine Erfahrung hingewiesen, wo der Inhalt der Wahrnehmung davon abhängt, ob ich selber ruhe oder mich bewege. Man blicke auf einen möglichst gut übersehbaren Horizont, zum Beispiel von einem Schiff auf das Meer. Solange man mit ruhendem Blick den Horizont betrachtet, erscheint er als Gerade. Sobald man sich um seine eigene Achse dreht, erscheint er als Kreis oder Kreisabschnitt, also gekrümmt. Das leitet zu dem Problem über, dass ich im Laufen mich selbst als bewegt empfinde und die Welt als ruhend wahrnehme. Wir sind zwar sehr gewohnt, dass es so ist, trotzdem ist es nicht selbstverständlich. Man erinnere sich nur daran, dass es auf der Kinoleinwand oder auf dem Bildschirm anders ist: jeder Kameraschwenk erzeugt eine Bewegung des Bildes vor dem Betrachter. Je näher die Objekte vor der Kamera gefilmt werden, umso deutlicher bewegen sie sich durch jeden Schwenk. Im Hinblick auf den Horizont kann der zugrunde liegende Sachverhalt weit weniger deutlich bewusst werden. Man kann aber durch einen «Schwenk» auch die mit den Augen gesehenen Bilder bewegen. Dazu halte man mit der linken Hand das linke Auge zu, blicke mit dem rechten geradeaus und drücke mit dem Zeigefinger der rechten Hand von rechts unten nach links oben gegen das rechte Auge. Das gesehene Bild bewegt sich gegen die durch den Druck erzeugte Augenbewegung. Daraus ergibt sich, dass das ruhende Sehfeld nur dadurch zustande kommt, dass der Bewegungssinn die Bewegungen der beteiligten Muskulatur wahrnimmt, wenn der Blick wandert. Das liegt dem Erlebnis der Eigenbewegung vor einer ruhenden Kulisse zugrunde – unabhängig davon, ob die Eigenbewegung nur an der Augenmuskulatur oder an dem ganzen Bewegungsapparat wahrgenommen wird. Wird das Auge mechanisch von aussen bewegt, wie in unserem Experiment, fällt die Wahrnehmung der Eigenbewegung fort, und die Folge ist das wackelnde Sehfeld. Ähnlich ist es auch mit der Horizontwahrnehmung, von der wir ausgegangen sind. Ruht der Blick auf dem Horizont, erscheint er als das, was er im Ausschnitt ist: eine Gerade (man kann das mit Hilfe eines Lineals prüfen). Bringe ich mich als mich bewegender Mensch mit dem Bewegungssinn in eine Beziehung zu ihm, erscheint er als das, was er auch ist: eine in sich selbst zurücklaufende Gerade, also ein Kreis. Da die Horizontlinie wirklich beides ist, lässt es sich auch getrennt wahrnehmen.

Der Gleichgewichtssinn

Während wir uns als wache Menschen den Tätigkeiten des Tageslaufes zuwenden, gebrauchen wir dabei den Gleichgewichtssinn pausenlos. Für ihn selbst sind wir dabei selten wirklich wach. Das ändert sich aber schnell, wenn wir folgendes Experiment durchführen: man stelle sich aufrecht hin, die Füsse etwas auseinander, ohne die Fersen vollständig zu schliessen. Nun neige man sich im Fussgelenk rückwärts, ohne die Streckung des Körpers zu verändern. Bald ist der Augenblick eindeutig zu erleben, da die Möglichkeit, sich stehend zu halten, verlorengeht und in das Umfallen-Müssen übergeht. Je langsamer man sich neigt, umso deutlicher wird dieser Moment zu erleben sein. Gleichzeitig haben wir ein Bein zurückgestellt, um nicht wirklich umzufallen. Die Gliedmassenbewegung, unser Gleichgewichts- und unser Bewegungssinn spielten also eng und koordiniert zusammen. Dieses Zusammenspiel soll zunächst betrachtet werden, um eine notwendige Unterscheidung treffen zu können.

Die Frage, ob bei dem eben beschriebenen Versuch auch die Wahrnehmung der Lage, also des räumlichen Verhältnisses der einzelnen Körperteile zueinander, sich verändert habe, müssen wir verneinen. (Dabei wird davon abgesehen, dass wir den Fuss zurückgestellt haben, was selbstverständlich als Lageveränderung empfunden wird.) Die Lage der Glieder in den Raumrichtungen «kopfwärts» – fusswärts», «links – rechts» und «vorn – hinten» ist während des Versuches so geblieben, wie sie vorher war. Was sich aber verändert hat, ist das Verhältnis dieser Lagewahrnehmung zur Senkrechten, sowohl zur «kopfwärts – fusswärts»- wie zur «vorn – hinten»-Empfindung. Das Zusammenspiel der «Aufrecht»- oder «Senkrecht»-Wahrnehmung des Gleichgewichtssinnes und dem den Leib ergreifenden Willen ist die Tagessituation körperlich arbeitender Menschen. Wiederholen wir nun den beschriebenen Versuch, aber mit der Absicht, für die «Aufrecht»-Wahrnehmung wirklich wach bleiben zu wollen. Dafür genügt es, nicht ganz bis an den Punkt heranzugehen, hinter dem ich das Gleichgewicht verliere. Nun wird erlebt, wie die Senkrechte vor meinem Kopf und hinter meinen Füssen liegt, wenn ich zurückgebeugt stehe. Wie sie in meine Körperachse wandert, wenn ich «in die Senkrechte» gehe, und hinter meinem Kopf und vor meinen Füssen liegt, wenn ich mich nach vorn beuge. Also ist die Lagewahrnehmung «kopfwärts – fusswärts» deutlich etwas anderes als die Wahrnehmung der Senkrechten. Der Gleichgewichtssinn nimmt wahr, ob die Lage meiner Körperachse in der Senkrechten ist oder nicht. Das ist die erste Polarität, die wir hier gefunden haben: «*in* der Senkrechten – *aus* der Senkrechten.» Das Erlebnis der Senkrechten, die mit mir im Raume wandert, wenn ich mich bewege, ist eine den Menschen im tiefsten Inneren berührende Wahrnehmung, wenn man übend gelernt hat, sie wach zu erleben.

Die zweite Polarität des Gleichgewichtsspektrums haben wir schon berührt: es ist die Empfindung, dass ich im Gleichgewicht bin und bleiben werde. (Die Koordinierung mit dem Bewegungssinn ist auch hier wieder eine sehr enge.) Man stelle sich die folgende Situation vor. Jemand redet mich mit dem Satz an: «Bitte, setzen Sie sich, hinter Ihnen steht ein Stuhl.» Es gibt kaum jemanden, der sich setzen würde, ohne sich nach dem Stuhl umzublicken. Das hängt damit zusammen, dass die Bewegung des Hinsetzens eine zielgerichtete, final orientierte ist und die sichere räumliche Orientierung durch den vorangehenden Blick zur Voraussetzung hat. Man versuche es einmal ohne diesen Blick und man wird merken, wie man durch Tasterlebnisse, Anstossen an den Stuhl usw., sich langsam orientiert und die Hinsetzbewegung so ausführt, dass man die ganze Zeit *bewusst im Gleichgewicht* bleibt, ohne dieses auch nur einen Augenblick aufzugeben. Das ist anders, wenn ich mich nach einem Blick auf den Stuhl setze. Wird nämlich der Stuhl nach diesem Blick fortgenommen, ohne dass ich es merke, so falle ich hin, wenn ich nicht sehr geschickt bin. Ich setze mich so, dass ich mich in meinem Bewegungsablauf aus dem Gleichgewicht begebe. Die Bewegungsfolge ist dabei so koordiniert, dass das Gleichgewicht in dem Moment wiedergefunden wird, wenn die Berührung mit dem Stuhl einsetzt. Ist das nicht der Fall, findet der Betreffende sein Gleichgewicht erst auf dem Boden wieder.

Die zweite Polarität des Gleichgewichtssinnes, die wir mit den Worten «*im* Gleichgewicht – *aus* dem Gleichgewicht» bezeichnen können, begleitet als unbewusst bleibende Wahrnehmung alle Bewegungsabläufe.

Wie der Mensch eine exakte Wahrnehmung der aufrechten Richtung hat, hat er auch eine ebenso exakte Wahrnehmung der horizontalen Ebene. Das ist der Fall, wenn ich mich zum Schlafen hinlege. Auch hier ist – es sei wiederholt – die Lagewahrnehmung von der Gleichgewichtswahrnehmung zu trennen. Dreht man sich aus der Rücken- in die Bauchlage, wandert die Lagewahrnehmung des Bettes vom Rücken über eine Seite zum Bauch, ohne dass die Wahrnehmung der Horizontalebene sich dabei verändert. Die Empfindung des schief stehenden Bettes führt dazu, dass ich schlecht einschlafe. Liege ich auch noch diagonal auf einer schiefen Ebene, so kann mich das lange, wenn nicht sogar überhaupt am Einschlafen hindern. Man sieht, wie die vertikale Richtung zu dem wachen und die horizontale Ebene zu dem schlafenden Menschen gehört. Die Wahrnehmung der Horizontalen ist die einzige Wahrnehmung des Gleichgewichtssinnes, bei der auf die Koordination mit dem die Gliedmassen bewegenden Willen und dem Lagesinn verzichtet werden kann, ohne dass Unsicherheit oder Unruhe den Menschen ergreifen; im Gegenteil: durch dieses Tor zieht sich das Ich aus dem Leibe zurück. Mit der Anwesenheit des Ich im Leibe hängt dagegen die Wahrnehmung der Vertikalen zusammen.

Alle drei Polaritäten des Gleichgewichtssinnes – *in* der Vertikalen – *aus* der Vertikalen; *im* Gleichgewicht – *aus* dem Gleichgewicht; *in* der Horizontalen – *aus* der Horizontalen – können sicher und exakt auch mit geschlossenen Augen erlebt werden. Dass die Augen dennoch vom Gleichgewichtssinn gebraucht werden, bemerkt man, wenn im Sehfeld und damit in der Umwelt der Gleichgewichtssinn beteiligt wird. Es lässt sich wahrnehmen, ob ein Mast, ein Baum oder eine Gebäudekante senkrecht stehen oder nicht, ob eine Ebene in der Horizontalen ist oder nicht und ob ein Gegenstand im Gleichgewicht steht oder nicht.

Wie ich durch das statische Organ meinen Leib im Schwerefeld erleben kann, so kann ich über das Auge die Dinge der Umwelt im Verhältnis zu ihm erleben. Beides hängt zusammen, und meine wache Gleichgewichtswahrnehmung in der Umwelt setzt die Tätigkeit des Gleichgewichtssinnes im statischen Organ voraus, was wir aber nicht bewusst wahrnehmen. In dem Verhältnis der Dinge zum Schwerefeld kann ich die gleichen drei Urphänomene wahrnehmen wie in meinem eigenen Verhältnis zu ihm. Damit lassen sich drei Gruppen von Urphänomenen mit je einer auf den Leib und einer auf die Umwelt gerichteten Seite zum Ganzen des Gleichgewichtsspektrums ordnen (siehe Schemas auf Seite 58 und 59). Der Gleichgewichtssinn bildet die Tore, die das Ich durchschreitet, um seinen Tagesrhythmus zwischen dem wachen Zustand im Leibe und dem schlafenden, aus dem Leibe herausgezogenen Zustand durchleben zu können.

Die Absolutheit des Geistes findet sich auch in den Phänomenen des Sinnes wieder, der ihm dient: die Wahrnehmungen des Gleichgewichtssinnes sind im absoluten Sinn immer eindeutig, Mischphänomene treten nicht auf.

Zusammenfassung: Die Willenssinne

Blicken wir auf die vier Sinne, die wir eben betrachtet haben: den Tastsinn, den Lebenssinn, den Bewegungs- und den Gleichgewichtssinn, so finden wir auch hier eine zunehmende Polarisierung der Phänomene, ähnlich wie wir es bei den dem Fühlen verbundenen Sinnen entdeckt haben.

Beim Tastsinn lässt sich ein stufenloser Übergang von «glatt» nach «rauh» usw. feststellen. Die Pole «glatt» oder «rauh» werden aber in der Wahrnehmung nie absolut

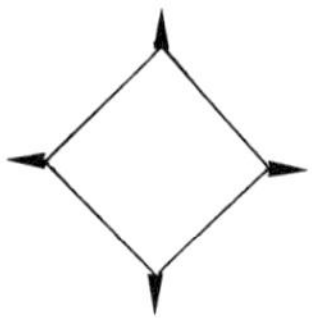

Der Schwere entgegenstehend,
das Wachbewusstsein tragend:

Ich selbst: aufrecht stehen –
nicht aufrecht stehen.

Die Dinge: stehen aufrecht –
stehen nicht aufrecht.

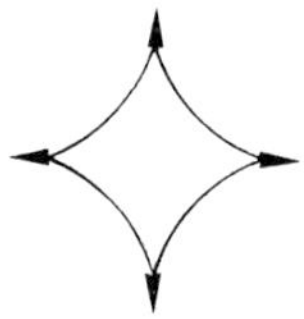

Im Schwerefeld sich orientierend:

Ich selbst: ins Gleichgewicht kommen –
aus dem Gleichgewicht kommen.

Die Dinge: kommen ins Gleichgewicht –
kommen aus dem Gleichgewicht.

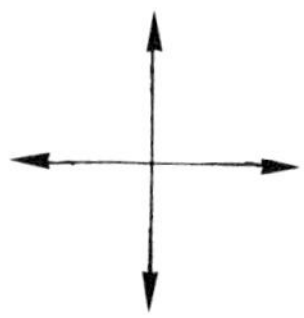

Der Schwere hingegeben,
das Tor zum Schlafbewusstsein bildend:

Ich selbst: in der Horizontalen liegen –
nicht in der Horizontalen liegen.

Die Dinge: liegen horizontal
liegen nicht horizontal

erscheinen, denn es lässt sich immer eine noch glattere oder noch rauhere Empfindung als die faktisch gegebene vorstellen. Doch eine qualitative Steigerung durch Mischung, wie es für den Geruch und den Geschmack selbstverständlich ist, bleibt hier aus. Beim Lebenssinn verschwindet die Mitte zwischen «hungrig» und «satt», Schwere und Leichte usw. in dem allgemeinen Gefühl der Behaglichkeit. Beim Bewegungssinn werden die Pole zu Antagonisten. Entweder ist die Bewegung krumm oder gerade, die Lage links oder rechts. Nur «schnell» bis «langsam» kennt noch eine Übergangsreihe. Beim Gleichgewichtssinn schliesst ein Urphänomen nicht nur seinen Antagonisten, sondern auch das zweite Verhältnis zur Schwere aus. Wenn ich aufrecht stehe, dann stehe ich weder schief, noch liege ich in der Horizontalebene. Diese vier mit dem Willen des Menschen, mit seinem Tätigsein im Tageslauf verbundenen Sinne zeigen eine Verstärkung des antagonistisch-polaren Prinzips; dafür fehlen Steigerungen durch Mischung, die gerade die Hauptsache bei den Gefühlssinnen sind. Die Willenssinne bringen das Absolute des Geistes stärker zum Ausdruck als jene.

Nicht nur für die vier Gefühls-, auch für die vier Willenssinne haben wir gefunden, dass jeder der vier je eine Beziehung zu einem Wesensglied des Menschen hat. Mit dem

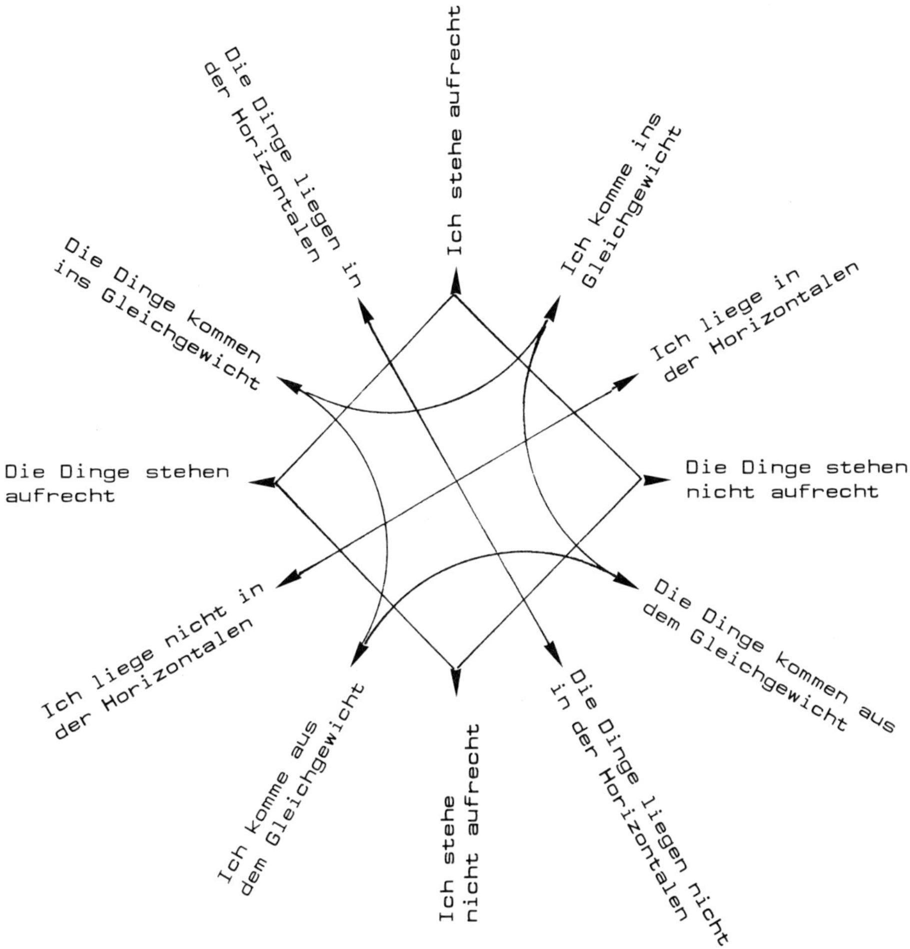

Tastsinn nehmen wir die Substantialität der physischen Welt wahr. Die Tatsache, dass wir hier nach den Bedingungen zu ordnen hatten, unter denen die Phänomene erscheinen, zeigt die Beziehung zur stofflichen Welt. Zur Arbeitsmethode, die diese Welt erforscht, gehört die genaue Beschreibung der Bedingungen, unter denen die Erscheinungen mit Notwendigkeit und Ausschliesslichkeit auftreten. Durch den Lebenssinn nehmen wir die Zustände wahr, die sich durch die rhythmischen Tätigkeiten des Ätherleibes im physischen Leibe ergeben. Folgerichtig hatten wir hier das Spektrum nach drei Rhythmen zu ordnen. Durch den Lage- und Bewegungssinn nehmen wir wahr, wie sich Seelisches im Verhalten äussert. Hier hatten wir nach der Art, wie Lage und Bewegung seelisch zusammenklingen, zu ordnen.

Schliesslich braucht das Ich die Tore, die es in den Phänomenen des Gleichgewichtssinnes findet, um sich in zwei Seinsarten zum Leib in ein Verhältnis zu bringen.

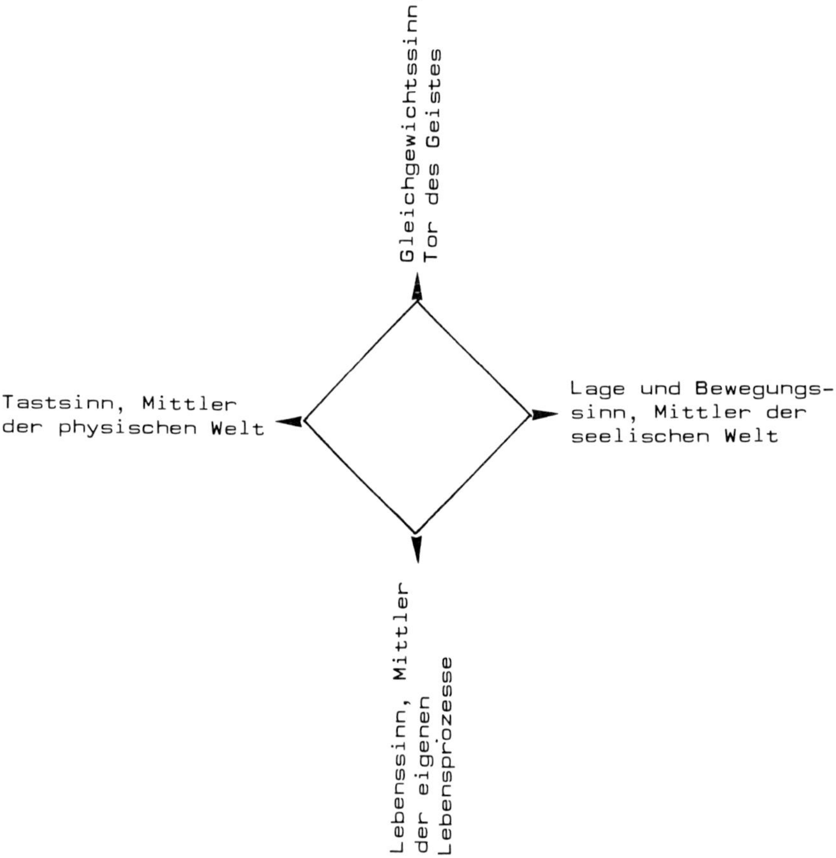

Die Denksinne

Es bleibt noch eine dritte Gruppe von vier Sinnen zu besprechen übrig.

Bisher haben wir die Sinne so behandelt, dass wir ihre Erlebnisfelder analysiert und die gefundenen Qualitäten nach in der Sache liegenden Kriterien geordnet haben. Auch im folgenden soll diesem Grundsatz treu geblieben werden.

Wir wollen ihn allerdings so anwenden, dass er uns hilft, die einzelnen Sinnes*felder* erst einmal voneinander zu trennen. Denn die Sinne, von denen jetzt gesprochen werden soll, der Hörsinn, der Lautsinn, der Denk- und der Ichsinn, werden in der Regel nicht isoliert voneinander tätig. Auch soll daran erinnert werden, dass wir «Sinn» genannt haben, was zu einem «Spektrum gleichartiger Qualitäten» zusammenzufassen ist – wie Farben, Lebenszustände oder Gleichgewichtswahrnehmungen –, weil wir nach diesem Kriterium auch hier unterscheiden wollen.

Hören wir einem Menschen zu, der spricht, um uns seine Gedanken mitzuteilen. Welche Felder gleichartiger Qualitäten lassen sich in dem unterscheiden, was uns so gegenübertritt? Da sind einmal die Worte, die als das Nacheinander der Lautgestalten auftreten. Ausser den Lautgestalten, die sich aus Vokalen und Konsonanten zu dem bilden, was wir «Wort» nennen, hören wir auch die Bedeutungsweisen, die den Worten anhaften. Ja, wir können sogar sagen, dass es in der Alltagssprache alleiniger Zweck der Worte ist, Vehikel der Begriffsinhalte zu sein. Schliesslich hört man auch die Persönlichkeit, die spricht; man nimmt sie in ihrem Stil, das heisst in ihrer individuellen Denk- und Sprachform wahr. Natürlich muss man den Sprechenden zuvor kennengelernt haben, um seinen Stil aufzufassen. Laut, Gedanke und Stil repräsentieren drei verschiedene Qualitätsfelder und sind daher auch drei verschiedenen Sinnen zuzuordnen. Es ist die Aufgabe der folgenden Betrachtungen, dies durch experimentelle Anordnungen zu zeigen. Zunächst aber soll dargestellt werden, dass die Lautgestalten der Worte etwas anderes sind als die Geräusche, aus denen sie gestaltet werden. Die Qualitätsschicht der Geräusche nehmen wir mit dem Hörsinn wahr, der als vierter Sinn im Hörfeld zu entdecken ist. Die folgende Darstellung wird zeigen, dass wir dem Hörsinn einen kleineren Geltungsbereich zuweisen, als es sonst üblich ist.

Der Hörsinn

Die Qualitäten des Hörspektrums lassen sich nur unvollkommen von denen des Lautsinnes trennen. Einleitend soll diese Tatsache experimentell vorgestellt werden. Der Leser bemühe sich, die Saite einer Violine anzustreichen (für andere Instrumente gilt dasselbe sinngemäss). Welche Möglichkeiten bieten sich, den Grundton dieser Saite zu verändern?

1. Die Spannung der Saite lässt sich erhöhen oder herabsetzen; dadurch wird ihr Grundton höher oder tiefer.

2. Die Saite lässt sich stärker oder schwächer anstreichen; der Ton wird lauter oder leiser.

3. Schliesslich kann man die Saite kurz oder lang anstreichen; der Ton wird kürzer oder länger erklingen.

Unabhängig von der Tatsache, dass die Saite der Violine höher oder tiefer, länger oder kürzer, lauter oder leiser erklingt, ist der «Violincharakter» dabei unverändert geblieben. Dieser Violincharakter, der allen sechs verschiedenen Variationen in ähnlicher Weise anhaftet, muss mit demjenigen zusammenhängen, was in der Experimentalreihe nicht variiert worden ist: mit der Gestalt des benutzten Instrumentes. So bleibt es auch bei allen anderen Instrumenten und klingenden Objekten, ja selbst bei Sprache und Gesang ist es nicht anders. Wir finden, dass es zwei verschiedene Gruppen von Qualitäten sind, aus denen sich alles, was im Hörraum erscheint, zusammensetzt. Diese lassen sich nicht völlig voneinander trennen, weil das erklingende Objekt immer auch eine Gestalt hat, die als Charakter des Tones in das Gehörerlebnis eingeht. Was diesen Charakter nun ausmacht, nimmt der Lautsinn auf. Die Frage, aus welchen Urphänomenen er sich zusammensetzt, wird im Anschluss an den Hörsinn behandelt. Sucht man eine Erscheinung im Hörfeld, welcher der Charakter des Lautes weitgehend fehlt, so horche man auf das sogenannte graue Rauschen, das sich durch ein Radiogerät erzeugen lässt.

Wir wenden uns zunächst den drei Polaritäten «hoch – tief», «lang – kurz» und «laut – leise» zu, die zusammen das Spektrum des Hörsinnes ausmachen, um herauszufinden, was dessen Qualitäten erzeugt. Dabei stellen wir wiederum die Frage, welche Schicht der Welt sich durch den Hörsinn erschliesst.

Hoch – tief

In die Tonhöhe gehen bestimmte Eigenschaften des klingenden Materials ein, die man (äussere oder innere) Spannung und spezifisches Gewicht nennt. Erhöht sich die Spannung, steigt der Ton; erhöht sich das spezifische Gewicht, fällt er, und zwar in einem mathematisch ausdrückbaren Verhältnis: wird die Spannung um das Vierfache erhöht, steigt die Tonhöhe um eine Oktave (und umgekehrt). Steigt das spezifische Gewicht dagegen um den vierfachen Betrag, sinkt die Tonhöhe um eine Oktave. Die Tonhöhe bildet sich daher aus dem Verhältnis, in dem die Spannung zum spezifischen Gewicht des klingenden Objektes steht. Das gilt allerdings nur für Objekte mit kleinem Querschnitt. Das sind Saiten mit äusserlich erzeugter Spannung. Für feste Stäbe gilt die Aussage unabhängig davon, ob sie an der Stirnseite angeschlagen werden – dabei entstehen Dehnungsschwingungen –, oder ob sie quer angeschlagen werden, wodurch Biegungsschwingungen hervorgebracht werden. Das Fell einer Trommel (mit Aussenspannung) oder ein Blech aus Metall (mit Innenspannung) zeigen Verhältnisse beim Erklingen, die komplizierter sind als die eben beschriebenen. Was aber vor allem auffällt, ist, dass man die Tonhöhe nicht scharf hört, in der die zuletzt genannten Objekte klingen. Es bildet sich zum Grundton eine ganze Fülle von Obertönen, die ihn überdecken und die den spezifischen Klang des Objektes ausmachen: das gleiche Phänomen, das wir schon bei unserem Experiment mit der Violine gefunden haben und das mit der Gestalt des klingenden Körpers zusammenhängt.

Laut – leise

Auch hier sind es wieder zwei Elemente, die ein Verhältnis zueinander bilden, aus dem die Intensität eines Tones folgt. Einmal geht die Grösse der Anregung in die Lautstärke ein. Je heftiger der Stab angeschlagen oder die Saite angestrichen wird, umso lauter erklingen sie. Je weicher das Material des Objektes ist, umso leiser tönt es. Man denke dabei an das spröde Glas oder den spröden Stahl im Gegensatz zum weichen und plastischen Blei. Die Härte oder Sprödigkeit eines Körpers hat auch einen Einfluss darauf, ob er

lang oder kurz

erklingt. Je spröder das Material ist, umso länger klingt der erzeugte Ton. Zum zweiten hat die absolute Grösse des erklingenden Körpers einen Einfluss: je grösser oder länger der Körper ist, umso länger erklingt er. Das gilt auch für den Raum, in dem der Ton erklingt. In einer leeren grossen Halle erklingt ein auf die gleiche Art erzeugter Ton länger als in einem kleinen engen Raum. Wenn es richtig ist, dass ein Ton nicht erzeugt werden kann, ohne dass ihm ein bestimmter Charakter anhaftet, dann lassen sich auch ausser diesem Charakter keine weiteren aus den Materialeigenschaften und der Grösse hervorgehenden Variablen finden als die drei genannten Polaritäten, die wir folgendermassen ordnen wollen:

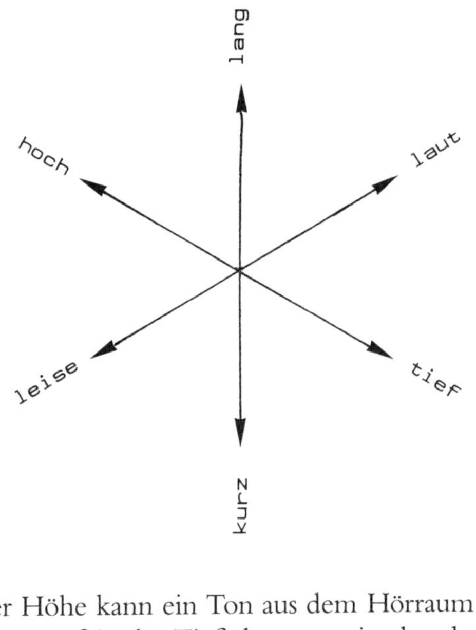

In der Tiefe und in der Höhe kann ein Ton aus dem Hörraum verschwinden. Geht er hoch hinaus, tritt Schmerz auf, in der Tiefe kann es sein, dass das Hören in ein rhythmisches Tasterlebnis übergeht. In der Polarität «laut – leise» kann ein Schmerzerlebnis auftreten, wenn der Ton zu laut wird. Durch das Leiserwerden verschwindet der Ton dagegen unmerklich aus dem Hörraum. Die Polarität «lang – kurz» bewegt sich zwischen

Knall und schwebendem Ton und ist das Material, aus dem sich in der Musik der Rhythmus bildet, weshalb diese Polarität in die Mitte zwischen «hoch – tief» und «laut – leise» gestellt wurde.

Die Frage nach der Wesensschicht, die sich uns im Hörerlebnis offenbart, ist nun zu beantworten: es sind die inneren physikalischen Eigenschaften der festen Stoffe, es ist somit die physische Welt. Nicht der Schein der physischen Welt offenbart sich, es offenbaren sich ihre inneren Eigenschaften. Ob ein Hammer aus Styropor oder Stahl ist, offenbart sich an der Antwort, die er gibt, wenn ich ihn anschlage. Bergleute klopften früher die hölzernen Stempel an, mit denen das Hangende abgestützt war, und hörten, ob sie sicher waren oder nicht.

Der Lautsinn

Die Besprechung des Hörsinns wurde mit einem Experiment zur Unterscheidung der Qualitäten des Hör- und des Lautsinnes eingeleitet. Wir wenden uns nun demjenigen zu, was wir «Violincharakter» und danach verallgemeinernd «Charakter des Tones» genannt haben.

Man höre einem sprechenden Menschen mit der Intention zu, wahrnehmen zu wollen, wie sich die Tonhöhe in der Sprache verhält. Dieser Versuch erweist, dass wir nicht daran gewöhnt sind, auf diese Seite der Sprache zu achten. Ob und wie der Grundton im Laufe eines Satzes steigt oder fällt, wird uns erst jetzt bewusst. Dieses mit dem Hörsinn aufgenommene Phänomen ist aber nur dort von Bedeutung, wo die Sprache künstlerisch gestaltet wird. So ist es auch mit «laut – leise» und «lang – kurz» bei den Tönen. Erst wenn die Lautstärke eine bestimmte Intensität über- oder unterschreitet, wachen wir dafür auf; ebenfalls, wenn die Sprache zu lang gedehnt wird oder in ein zu kurzes Staccato übergeht. Beim Sprechen, wie es unter Menschen üblich ist, schlafen wir für den Hörsinn mit seinen sechs Phänomenen vollständig. Dagegen wachen wir für die Obertöne und dasjenige, was aus ihrer Komposition hervorgeht. Das aber sind die Wörter; es ist ihr Klang, der durch die verschiedenen Stellungen und räumlich-zeitlichen Verwandlungen hervorgebracht wird, die unsere Sprachorganisation beim Sprechen durchmacht. Auf die einzelnen Laute unserer Sprache haben wir zu achten, wenn wir kennenlernen wollen, welche Vielfalt an Lautbildungen möglich ist. Ehe wir uns der Frage zuwenden, ob der charakteristische Laut eines Musikinstrumentes einem aus Konsonanten und Vokalen gebildeten Wort vergleichbar sei, beschäftigen wir uns mit den Sprachwerkzeugen, die die Obertöne räumlich und zeitlich gestalten, um Gliederungsgesichtspunkte für die Laute der Sprache zu finden.

Der Kehlkopf, ein ausserordentlich komplex arbeitendes Organ, bringt Stimme in die Sprache, erzeugt die Sonanten (Vokale und stimmhafte Konsonanten). Die Vokale werden durch die verschiedene Stellung von Unterkiefer, Zunge und Lippen zur Wölbung der Mundhöhle gebildet. Diese vorderen Sprachwerkzeuge gestalten durch ihre Stellung zueinander den Sprachstrom, der aus der vom Willen ergriffenen Lungenorganisation herandringt. Von A über E, I, O, U schliesst sich die Mundhöhle zunehmend, und die Tonbildung rutscht vom Gaumen zu den Lippen.

An Gaumen, Zähnen und Lippen werden auch die verschiedenen Konsonantentypen angesetzt, unabhängig davon, ob sie durch den Kehlkopf stimmhaft vorgebildet werden oder nicht. Hier haben wir fünf Gruppen zu unterscheiden, je nach der Art, wie der dynamische Atemstrom, das Sonantische und die Gestalt der vorderen Sprachwerkzeuge zusammenarbeiten. Diejenigen Laute, bei denen der Atemstrom die geschlossene Sprachorganisation einmal durchbricht, sind die Stosslaute, zum Beispiel G und K, die sich nur im weichen oder harten Ansatz des Stosses am Gaumen unterscheiden; entsprechend ist es bei D und T, die an den Zähnen, und B und P, die an den Lippen ansetzen. Ihnen stehen die Blaselaute gegenüber, die sich ebenfalls in Gaumen-, Zahn- und Lippenlaute gliedern lassen, unabhängig davon, ob sie stimmhaft oder stimmlos gesprochen werden. Bei ihnen ist die Sprachorganisation von vornherein geöffnet.

Gaumen: H (stimmlos) und Ch (schwach stimmhaft).

Zahn: Z und scharfes, stimmloses S und stimmhaftes S.

Lippen: F und V (stimmlos), W (stimmhaft).

Das R ist ein Laut, für dessen Erzeugung sowohl Gaumen wie Zunge oder Lippen durch das Zusammenspiel von Atemstrom und verschliessenden Sprachwerkzeugen zum Zittern gebracht werden. Dazu kommt, dass das R an den drei Ansatzstellen sowohl stimmhaft wie stimmlos gesprochen werden kann. Dadurch ist das R der reichste Laut überhaupt.

Ähnlich kommt auch das L zustande, es bildet sich bei etwas quer geöffnetem Mund durch ein Hochschlagen der Zunge gegen verschiedene Stellen an Zähnen und Gaumen. Dabei umfliesst der Atemstrom stimmhaft die Zunge links und rechts. Der hochschlagenden Zungenbewegung wegen soll das L, einen Vorschlag Rudolf Steiners aufgreifend, Wellenlaut genannt werden.

Bleibt noch eine letzte Gruppe von Konsonanten, die insofern nicht in das bisher gewonnene Bild passt, als sie bei geschlossenem Munde gesprochen werden. Es ist M, N und Ng. Beim Ng verschliesst der weiche Gaumen die Mundhöhle, beim N verschliessen die Zunge und die Zähne, beim M die Lippen. Dabei verlässt der Atemstrom die Sprachorganisation durch die Nase, weshalb wir sie Nasenlaute nennen wollen.

An den gewonnenen sechs Gruppen von Lauten, den Vokalen, Stosslauten, Blaselauten, Zitterlauten, Wellenlauten und Nasenlauten lassen sich drei Polaritäten entdecken. Die den Vokalen gemeinsame Sprachgeste beruht auf der vollkommen geöffneten Sprachorganisation, ohne besonderen Eingriff von Lippen, Zähnen oder Zunge in den Sprachstrom. Polar dazu sind die Nasenlaute zu sehen, die durch die vollkommen geschlossene Sprachorganisation gebildet werden. Eine zweite Polarität findet sich, wenn wir Stoss- und Blaselaute vergleichen. Die Blaselaute beruhen auf dem ungehinderten

Sprachstrom, der durch Lippen, Zähne und Zunge gestaltet wird. Wieder ist es bei den Stosslauten so wie bei den Nasenlauten: sie werden mit geschlossener Sprachorganisation gebildet, und der Laut erklingt, wenn dieser Verschluss vom Atemstrom durchbrochen wird. Auch Wellenlaut und Zitterlaute verhalten sich ähnlich zueinander. Der Wellenlaut fliesst ungehindert um die an das Gaumendach gehobene Zunge, die Zitterlaute werden mit geschlossener Sprachorganisation gebildet, und der Atemstrom durchbricht den Verschluss rhythmisch. Wir haben daher in jeder der drei Polaritäten ein Überwiegen der gestaltend stauenden, beziehungsweise ein Überwiegen der dynamisch strömenden Anteile der Lautbildung. Wir können nun die Polarität von Zitter- und Wellenlaut, die sowohl das stauende wie das strömende Sprachelement enthalten, in die Mitte des Lautsinnspektrums stellen:

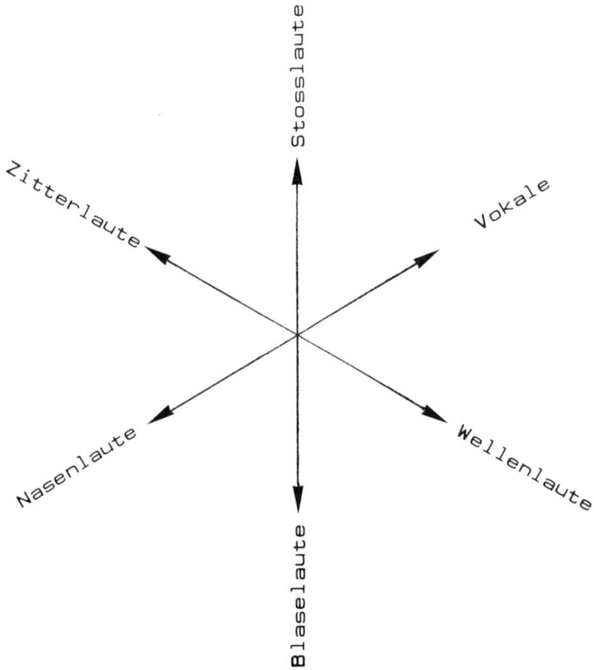

Das aus drei Polaritäten gebildete Spektrum des Lautsinnes unterscheidet sich von allen bisher beobachteten Spektren dadurch, dass jede Polarität auf verschiedene Weise erscheinen kann. Die Stosslaute zum Beispiel können an drei Stellen des Mundraumes gebildet werden, und zwar weich oder hart. Man sieht, dass jede Polarität wieder in ein ganzes Spektrum aufzulösen ist, wenn wir die weich / hart gesprochenen Laute einer Gruppe einander gegenüberstellen:

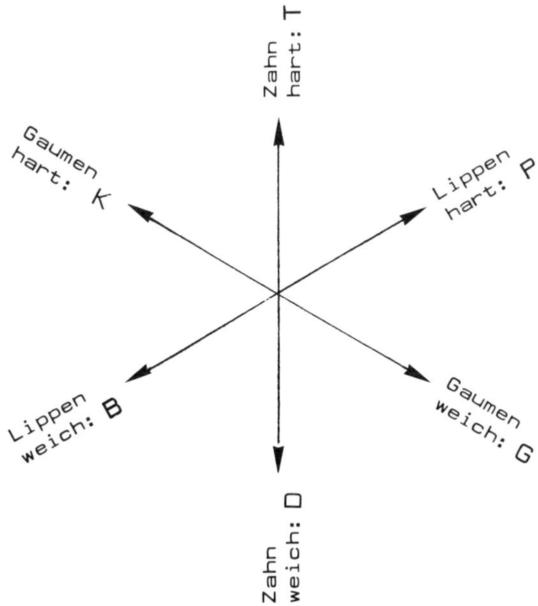

In gleicher Weise lässt sich auch ein Spektrum der Blaselaute bilden:

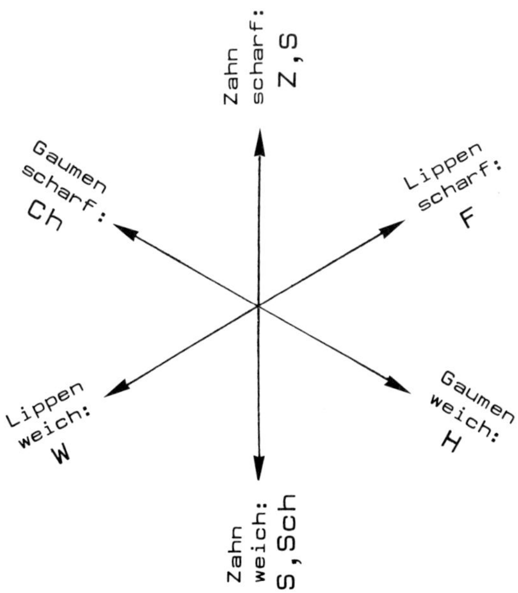

Auch bei den Vokalen finden wir ein ähnliches Spektrum, wenn wir bedenken, dass O und U an den Lippen, E und I an den Zähnen und A am Gaumen gesprochen werden. Nur fehlt ein zweiter Vokal am Gaumen, den wir so dem offenen A gegenüberstellen können, wie das geschlossener gesprochene I und U dem offener gesprochenen E und O gegenüberstehen. Wir hören diesen Vokal, der in einer geschlosseneren A-Stellung erklingt, als eine Lautbildung zwischen A und O.

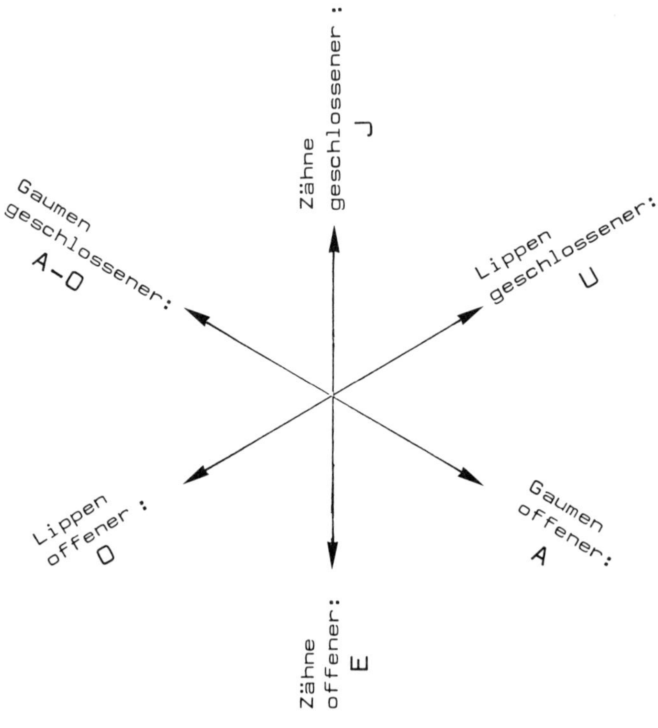

Die Spektren der restlichen drei Lauttypen sind ärmer. Die Nasenlaute haben an jeder Stelle, wo sie gebildet werden, nur einen Laut (siehe Schema Seite 69 links oben).

Der Zitterlaut R ist zwar an allen drei Stellen hervorzubringen (stimmhaft oder stimmlos) bleibt aber dem Klangcharakter nach immer R (siehe Schema Seite 69 rechts oben).

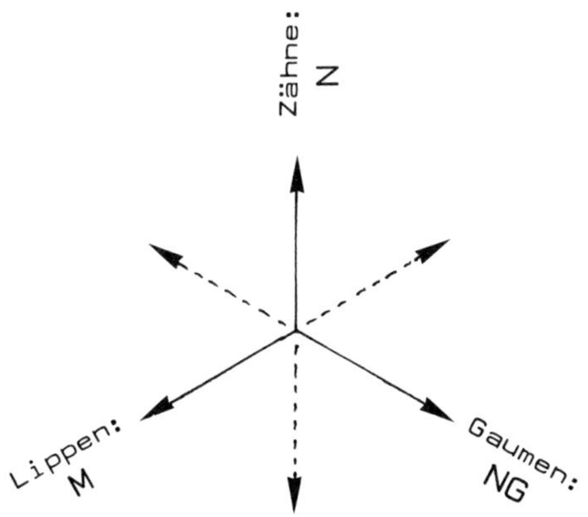

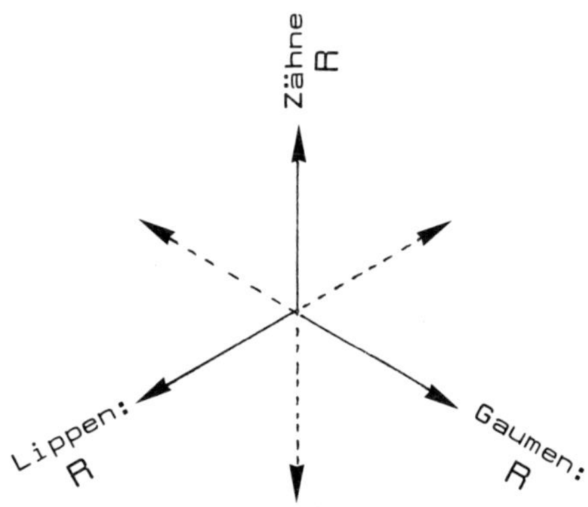

Der Wellenlaut L ist der einzige seines Spektrums:

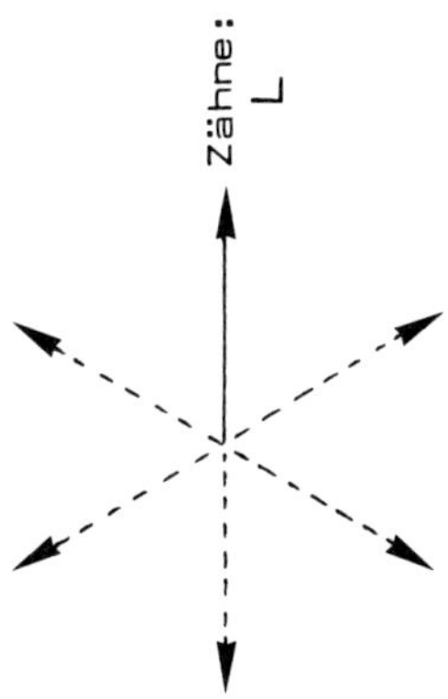

Die Betrachtung der Laute, die unseren Sprachen zugrunde liegen, zeigt, dass es vor allem die räumliche Vielgestaltigkeit – Lippen, Zähne, Zunge, Gaumen und Unterkiefer – ist, welche die sich aus Obertönen bildenden Laute gestaltet. Ein Phänomen, auf das wir erstmals bei der Besprechung des Violintons aufmerksam geworden sind. Wir greifen dieses Thema hier wieder mit der Frage auf, wie sich die für einzelne Instrumente typischen Lautgestalten beschreiben lassen.

Im Reigen der Musikinstrumente unterscheiden wir Blas-, Saiten- und Schlaginstrumente. Die Blasinstrumente lassen sich wiederum in Blech- und Holzblasinstrumente gliedern, letztere in Lippen- und Zungen-Holzblasinstrumente (zu ersteren zählt zum Beispiel die Blockflöte, zu letzteren die Klarinette).

Bei den Saiteninstrumenten wiederholt sich insofern der Reigen der Musikinstrumente, als es hier Streichinstrumente (Violine), Zupfinstrumente (Zither), und Schlaginstrumente (Klavier), gibt.

Die Schlaginstrumente kann man in Membranophone, die wie die Saiteninstrumente einen Resonanzkörper haben, und in Idiophone oder Selbstklinger gliedern. Zu ersteren zählt zum Beispiel die Trommel, zu letzteren das Xylophon.

Wir wollen das Erlebnis im Hörfeld untersuchen, das beim Ertönen verschiedener Musikinstrumente wahrzunehmen ist, um auf die Urphänomene aufmerksam zu werden, aus denen sich der charakteristische Klang oder, wie wir noch finden werden, die charakteristische Klangbreite verschiedener Musikinstrumente zusammensetzt. Dabei sehen wir bewusst vom musikalischen Klangerlebnis ab, indem wir unsere Intention allein auf den Lautsinn richten und auf den Hörsinn nicht achten.

Blockflöte

Richten wir in diesem Sinn unser wahrnehmendes Interesse auf einen beliebigen Ton der Blockflöte, so lässt sich ein Anblaslaut erkennen sowie das Zusammenspiel vokalischer und konsonantischer Komponenten, während der Flötenton seine Lautgestalt in der Zeit ausbildet. Betont man den Anblaslaut, bekommt die Lautgestalt die besondere Form des Staccato, unterdrückt man ihn durch weiches Anblasen weitgehend, erscheint die Lautgestalt in der Form des Legato. Im Staccato erscheint als Anblaslaut tiefer Töne ein D, als solcher hoher Töne ein T. Das ist sowohl bei der Tenor-, der Alt- und der Sopranblockflöte so. Die Lautgestalt tiefer Töne wird von einem U getragen, das sich mit steigender Tonhöhe über O und A, Ü und I entwickelt. Die jeweils tiefsten Lautgestalten werden bei der Sopranblockflöte vom U, bei der Altblockflöte vom O und bei der Tenorblockflöte vom Ü getragen. Eine Konsonantenbeteiligung ist nur sehr schwach zu hören. An den Lautgestalten guter Flöten ist ein H, bei schlechteren ein Ch beteiligt.

Beim Anblasen aller Blockflöten im Legato setzt ein H ein. Die charakteristische Lautgestalt der Blockflöten scheint auf diese Weise vollständig beschreibbar zu sein. Auch bei gründlicher Prüfung tritt neben den Vokalen und Konsonanten, aus denen sich auch unsere Sprache bildet, nichts anderes in den Hörraum. Allerdings ist es so, dass sich das «Wort», das die Flöte «spricht», gegenüber den Wahrnehmungen durch den Hörsinn, dem «hoch-tief» der Töne usw., im Hintergrund hält und erst dann hervortritt, wenn wir darauf achten. Dabei hängt die Wahrnehmung mit von der Intention ab, mit der wir hören: ob unsere Erwartung beim Achten auf den Anblaslaut auf D oder auf T gestimmt ist. Daher muss man durchprobieren, bei welcher Hörintention die Wahrnehmung am deutlichsten ist.

Was wir hier für die Flöten gefunden haben, gilt auch für alle anderen Instrumente.

Klavier

Auch hier unterscheiden sich Staccato und Legato allein durch den Anschlaglaut; allerdings ist der Unterschied bedeutend geringer als bei der Blockflöte. Im Staccato lässt sich als Anschlaglaut bei tiefen Tönen ein Laut, der zwischen G und K liegt, hören, bei Tönen mittlerer Höhe ein Laut zwischen T und P, bei hohen Tönen ein T. Im Legato beginnt der Anschlaglaut in der Tiefe mit B und wandelt sich über D in T und ist hier kaum mehr vom Staccato zu unterscheiden.

Getragen wird die ganze Lautgestalt der Klaviertöne sowohl von einem Vokal als auch von einem kaum oder doch nur wenig schwächeren Konsonanten. In der Tiefe beginnt die vokalische Komponente mit AU und wandelt sich im Verklingen in O um. Etwas höhere Lautgestalten klingen mit A auf, das sich ebenfalls in ein O verwandelt. Es folgen solche, die allein vom O getragen sind. Mit steigender Tonhöhe folgt ein reines E, dem sich mehr und mehr ein I beimischt, das dann in den höchsten Tönen allein rein erklingt.

Die konsonantische Komponente tiefer Lautgestalten besteht aus einem R, das mit steigender Tonhöhe in M mit R, darauf in M, dann in M mit N, in reines N und schliesslich in Ng übergeht.

Während die Lautgestalt der Violine auf- und abschwellen kann – eine Variation, die der Hörsinn aufnimmt –, ist beim Klavier der Anschlagton immer der lauteste, und die Lautgestalt als Ganzes klingt während ihrer Erscheinung ab.

Kleine Pauke

Als Beispiel für die Schlaginstrumente diene die kleine Pauke. Sie lässt einen beschreibbaren Unterschied zwischen Staccato und Legato nicht mehr erkennen. Der Anschlaglaut ist immer ein T, unabhängig davon, ob die Pauke in der Mitte oder am Rande angeschlagen wird. Der Vokal trägt die Lautgestalt weniger als der Konsonant, der dazutritt. Wird die Pauke in der Mitte angeschlagen, erscheint ein offenes O (wie im Wort «Koffer»), wird sie am Rande angeschlagen, ein klingendes AU. Der tragende Konsonant ist, in der Mitte angeschlagen, ein kurzes Ch (wie in «ach»). Am Rande angeschlagen, trägt ein M die ganze Lautgestalt, das länger klingt als der vokalische Anteil AU. Stimmt man die Pauke tiefer, klingt, in der Mitte angeschlagen, die Lautgestalt P O Ch, am Rande P O A M. Aus dem Anschlag T ist ein P geworden. Die Anschlagstärke, so kann man finden, verändert stark den Vokal. Ein starker Anschlag verstärkt das A, ein geringer lässt es verschwinden.

Im ganzen lässt sich durch die Reihe der Musikinstrumente eine charakteristische Metamorphose der Lautgestalttypen erkennen. Die Blasinstrumente zeigen die vokalischen Lautgestalten, die Saiteninstrumente variieren um den Ausgleich von vokalischen und konsonantischen Anteilen; bei den Schlaginstrumenten dominieren die Konsonanten. Damit ist es möglich, die Erfahrung, die der Lautsinn an den Musikinstrumenten macht, in ein Spektrum zu bringen:

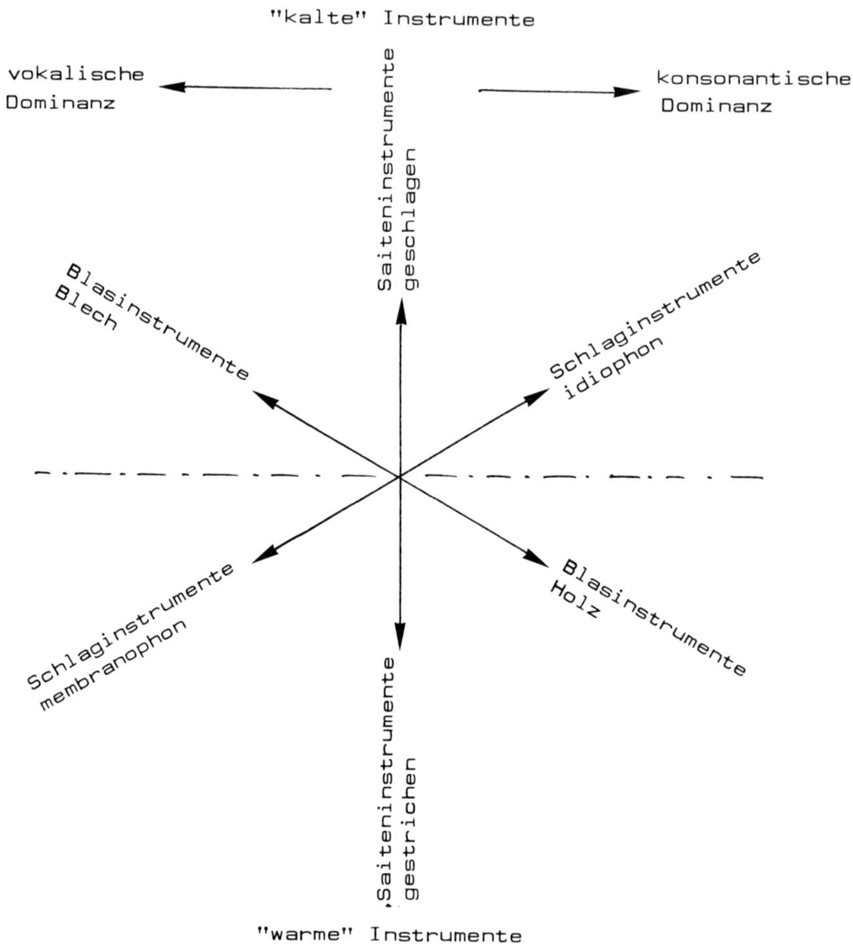

Verglichen mit der menschlichen Sprache hören wir beim Erklingen eines Instrumentes eine Lautgestalt, die den Wert eines Wortes hat. Die Pauke erklingt P O A M, das Klavier T A Z O R R und die Flöte T O H – jeweils mit den tiefsten Lautgestalten. So wie sich das Wort der Musikinstrumente aus dem gleichen Lautschatz bildet wie die menschliche Sprache, so entstehen auch alle Lautgestalten, die in der Natur zu hören sind. In der anorganischen Natur erklingen vor allem die Konsonanten, in der beseelten Tierwelt treten Vokale hinzu. Im Rauschen des Wassers und des Windes leben die Blaselaute auf, im Murmeln der Quellen der Wellenlaut L, im tropfenden Wasser gelegentlich ein Stosslaut, der zusammen mit dem L wie B L A oder B L U P P klingen kann. Der nächtliche Wald lebt vom K knackender Äste, das aus der Stille hervorbricht.

Bei den Tierlauten finden wir das I, das den Pfiff der Maus durchzittert, das I A U im Miauen der Katze und das U im tief aus dem Bauch kommenden Muhen der Kuh. Es wird nunmehr deutlich, wie die menschliche Sprache alles in sich vereint und in die Vollkommenheit der Lautgestaltung bringt, was aus Natur und Musik im Hörraum zu vernehmen ist. Auf eine bewundernswert vollkommene Weise krönt die menschliche Sprache die Schöpfung im Reich der Zeitgestalten der Laute.

Die Sprache ist bisher unabhängig von ihrer Bedeutung aufgefasst worden. Jedes Wort stellt eine individualisierte Lautgestalt dar, die sich aus den 6 Urphänomengruppen bildet, die der Lautsinn aufnimmt. Eine Wortdichtung Christian Morgensterns kann nicht nur zur Erheiterung, sondern auch zur Übung hierher gesetzt werden:

Das grosse Lalulā

Kroklokwafzi? Semememi!
Seiokrontro – prafriplo:
Bifzi, bafzi, hulalemi:
quasti basti bo ...
Lalu lalu lalu lalu la!

Hontraruru miromente
zasku zes rü rü?
Entepente, leiolente
klekwapufzi lü?
Lalu lalu lalu lalu la!

Simarar kos malzipempu
silzuzankunkrei (;)!
Marjomar dos: Qempu Lempu
Siri Suri Sei!
Lalu lalu lalu lalu la![10]

Der Lautsinn kann nicht nur das Material bearbeiten, das ihm der Hörsinn liefert, er kann sich auch dem Material des Sehsinnes oder auch des Tastsinnes zuwenden.

Das Lesen ist eine Aktivität, die den Übergang der Lautsinntätigkeit vom Hören zum Sehen zum Inhalt hat. Besinnen wir uns zunächst auf eine allbekannte Erfahrung: beim Lesen, das wir ja gelernt haben, tragen wir diejenigen Sprachvorstellungen an die mit den Augen fixierten Buchstaben heran, die durch diese symbolisiert werden. Es handelt sich um Vorstellungen, und nicht um Wahrnehmungen, denn der Bewusstseinsort für die sprachliche Seite des Lesens ist im Inneren der Seele, und nicht auf der Buchseite. Auf der Seite des Buches, das der Leser in diesem Augenblick liest, sind nur die sichtbaren Figuren der Buchstaben zu finden, die das Auge beim Lesen zusammenfasst. Trotzdem unterscheiden sich die beim Lesen erzeugten Vorstellungen von den beim Denken hervorgebrachten, weil sie als etwas Fremdes in die Seele eintreten und dadurch Wahrnehmungscharakter behalten. Der Denksinn kann sie in gleicher Weise beobachten wie die Begriffsinhalte, die durch das Hören wahrgenommen werden. Lesen ist die Fähigkeit, jedem Buchstaben einen bestimmten Lautwert zuzuordnen und jeder Buchstabengruppe eine zugehörige Lautgestalt. Das Sehen der Buchstaben ist etwas anderes als das Vermögen, sie vorstellend in Lautgestalten umzusetzen. Wir wenden uns von der vorstellenden Seite des Lesens ab und der Wahrnehmung der Buchstabengestalten zu. Wie beim Hören von Worten lassen sich auch hier zwei Qualitätsarten voneinander unterscheiden. Was am Buchstaben und am weissen Papier, auf dem er stehen mag, hell und dunkel ist, nimmt der Sehsinn wahr, wenn er sich der Schrift zuwendet. Dass «hell» als Untergrund und «dunkel» als Buchstabengestalt erscheint, gehört einer anderen Wahrnehmungsqualität an. So wie die Lautgestalt im Hörfeld von anderer Qualität ist als «hoch – tief», «laut – leise» und «kurz – lang» – was der Hörsinn aufnimmt –, so ist die Gestalt im Sehfeld etwas anderes als «hell – dunkel». Wir wollen daher den Sinn, der im Sehfeld die Gestalten erfasst, vorläufig «Gestaltsinn» nennen und uns darum bemühen, seine Arbeitsweise kennenzulernen. Dabei ist unmittelbar einleuchtend, dass dieser Sinn nicht nur Buchstabengestalten auffasst, sondern jede Gestalt, die im Sehfeld erscheint. Diese Tatsache wird uns die Möglichkeit geben, die Urphänomene des Gestaltsinnes auch aufzusuchen, wenn wir auf diese Frage zurückkommen. Wir stellen hier noch einmal fest, dass «Lautsinn» und «Gestaltsinn» zwei Arbeitsweisen eines Sinnes sind, dessen Tätigkeit, allgemein formuliert, darin besteht, die Gestaltwahrnehmung aus dem zugrunde liegenden Material, das der Hör- oder der Sehsinn liefert, herauszuholen. Er fasst die Gestalten sowohl des Hör- wie des Sehfeldes auf. Versuchen wir, die Tätigkeit des Gestaltsinnes im Sehfeld zu isolieren, um ihn dadurch von den sonst mitwirkenden Sinnen zu trennen.

Die in *Abbildung 4* dargestellte Zeile aus schwarzen Gestalten betrachte man mit der Frage, ob es dem Blick leicht oder schwer fällt, die Aufmerksamkeit auf den hellen Hintergrund zu richten und von den dunklen Gestalten abzusehen. Die Übung zeigt, dass es leichter ist, die dunkle Gestaltenreihe zu sehen und für den hellen Hintergrund zu schlafen, als umgekehrt. Wie mit magischer Gewalt ziehen die dunklen Flecken den Blick auf sich; das Ich, das eine andere Intention hineintragen will, kann sich von ihnen beherrscht erleben. Wer dieses Experiment vermannigfaltigt, indem er beispielsweise bei gleichem Augenabstand die dunklen Gestalten vergrössert oder verkleinert, wird zu dem Ergebnis kommen: je kleiner die dunklen Gestalten werden – das gilt bis etwa 3 mm Höhe bei einem Augenabstand von 50 cm –, umso deutlicher drängen sie sich in die Wahrnehmung.

4

5

4 Diese Reihe schwarzer Figuren soll darauf aufmerksam machen, dass das Auge angezogen wird. (Im Zusammenhang mit Abbildung 5 und 6 zu sehen.)

5 Die verfremdeten Buchstabenzwischenräume werden in der untersten Reihe lesbar («WÜRFEL»).

6 Die Intention beim Betrachten dieser gut lesbaren Reihe verhält sich polar zu derjenigen bei Abbildung 4.

6

Blicken wir jetzt auf die Gestaltzeilen der *Abbildung 5.* Auch hier wird auf den ersten Blick die gleiche Erfahrung wie vorher zu machen sein. Bemüht man sich aber, hier den Hintergrund ins Auge zu fassen, also die Zwischenräume zwischen den dunklen Gestalten intentionell zu ergreifen, kann man in der untersten Zeile zuerst darauf aufmerksam werden, dass sie eine lesbare Schrift ist. Einmal darauf aufmerksam geworden, fällt es leicht, sie ins Auge zu fassen. Je ähnlicher von Zeile zu Zeile die Zwischenräume den Buchstaben werden, umso leichter gelingt der Intentionswechsel. Die oberste Zeile der *Abbildung 5* enthält noch dunkle Gestalten auf hellem Grund, die unterste dagegen helle Buchstaben auf dunklem. Irgendwo in der Mitte «flimmert» der Übergang. Kann man die Schrift der Zwischenräume gut lesen, versuche man anhand von *Abbildung 6,* sich darüber klar zu werden, ob jetzt immer noch die schwarzen Gestalten schneller «ins Auge fallen» als der Schriftzug der hellen Zwischenräume. Wer gut beobachtet hat, wird gefunden haben, dass es lediglich leichter ist, die helle Schrift *als Ganzes* ins Auge zu fassen als die dunklen Gestalten *als Ganzes.* Denn es ist auch weiterhin leichter, *eine* einzelne dunkle Gestalt zu fixieren als *einen* Zwischenraum. Das hängt damit zusammen, dass wir beim Lesen auch nie einzelne Buchstaben bewusst ergreifen, sondern immer die zu Worten geordneten Buchstabengruppen. Auf diese Art sind wir gewohnt, unsere Vorstellungen an der Schriftwahrnehmung zu bilden. Daher ist es der Denksinn, der den Bedeutungsinhalt der Schrift auffasst und die Tendenz des Gestaltsinns überspielt, kleine dunkle Gestalten auffassen zu wollen. Er fördert die Intention, auf das Ganze der Zwischenräume den Blick richten zu wollen. Wir bemerken an diesem Zusammenhang, dass mehr als nur unsere bewusste Führung der Sinne in der Wahrnehmung arbeitet.

Der Denksinn kann also, wie unser Experiment gezeigt hat, den Gestaltsinn zwingen, gegen seine Eigentendenz zu arbeiten. Er ist dem Gestaltsinn übergeordnet. Es zeigt sich an diesem Experiment, dass wir mit Recht bisher drei Sinne im Sehfeld unterschieden haben: den Sehsinn, der «hell – dunkel» wahrnimmt; den Gestaltsinn, der Buchstaben wahrnimmt, und den Denksinn, der Bedeutungen auffasst.

Das Lesen als Fähigkeit muss erworben werden. Ein Analphabet wird zu einem anderen Ergebnis kommen als ein Mensch, der lesen kann, wenn er die *Abbildungen 4, 5 und 6* betrachtet. Daher muss der Denksinn ein erworbener Sinn sein. Angeboren ist selbstverständlich die Fähigkeit, ihn auszubilden, das Wie seiner Ausbildung aber hängt vom Schicksal jedes einzelnen Menschen ab. Das gilt auch für den Gestaltsinn. Er wird allerdings früher erworben als der Denksinn. Der letztere ist das Ergebnis der Schulbildung, der erstere das Ergebnis der Erziehung im ersten Lebensjahrsiebt.

Mit den folgenden Experimenten kann die Fähigkeit, Gestalt- und Denksinn zu unterscheiden, geübt werden.

Vexierbilder – vor Jahrzehnten ein beliebter Zeitvertreib – haben es mit dem Gestaltsinn zu tun. Sie sind so angelegt, dass es ihm schwerfällt, die versteckte Gestalt zu entdecken. Einmal gelungen, «sieht» der Gestaltsinn zum Beispiel Jäger und Hasen sofort. *Abbildung* 7 bietet Gelegenheit zu entdecken, was sich in diesem Vexierbild versteckt.

7 Vexierbild von Karl Bauer («Wo ist Schiller?»).

Escher[11] ist ein Künstler, der dem Gestaltsinn in seinen Zeichnungen mehrere Zugriffsmöglichkeiten bietet. Dabei arbeitet er oft mit mehreren Perspektiven so, dass der Betrachter seinen Beobachtungsstandort zu wechseln scheint, wenn er einmal von unten, ein andermal von oben auf die dargestellten Objekte blickt. Die *Abbildungen 8 und 9* geben zwei Arbeiten von ihm wieder, die es gestatten, den Gestaltsinn auf die vielfältigste Art eingreifen zu lassen.

Durch die Übung an den beiden Graphiken Eschers ist zu erfahren, dass es mehrere Möglichkeiten gibt, mit dem Gestaltsinn in das Material des Sehsinns einzugreifen, wenn es sich dazu eignet. Wir betrachten, um diese Möglichkeit weiter zu prüfen, *Abbildung 10,* die ein reguläres Hexagon darstellt, dessen Ecken durch drei Diagonalen verbunden sind. Diese zweidimensional erscheinende Gestalt kann intentionell als Ganzes ins Auge gefasst werden. Die Intention kann aber auch auf Teile der Gesamtgestalt gerichtet werden; die Figuren 1 bis 15 von *Abbildung 11* zeigen es. Blickt man mit dieser Intention auf *Abbildung 10,* wird jeweils etwas anderes sichtbar. Die Figuren 1 und 2 geben an, wie sich je drei Dreiecke zusammenfassen lassen. Dieses Experiment lässt sich auch so variieren, dass man den Dreiecken eine Richtung gibt, im Sinne der Figuren 3, 4 und 5. So können die Dreiecke gegeneinandergerichtet (3), gleichgerichtet (4) und auseinanderstrebend (5) wahrgenommen werden.

Ausser Gruppen von Dreiecken lassen sich auch alle möglichen Linienzüge herausgreifen. Beispiele geben die Figuren 6–9 an. Schliesslich lässt sich *Abbildung 10* auch als

8 M. C. Escher, Wasserfall, Litho, 1961.
9 M. C. Escher, Belvedere, Litho, 1958. ▷

räumlicher Würfel sehen, und zwar aus sechs verschiedenen Ansichten. Hierfür geben die Figuren 10–15 an, mit welcher Intention auf *Abbildung 10* zu blicken ist. Die punktierten und die schraffierten Linien sind Hilfsmittel, die Intention zu verdeutlichen.

Auch durch diesen Versuch zeigt sich, dass wir zumindest mit zwei Sinnen gearbeitet haben: nämlich mit dem Sehsinn, der das in allen Fällen gleichgebliebene «hell – dunkel» wahrnimmt, und dem auf verschiedene Weise eingreifenden Gestaltsinn.

Dass der Gestaltsinn, wenn er einen Würfel aus *Abbildung 10* auffasst, mehrere Würfel sehen kann, hängt damit zusammen, dass dieser Zeichnung Momente fehlen, die in Wirklichkeit vorhanden sind: beispielsweise eine opake, strukturierte Oberfläche, verschiedene Beleuchtungsverhältnisse der sichtbaren Seiten, eine Unterlage, auf der der Würfel steht, Perspektive und so weiter. Wirkt das alles im Sehfeld zusammen, arbeitet der Gestaltsinn auch wirklichkeitsgemäss. «Wirklichkeit» soll hier die sich allen unseren Sinnen offenbarende Natur genannt werden.

Wir haben, wenn wir die gesamte Reihe unserer Experimente mit «Würfel» betrachten, Bilder zunehmender Wirklichkeitssättigung vor uns. Wir fassen sie noch einmal in *Abbildung 12* zusammen: den Schriftzug «Würfel», die Würfeldarstellung aus regulärem Hexagon mit Diagonalen und das Foto eines Holzwürfels. Wir haben damit eine Reihe gefunden, von der Schrift bis zum Foto eines Holzwürfels. Halten wir fest, was sich dabei in der Wahrnehmung verändert und was gleichbleibt. Eine vollständig andere Wahrnehmung liegt von Schritt zu Schritt für den Sehsinn vor. Das «hell – dunkel» aller drei Figuren von *Abbildung 12* ist vollkommen verschieden. Für den Gestaltsinn liegt in der Schrift etwas anderes vor als in Zeichnung und Foto des Würfels. Das Foto bietet ihm nur eine Zugriffsmöglichkeit, die Zeichnung dagegen lässt sechs Varianten zu. Lediglich für den Denksinn liegt kein Unterschied vor. Er kann denselben Begriff aus der Schriftgestalt, der Zeichnung und dem Foto auffassen. Allein für den Denksinn ist es also gleichgültig, durch welche Vermittlung anderer Sinne er tätig wird, keinesfalls aber für den Menschen als ganzes Sinneswesen. Lässt der Mensch seinen Sinnesorganismus durch den Denksinn führen, und dazu drängt die heutige intellektuelle Erziehung, legt er gar Intention in diesen Sinn, so wird er immer weniger darauf achten, ob seine Wahrneh-

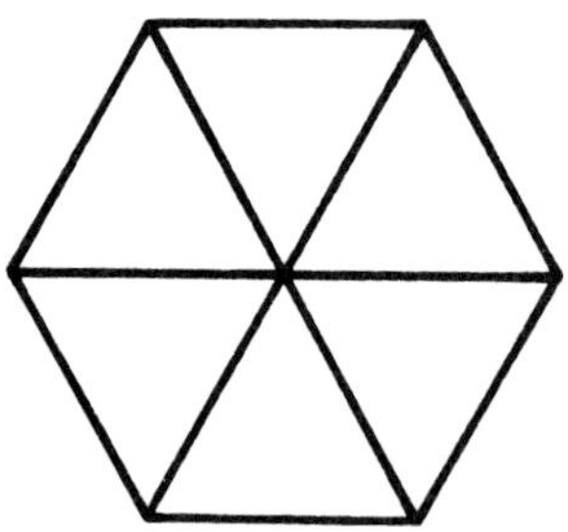

10 Hexagon mit Diagonalen.

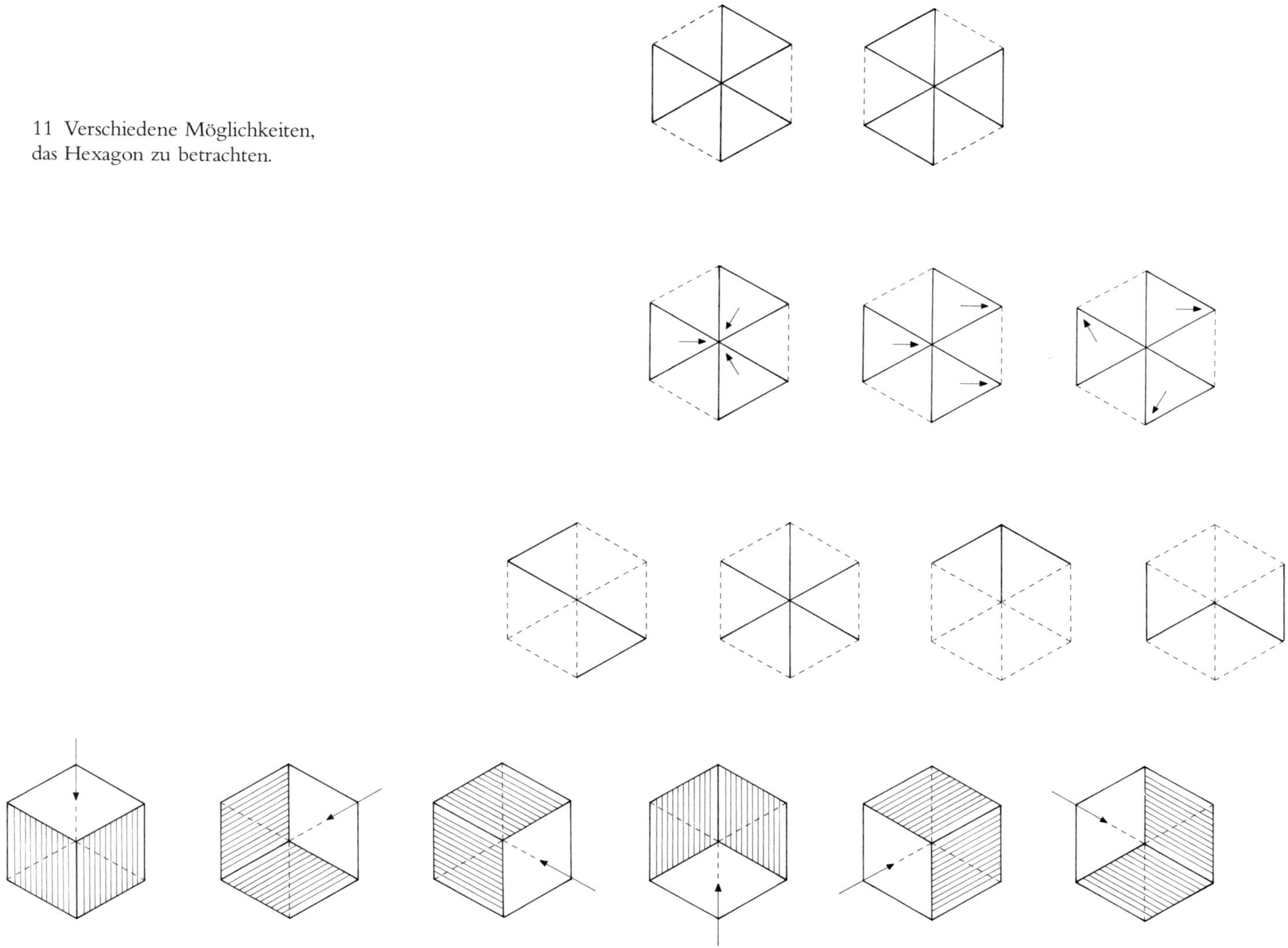

11 Verschiedene Möglichkeiten,
das Hexagon zu betrachten.

mungsinhalte wirklichkeitsgesättigt sind oder ob sie sich an ein zunehmend abstrakteres Material halten. (Man mache sich einmal klar – von diesem Gesichtspunkt aus ist dies übersehbar –, worin der Unterschied zwischen Film- und Theatererlebnis besteht, und man wird einen ersten Hinweis darauf erhalten, wie weit wir schon in Surrogaten leben.)

Die in *Abbildung 12* dargestellte Reihe lässt sich in zwei Richtungen einen Schritt weiterführen: einmal können wir vom Lesen des Wortes «Würfel» zum Hören übergehen und zum anderen vom Betrachten des Fotos zum Anblick eines realen Holzwürfels. Im gehörten Wort und im gesehenen Objekt haben wir den grössten denkbaren Gegensatz vor uns. Empfindungsmässig halten wir das gesprochene Wort für angemessen, um mitzuteilen, wie wir mit dem Würfel im Denken umgegangen sind. Der gesehene Würfel dagegen fordert, wenn man sich mit ihm beschäftigen will, zur Beschreibung seines Seinscharakters auf: zum Beispiel ein Würfel aus Holz mit einer speckigen Oberfläche, die ziemlich glatt ist. Die Maserung wechselt die Färbung, sie hat helle und dunkle Zonen und so weiter. Das gehörte Wort «Würfel» könnte in diesem Sinne die Bemerkung veranlassen, dass der Würfel nur in der Idee vollkommen sein kann, dass alle seine räumlichen Erscheinungen der Idee nie vollkommen entsprechen können. Das Sehfeld wendet sich mehr der Erfahrung der Welt zu, das Hörfeld mehr der Auffassung von Ideen. Die Schrift nähert sich innerhalb des Sehfeldes stark dem Charakter des gehörten Wortes.

Bei der Betrachtung der Sinnesphänomene, die sich an den Hörsinn und an den Sehsinn jeweils anschliessen, haben wir am Beispiel «Würfel» eine Phänomenreihe gefunden, die das Hörfeld mit dem Sehfeld verbindet. Diese Reihe zeigt, dass es der gleiche Sinn ist, der aus den Grundlagen, die ihm der Hörsinn oder der Sehsinn liefert, Gestalten bildet. Sein Entdecker, Rudolf Steiner, hat ihn «Lautsinn» genannt, ein Sprachgebrauch, der aus der Beobachtung dieses Sinnes im Hörfeld stammt.

Fragen wir nun nach den Urphänomenen, die sich aus der Tätigkeit des Gestalt-(Laut)sinnes im Sehfeld ergeben, so wie wir die Tätigkeit des Lautsinnes im Hörfeld untersucht und dabei die den Lautgestalten zugrunde liegenden sechs urphänomenalen Lautgruppen zum Spektrum geordnet haben. Dabei ist es wichtig, sich darauf zu besinnen, dass die «ebenen Flächen» – aus denen die meisten Gestalten zusammengesetzt sind – nur die von der Technik hervorgebrachte Welt erfüllen; in der Natur treten sie allein im Mineralreich auf – und da sind sie zumeist im Inneren der Gesteine in Klüften und Drusen verborgen und kommen in der Regel nur durch menschliche Tätigkeit ans Licht. Die Oberflächen, die die Gestalten der belebten Natur zeigen, bestehen nicht aus ebenen Flächen. Es sind die Wachstumsprozesse, die den Raum der lebendigen Gestalten bilden. Diese von innen wirkenden Prozesse bringen gebuckelte oder gemuldete Oberflächen hervor. Dabei ist es oft so, dass die Buckel in einer Richtung eine stärkere, in einer anderen Richtung eine weniger starke Krümmung aufweisen. Fehlt die Krümmung in einer Richtung ganz, so haben wir eine einfach gekrümmte Fläche vor uns. Die ebene Fläche erscheint von dieser Sicht als die Nivellierung von Buckel und Mulde, sozusagen die Nie-

12 «Würfel»-Reihe.

derung zwischen beiden Bildungen. Wo sich buckelige und gemuldete Flächen begegnen, entstehen Kanten oder Kerben. Beide, Kanten wie Kerben, sind eindimensionale, Buckel und Mulden dagegen zweidimensionale Bildungen. Können Gestalten auch zum Dimensionslosen, zum Punktuellen streben? Diese Tendenz finden wir an kegel- oder trichterartig gebildeten Flächen, die einer Spitze zustreben. Aus den aufgezählten sechs Urphänomenen bilden sich alle Gestalten des Sehfeldes. Spektrum des Laut- oder Gestaltsinnes im Sehfeld:

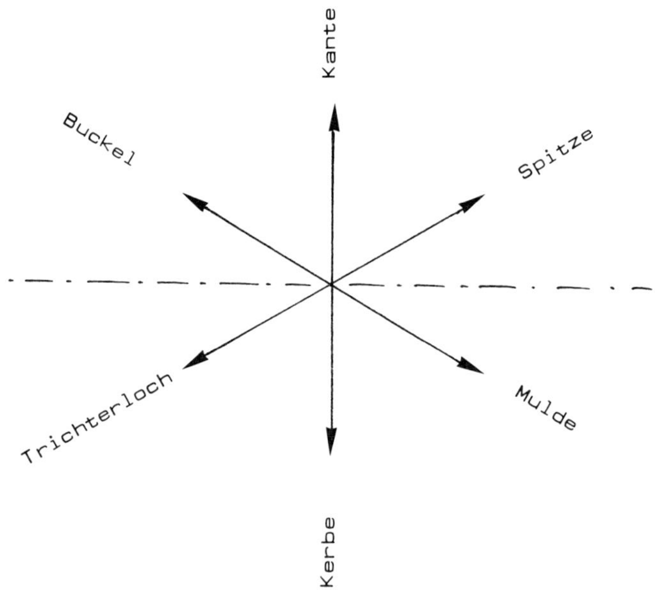

Der Denksinn

Dass wir die Gedanken anderer Menschen auffassen können, indem wir zuhören oder lesen, ist uns selbstverständlich. Weniger selbstverständlich ist, dies als Sinnestätigkeit zu begreifen. Im Abschnitt über den Gestaltsinn haben wir am Beispiel «Würfel» gesehen, dass Wortgestalt und Bedeutungsinhalt zwei verschiedene Qualitäten sind und daher von zwei Sinnen wahrgenommen werden müssen. Nun soll versucht werden, die verschiedenen Bedeutungsinhalte der Sprache zu gliedern.

Beginnen wir mit dem Beispiel «Würfel». Das Wort hat substantivische Bedeutung. Ein rein begrifflicher Inhalt wird dadurch ausgedrückt, unabhängig davon, ob diesem Begriff in der Sinneswelt eine Erscheinung zukommt oder nicht. Dem Substantiv «Würfel» kann natürlich eine Erscheinung zukommen, nicht so dem Morgensternschen

Begriff «Nasobem»[12]. Die durch Substantive erzeugten Vorstellungen schildern uns, um «was» es sich handelt, nicht aber, «wo» sie als Dinge zu finden wären, auch nicht, ob es sie wirklich gibt, wie «Nasobem» zeigt.

Eine weitere Bedeutungsart zeigt sich, wenn uns ein Wort eine Tätigkeit nennt, also zum Beispiel «würfeln». Auch hier wird in uns eine inhaltliche Vorstellung erzeugt; soweit ist diese Bedeutungsart der substantivischen vergleichbar. Die Tätigkeitsform dagegen ist ihr polar.

Eine dritte Inhalte erzeugende Bedeutungsart ist die adjektivische beziehungsweise adverbiale, zum Beispiel «würfelig». Sie bildet insofern zwischen den beiden erstgenannten eine Mitte, als sie eine substantivische wie eine verbale Bedeutung modifizieren kann, ja ihren Gebrauchswert erst durch diese Eigenschaft erhält. «Würfeliger» Tisch ist eine Modifizierung eines Substantivs, «würfelig» (im Sinne von kubistisch) modellieren eine Modifizierung eines Verbs.

Neben diesen drei Bedeutungsarten von Worten, denen gemeinsam ist, dass sie uns einen Inhalt nennen, gibt es weitere, die hinweisenden Charakter haben. Wenn jemand mit dem Zeigefinger auf einen Würfel deutet und «dieser» spricht, wird dadurch beschrieben, um welchen konkreten Würfel es sich handelt. «Dieser» beschreibt hinweisend die Gegenwärtigkeit einer konkreten Sache.

So haben beispielsweise die Demonstrativpronomen generell hinweisende Bedeutung, ja sie deuten über die Sprache hinaus in die Tatsächlichkeit. Eine zweite Art in der Gruppe der hinweisenden Bedeutungen findet man, wenn beobachtet wird, welche Bedeutungsart sich am Ende des folgenden Satzes entwickelt: «Der Würfel, vom Beile getroffen, er zerbricht unter dem schmetternden Hieb». Der erste Satzteil baut eine Vorstellung auf, die unter der Wirkung dessen, was das Personalpronomen «er» in die Bedeutung hereinträgt, vollständig zurückgedrängt wird, um eine andere erscheinen zu lassen. Im Gegensatz zur hinweisenden Bedeutung bleibt die zurückdrängende in der Vorstellung stehen und weist nicht über die Sprache hinaus.

Die mittleren Verhältnisse finden wir, wenn der Gebrauch eines Artikels betrachtet wird. «Der Würfel rollt über den Tisch». «Der» vergegenständlicht den Begriff Würfel zu einem auf dem Tisch rollenden Objekt. Dieser Gebrauch des Artikels weist uns auf eine Sache; insofern ist die «vergegenständlichende Bedeutungsweise» der hinweisenden ähnlich. Sie bleibt aber in der Vorstellung, ohne über die Sprache hinauszuweisen, und zeigt dadurch ihre Verwandtschaft mit der zurückdrängenden.

Wir haben bisher auf der Inhalte nennenden wie auf der auf Dinge hinweisenden Seite der Bedeutung je drei Arten gefunden, wie die Worte gebraucht werden, die wir auf die folgende Weise nebeneinandersetzen, um zu zeigen, dass es zwei weitere Bedeutungsarten gibt, die beide Seiten verbinden:

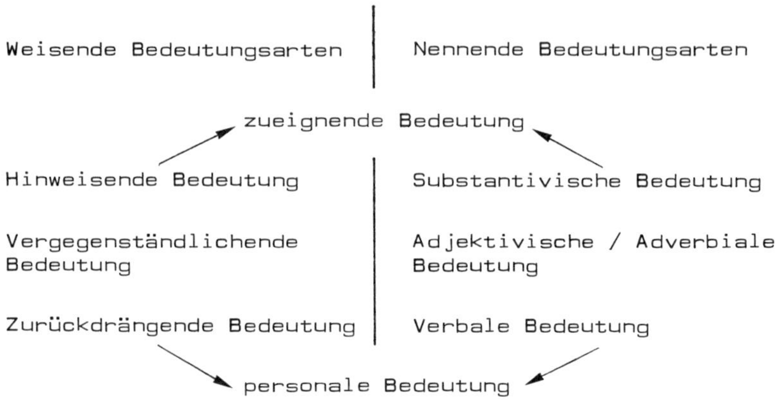

Die Personalpronomina ich, du, er und so weiter rufen einen bestimmten Inhalt hervor, aber nicht allein, sondern erst durch den Sprachkontext, in dem sie stehen. Sie haben primär weisenden Charakter, dieser erhält aber erst seinen Inhalt durch Worte nennender Bedeutungsart. Diese beiden Seiten des Spektrums verbindende Bedeutungsart soll «personale Bedeutung» genannt werden.

Schliesslich seien noch die Eigennamen betrachtet. Sie verbinden die beiden Seiten des Spektrums, denn ein Eigenname ist ein reiner Begriff, aber ein solcher, der als konkreter, bestimmter und einmaliger in der Welt enthalten ist. Ohne einen vorangestellten Artikel wird damit auf die Person hingewiesen. Das Bedeutungsfeld der Eigennamen sei «zueignende Bedeutung» genannt.

Damit ist nicht alles aufgenommen, was an Bedeutungsarten durch die Grammatik beschrieben wird. Bei dem Vorgebrachten handelt es sich um einen anfänglichen Versuch, auch diesen Problemkreis mit unserer phänomenologischen Methode anzugehen. Die Fruchtbarkeit dieses Hinweises müsste erst durch eine phänomenologische Grammatik erwiesen werden.

Durch den Denksinn nehmen wir die seelische Tätigkeit des Menschen wahr, die er als denkendes Wesen vollbringt; mit dem entwickelten Schema haben wir allerdings nur das Modell eines konkreten Spektrums der Denktätigkeit vor uns, nach dem die einzelnen Spektren gebaut sind (siehe Seite 87).

Was steht als einheitliches Ganzes hinter dieser sechs-(acht-)fachen Einkleidungsform in den Denkgebrauch? Dieses Ganze muss einer Welt angehören, aus der es in vielfacher Weise Objekt der Denktätigkeit werden kann und deshalb alle Formen, in denen es seelisch erscheinen kann, in sich enthält. Es ist die Welt der Ideen, wo es ein wirkendes Wesen ist. In dieser Welt selbst kann es als Imagination erlebt werden. Somit gibt es so viele Einzelspektren des Denksinnes wie Imaginationen.

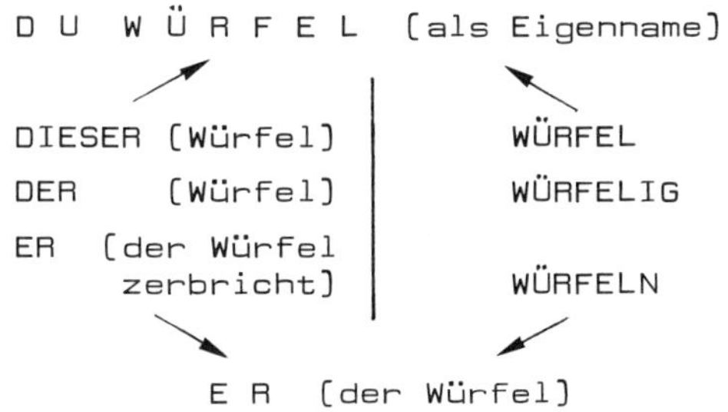

Ein anderes Beispiel:

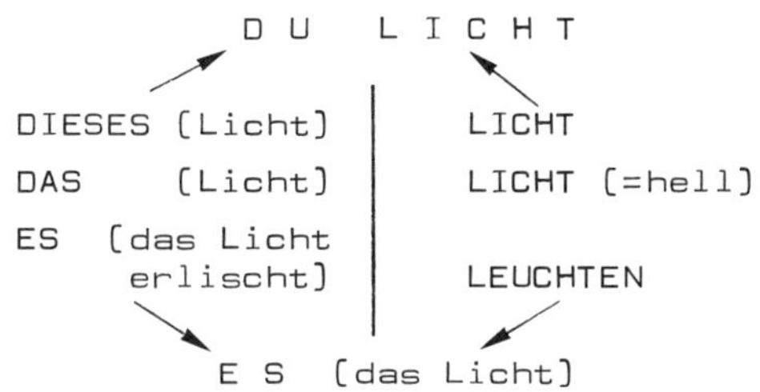

Wenn der Denksinn die *Seelen*inhalte und Tätigkeiten des Denkens auffasst – welcher Welt gehört dann das Wort an, das als Vermittler sich unterscheiden lassen muss von den Inhalten und Tätigkeiten, die es zur Erscheinung bringt? Der Hörsinn nimmt die Äusserungen der physischen Welt auf, denn physikalische Verhältnisse bestimmen Tonhöhe, Tonstärke und Tonlänge. Die Denkfähigkeit, die der Denksinn abbildet, gehört der Seelenwelt an. Alle Gestalten, die die Erde hervorbringt, entwickeln sich durch die Zeitprozesse der lebendigen Welt. Wie werden die Wortgestalten gebildet? Sind die Lautgestalten ebenso Bildungen eines Ätherleibes, wie es die Gestalten der Pflanzen, Tiere und Menschen sind? Sind die Gestalten, die die Erde trägt, das makrokosmische Wort, das Urbild des mikrokosmischen Menschenwortes?

Die Kraft des Willens, die sich der Muskulatur der Brustregion bedient, nimmt die Luft der Lunge als Material und trägt sie durch die beiden folgenden Regionen der Sprachorganisation: zunächst durch den Kehlkopf, der ihr Stimme verleiht. Am stärksten stimmhaft werden die Vokale gebildet, sie sind damit auch Ausdruck der Kräfte, die im Kehlkopf arbeiten: der Kehlkopf ist das mittlere, gefühlsartige Glied der Sprachorganisation. Das Gefühl ergreift den Kehlkopf als Werkzeug und im Luftstrom ertönt der sinnliche Ausdruck des Gefühls in der Art der Stimmhaftigkeit, des Sonantischen. Die Sprachwerkzeuge des Mundes bringen durch die Stellung von Lippen, Zähnen, Zunge und

Gaumen diejenigen von aussen wirkenden räumlichen Begrenzungen dem stimmhaft gewordenen Luftstrom entgegen, die zu den verschiedenen Lautgestalten der Sprache führen. In dieser begrenzenden Tätigkeit zeigen die vorderen Sprachwerkzeuge ihren Denk- oder Kopfcharakter, der dazu führte, dass ursprünglich Wörter gebildet wurden, die sich besonders als Träger von Gedanken eigneten. Es sind die drei Grundkräfte der Seele, die in den Zeitrhythmus der Atmung eingreifen und ihm die Kräfte zutragen, die er zur Bildung der Lautgestalten braucht. Das dafür notwendige physische Werkzeug (Lunge und Lungenbewegungsapparat, Kehlkopf und vordere Sprachwerkzeuge) ist ebenfalls dreigliedrig gebildet. Analoge Verhältnisse finden wir auch in der Pflanzenwelt. Die dynamischen, willenshaft wirkenden Kräfte erhält das dem wässrigen (kolloidalen) Zustande immanente Leben von der Erde: es sind die Nährstoffe, es ist der Humus, der ganze Boden, der der Pflanze die Substanzen gibt, die sie für die Ausfüllung ihrer Gestalt braucht. Dem mittleren Element entspricht hier das Wasser, in das die Erdsubstanzen aufgenommen, nach oben getragen werden und dessen Kräfte die breiten Rundungen aus den Blattanlagen hervorbringen. Begrenzend und gestaltend wirkt das Licht ebenso von aussen wie die Sprachwerkzeuge des Mundes. Die Blüte als reines Ergebnis der Lichtwirkung ist das am meisten ausgestaltete Organ der Pflanze, zugleich das mit den geringsten Lebenskräften ausgestattete. In der Blüte muss die Pflanze sterben, so wie auch der fertig gebildete Laut verklingt.

Der menschliche Kulturprozess des Sprechens erweist sich aus dieser Betrachtungsweise als ein kleiner Bruder des grossen Schöpfungsprozesses, der die lebendigen Gestalten der Welt hervorgebracht hat. Allerdings ist der Substanzzustand nach oben gehoben: das Schöpfungswort wurde in das Wasser gesprochen, das Menschenwort gestaltet die Luft. Der Ätherleib des Menschen bringt in der Sprachorganisation unter der Wirkung der drei Seelenkräfte die Luftgestalten hervor. Der pflanzliche Ätherleib entwickelt die Gestalt aus dem wässrigen Element, ebenfalls unter der Wirkung dreier Kraftpotentiale.

Hörsinn, Lautsinn und Denksinn offenbaren dem Menschen die physische Welt, die Lebens- und die Seelenwelt im Kleide zunehmend vorstellungsartig werdender Erfahrungen.

Der Ichsinn

Mehr oder weniger bewusst hat jeder den Sinn für die Wahrnehmung des Stils ausgebildet, in dem die Menschen seiner Umgebung sprechen. Auch am Stil zu denken nimmt man Menschen wahr, die man kennt. Viele soziale Vorurteile knüpfen sich an die Gewohnheit mancher Menschen, die verschiedensten Gedanken mit Denkfiguren einzuleiten, die, weil zur Genüge bekannt, Antipathie hervorrufen. Im Gehen, überhaupt in der Art sich zu bewegen, im Sprechen und im Denken bildet jeder Mensch einen für seine Persönlichkeit typischen Stil aus, der wahrnehmbar ist. Schon als Kind lernt man beispielsweise am unterschiedlichen Knarren der Holzstiege erkennen, wer sie betreten hat. Den Stil eines Menschen erlebt man im ganzen seiner Gedankenführung, im ganzen seiner Sprache und im ganzen seiner Bewegungsart, darin jeweils das Einheitliche auffassend, was diesen Stil ausmacht. Das aber ist ein Problem des Wiedererkennens. Das Wiedererkennen einer Persönlichkeit hat den tätigen Denksinn, dieser den Lautsinn, und dieser den Hörsinn zur Voraussetzung. Der Lautsinn fasst die verschiedenen Schall- oder Geräuscherlebnisse zur Gesamtheit des Lautes oder der Lautfolge zusammen. Der Denksinn fasst die verschiedenen Lautgestalten zur Ganzheit eines Bedeutungsinhaltes zusammen und der Ichsinn die Folge der Bedeutung zur Ganzheit eines Stils. Wir sehen: der Laut-, der Denk- und der Ichsinn arbeiten integrierend und setzen einander so voraus wie der Lautsinn den Hörsinn. Damit haben wir einen charakteristischen Unterschied gefunden, der die drei Sinne Laut-, Denk- und Ichsinn von allen anderen unterscheidet. Alle anderen neun Sinne sondern primäre Qualität in die Empfindungsseele ein, während jene sekundäre Phänomene schaffen. Der zweite charakteristische Unterschied besteht in der Tatsache, dass die drei integrierenden Sinne erworben werden (siehe Seite 76). Angeboren ist nur die Anlage für ihre Ausbildung. Die Ausbildung selbst hängt davon ab, ob wir Gelegenheit bekommen, den Lautsinn zu entwickeln. Weil alle Sprachen dieselben Laute verwenden – von wenigen Besonderheiten wie den Klick- und Schnalzlauten abgesehen –, werden wir durch diesen Sinn Teilnehmer an der Menschheit. Insofern wir den Denksinn entwickeln, werden wir Teilnehmer an dem Volk, dessen Sprache wir erlernen. Durch die Entwicklung eines Stils aber werden wir individuelle Persönlichkeiten.

Aber nicht nur individuelle Stile werden gebildet, es kann auch sein, dass der Stil, den ein Mensch zum Beispiel als Künstler oder als Denker prägt, in späteren Zeiten erkennen lässt, dass darin der Geist eines Volkes oder der Geist einer Zeitepoche mitgewirkt hat. Besonders in den Alten Kulturen ist es so, dass der individuelle Anteil – über die Renaissance, die römische und griechische Kultur – immer geringer wird und in der ägyptischen ganz verschwindet, während Volks- und Zeitgeist zunehmend deutlicher prägend tätig sind. – Damit haben wir sechs Arten gefunden, wie Stil erscheinen kann: drei Arten zeigen sich, wenn das menschliche Ich die Leiblichkeit als Werkzeug ergreift. Hier äussert sich der Stil im Gehen, Sprechen und Denken.

Drei weitere Arten sind zu entdecken, wenn wir auf die Kulturwerke blicken, die Menschen geschaffen haben. Hier äussert sich der Stil als ein persönlich-individueller, zugleich offenbart er den Volksgeist und den Zeitgeist. Wir können damit ein allgemeines Spektrum des Ichsinnes entwerfen, durch den wir das Stilmässige auffassen:

Denkstil	Stil der Persönlichkeit
Sprechstil	Volksstil
Bewegungsstil	Zeitstil

Jeder Mensch entwickelt durch seine Persönlichkeit mehr oder weniger vollständig ein solches Spektrum. Es gibt daher so viele Spektren, wie es menschliche Persönlichkeiten gibt. Die Besprechung des Ichsinnes wäre unvollständig, würden wir ihn nicht an einem Beispiel üben. Hierfür betrachte man die *Abbildung 13* und lese erst dann weiter, wenn man zu einer Wahrnehmung der Persönlichkeit des Künstlers gekommen ist, dessen Werk man betrachtet.

13 ...?

Es handelt sich um einen sehr bekannten Künstler, aber um ein eher unbekanntes Werk von ihm. Wer den Künstler kennt, nicht aber das abgebildete Werk, und seine «Handschrift» darin wiederentdeckt hat, kann sich sagen, dass dieses Wiedererkennen damit zusammenhängen muss, dass er einen Sinn für diesen Künstler früher schon entwickelt hat.

Gemeint ist nicht, dass man sich ein Urteil bildet, wer der Künstler ist, sondern, wer auf der Buchseite die Handschrift von Ernst Barlach «sieht», betätigt seinen «Barlach-Sinn». Schliesslich sei die Arbeit von Ernst Barlach dazu verwendet, uns zusammenfassend über das Zusammenspiel von Ichsinn, Denksinn, Laut- oder Gestaltsinn und Sehsinn aufzuklären: der Sehsinn bringt als angeborener Sinn das Hell-Dunkel in seiner Verteilung auf der Fläche zur Erfahrung. In das Material, das der Sehsinn liefert, greifen die drei anderen Sinne ein. Deshalb soll der Sehsinn «Grundlagensinn» genannt werden. Der Gestaltsinn ergreift die in den Mantel gehüllte Gestalt. Der Denksinn hat es möglicherweise am schwersten: er ergreift die «Schneckenhexe» (es handelt sich um eine entsprechende Illustration zum zweiten Teil des «Faust» von Goethe). Der vierte Sinn ergreift «Barlach». Nun soll keinesfalls gesagt werden, dass mit Hilfe des «Barlach-Sinnes» diese Arbeit als Kunstwerk zu erfassen sei, sondern im Gegenteil: der Ichsinn ergreift den *Menschen*, der dieses Werk geschaffen hat.

Wir haben uns schon darüber verständigt, dass der Mensch den Lautsinn im ersten und den Denksinn im zweiten Jahrsiebt seines Lebens ausbildet. Die unbegrenzten Urphänomene des Ichsinnes, also den Sinn für jeden einzelnen Menschen, bildet jeder Mensch im Laufe seines ganzen Lebens aus. Schliesslich verfügt man über so viele urphänomenale Spektren des Ichsinnes, wie man Sinne für einzelne Persönlichkeiten entwikkelt hat.

Wenn wir Hör-, Laut- oder Gestaltsinn, Denk- und Ichsinn zusammenfassend betrachten, lässt sich sehen, dass sie besonders mit dem wachen und bewussten Teil des Menschenwesens zusammenhängen. Mit dem Denksinn nehmen wir wach wahrnehmend am Seelenleben eines anderen Menschen teil und mit dem Ichsinn erfahren wir sein geistiges Wesen im Abdruck, wenn wir es uns bewusst machen.

Zusammenspiel und Ganzheit der 12 Sinne

Versuchen wir die drei Gruppen von Sinnesfeldern in ihren Eigenarten noch deutlicher zu fassen. In den unbewusst arbeitenden Sinnen, Tast-, Gleichgewichts-, Bewegungs- und Lebenssinn, lebt der Mensch mit seinem Willen. Wir kennen die Tatsache, dass wir intentionell mit diesen Sinnen sehr wach wahrnehmen können, aber jenseits des intentionalen Zugriffs bleiben sie mehr oder weniger nur mit dem Willen verbunden. Die Tatsache, dass wir den Übergang von der Unaufmerksamkeit zur Aufmerksamkeit bei ihnen so radikal erleben, zeigt die Primärverbindung dieser Sinne zum Willen, mit dem der Mensch durch sie in das Sein der irdisch-stofflichen Welt, in die Kräfte, die mit dem Innern der Erde zusammenhängen, in die Schwere, in die Härte des Stoffes hineinragt. Wir können diese Sinne daher *Willenssinne* nennen.

Mit dem Geschmacks-, Geruchs-, dem Seh- und dem Wärmesinn ist das Fühlen aufs engste verknüpft. Wir haben bemerkt, dass besonders bei Geruchswahrnehmungen die seelische, sympathische oder antipathische, Reaktion so dominant ist, dass es dem intentionalen Zugriff schwerfällt, den Inhalt der Wahrnehmung selber zu finden. Durch diese Sinne ist der Mensch mit der umgebenden Natur verbunden, insofern sie dem Kosmos entstammt. Licht und Farbe, Wärme, Süsse und Duft sind Qualitäten, die sich in der Natur unter der Wirkung der Sonne entwickeln. Diese Sinne bleiben ohne intentionalen Zugriff nicht ganz unbewusst wie die Willenssinne; in den seelischen Reaktionen auf ihre Wahrnehmungen träumt man mehr oder weniger. Wir nennen sie *Gefühlssinne.*

Im Hörsinn, im Laut- oder Gestalt-, im Denk- und Ichsinn lebt der Mensch auch ohne besonderen intentionalen Zugriff wach. Ja, die Gedanken- und Bedeutungswahrnehmung geht dauernd in Vorstellungs- und Urteilstätigkeit über. Es ist schwer, sicher zwischen dem zu unterscheiden, was in der eigenen Seele an vorstellender Tätigkeit entsteht, und dem, was durch die Sinne in sie eintritt, solange man darin nicht eine gewisse Übung erreicht hat.

In der Tätigkeit des Denksinnes unterscheiden sich die Menschen stark voneinander, da die Art, wie jeder Mensch seine Begriffe entwickelt, und das Lebensgebiet, dem sie entstammen, diesen Sinn ausbilden. Nur die durch Erziehung, Ausbildung und eigene Arbeit erworbenen Begriffe werden auch zu Wahrnehmungswerkzeugen. Das gilt auch für den Ichsinn.

Wer mehr oder weniger selbstbezogen lebt, hat einen Sinn für andere Menschen nur fragmentarisch entwickelt. Lebe ich in diesen Sinnen nicht wach, so sind sie auch nicht so tätig, dass ich durch sie in der Welt stehe. Trotzdem bleiben sie deshalb nicht wirkungslos. Sie fangen an, ähnlich wie die Willenssinne zu wirken, und werden zu Krankheitsursachen. Dass sie tiefer in die Organisation des Leibes wirken als in die Kopforganisation, ist ihnen nicht angemessen. Sie sollen *Denksinne* genannt werden. Mit den drei Bezeichnungen Willens-, Gefühls- und Denksinne schliessen wir uns dem Sprachgebrauch von Rudolf Steiner an.

Die Bezeichnung «Hörfeld» wurde gewählt in Hinblick auf das integrierte Zusammenspiel, das sich ergibt, wenn der Laut- oder Gestaltsinn wie der Denk- und Ichsinn in den Hörsinn als Grundlagensinn eingreifen.

Genauso ist es auch mit dem, was wir «Sehfeld» nennen können. Hier ist der Sehsinn der Grundlagensinn, in den der Gestalt- oder Lautsinn wie der Denk- und Ichsinn so eingreifen, dass entsteht, was wir vor Augen haben. Nun sind es, wenn man näher nachforscht, nicht nur Laut-, Denk- und Ichsinn, die im Hör- und besonders im Sehfeld arbeiten. Weitere Sinne treten hinzu, die das Erlebnis bereichern und vervollkommnen. Dafür sollen einige Beispiele genannt werden. Es gibt Gründe für die Annahme, dass es das Zusammenspiel von Bewegungssinn und Gleichgewichtssinn ist, das in die Tonwahrnehmung eingreift, wenn ein bestimmter Ton bei getretenem Pedal auf dem Klavier wiederholt angeschlagen wird. Die beiden Sinne erfassen, was man Rhythmus nennen kann; Rhythmus lebt im Zeitmass und in der Klangstärke der Anschläge. Aber Farbwahrnehmung als unmittelbares Sinneserlebnis oder Geschmacks- und Geruchsnuancen fehlen dem Hörfeld. Auch Wärmewahrnehmungen, Schwere oder Frische sind nicht zu entdecken. Wenn ein Hammer auf den Amboss fällt, erlebt man im Hörfeld durchaus die Härte des Metalls. Der Tastsinn arbeitet mit.

Die drei integrierenden Sinne arbeiten mit dem Material des Sehsinns ebenso sicher wie mit dem des Hörsinnes. Wenn wir auf den Geruchs-, Geschmacks- und Wärmesinn achten, die zusammen mit dem Sehsinn die Gefühlssinne darstellen, kann man unsicher im Urteilen werden. Ein Beispiel für den Wärmesinn: wenn wir bei schönem Sommerwetter, uns selbst warm fühlend, über einer Sandfläche die Luft flimmern sehen, ist die Wärmewahrnehmung durch das Auge zu bestätigen. Aber: ist es der Wärmesinn, der hier arbeitet? Ein Beispiel für den Geschmack: wenn eine rosafarbene Fläche betrachtet wird, hat man durchaus den Eindruck «süsslich», aber um ein unmittelbares Geschmackserlebnis kann es sich nicht handeln. Das Problem, das einer Bearbeitung bedarf, soll später wieder aufgegriffen werden (siehe Seite 104).

Die Willenssinne arbeiten im Sehfeld mit. Durch den Bewegungssinn können wir jede ausserhalb unseres Leibes stattfindende Bewegung in voller Wachheit wahrnehmen. Sehen wir ein Bild schief hängen, nehmen wir das mit dem Gleichgewichtssinn wahr. Ein Blick auf einen Menschen genügt, um zu sehen, ob er schläfrig oder wach ist, sich frisch oder matt fühlt. So ist es auch mit dem Tastsinn. Wir sehen einer Oberfläche an, ob sie rauh oder glatt beschaffen ist. Das Hörfeld vermittelt uns die Welt so, dass die Seele mit dem Denken unmittelbar an dieses Feld anschliessen kann. Wie im Denken fliesst auch hier die Zeit von der Vergangenheit in die Gegenwart. Das Sehfeld vermittelt uns bild- oder tableauhaft die Welt so, dass die Seele fühlend unmittelbar anschliessen kann.

Dabei erleben wir die Raumeswelt so, dass sie uns mit ihren Oberflächen vor Augen steht. Gibt es nun noch ein drittes Feld, in dem ein Willenssinn der Grundlagensinn ist, der von den integrierenden Sinnen ebenso ergriffen wird wie der Sehsinn aus der Gruppe der Gefühlssinne und der Hörsinn aus der Gruppe der Denksinne, so dass die Seele ein drittes Mal mit dem Wollen unmittelbar anschliessen kann? Versuchen wir auf dieses Feld aufmerksam zu werden, indem wir die Augen und die Ohren verschliessen. In diesem Zustand haben wir durchaus eine Wahrnehmung von uns selbst und von der Welt. Können die Erfahrungen der Zustände des eigenen Leibes wahrgenommen werden? Die Wahrnehmungen durch den Tast-, den Gleichgewichts- und den Lebenssinn, auch die Wahrnehmung der Lage der Glieder, unser Gehen und Stehen, die Wärmewahrnehmung, selbst das Riechen und Schmecken, ändern sich nicht. Dahingegen verwandelt sich die Wahrnehmung der Umwelt vollständig. Ich bin zu einem isolierten Wesen geworden, und meine Wahrnehmungsfähigkeit endet an meiner Haut. Ich «weiss» noch, dass ich eine Umwelt habe, bin aber vollkommen unsicher, wie weit beispielsweise die Dinge von meiner tastenden Hand entfernt sind. Die Unsicherheit wächst, je näher mir die Dinge sein müssen. Die vorsichtig ausgestreckte Hand erwartet die Berührung der Zimmerwand; im Moment der Berührung fährt das Sicherheitsgefühl durch den ganzen Körper. Besonders schön ist dieses Erlebnis morgens beim Aufwachen zu haben. Voraussetzung dazu ist, dass man den Aufwachvorgang so miterlebt, dass man wach wird, bevor man sich aktiv bewegt hat. Man bleibe mit geschlossenen Augen liegen und frage sich, welche Lage zu Bett und Schlafzimmer man einnimmt. Man sagt sich zum Beispiel: wenn ich mit dem Kopf zum Kopfende meines Bettes gerichtet auf der linken Körperseite liege, so muss die Zimmerwand vor mir sein, das Fenster hinter mir. Die Lage zu allen anderen Einrichtungsgegenständen vergegenwärtige man sich, wenn man nun mit der Frage in sich hineinhorcht, ob diese Vorstellung, die man sich so ausgemalt hat, auch das Erlebnis der Wirklichkeit enthält, über die man spekuliert hat. Man muss die Frage verneinen. Hat man Zweifel am Wirklichkeitscharakter der Vorstellungen, weil man sich sagt, vielleicht habe man sich im Schlaf mit dem Kopf zum Fussende gedreht, so dass man die Wand nicht vor, sondern hinter sich habe, so strecke man einen Finger aus und bewege ihn in die Richtung, in der die Wand erwartet wird. In der Regel trifft man auf sie genau im erwarteten Moment. Jetzt fährt die Gewissheit von der Wirklichkeit der Welt, in der wir sind, wie ein Schlag in einen hinein. Alle Zweifel sind fort, und die Wahrnehmung der Lage im Raum ist da, verbunden mit dem Sicherheitsgefühl «auf der Erde zu sein». In diesem Moment ist der Mensch in sein «Tastfeld» eingetaucht. Das Tastfeld vermittelt das Erlebnis, wirklich auf der Erde zu sein, dadurch, dass der Wille hier unmittelbar anschliessen kann.

Falls es sich dabei um ein «Feld» im Sinne von Seh- und Hörfeld handelt, müssten auch die integrierend arbeitenden Sinne unmittelbar im Tastfeld tätig sein können. Dass es so ist, zeigt der Versuch. Man lasse sich mit verbundenen Augen zum Beispiel eine Plastik auf den Tisch stellen. Versucht man, durch tastende Wahrnehmungen mit Fingern und Händen zu einer Gestalterfahrung zu kommen, so ist das nur von einiger Schwierigkeit, weil der Gestaltsinn hier ungeübt ist. Ein Blinder verschafft sich mit diesen Mitteln seine Gestaltwahrnehmungen. Damit soll nicht gesagt sein, dass die Gestaltwahrnehmung des Blinden völlig identisch mit der eines sehenden Menschen sei – das ist sie nicht. Aber die Gestaltwahrnehmungen hat der Blinde durch seine für den Gestaltsinn sensibilisierten Hände. Entsprechend ist es auch mit dem Begriffssinn. Auch er kann ins Tastfeld eingreifen. Einen Tisch oder Stuhl wird man mit tastenden Händen wahrnehmen können. Wer der Ungeübtheit oder der Grösse der Objekte wegen Einwände hat, der mache sich klar, dass er solche Schwierigkeiten auch aus dem Sehfeld kennt. Man erinnere sich nur an Sichtverhältnisse bei Nebel und nehme ein kleines Objekt, zum Beispiel eine Glühbirne, weil man sie mit beiden Händen so umfassen kann, dass die Hände auf ihrer Oberfläche nicht bewegt werden müssen, um ein deutliches Gestalterlebnis zu haben. Dazu bemerkt man durch den Wärmesinn den Unterschied zwischen dem Glas- und dem Metallteil der Glühbirne, nämlich «glatt», beziehungsweise «feinrauh». Soll der Unterschied zwischen dem Gestalt- und Bedeutungserlebnis beim Tisch und der kleinen Birne beschrieben werden, so hat – wegen der verlaufenden Zeit, in der die tastende Hand über die Flächen, Kanten und Winkel des Tisches streicht – die Erfahrung mehr den Charakter des Hörfeldes, die auf der Birne ruhende Wahrnehmung mehr den des Sehfeldes. Wir müssen aber hinzufügen, dass die Tätigkeit der drei integrierenden Sinne hier keine Voraussetzung dafür ist, dass die Seele mit dem Willen unmittelbar an das Tastfeld anschliessen kann. Der *Wille* greift in die *Grundlagensinne* der Sinnesfelder ein. Das *Denken* greift in die *integrierenden Sinne* eines Sinnesfeldes ein, und das Fühlen hält zwischen beiden Polen eine Mitte.

Wir haben drei Felder entdeckt, auf denen die Sinne so zusammenarbeiten, dass *ein* Sinn zum Arbeitsmaterial für drei integrierende Sinne wird; er wurde Grundlagensinn genannt. Die drei integrierenden Sinne sind erworben, und nicht angeboren. Es sind der Laut- oder Gestaltsinn, der Denk- und der Ichsinn. Die drei Seelenglieder des Menschen schliessen auf eine dreifach verschiedene Art so an die Sinnesempfindungen an, dass der Mensch als denkendes, fühlendes und wollendes Wesen sich mit der Welt und seiner eigenen Leiblichkeit so verbinden kann, dass er sich in einer wirklichen, mit ihm verbundenen und sinnerfüllten Welt, in der Natur erlebt. In diesem dreimal vierfachen Zusammenspiel besteht das Sinnesleben, das alltäglich unser Sinnesbewusstsein erfüllt. Wer sich Rechenschaft darüber geben will, worin auch nur eine einzige Minute seines Lebens in der Sinneswelt bestanden hat, der wird finden, dass es sich um das harmonische Zusammenwirken all dessen handelt, wovon wir hier gesprochen haben. Das Erlebnis, in der Wirklichkeit unserer irdischen Welt zu stehen, hängt davon ab, dass auf allen drei Sinnesfeldern, dreifach mit der Seele verknüpft, eine Erfahrung der gleichen Objekte zustande kommt, um im wahrnehmenden Bewusstsein zu einem einzigen ganzheitlichen «Erfahrungsfeld» zu verschmelzen. Damit haben wir zu unserem Ausgangspunkt, dem naiven Sinneserleben, zurückgefunden und Begriffe entwickelt, die es erklären können. So bleibt uns, das ganze Problem der Sinneslehre abschliessend, noch die Frage, ob es ebenso eine Ordnung der zwölf Sinne gibt, wie die einzelnen Sinne eine Ordnung ihrer Spektren zeigen.

Zusammenhang der Sinne mit den Wesensgliedern des Menschen

Zusammenfassung

Die Willenssinne: Tastsinn, Lebenssinn, Bewegungssinn, Gleichgewichtssinn

Mit dem Tastsinn erleben wir die physikalischen Eigenschaften der Welt. Mit dem Lebenssinn nehmen wir wahr, wie der Erhaltungs- und der Ernährungsprozess unseres Ätherleibes im physischen Leibe arbeiten. In der Bewegung lebt das Seelische, insofern es einem physischen Leibe immanent ist. Im Gleichgewichtssinn lebt das Ich des Menschen. Durch seine Tore tritt es am Morgen in den Leib ein und verlässt ihn beim Einschlafen wieder. Jeder der vier Willenssinne ist also für die Wirkungen einer der vier Wesensschichten der Natur offen: so der Tastsinn für die physische Leiblichkeit, der Lebenssinn für den Ätherleib; der Bewegungssinn erfasst die Seelenschicht, und die Wahrnehmung des Gleichgewichtssinnes braucht das Ich, wenn es sich in sein rhythmisches Verhältnis zu Leib und Kosmos bringt.

Die Gefühlssinne: Geruchssinn, Geschmackssinn, Sehsinn, Wärmesinn

Durch den Geruch nehmen wir die physische Stofflichkeit wahr, die unter der Wirkung des Seelischen und des Ätherleibes steht. Aasgeruch und Blütenduft sind hier die Pole. Im Geschmack nehmen wir die Stoffe wahr, in denen der Ätherleib tätig ist. In der Vielfalt der Geschmacksarten erleben wir die Frucht lebendiger Tätigkeiten, die Fülle, die der grosse Chemikator Ätherleib aus (gar nicht so vielen) Grundstoffen zu Kohlehydraten, eiweissartigen Substanzen und zu Fetten aufbereitet hat. Jede Pflanzenart ist an den Geschmackskompositionen ihrer Substanz zu erkennen.

Farben treten überall dort auf, wo das Seelische sich selbst darstellt. In den Himmelsfarben erscheint das Seelische am reinsten im Bilde. Blütenfarben erscheinen durch seelische Kräfte, die aus dem Umgebungsraum wirken.

Von den beseelten Wesen sind es Schmetterlinge, Schnecken, Reptilien und Vögel, die Farbenpracht entfalten, weil bei ihnen das wirkende Seelische noch nicht ganz ins Leibesinnere eingezogen und zum Verhalten (Bewegung) geworden ist. In der Wärme, deren Zustände wir durch den Wärmesinn erfahren, lebt das Ich des Menschen und entfaltet seine Wirksamkeit auf den physischen Leib. Die Wärmeorganisation hat im wachen Tagesleben einen konstant warmen Kern im Inneren und einen kühleren variablen Mantel. Tendenziell kehrt sich dieses Verhältnis in der Nacht um. Der Kern wird kühler, der Mantel wärmer. Hier bringt das Ich seinen Rhythmus zur Geltung.

Die Denksinne: Hörsinn, Laut- oder Gestaltsinn, Denksinn, Ichsinn

Durch das Hören offenbaren sich die physikalischen Eigenschaften des Materials, seine Härte, Elastizität und seine Grösse. Der Ätherleib bringt im Wachstum die Gestalten hervor, die der Gestaltsinn auffasst, und der Mensch wiederholt in den Lautgestalten, die er ausspricht, das Weltenwort. Dem Denksinn offenbart sich die menschliche Seele in ihrer Denktätigkeit. Im Ichsinn lebt eine unmittelbare Wahrnehmung des anderen Ich, insofern es als geistiges Wesen Stil in die Welt bringt (siehe folgende Schemas).

Zu einer vollständigen Sinneslehre würde eine Betrachtung der *Sinnesorgane* gehören. Eine solche müsste einmal morphologisch und ein andermal physiologisch durchgeführt werden. Beide Betrachtungsarten wären durch eine Funktionslehre mit der hier behandelten psychologischen Seite des Gesamtproblems zu verbinden. Diese reizvolle Aufgabe überschreitet aber unser Thema. Wir beschränken uns auf den psychologischen Gesichtspunkt, soweit er dargestellt wurde. Von hier aus soll auf den Gebrauch der Sinne in Wissenschaft und Kunst übergegangen werden. Den Unterschied vor Augen zu haben, wie Wissenschaft und Kunst mit den Sinnen umgehen, ist die Voraussetzung, um das Besondere der Kunst würdigen zu können.

Der Einstieg soll durch ein Experiment eröffnet werden, das die Folgen zeigt, wenn Teile des Erfahrungsfeldes ausfallen. Man betrachte das Foto von *Abbildung 14.* Man erkennt zwei Kerzen, die zwei Rundstäbe so beleuchten, dass sich zwei der vier Schatten

1. Schema: Die Sinne, die sich jeweils dem gleichen Wesensglied öffnen:

Die für die Wirkung des physischen Leibes offenen Sinne

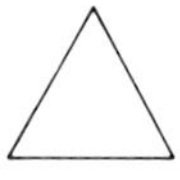

Die für die Wirkung des Ätherleibes offenen Sinne

Die für die Wirkung des Astralleibes offenen Sinne

Die für die Wirkung des Ich offenen Sinne

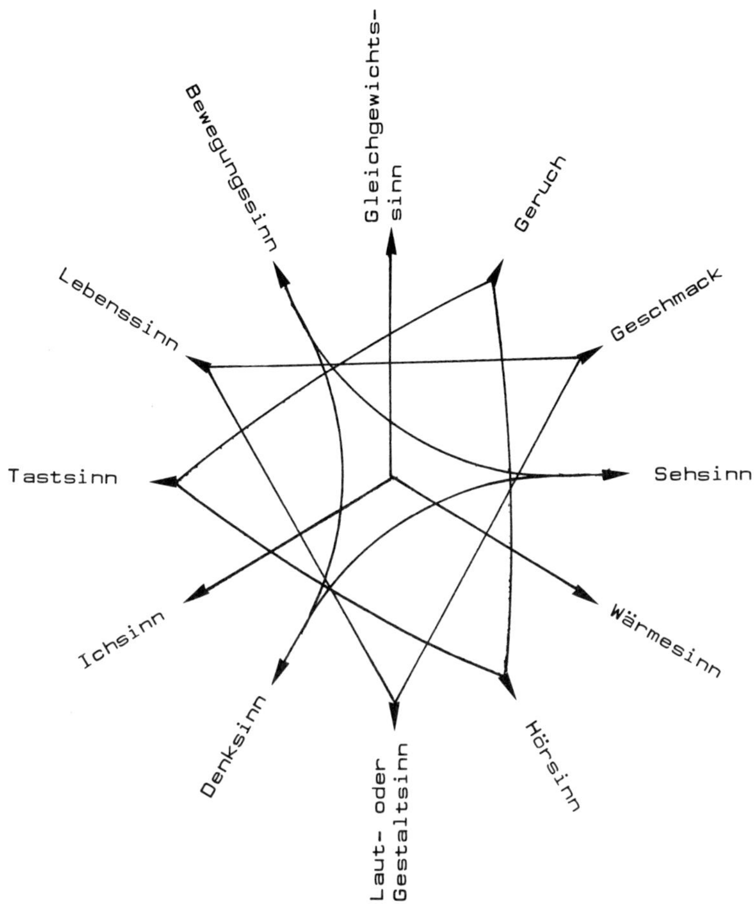

überschneiden. (Die zugrunde liegende Anordnung stammt von dem Waldorflehrer Frits Julius[13].) Diese Abbildung ist dadurch zustande gekommen, dass eine einzige Kerze einen einzigen Stab vor einem Spiegel beleuchtet. Wir haben nur zur einen Hälfte ein wirkliches, zur anderen aber ein Spiegelbild vor uns. Man wird einwenden können, dass das tatsächliche Experiment – im Gegensatz zu unserer Abbildung – die Grenzen des Spiegels erkennen lassen wird. Das ist wahr, aber der Einwand macht auch deutlich, worin das Täuschende unserer Abbildung besteht. Es fehlen den Willenssinnen alle differenzierenden Zugriffsmöglichkeiten. Sobald das Experiment in einem einigermassen beleuchteten Raum aufgebaut und die Gesamtsituation übersehbar wird, ist ein grosser Teil der Ungewissheit dadurch verschwunden, dass der Gestaltsinn den Spiegel ausgliedern kann. Er ersetzt jetzt die Willenssinne. Baut man sich dieses Experiment auf und blickt durch einen

2. Schema: Dreimaliger Gang durch die vier Wesensglieder:

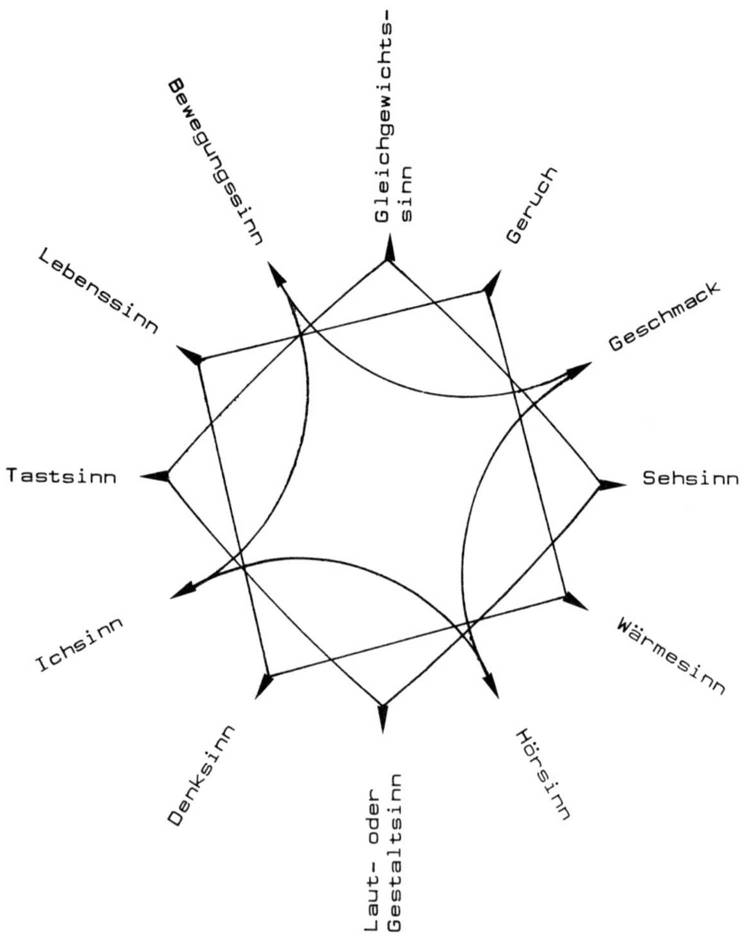

das Gesichtsfeld einengenden Kasten oder ersetzt eine ganze Zimmerwand durch einen Spiegel, stellt sich dieselbe Ungewissheit ein wie gegenüber dem Foto von *Abbildung 14*. Diese verschwindet vollständig, wenn man mit dem Finger die Spiegeloberfläche berührt. Nicht nur das Tasterlebnis, auch der sichtbare Fingerabdruck hilft die Illusion fortzuschaffen. Wir sehen daraus, wie leicht es ist, die Realität der irdischen Sinneswirklichkeit zu verlieren, wenn Teile des Erfahrungsfeldes ausfallen. Sowohl die Wissenschaft wie die Kunst zerlegen die Sinneserfahrung und arbeiten mit je verschiedenen Teilen der-

14 Versuchsanordnung mit Spiegel, Kerzen und Schattenstab.

selben. Dadurch müssen sie, und zwar notwendigerweise, den verbliebenen Rest ergänzen, wenn Neues gewonnen werden soll. In beiden Fällen muss das Ergebnis etwas anderes sein als das naive Naturerlebnis. Was es ist und wohin die beiden Wege führen, soll im folgenden anzudeuten versucht werden.

Der Gebrauch der Sinne in der Wissenschaft

Wie verhält sich eine auf Erfahrung aufbauende sachgemäss arbeitende Naturwissenschaft zu den Sinnen? Für die Bearbeitung einer solchen Frage muss das dazugehörige Tatsachenwissen, soweit es erkundet ist, vollständig vorliegen. Worin es prinzipiell zu bestehen hat, muss für jede wissenschaftliche Fragestellung beantwortet sein. Zum Beispiel für die *Pflanzenmorphologie* gehört die mit Hilfe eines Stereomikroskopes gewonnene Kenntnis der sich entwickelnden Primärstadien dazu.

Ist eine Frage gestellt und wird nach der Antwort gesucht, kann von vielen Sinnesqualitäten abgesehen werden, wenn sie die Fragestellung nicht berühren. Fragen wir beispielsweise nach der Gesetzmässigkeit der Formwandlung während der Entwicklung eines Laubblattes, kann man davon absehen, dass das Primärstadium des Laubblattes noch ungefärbt ist, bald zart hellgrün bis gelblich erscheint und später dunkelgrün wird. (Dieses Beispiel ist gewählt, weil wir die in Frage kommenden Tatsachen für die Gartenkresse schon auf Seite 19, *Abbildung 2,* kennengelernt haben.) Wir können auch davon absehen, welche Tasteindrücke dazugehören, wie es riecht und schmeckt. Ins Auge gefasst wird also allein dasjenige, was der Gestaltsinn aus dem Material des Sehsinnes auffasst. Hat man die Entwicklungstatsachen aller Laubblätter einer Pflanze bis zur Blütenbildung aufgeklärt, besteht die weitere Arbeit darin, den die Tatsachen verbindenden Ideenzusammenhang aufzufinden. Wir haben denkend gefunden, dass die Zeit in diesem Falle kontinuierlich verläuft. Wir haben diesen Zeitfluss mit dem der Laubblattfolge verglichen und festgestellt, dass sich die Zeitrichtung umkehrt. Die zugrunde liegende Denktätigkeit können wir das «begriffliche Verknüpfen der Tatsachen» nennen. Untersucht man in diesem Sinne eine Pflanzenart so, dass man sie zu verschiedenen Jahreszeiten keimen lässt (in mitteleuropäischen Verhältnissen), lernt man durch die Art der morphologischen Änderung auch kennen, welche auslösenden und wirkenden Ursachen aus der Umwelt mitgewirkt haben. Man wird finden, dass bei vielen Pflanzen die Tageslänge einen entscheidenden Einfluss hat. Auch Wärme, Wasser- und Bodenverhältnisse entfalten ihre Wirksamkeit. So lernt man ein Naturgesetz kennen, in diesem Falle die Gesetzmässigkeit der Formwandlung der Laubblattfolgen der Pflanzenarten. Das Ergebnis kann man als Idee der Laubblattmetamorphose in Worte fassen. Voll verstanden ist sie aber erst, wenn aus ihr auch hervorgeht, warum die Bäume nur eine geringe oder gar keine Gestaltwandlung zeigen oder warum die Orchideen niemals gegliederte Spreiten tragen. Zur Entwicklung eines solchen Wissenschaftsbildes gehört eine lange Lebenserfahrung im Umgang mit der bearbeiteten Tatsachenwelt und der Ideenbildung daran. So hat man schliesslich die Fähigkeit erlangt, mit einer Idee praktisch arbeiten zu können. Man hat gelernt, sie auf neue Erscheinungen anzuwenden und kann die besondere Art, in der die Idee hier oder dort in Erscheinung tritt, unmittelbar anschauen. Man hat gelernt, die weiterführenden Fragen zu stellen.

Auf diese Weise gelangen wir aus der Welt der Sinne in die Welt des Geistes, die aber in die Erscheinungen der Natur ergossen ist und ihr als hervorbringende Kraft zugrunde liegt. Je weiter die Begriffe mit der Natur übereinstimmen, umso wirklichkeitsgemässer wird die Erkenntnis. Ich kann erkennend aus ihr handeln und sie mir im Kleide des besonderen Falles vorstellen. In diesem Sinne konnte Goethe, wie er sagte, Pflanzen erfinden. Die Natur erfindet keine mehr. Die Zeit ist lange vergangen, als die Natur selbst die Schöpferin war. Wir kommen also zu einer geistigen Welt, deren schöpferische Tätigkeit in der Vergangenheit lag und nachschaffend bis in die Gegenwart wirkt. Wir lernen die Welt kennen, insofern sie Werk der Götter ist, wenn wir von den Naturgestalten und Naturprozessen den Weg zum Geiste suchend im Buche der Natur lesen lernen.

Sinnessymbiosen oder die Betätigung der Sinne in der Kunst

«Diesseitig bin ich gar nicht fassbar. Denn ich wohne grad so gut bei den Toten wie bei den Ungeborenen. Etwas näher der Schöpfung als üblich, und noch lange nicht nahe genug.» Das liess Paul Klee auf seinen Grabstein schreiben[14]. Es ist eine von vielen Äusserungen, in denen Künstler aussprechen, dass sie durch die Sinneswelt hindurch in eine Geist- oder vielleicht auch Seelenwelt streben. Ein anderer, weniger bekannter Maler sagte, dass sein künstlerisches Lebensproblem in der Frage bestehe, wie Braun- und Violett-Töne zusammenklingen. Ein Jugenderlebnis habe dieses Lebensrätsel in seine Seele gesenkt, als er auf violett blühende Heide blickte, die vor der braunen Wand eines Torfstiches stand. Bis heute suche er nach der Antwort. Eine solche Frage ist in ihrem Gegensatz zum wissenschaftlichen Problem zu sehen. Es ist ganz offenbar, dass der Klang zwischen Violett und Braun eine Frage an den künstlerischen und nicht an den wissenschaftlichen Menschen in uns ist. Das mag aufs erste ein Gefühlsurteil sein, aber es stellt sich bei ruhiger Prüfung eben ein: die künstlerische Seite der Seele gibt es ebenso wie die wissenschaftliche. Die eine oder die andere mag ausgebildet, die eine oder andere vernachlässigt sein oder brach liegen. Aber dass es beide gibt, das ahnt der Mensch.

Der wissenschaftliche Mensch, in unserem Beispiel der Pflanzenmorphologe, erlebt die beiden Farbtöne, die dem Maler zum Lebensrätsel werden, ohne Beziehung zueinander. Er wird beide so genau wie möglich beschreiben oder zu physikalischen Messapparaten greifen. Dass der Zusammenhang ein Problem sein könnte, sieht er nicht. Aber er bemerkt, dass die Farbtöne der Pflanze gerade die Sinnesqualitäten sind, auf die er als Wissenschaftler verzichtet hat und dass der Künstler fallen lässt, worauf er sein Interesse richtet, in unserem Falle alles, was der Gestaltsinn auffassen kann. Der Künstler wird beide «Töne» etwa gleich «warm» empfinden, wenn sie verhältnismässig dunkel erscheinen. Stärker beleuchtet oder aufgehellt, wird der violette Ton «wärmer», der braune «kühler», Violett erscheint von «herber Süsse», Braun mehr «erdig-moderig». Hellt sich das Violett auf, wird es «duftiger», das Braun dagegen «frischer». Das Braun «tritt mehr zurück», das Violett «bewegt sich leicht nach vorn». Das Violett erscheint uns «weicher», das Braun «dichter» und damit «härter». Das Braun will sich «nach unten bewegen», das Violett «strebt aufwärts». Man ahnt, dass die Frage nach dem Zusammenklang der beiden Farben mit der Fülle der genannten Tendenzen und ihrer Harmonisierung zum Ganzen eines Bildes zusammenhängt.

Die beiden Farben Braun und Violett haben nicht nur unseren Sehsinn zur Tätigkeit aufgerufen. Zu diesem haben sich – nicht ganz wach, leise anklingend – andere Sinne gesellt. Denn nur der Wärmesinn nimmt «wärmer» und «kühler» wahr, nur der Geschmackssinn «herbe Süsse», nur der Geruch «Duftiges». «Nach vorn» oder «zurücktreten» nimmt der Bewegungssinn wahr. Beim Künstler arbeiten die Sinne ineinander, und zwar mittelbar, nicht unmittelbar. Ohne einen faktischen Geruch, ohne faktischen Geschmack und ohne faktische Bewegung wird doch die Tätigkeit dieser Sinne angeregt. Man hat sozusagen «als-ob»-Erlebnisse: als ob die faktische Farbe schmeckte, duftete, wärmte und sich bewegte. Rudolf Steiner nannte diese Tatsache «Symbiose» der Sinne[15]. Die Sinne schliessen sich an einen Sinn, der gegenständlich arbeitet, symbiontisch an. Man höre versuchsweise einen hellen Ton an, der mit der kleinen Trompete hinaufgeblasen wird. Fragt man nach dem symbiontischen Farberlebnis, so wird es umso einhelliger geschildert, je genauer man den Trompetenton beschreibt oder besser: hört.

Am Phänomen der Sinnessymbiosen ergeben sich viele Fragen, die den Problemkreis aufschliessen:

- Arbeiten alle Künste mit Sinnessymbiosen?
- An welche faktischen Sinneswahrnehmungen schliessen sich in den einzelnen Künsten welche Symbiosen an?
- Kennen die Künstler selbst die Tatsache der Sinnessymbiosen und wie sprechen sie darüber?
- Braucht der Künstler für seine Arbeit ausser den Sinnessymbiosen weitere Seelenfähigkeiten und wenn ja, welche?
- Ist die Sinneswahrnehmung immer der Ausgangspunkt künstlerischer Betätigung? Wenn nein, was ist sonst der Quellpunkt der Kunst?

Im Hinblick auf die erste Frage mögen einige kurzgefasste Beispiele für die einzelnen Künste genügen. Um einzuschränken, wird jeweils nur auf Farbsymbiosen hingewiesen. Die Architektur arbeitet mit den wirklich tragenden und lastenden Kräften, insofern ist sie berechtigterweise auch Statik. Wir blicken auf die letzten sieben noch stehenden Säulen des Apollontempels von Korinth (siehe *Abbildung 15*), die nur noch zum Teil den gewaltigen Architrav tragen. Weil dieser Tempel nur noch ein Ruinenrest ist, gibt es kaum ein einfacheres und daher für unseren Zweck geeigneteres Beispiel. Die gewaltigen Säulenschäfte tragen den lastenden Architrav. Vermittelt wird Tragen und Lasten durch das dorische Kapitell. Der runde Echinus nimmt die tragende Geste der Säulen auf, der quadratische Abakus die lastende des Architravs. Beide sind aus einem Werkstück gearbeitet. Fragen wir nach den symbiontischen Farbeindrücken, die sich an die Wahrnehmung durch Seh- und Gestaltsinn anschliessen, ergibt sich eine differenzierte Empfindung. Der lastende Architrav scheint bläulich, der Säulenschaft dagegen tingiert sich mit einem dunklen Rot. Das Kapitell mischt sich aus beidem zum Violett. Diese farbsymbiontische Wirkung ist nicht aufdringlich; einige andere Sinnessymbiosen treten stärker hervor.

Wie der Architekt mit den faktischen, tragenden und lastenden Kräften arbeitet, arbeitet der Plastiker mit den Elementen, die der Gestaltsinn im Sehfeld erfasst: Buckel, Mulde, Kante, Kerbe, Kegelspitze und Trichterloch. Aus dem Zusammenspiel dieser Elemente bildet sich die Plastik.

15 Apollon-Tempel von Korinth.

Betrachten wir ein sogenanntes kykladisches Idol *(Abbildung 16)*. Die sparsamste Verwendung plastischer Elemente erleichtert die Aufgabe. Die Kanten wird man hell, leicht gelblich tingiert finden können, die Kerben grünlich-bläulich. Die wunderbar gespannte Körperoberfläche, einschliesslich des Gesichtes, erglänzt in einem hellen, zartrötlichen Ton, der am Kopf mehr zum Orange neigt.

(Die Malerei selbst können wir nicht nach Farbsymbiosen befragen, denn sie arbeitet ja faktisch mit Farben. Auf Geruchs- und Geschmackselemente haben wir schon hingewiesen, die hier symbiontisch aus dem Reigen der Gefühlssinne aufsteigen.)

Der helle, scharf hinaufgeschmetterte Trompetenton erzeugte eine starke Gelbempfindung. Wie man Farbsymbiosen zu jeder Tonfolge empfinden kann, so ergibt sich eine Farbgrundierung für jedes Instrument und auch für ein musikalisches Kunstwerk als Ganzes.

Wir rezitieren nun ein Gedicht von Goethe und lauschen der Farbstimmung, die sich dabei entwickelt:

Ein Gleiches

Über allen Gipfeln
Ist Ruh,
In allen Wipfeln
Spürest du
Kaum einen Hauch;
Die Vögelein schweigen im Walde.
Warte nur, balde
Ruhest du auch[16].

Von Zeile zu Zeile zieht ein dunkler werdendes Blau näher, das schliesslich während der letzten Zeile in Violett übergeht.

Die Eurythmie ist diejenige Kunst, die Farbsymbiosen bewusst einsetzt. Rudolf Steiner hat die Symbiosen zu jeder Geste und jeder Bewegung als dreigliedriges Erlebnis beobachtet und beschrieben. Davon zeugen die sogenannten Eurythmiefiguren. Die hoch hinauflaufende Armbewegung des I erstrahlt in Gelb. Die Farbe würde durch sich selbst fortfliegen, würde nicht das Blau in Hinterhaupt, Hand und Fersen das haltendruhende Gegengewicht bilden. Ein unentschiedenes Hin und Her zwischen Gelb und Blau überwindet das Rot, das kräftig die beiden anderen in Ruhe hält.

In allen erwähnten Künsten haben wir Sinnessymbiosen als Teil des Kunstgenusses entdecken können. Aber nur in der Eurythmie wird bewusst damit umgegangen. Ohne einen solchen Umgang leben die Künstler träumend in der Welt der Sinnessymbiosen. Das Aufwachen darin ist ein Schritt, den der Zeitgeist fordert. Schönheit erscheint nicht mehr im Traum. Das Bild der küssenden Muse gehört der Vergangenheit an. Heute muss die Schönheit bewusst erarbeitet werden. Mit Sinnessymbiosen wach arbeiten zu lernen,

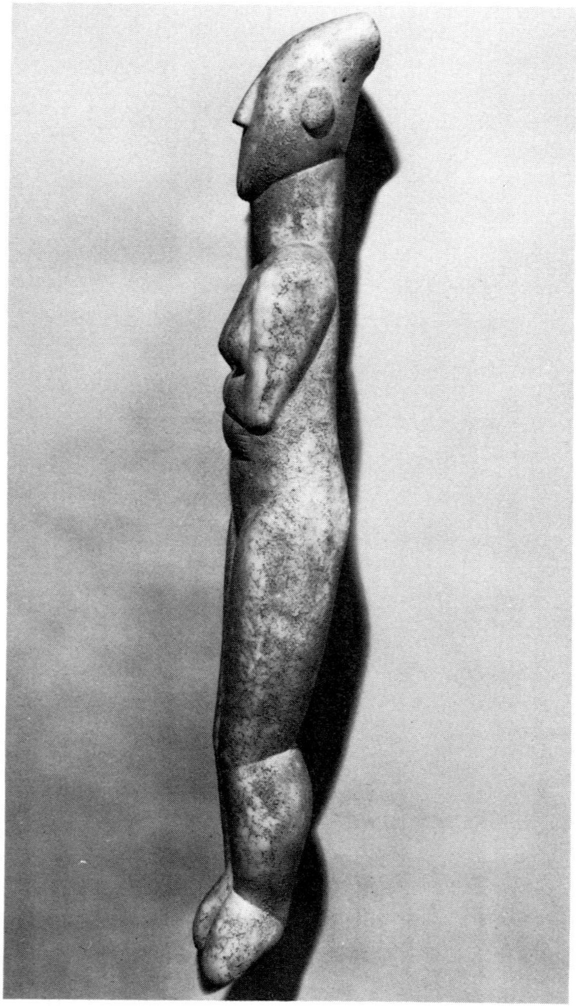

… Frühkykladisch II

wird zum kommenden Künstlertum gehören als ein Schulungsweg, der über die Sinne in die geistige Welt führt. Von den bekannten Malern ist wohl Wassily Kandinsky der erste, der Sinnessymbiosen systematisch beschrieben hat. So schreibt er in seiner Arbeit «Über das Geistige in der Kunst»:

«Wie jede im Grunde kalte Farbe, lässt sich auch *das kalte Rot* (wie Krapplack) sehr vertiefen (besonders durch Lasur). Es verändert sich auch erheblich im Charakter: der Eindruck des tieferen Glühens wächst, das Aktive verschwindet aber allmählich ganz. Es erinnert doch an ein Element von Leidenschaften tragenden, mittleren und tieferen Tönen des Cellos. Das kalte Rot, wenn es hell ist, gewinnt noch mehr an Körperlichem, aber an reinem Körperlichem, klingt wie jugendliche, reine Freude, wie eine frische, junge, ganz reine Mädchengestalt. Dieses Bild ist leicht durch höhere klare, singende Töne der Geige zu musikalischem Ausdruck zu bringen. Diese Farbe, nur durch Beimischung von Weiss intensiv werdend, ist als Kleidungsfarbe beliebt für junge Mädchen.

Das warme Rot, durch verwandtes Gelb erhöht, bildet *Orange.* Durch diese Beimischung wird die Bewegung in sich des Rot zum Anfang der Bewegung des Ausstrahlens, des Zerfliessens in die Umgebung gebracht. Das Rote aber, welches eine grosse Rolle im Orange spielt, erhält dieser Farbe den Beiklang des Ernstes. Es ist einem von seinen Kräften überzeugten Menschen ähnlich und ruft deswegen ein besonders gesundes Gefühl hervor. Wie eine mittlere Kirchenglocke, die zum Angelus ruft, klingt diese Farbe, oder wie eine starke Altstimme, wie eine Largo singende Altgeige.

Wie Orange entsteht durch das Näherziehen des Rot zum Menschen, ebenso entsteht durch das Zurückziehen des Rot durch Blau das *Violett,* welches die Neigung hat, vom Menschen sich weg zu bewegen. Dieses im Grunde liegende Rot muss aber kalt sein, da das Warm des Rot mit dem Kalt des Blau sich nicht mischen lässt (durch kein Verfahren), was auch auf dem Gebiete des Geistigen stimmt.

Violett ist also ein abgekühltes Rot im physischen und psychischen Sinne. Es hat deswegen etwas Krankhaftes, Erlöschtes (Kohlenschlacken!), hat etwas Trauriges in sich. Diese Farbe wird nicht umsonst als passsend für Kleider alter Frauen gehalten. Die Chinesen brauchen sie direkt als Farbe der Trauerkleider. Es ist dem Klange ähnlich des englischen Horns, der Schalmei, und in der Tiefe den tiefen Tönen der Holzinstrumente (zum Beispiel Fagott)[4].»

Der symbiontische Umgang mit den Sinnen ist heute dem naturwissenschaftlich arbeitenden Menschen fremd. Er lässt die Gefühls- und Willenssinne zunehmend ausser Betracht, der Künstler dagegen die Denksinne. Der eine bewegt sich zum Gedanken-, der andere zum Willenspol seiner eigenen Organisation. Der sich zum Gedanken hinarbeitende Mensch verliert das Bunte, das Musikalische, das Gebärdenhafte der Erfahrungswelt, dafür gewinnt er das Licht des Gedankens, das er als kühle Helle kristallener Räume erlebt. Der Künstler verliert die irdische Bedeutung der Dinge aus seinem Tun, dafür gewinnt er den schönen Schein, zu dem Klang, Farbe, Form und Bewegung so zusammentreten, als wären sie rein geistig. So bringt der Künstler die geistige Welt im Leben der Sinne zur Erscheinung. Deshalb kann man verstehen, dass der Künstler seine Sinne nicht so gebraucht, wie es der Dinglichkeit der Gegenstandserfahrung angemessen ist, sondern so, wie sich die Farben, Töne, Gerüche und Geschmacksqualitäten, frei von aller Bindung an das Feste, Tastbare selbst verhalten wollen. Mit Künstleraugen kann man sehen, dass das Rot, das als Körperfarbe an einem Blumenblatt erscheint, die gefesselte, an die irdische Form gekettete Seite des Farbenwesens ist. In der Kunst darf die Farbe in ihre eigene, ihrer kosmischen Herkunft gemässe Form gerinnen.

Der Wissenschaftler dagegen erfasst zum Beispiel in der Physik mechanische Eigenschaften, den Teil der Erfahrung, der ebenso unter der Natur liegt, wie sich das Farbenwesen über sie erhebt. Ist die Natur ihrer Herkunft nach kein einheitliches Wesen? Ist sie nicht einerseits aus den kosmischen Farben-, Form- und Tonkräften und andererseits aus den mechanisch-elektrischen Kräften des rein Irdischen gebildet? Wenn dies zutrifft – Rudolf Steiner schilderte es so –, dann bedarf der Mensch auch zweier Wege in die geistige Welt, um den Zugang so zu finden, dass ihm nicht ein Teil des Ganzen verloren geht. Der Versuch, durch die Versöhnung von Kunst und Wissenschaft eine Erkenntnisquelle zu schaffen, die das Ganze der Natur als Zeit- und Raumeswesen wirklichkeitsgemäss erfasst, ist eine Zukunftsaufgabe. Ansätze finden sich, wo die Kunst an der tatsächlichen Erfahrung ihren Arbeitsweg beginnt und wo die Wissenschaft am Ende ihres Weges zur Wahrnehmung zurückfindet.

Die Beseelung der Lebensprozesse oder die künstlerische Phantasie

Ist im Umgang mit Sinnessymbiosen ein gewisser Erfahrungsreichtum erworben, stellt sich die Frage, welche Kraft oder welche Kräfte denn Symbiosen bewirken. Wenn wir die gleiche Frage an die Gegenstandserfahrung stellen, so finden wir, dass die Kraft, die die Sinnesqualitäten zusammenfasst, in den Sinnen selber liegt. Besonders der Gestalt- und der Denksinn sind es, mit denen die Seele so arbeitet, dass sie integrierend in die Grundlagensinne eingreifen und die Ganzheit zum Beispiel des Sehfeldes erzeugen. Das kann bei den Sinnessymbiosen deshalb nicht der Fall sein, weil wir hier auf die integrierende Mitwirkung der oberen Sinne gerade zu verzichten haben. Wenn wir den künstlerischen Gesamtprozess menschenkundlich vollständig verstehen wollen, haben wir nach derjenigen Quelle zu suchen, aus der die Kräfte fliessen, die die «Sinnessymbiosen» zustande bringen, um mit ihrer Hilfe ein Kunstwerk aus einer übersinnlichen Welt in der Sinneswelt erscheinen zu lassen. Aber auch der Rückweg vom gegenständlichen Eindruck des Kunstwerkes zum ästhetischen Erlebnis an ihm muss mit Kräften vollzogen werden, die sich denen verwandt erweisen werden, die dem künstlerischen Schaffen zugrunde liegen. Die Kräfte des künstlerischen Schaffens und Geniessens sind es, nach denen gesucht werden soll. Dafür scheint es günstig zu hören, wie Künstler selber den Weg beschreiben, den sie gehen, um ihr Werk hervorzubringen. Christa Wolf spricht in ihrem autobiographischen Roman «Kindheitsmuster» solche Wegerfahrungen mit folgenden Sätzen aus: «Auf dem Weg zum Briefkasten, nach dem Abendbrot, saht ihr am sternklaren Himmel den Grossen Wagen und den Orion, und du musstest zugeben, dass das Gefühl, die Sternbilder bezögen sich in irgendeinem Sinn auf dich, dir noch nicht vollständig geschwunden sei. H. wollte dir einreden, eben das steigere deine Schwierigkeiten, Strukturen zu finden, in denen sich heute noch reden lässt: ernüchtert bis auf den Grund, in Verhältnissen, da Verzweifeln eher komisch wirke. – Nach Mitternacht ein dummer Anruf eines Menschen, der sich als Student vorstellt und in aufdringlichem, frechem Ton nach einem ‹neuen Werk› fragt. Du legtest den Hörer auf, zogst das Telefonkabel heraus, konntest aber vor Erbitterung nicht einschlafen. Auf einmal bildeten sich Sätze, die du als brauchbaren Anfang ansahst; jemand war also mit ‹du› anzureden. Der Tonfall hatte sich eingestellt. Du wolltest nicht glauben, dass du noch einmal von vorne anfangen solltest, aber am Morgen hatten die Sätze sich erhalten – wurden natürlich später getilgt –, der Tonfall war geblieben. Immer noch ungläubig, begannst du von neuem. Dir war, du hättest nun die Freiheit, über den Stoff zu verfügen. Schlagartig war dir auch klar, dass nicht ein schnell zu machendes Ergebnis zu erwarten war, sondern eine lange Zeit von Arbeit und Zweifeln[17a].»

Für das Verständnis des geschilderten Erlebnisses ist wichtig zu beachten, dass die

Dichterin beim Anblick des Sternenhimmels eine Ausweitung ihrer Seele empfand. Das war die Voraussetzung dafür, dass ihr Wesen im Schlafe die Wege fand, auf denen sie ihrem Werk begegnete. Aus dem angeführten Zitat geht ja auch hervor, dass eine lange Zeit der Beschäftigung mit dem Thema dem entscheidenden Ereignis vorangegangen ist. Die ganze Vorarbeit hat aber nicht zu der Überzeugung geführt, dem Werk, nach dem sie strebte, nahe zu sein. Erst durch das Verwandtschaftsgefühl mit der Sternenwelt kam sie ihm nahe. Der Telefonanruf bringt sie in die Tageswelt zurück, und sie trägt von der Begegnung mit dem Werk eine Stimmung über die Schwelle des Schlafes, die ihr die Gewissheit «über den Stoff zu verfügen» gibt. Der Tonfall, so sagt sie, hatte sich eingestellt. Dieser «Tonfall» bezeichnet die Art, wie sie sich zu ihrer eigenen Vergangenheit verhalten muss, damit die autobiographische Arbeit gelingen kann: sie muss sich selbst so wie einem Fremden gegenüberstehen und hat sich daher mit «du» anzureden. Nebenbei sei bemerkt, dass diese Seelenhaltung, die Christa Wolf sich errungen hat, ganz im Sinne einer Übung ist, die Rudolf Steiner als Sozialtherapie empfiehlt, um den Egoismus in sich selbst zu «entpotenzieren». Dieses «sich selbst ohne Illusion gegenüberstehen können» ist der Standort, von dem aus Christa Wolf, ist sie sich selber sicher, ihr Werk so ergreifen wird, dass es gelingt. Die Bedingungen sind jetzt vollständig hergestellt, unter denen in der Zukunft das Werk in die Sinneswelt tritt. Den tatsächlichen Inhalt, das konkrete Erscheinungsbild ihres Werkes, kannte sie im Momente des geschilderten Erlebnisses noch nicht, und doch war sie sich sicher, dass die zukünftige Arbeit zum Ziel führt – eine merkwürdige Schilderung, die unser Urteil bestätigt, dass der künstlerische Prozess aus der Zukunft in die Gegenwart arbeitet und dass sich der Künstler im Schlafe in dieser werdenden Welt orientieren und Arbeitsantriebe in die Tagesarbeit herübertragen kann.

Um die Besonderheit des künstlerischen Schaffensprozesses deutlich zu machen, soll er mit der Arbeitsweise eines Technikers, beispielsweise eines Brückenbauers, verglichen werden. Wie der bildende Künstler, bringt auch der Brückenbauer ein gegenständliches Werk hervor. Er wird aber, ehe auch nur der erste Spatenstich gemacht wird, die Planung der Brücke vollständig fertiggestellt haben. Dazu gehört nicht nur die räumliche Gestalt und die genaue Lage im Gelände, sondern auch die statische Berechnung und die Festigkeitsbestimmung aller Bauteile aufgrund der erwarteten Belastungen. Erst wenn die Planung geprüft – meist von einem unabhängigen Gutachter – und damit ein vollständiges Vorstellungsbild von dem entworfen ist, was einmal werden soll, beginnt die Arbeit, die das Werk gegenständlich erscheinen lässt. In der Technik liegt die vorstellende Tätigkeit vor der Werkarbeit. Umgekehrt im künstlerischen Schaffen: Die vollständige sinnliche Vorstellung des Werkes ist auch dem Künstler erst möglich, wenn er die Arbeit vollendet hat. Die Impulse des künstlerischen Schaffens liegen so in der Zukunft, wie die des Technikers in der Vergangenheit. Die Technik fliesst aus dem vorstellenden Verstand, die Kunst aus dem ästhetischen Willen. Die Zeitprozesse, die Anschauung und Tätigkeit verbinden, fliessen in Technik und Kunst in jeweils umgekehrter Richtung: der technische Prozess von der Vorstellung zur Tätigkeit, der künstlerische Prozess von der Tätigkeit zur ästhetischen Anschauung. Wollen wir die Prozessfolge der Technik «vorwärts», also von der Vergangenheit in die Gegenwart laufend nennen, so müssen wir die Prozessfolge der Kunst als «rückwärts» wirkend bezeichnen, von der Zukunft in die Gegenwart. Im Kapitel «Über die aus der Zukunft fliessende Zeit» haben wir gelernt, dass die künstlerische Prozessrichtung etwas Einmaliges ist. Wir sind nur durch die naturwissenschaftlich-technische Ausbildung, die jeder Zeitgenosse durchgemacht hat, daran gewöhnt, allein die aus der Vergangenheit fliessende Zeit zu beachten. Hier soll das Pflanzenbeispiel für die aus der Zukunft wirkende Zeit in verallgemeinerter Form noch einmal wiederholt werden, um zu zeigen, dass die rückwärts fliessende Zeit überall dort gefunden werden kann, wo vorurteilsfrei über die Phänomene lebendiger Entwicklung nachgedacht wird.

Wir betrachten die Laubblattfolge einer einjährigen, unmittelbar zur Blüte strebenden Pflanze, oder, da gibt es oberirdisch keinen prinzipiellen Unterschied zum einjährigen blühenden Spross, einer krautigen Pflanze. Dieser Typus der Pflanzenbildung wird von vielen Kräutern und Stauden verwirklicht, wie Kreuzblütlern, Mohngewächsen, Schirmblütlern, Korbblütlern oder den Hahnenfussgewächsen, die in diesem Zusammenhang meist betrachtet werden. Für unseren Zweck genügt es, die bei allen diesen Arten zu beobachtenden Grundzüge der Laubblattfolge vom wurzelnächsten bis zu dem der Terminalblüte nächsten Laubblatt zu verfolgen, wie sie in *Abbildung 17* dargestellt ist[17b].

Eine nähere Betrachtung der Laubblattgestalten zeigt, dass wir im ganzen vier verschiedene Gestaltelemente zu unterscheiden haben, aus deren Zusammenspiel alle Laubblätter gebildet sind. Das ist der *Stiel* der Laubblätter, die sich ausdehnende *Spreite,* die darauf folgende *Gliederung,* die bis zur Fiederung fortschreiten kann, und schliesslich die *Spitzenbildung,* die sich in dem Masse durchsetzt, wie die Fiedern zur Blüte hin wieder verschwinden. In der aufgezählten Reihenfolge dominieren die Gestaltelemente auch. Das wurzelnächste Laubblatt hat den, gemessen an der Gesamtlänge des Blattes, längsten Blattstiel. Seine Spreite ist zwar die gerundetste, aber die Flächengrösse nimmt bei den folgenden Laubblättern noch zu. Erst dann setzt die Gliederung ein, die die Mitte zwischen Blüte und Wurzel beherrscht. Die Spitze dominiert schliesslich beim blütennächsten Laubblatt. Jedem dieser Gestaltelemente muss eine eigene Bildetätigkeit zugrunde liegen, die die jeweilige räumliche Gestalt zum Ziel hat. Die stielbildende Tätigkeit können wir «stielen», die spreitebildende «spreiten» nennen und so weiter. Wollen wir die Bildeprozesse beschreiben, die die Laubblattfolge als ganze hervorbringen, können wir sagen: bildet die junge Pflanze ihr erstes wurzelnahes Laubblatt, so herrscht die Bildetätigkeit des Stielens vor. Es folgt das Spreiten, das Gliedern, und die altgewordene Pflanze schliesst ihre Laubblattfolge so ab, dass das Spitzen in der Bildung vorherrscht. Diese Prozessfolge ist in *Abbildung 17* am senkrechten Pfeil eingetragen, der die Zeitrichtung der Laubblattfolge symbolisieren soll.

Ausser an der Laubblattfolge lässt sich die Gestaltbildung auch am einzelnen Laubblatt verfolgen. Von seiner Anlage bis zu seiner voll entwickelten Gestalt durchläuft beispielsweise das wurzelnächste Laubblatt eine Reihe von Gestaltumbildungen, die in der hori-

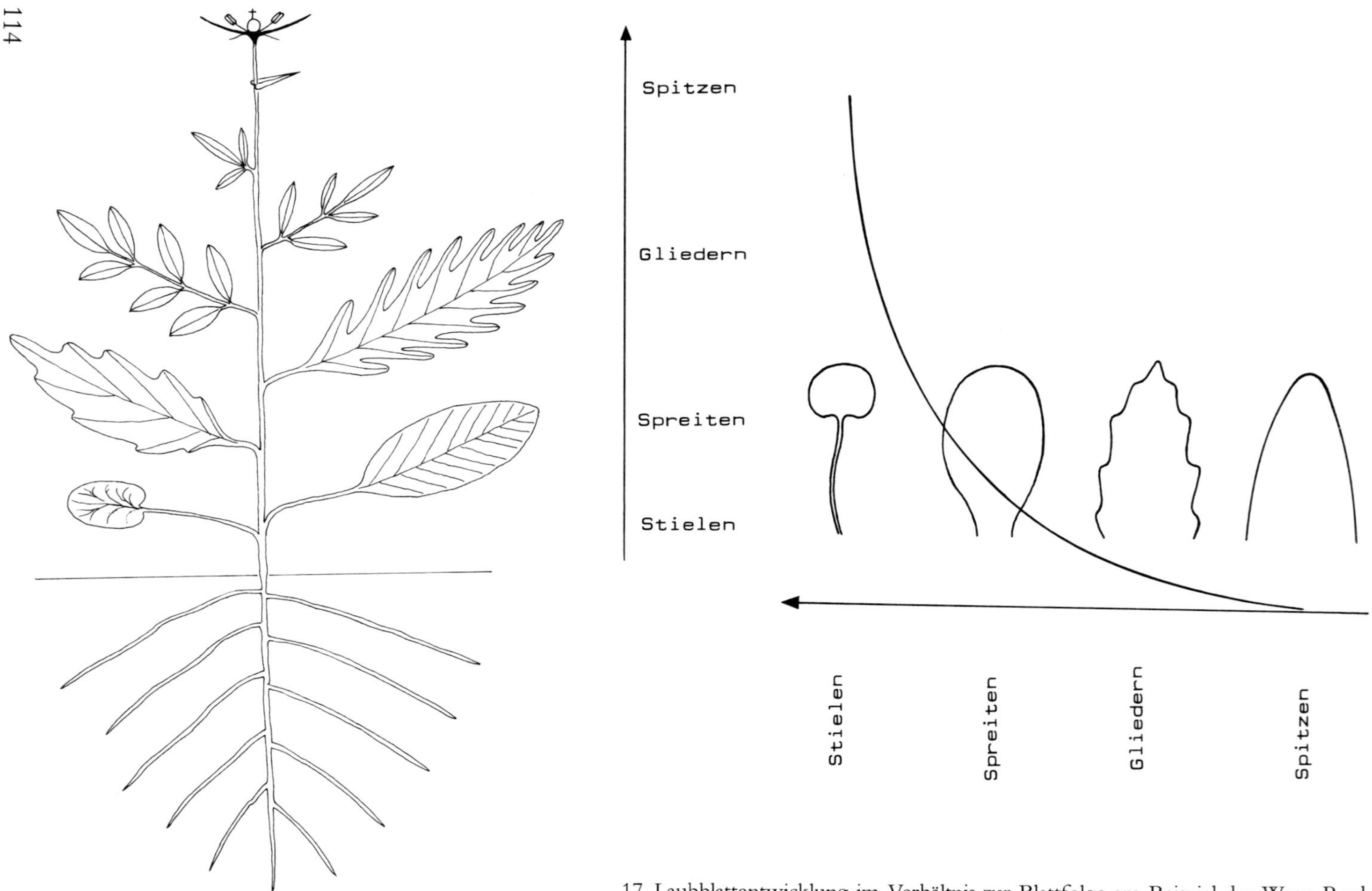

17 Laubblattentwicklung im Verhältnis zur Blattfolge am Beispiel der Wege-Rauke (Sisymbrium officinale).

zontal angeordneten Gestaltfolge in *Abbildung 17* dargestellt sind. Die verschiedenen Entwicklungsphasen dieses Blattes sind alle in gleicher Grösse gezeichnet, um den Vergleich des Formwertes jedes Entwicklungsschrittes mit dem vorangehenden und dem folgenden zu erleichtern. Die absoluten Grössenverhältnisse werden durch die eingetragene Kurve verdeutlicht. Betrachten wir in dieser Folge die Gestaltelemente, so zeigt sich, dass die Blattanlage eine spitze Gestalt hat, darauf erscheint sie gegliedert. Die gegliederte Gestalt wird durch eine geschlossene Spreite abgelöst, und schliesslich erscheint das fertige Laubblatt lang gestielt. Die Bildetätigkeiten greifen also in der Prozessfolge: Spitzen, Gliedern, Spreiten, Stielen in die Gestaltbildung ein. Das ist die Umkehrung der Prozessrichtung, die wir in der Laubblattfolge tätig sahen. Sie ist durch den liegenden Pfeil in der Zeichnung symbolisiert.

Vergleichen wir die an der Laubblattfolge und die am Einzelblatt beobachtete Prozessfolge, so laufen sie in entgegengesetzter Richtung. Läuft die eine vorwärts, so läuft die andere rückwärts. Die Frage, welche der beiden Prozessrichtungen «vorwärts», also aus der Vergangenheit in die Gegenwart arbeitet, soll beantwortet werden. Dafür bedenke man, dass das Einzelblatt seine Jugendentwicklung mit einer gespitzten Form beginnt. Kontinuierlich wird die Entwicklung fortgesetzt, und jede gebildete Gestalt wird gegenständlich in die folgende überführt. Die Streckung des langen Stiels schliesst die Gestaltentwicklung des Einzelblattes schliesslich ab. Hier können wir mit Recht von «Älterwerden» sprechen und von einer aus der Vergangenheit in die Gegenwart fliessenden Zeit. Konsequenterweise müssen wir dann die Prozessrichtung, die an der Laubblattfolge zu beobachten ist, eine rückwärtslaufende, aus der Zukunft in die Gegenwart wirkende Zeit nennen. Wir können diese Frage genauer bearbeiten, indem wir weitere Unterschiede aufsuchen, die zwischen der Einzelblattentwicklung und der Laubblattfolge festzustellen sind. Wir haben gesehen, dass in der Einzelblattentwicklung der physische Leib des Blattorgans kontinuierlich und gegenständlich wirklich umgebildet wird. Das ist in der Laubblattfolge keineswegs so. Hier wird jedes folgende Blatt durch einen neuen Bildesatz hervorgebracht. Wenn wir die einzelnen Laubblätter der Laubblattfolge miteinander vergleichen, so vergleichen wir die Endgestalten der Einzelblattentwicklungen. Die Reihe der Gestaltwerte, die jedes Einzelblatt am Ende seiner Genese erreicht, wird jünger, vom wurzel- zum blütennächsten Laubblatt. «Jüngerwerden» bezieht sich also auf den Bildeimpuls selber, nicht auf das physisch erscheinende Blatt. Jünger wird der Bildeimpuls in den Bildepausen, die die Lebensorganisation oder der Ätherleib der Pflanze zwischen die Bildung der einzelnen Laubblätter einschiebt. Der schrittweise, also rhythmisch jüngerwerdende Bildeimpuls strebt den ihm jeweils entsprechenden Gestaltwert im Einzelblatt an. Daher kommt es, dass die Gestaltwerte der Blätter der Laubblattfolge jeweils «jüngeren» Gestaltwerten der Einzelblattentwicklung entsprechen. Wie die Einzelblattentwicklung als Ziel die Altersgestalt hat, so muss auch die «jüngende» Prozessfolge ein Ziel haben. Das ist die Blüte der Pflanze. Erst wenn das Laubblatt seiner Anlage und damit seinem Urbild ähnlich geworden ist, kann die Blüte erscheinen. Daher muss es die Blüte der Pflanze sein, die gegenständlich noch nicht da ist und doch aus der Zukunft als rhythmische Metamorphose in die Entwicklung der Laubblattfolge hineinwirkt. Dass das so ist, sehen wir auch daran, dass ein Pflanzenspross, der nicht zur Blüte strebt, wie die beblätterten Langtriebe der Bäume, keine Gestaltwandlung der Laubblätter zeigt.

Die aus der Zukunft fliessende Zeit finden wir in der Natur, wenn wir die schaffenden Wirkungen des Ätherleibes verfolgen. Sobald wir uns der vom physischen Leib beherrschten Bildung zuwenden, finden wir die auch in der Physik bekannte, aus der Vergangenheit kontinuierlich fliessende Zeit. Verhält sich die künstlerische Tätigkeit so zum Kunstwerk wie die rhythmisch arbeitende Prozessualität des pflanzlichen Ätherleibes zur Blüte? Oder anders gefragt: Ist es das im Ätherleib des Künstlers tätige Urbild des Werkes, das dem künstlerischen Schaffen den Inhalt gibt?

Goethe hat empfunden, dass seine Dichtergabe sich aus diesen tiefen Quellen speiste. Seiner Art gemäss hat er diese Wahrheit in ein kleines, ja unscheinbares Bild gebracht: «Ich war dazu gelangt, das mir innewohnende dichterische Talent ganz als Natur zu betrachten, um so mehr, als ich darauf gewiesen war, die äussere Natur als den Gegenstand desselben anzusehen. Die Ausübung dieser Dichtergabe konnte zwar durch Veranlassung erregt und bestimmt werden; aber am freudigsten und reichlichsten trat sie unwillkürlich, ja wider Willen hervor.

> Durch Feld und Wald zu schweifen,
> Mein Liedchen weg zu pfeifen,
> So ging's den ganzen Tag.

Auch beim nächtlichen Erwachen trat derselbe Fall ein, und ich hatte oft Lust, wie einer meiner Vorgänger, mir ein ledernes Wams machen zu lassen, und mich zu gewöhnen, im Finstern, durchs Gefühl, das, was unvermutet hervorbrach, zu fixieren. Ich war so gewohnt, mir ein Liedchen vorzusagen, ohne es wieder zusammen finden zu können, dass ich einigemal an den Pult rannte und mir nicht die Zeit nahm, einen quer liegenden Bogen zurecht zu rücken, sondern das Gedicht von Anfang bis zu Ende, ohne mich von der Stelle zu rühren, in der Diagonale herunterschrieb. In eben diesem Sinne griff ich weit lieber zu dem Bleistift, welcher williger die Züge hergab: denn es war mir einigemal begegnet, dass das Schnarren und Spritzen der Feder mich aus meinem nachtwandlerischen Dichten aufweckte, mich zerstreute und ein kleines Produkt in der Geburt erstickte. Für solche Poesien hatte ich eine besondere Ehrfurcht, weil ich mich doch ohngefähr gegen dieselben verhielt, wie die Henne gegen die Küchlein, die sie ausgebrütet um sich her piepsen sieht[17c].» Wenn wir diesen Text ernst nehmen und ihn nicht für einen phantastischen Einfall halten, dann müssen wir uns sagen, dass es der Leib der Henne ist, der die Eier so bildet, dass sie sich unter der brütenden Henne zu Küken entwickeln, die nach dem Schlüpfen zur nächsten Hühnergeneration heranwachsen können.

Wenn wir die Kükenbildung mit der Pflanzenbildung vergleichen, könnte es scheinen, dass die Kükenbildung nur der Genese des Einzelblattes entspricht. In der Tierbildung tritt zur allein aufbauenden Prozessualität des Ätherleibes der Abbau durch die Mitwirkung seelischer Kräfte. Durch das Zusammenspiel von Aufbau und Abbau wird ein Umbau so erreicht, dass Kräfte, die aus der Zukunft wirken, mitarbeiten können. Arbeiten seelische Kräfte abbauend mit, ist ein Neuansatz wie in der Laubblattfolge nicht mehr notwendig. Blüte wie Hühnergestalt sind Werkzeuge seelischer Wesen. Deshalb sind die Entwicklung der Laubblattfolge zur Blüte und die Hühnerbildung vergleichbar. Dass auch die Blüte für seelische Wesen gebildet ist, wird verständlich, wenn wir ihren Umweltbezug beachten. Die Farben der Blütenblätter wenden sich an anschauende Augen, der Nektar an schmeckende Mäuler und der Duft an riechende Nasen. In der Blütenbildung wirkt das Seelische transzendent aus dem Umkreis mit. Bei der Hühnerbildung ist es in den Organismus eingezogen und bewirkt immanent durch Abbauimpulse den Umbau.

Durch Goethes treffendes Bild werden wir auch darauf aufmerksam, dass wir nicht alle Prozesse des Ätherleibes zusammenfassen dürfen, wenn wir das wirksame Prinzip im Schaffen des Künstlers verstehen wollen. Goethe macht durch das Hennenbild darauf aufmerksam, dass er vor allem den Reproduktionsprozess der dichterischen Kraft zugrundelegen will. Welche Ätherleibsprozesse überhaupt zu beobachten sind und wie sie dem Künstler im Schaffen zur Verfügung stehen, sind die Fragen, denen wir uns nun zuzuwenden haben.

Jeder Ätherleib, auch der menschliche, besteht aus sieben Prozessqualitäten, deren Zusammenspiel die Lebensleistung des Organismus ist. In unserem Beispiel haben wir den «Wachstumsprozess» einer einjährigen Pflanze betrachtet, insofern dieser die Laubblattmetamorphose hervorbringt. Dass dieser im Konkreten wieder eine Reihe von Bildeprozessen beherrscht (in unserem Fall vier), kann für die folgende Betrachtung ausser acht bleiben. Alle sieben Lebensprozesse, in die sachgemässe Ordnung gebracht, werden von Rudolf Steiner mit folgenden Worten bezeichnet:

analytisch arbeitend	ATMUNG WÄRMUNG ERNÄHRUNG	umweltgerichtet zerstörend
synthetisch arbeitend	ABSONDERUNG	steuernd
	ERHALTUNG WACHSTUM REPRODUKTION	leibgerichtet aufbauend

Atmung, Wärmung und Ernährung richten sich auf die Umwelt-Substanzen, mit denen der Organismus im Lebenszusammenhang steht. So wird die Atemluft aufgenommen, ein Ausgleich zwischen den Wärmezuständen des Organismus und des Umraums herbeigeführt, und in der Ernährung werden die Nahrungssubstanzen so zerstört, dass alle ihre Qualitäten entweder vollkommen vernichtet oder unmittelbar wieder ausgeschieden werden.

Die Erhaltung sorgt für die Wiederherstellung des frischen kräftigen Lebenszustandes, der sich morgens einstellt. Das Wachstum bildet den Organismus nach den Arbeitsbedingungen des Alltags und durch körperliche Übungen zum brauchbaren Werkzeug, und die Reproduktion bringt einen neuen Organismus hervor. In dieser nur grob angedeuteten Weise beherrscht der Ätherleib alle Zeitprozesse, die im physischen Leib zu beobachten sind. Die ganze Naturweisheit in ihrer reichen Fülle liegt als Bildepotential im Ätherleib, der, wie wir gesehen haben, dort aus der Zukunft in die Bildegegenwart arbeitet, wo er wachsend und reproduzierend tätig ist. Dass die Naturwissenschaft nur die gegenständlichen Werkzeuge des Ätherleibes findet, liegt an der Zukunftsblindheit unserer Sinnesorganisation. Die Sinne können nur die gewordene Welt wahrnehmen. Aus dieser Werkwelt holt das vorstellende Denken der Naturwissenschaft allein die Begriffe. Daher kommt es, dass der Ätherleib im Sieb ihrer analytischen Arbeitsmittel nicht hängen bleibt. Die Naturwissenschaft hat die Zukunftsblindheit der Sinne zu ihrem Arbeitsprinzip gemacht. So gleicht sie einem Wesen, das einen Handwerksbetrieb betrachtet und für die darin arbeitenden Menschen blind ist. Dieses Wesen würde einen hochgeregelten Prozess sehen, in dem Werkzeuge Werkstoffe verwandeln, zu Apparaten zusammenbauen, mit Verpackungen versehen und so weiter. Bleibt dieses Wesen in der Beschreibung des ihm sichtbaren Ablaufes stecken, verkennt es die Wirklichkeit, aus der der Handwerksbetrieb arbeitet.

Nun hat jeder Mensch der Natur gegenüber die Sinnesblindheit für Kräfte, die aus der Zukunft arbeiten. Alle diese Kräfte wirken aus der geistigen Welt – wie die Ätherleiber. Wir haben ausser den Sinnen eine zweite Wahrnehmungsmöglichkeit, die so geübt werden kann, dass sie die geistigen Kräfte in Ideenform auffassen lernt: das ist das Denken. Allerdings offenbaren sich die Kräfte der Natur dem Denken nicht so offen und freiwillig, wie ihre Aussenseite den Sinnen erscheint. Erst wenn das Denken durch den Willen erkraftet, schafft es sich die Stärke, die es braucht, Ideen wirklich zu erfahren. Erst die Vereinigung von Ideen und Sinneserfahrung führt zur Wirklichkeit der Welt. Dann wird aus dem Denken ein Anschauen, ein «anschauendes Denken», wie es Goethe nannte. Die Idee des Ätherleibes ist durch anschauendes Denken an jedem Lebensvorgang zu finden. Hat man sie gefunden, erweist sie sich als ausserordentlich fruchtbar für das Verständnis der Wirklichkeit des Lebendigen – und, wie wir hier gefunden haben, auch für die Kunst.

Die Untersuchung des künstlerischen Schaffens, von Christa Wolfs Schilderung ausgehend, hat uns gezeigt, dass der Ätherleib seinen Weisheitsschatz auch der Seele zuwenden kann. Was er im künstlerischen Schaffen an Prozessen entfaltet, wird üblicherweise Phantasietätigkeit genannt. Aber dieses Wort verdeckt ja die Wirklichkeit solange, als die

Natur der Phantasie nicht erkannt ist. Hier sollte mit den zur Verfügung stehenden Mitteln nachgewiesen werden, dass die schaffende Phantasiekraft des Künstlers eine Metamorphose der Lebensprozesse des Ätherleibes ist. Die Zeitstruktur der Phantasie hat uns dabei den Weg gewiesen.

In der Phantasie wird die Tätigkeit des Ätherleibes seelischer, als sie es in der leiblichen Tätigkeit ist. Dafür verwandelt sie auch ihre Prozessstruktur; aus der Siebenheit wird eine Dreiheit der Prozesse, die der Natur der Seele entspricht. Rudolf Steiner schildert, dass sich die analytisch arbeitenden drei Lebensprozesse Atmung, Wärmung und Ernährung mehr oder weniger zu einer einzigen Tätigkeit zusammenschliessen und dem Kunstgenuss zugrundeliegen. Sie erhalten einen mehr geniessend-wahrnehmenden Seelencharakter. Die vier synthetisch arbeitenden Lebensprozesse Absonderung, Erhaltung, Wachstum und Reproduktion schliessen sich zum kunstschaffenden Prozess zusammen und bekommen einen mehr schaffend-wollenden Seelencharakter. Die künstlerische Arbeit als Ganzes besteht aus dem Rhythmus von Schaffen und Betrachten. Der Plastiker beispielsweise greift mit den Händen in den Ton, tritt zurück und betrachtet die Wirkung. Wieder bildet er und tritt zurück. Diesen Rhythmus können wir das empfindend-fühlende Element der künstlerischen Phantasie nennen. Alle drei Elemente, das künstlerische Schaffen, Empfinden und Geniessen, machen zusammen die künstlerische Phantasie aus. Sie ist das Agens, mit dem der Künstler den Stoff so behandelt, wie ihm die Impulse aus der geistigen Welt des Ätherleibes zufliessen.

Goethe ist trotz seiner ungewöhnlichen künstlerischen Begabung sein Leben lang ein übender Mensch geblieben. Was er in «Dichtung und Wahrheit» als ihm zufliessendes Geschenk beschrieben hat, vor dem er Ehrfurcht empfand, ist die Frucht einer lebenslangen mühevollen Selbsterziehung des immer strebend sich Bemühenden. Auch für den weniger Begabten ist die Frage, wie man die künstlerische Phantasie übt, das Problem allen künstlerischen Schaffens. Heute stehen wir an dem Punkt, wo immer spärlicher fliessende Begabung durch errungene Fähigkeit abgelöst werden muss. Die Frage lautet heute nicht: wie bildet man mitgebrachte Begabung übend aus? sondern: wie erwirbt der Mensch künstlerische Phantasie aus eigener Kraft? Wie notwendig solche Übungswege sind, zeigt sich, wenn bedacht wird, dass das gesamte Feld des sozialen Zusammenlebens der Menschen der gestaltenden Phantasie bedarf. Das gilt nicht nur für Schule und Medizin. Die Zeichen der Zeit stehen überall – von der landwirtschaftlichen bis zur industriellen Arbeit – auf Sturm. Dass die Arbeit aus planender Verstandeskraft nicht menschlich organisiert werden kann, weiss jeder, die Symptome für dieses Urteil kann man in jeder beliebigen Tageszeitung nachlesen. Hier liegt das neue Feld der Kunst, die als eine der menschlichen Grundkräfte in der Zukunft jedem mehr oder weniger nötig sein wird, der an der Gestaltung des menschlichen Zusammenlebens teilnehmen will. Wir fassen für unseren Zweck das Thema enger und machen nur das Prinzipielle des Übungsproblems deutlich, das in die Frage gefasst werden soll: Wie werde ich in bezug auf ein konkretes künstlerisches Problem von einem Wesen, das aus der Vergangenheit in die

Gegenwart vorstellt, zu einem aus der Zukunft die Sinneswelt gestaltenden? Diese Frage soll durch die Beschreibung eines praktischen Übungsweges bearbeitet werden.

Wir beginnen mit einer sinnessymbiontischen Übung. Das geschieht am besten in der Vorstellung, dort hindern die oberen Sinne die Tätigkeit der Phantasie nicht in der eklatanten Weise, wie wenn wir durch die Augen blicken. Einen solchen Versuch haben wir schon unternommen, indem wir vom hinaufgeschmetterten Trompetenton ausgegangen sind. Jetzt erst lässt sich dieser Versuch richtig bewerten. Der Leser wird sich erinnern, dass er staunend bemerken konnte, dass quasi Sinnesqualitäten zueinander hingezogen wurden und eine harmonische neue Welt um den Trompetenton webte, die in der Gegenstandswelt nicht vorhanden ist.

Schliessen wir eine nächste Übung an, indem wir diesmal von einer Farbe ausgehen, von Rot. Man stelle sich eine rote Welt vor, von der man umgeben ist. Sie soll aus nichts als Rot bestehen. Das erste, was sich symbiontisch in die Vorstellung hineinschiebt, ist eine Bewegungsqualität. Das Rot quillt aus allen Richtungen so heran, als bedürfe es einiger Kraft, es sich vom Leibe zu halten. Achten wir auf das Gleichgewicht, in dem das Rot lebt, sehen wir, wie es alle Lagen völlig beherrscht, seine Bewegung aber davon unabhängig bleibt. Das Rot riecht. Prüfen wir seine symbiontische Geruchsqualität, kommt es auf jede Nuance des Rot an. Hat das Rot die Farbe von Ochsenblut, so riecht es süsslich schwer, und schmeckend empfinden wir ein klebriges Bittersüss. Besonders intensiv sind seine Wärmequalitäten zu empfinden, denn eine stauende, dumpfe Wärme hüllt uns bedrängend ein. Dem Hörsinn offenbart sich das Rot mit grosser Lautstärke, die uns dröhnend in den Ohren hängt. Ein Gong oder eine Posaune ertönt dem Lautsinn.

In einem letzten Beispiel wollen wir von einer quellenden Bewegung ausgehen, in deren Mittelpunkt wir uns befinden. Von hier aus achten wir auf die Sinnessymbiosen, die sich dieser ausdehnenden Bewegung anschliessen wollen. Sind wir im Zentrum dieses Raumes, wird er uns in der Nähe heller, in der Ferne dunkler erscheinen. Wo der Blick ins Dunkle fällt, zieht es sich zurück. Achten wir auf ein symbiontisches Gleichgewichtserlebnis, so fühlen wir uns schwebend, ausserhalb der Kräfte, auf die dieser Sinn antworten könnte. Erst wenn wir die Helligkeit mehr über uns und die Dunkelheit mehr unter uns fühlen, tritt auch eine Oben-Unten-Wahrnehmung auf. Der Geruch dieses sich ausdehnenden Raumes riecht schwach modrig-erdig und feucht. Sein Geschmack ist unaufdringlich fade. Die eigene Wärme wird uns genommen, und wir erkühlen im Inneren. Unser Selbst fühlen wir mit der Wärme hinauswehen, und in der Ferne verlieren wir uns in der Peripherie, die alles aufsaugt, was wir uns entgleiten lassen. Der Sehsinn empfindet ein Blau. Diese Raumbewegung tönt nur leise, eine Prim verklingt in der Ferne, von einer Oboe geblasen.

Nur anfänglich bleibt ein solcher sinnessymbiontischer Aufbau in den Grenzen stehen, die wir ihm vorstellend setzen. Mehrfach geübt brauchen wir nicht mehr eine um die andere symbiontische Sinnesqualität heranzutragen – die Qualitäten beginnen von allein zusammenzuwirken, und es wird unerheblich, von welcher einzelnen wir ausgehen. Man kann mehr auf die musikalische, mehr auf die farbige, mehr auf die plastische oder mehr auf die Bewegungsseite dieser inneren Bilder blicken, die sich durch Übung der drei vorgeschlagenen Ausgangssituationen entwickelt haben. Solche Übungen führen dazu, die Sinnessymbiosen immer zusammenhängender und bestimmter wahrzunehmen. Dabei drängt sich die Frage auf, was denn als Einheitliches, als Ganzes sich durch diese neue Welt offenbaren will. Fragen wir nach dem Charakter, so stellt sich bald die Empfindung ein, dass ein ganz bestimmter seelischer Charakter dahinter steckt. Das wird besonders dann deutlich, wenn wir – wieder von der Vorstellung ausgehend – bestimmte Stimmungen herantragen und bemerken, dass wir das Falsche getroffen haben. So ist die Trompetentonwelt weder Kleid einer stillen Trauer noch überschwenglicher Lebensfreude. Wir empfinden aber, dass der zweite Versuch der Wahrheit näher kommt. Auch Mut ist es nicht und auch nicht Aufruf zum Wettstreit, sondern die Siegesstimmung, die nach dem Getümmel mit freiem Blick auf unmittelbar vergangene Taten schaut. In diesem Sinne können wir auch die am Rot und die am sich dehnenden Raum aufgebauten Bilder nach dem sich darin aussprechenden Wesen befragen. Nach einiger Übung wird empfunden werden können, dass der Mensch im Rot dem Zorn der Götter begegnet und dass im ausdehnenden Raume die Trauer über etwas unwiederbringlich Verlorenes lebt.

Diese Übungen sollen nun mit den Mitteln beurteilt werden, die wir uns erarbeitet haben. Blicken wir auf die wirksame Zeit, so ist das folgende zu beobachten. Jeder erste Übungsversuch zeigt – gemessen an den Erfahrungen, die beim Wiederholen gemacht werden – am stärksten den Charakter der Willkür, weil wir hier als mehr oder weniger nur vorstellende Wesen nacheinander eine sinnessymbiontische Qualität um die andere aufgebaut haben. Bei Wiederholungen der Übung ändert sich dies insofern, als mehr ein zeitgleiches, deutlich weniger von der Willkür abhängiges Geschehen zu beobachten ist. Die Wiederholungen der Übungen dienen also dazu, sich mit der Welt in Beziehung zu setzen, aus der die künstlerische Phantasie fliesst, denn diese arbeitet von Wiederholung zu Wiederholung stärker mit.

Wenn wir einen Übungsinhalt erstmals aufbauen, arbeiten wir vorstellend mit den vorwärtsfliessenden Zeitprozessen. Durch Wiederholung erwerben wir uns schrittweise Zugang zu den rückwärtsfliessenden Zeitprozessen, aus denen der Künstler arbeitet. Dafür ist keine besondere Begabung, sondern nur der Übungswille Voraussetzung. Übungen, die in der geschilderten Art von Sinnessymbiosen ausgehen und die nicht die Absicht verfolgen, ein Werk hervorzubringen, lassen doch nach einiger Zeit den Wunsch entstehen, mit malerischen, musikalischen oder auch eurythmischen oder anderen künstlerischen Mitteln aus der Welt zu arbeiten, in die man sich eingelebt hat. Diese zweite Phase des Übens unterscheidet sich von der Ausbildung einer mitgebrachten Begabung nur noch insofern, als der Betreffende den Weg kennt, wie er zu seinen Fähigkeiten gekommen ist. Vergleicht man Übungsergebnisse, die auf solchen oder ähnlichen Wegen zustandegekommen sind, finden wir sie untereinander sehr ähnlich. Das kennt man von

Farbstudien, die Bewegungsarten der Farben oder das Verhalten von zwei oder mehr Farben zueinander untersuchen. Das muss auch so sein, denn darin zeigt sich gerade die Objektivität der künstlerischen Elemente. Grosse Kunstwerke dagegen sind einmalig. In ihnen erleben wir Harmonien von Sinnessymbiosen, die nicht schon in der Ausbildungsphase von Fähigkeiten in die Sinneswelt zu holen sind. An den grossen Kunstwerken erst lässt sich der Reichtum der geistigen Welten erleben, der so gross sein kann, dass die Erhebung über den Alltag, die sie schenken können, mit Worten nicht auszufüllen ist. Die Sixtina oder die Venus von Milo, ja auch das erste Goetheanum sind solche Werke. Zwischen ihrer Schöpfung und der ersten symbiontischen Bemühung liegt ein weiter Weg, der weder in einem Leben zu gehen ist, noch ganz von vielen gegangen werden kann. Dazwischen aber liegen die Schritte, die heute jedem zu üben möglich sind. Die Geisteswissenschaft Rudolf Steiners hat die Grundlagen für die Übungswege gegeben, die auch ohne Begabung gegangen werden können. Darin liegt das Grandiose, denn sie machen es möglich, der Kunst die Bedeutung zu geben, die sie im Alltag haben muss. Grosse Kunstwerke werden so nur selten entstehen. Stattdessen erwacht der sich entwickelnde künstlerische Mensch in uns und fängt an, die unmittelbare Lebensumgebung, die Wohnung, den Arbeitsraum, die soziale Situation in ihrer Schönheit oder Hässlichkeit wahrzunehmen. So kann die passende Farbe der Tischdecke, die Blume in der Vase, das Bild am richtigen Fleck, die Farbe des Raumes und die Art der Möbel bald zum Ganzen zusammenklingen, und – im Alltag Schönheit schenkend – zum Verweilen und Ruhe-Finden einladen, wo die allgegenwärtige Hast und Nervosität das Wahre nicht mehr von der Lüge, das Gute nicht mehr vom Unsittlichen unterscheiden kann. Schönheit auch in diese Welt zu bringen, ist unerlässliche Voraussetzung, wo geistige Pfade gesucht werden.

Der künstlerische Mensch, den wir auf solchen oder ähnlichen Übungswegen in uns ausbilden können, unterscheidet sich von unserem Alltagsmenschen durch den Charakter seiner Wesensglieder. Der Alltagsmensch hat seine Sinnesorgane, die zusammen den physischen Leib ausmachen. Er hat den unbewusst im Leibe arbeitenden Ätherleib oder seine Lebensorganisation, die Seelenorganisation und sein Ich. Den künstlerischen Menschen müssen wir anders beschreiben. Über leibliche Sinnesorgane verfügt er nicht. Die Lebensprozesse, die auf die Sinne wirken, sind es, die, vom physischen Leib unabhängig, deren Zusammenspiel so entfalten, als seien die Sinne lebendig. Wenn der physische Leib in die Sinne eingeschaltet ist, erstarren sie zum Gegenstandsbewusstsein, und eine Sinnesqualität regt nicht mehr eine ganze Harmonie weiterer Qualitäten zum Mitklingen an. Das findet aber im künstlerischen Menschen statt. So ist es auch mit den Lebensprozessen selber. Auch sie wenden sich zum nächsthöheren Wesensglied und werden in dem Masse seelischer, als die Sinne lebendiger werden. Was der Seele dann zufliesst, wenn sich die Sinne verlebendigen und die Lebensprozesse verseelen, ist die Kraft der Phantasie, so wie der Begriff hier behandelt worden ist. Diesen Menschen aus verlebendigten Sinnen und beseelten Lebensprozessen können wir intentional durch unser Ich ebenso als Werkzeug des seelischen Lebens gebrauchen lernen wie den Alltagsmenschen. Beide Menschen, die wir sind, können auch zusammenklingen. Dazu soll noch eine kurze Ausführung folgen, die wieder durch eine Übung eingeleitet wird.

Wir beginnen mit einer gegenständlichen Übungssituation. Man stelle sich solange vor eine intensiv rot-gefärbte Wand, bis das Rot durch das immer intensiver werdende Nachbild abzublassen beginnt und sich in Richtung auf Grau verwandelt. Man schliesse die Augen und wende sich einer intensiv blauen Wand zu und öffne die Augen. Sofort herrscht ein symbiontisches Erlebnis vor, die blaue Wand scheint zurückzuweichen. Dazu erlebt man eine frische Kühle, an die sich eine seelische Empfindung anschliesst, die im Bilde als schwerer Stein, der von der Brust genommen wird, beschrieben werden kann. Die Seele will sich dehnen und in einen hoffnungsvollen Raum hinausfliehen, den das Blau eröffnet. Dazu wird der Atem tiefer, das Ausatmen verstärkt sich, und die Atemfrequenz sinkt.

Nun wende man sich wieder dem Rot zu. Wieder herrscht eine Sinnessymbiose vor. Das Rot quillt heran. Wohin der Blick auch fällt, das Rot drängt heran und verengt den Raum, wie wir es schon kennengelernt haben. Es folgt auch hier wieder eine seelische und eine leibliche Wirkung. Die Seele will sich zusammenziehen, und das wird als Furcht erlebt. Der Atem wird schneller und flacher, und das Einatmen wird verstärkt. Dieser Wechsel von Rot nach Blau und von Blau nach Rot erweckt neben den Sinnessymbiosen, die sich an den künstlerischen Menschen wenden, auch eine Wirkung auf die Physiologie des Alltagsmenschen. Dazu wird seelisch so etwas wie ein Rhythmus aus Furcht und Hoffnung erlebt. Worauf es uns hier ankommt, ist die leibliche Wirkung solcher Übungen. Der physische Leib wird durch den Ätherleib ergriffen, und Atem und Kreislauf werden charakteristisch verändert. Der Übergang von der rein ästhetischen zur physiologischen Wirkung ist immer ein fliessender. Kunstgenuss und physiologische Wirkung gehen ineinander über und sind zumindest in unserem letzten Beispiel von der Intensität, die wirkt, abhängig. Im allgemeinen kann man sagen, dass mit erhöhter Intensität eines Sinnessymbiosen induzierenden Erlebnisses auch die physiologische Wirkung zu- und die ästhetische Wirkung abnimmt. Wird Kunst in der Therapie verwendet, so muss sie ihren Ausgangspunkt in den hier ins Auge gefassten leiblichen Phänomenen suchen. (Wir kommen darauf im Schlusskapitel des Buches noch einmal zurück.)

Die Betrachtung der sieben Lebensprozesse hat gezeigt, dass die Siebenheit zur Dreiheit wird, wenn der Ätherleib durch seine Tätigkeit an die Seele im ästhetischen Prozess anklingt. Bisher haben wir nur den Schaffensprozess, der dem künstlerischen Tun zugrunde liegt, näher ins Auge gefasst. Diesem liegt – wie ausgeführt wurde – die Tätigkeit der vier synthetisch arbeitenden Lebensprozesse zugrunde, die hier Willenscharakter bekommen. Sie arbeiten «aus der Zukunft» so in die Gegenwart, dass sie dem Künstler die Hand führen, wenn er malt, oder das Gedicht vor die Seele zaubern, wie es Goethe beschreibt, oder die Sicherheit geben, wie es Christa Wolf erlebt hat. Damit haben wir den unbewussten Teil der künstlerischen Phantasie oder des ästhetischen Gesamtprozesses ins Auge gefasst: den ästhetischen Willen. Die zweite Seite des ästhetischen Vermögens finden wir im Kunstgenuss. Er besteht, wie beschrieben, darin, dass das symbiontische Ganzheitserlebnis von der Kraft der drei analytisch wirkenden Lebensprozesse ins fühlende Anschauen so gehoben wird, dass das Wesen, dem der Künstler nahe war, als er sein Werk schuf, sich nun dem Betrachter auszusprechen beginnt. Die Empfindung, «mehr» wahrzunehmen als nur den gegenständlichen Sinnenschein, ist die erste Wirkung des Kunstwerkes auf dieser Seite der künstlerischen Phantasie. Hier besteht die übende Arbeit im schrittweisen Aufwachen für die Art der Symbiosen, bis sie sich als Kleid des übersinnlichen Wesens zu erkennen geben, wie wir es mehrfach besprochen haben.

Der künstlerische Mensch in uns ist ein altes Erbstück der Götter. Aber erst in unserer Zeit kann der Mensch lernen, es voll zu ergreifen und auszubilden. Den Künstler im Menschen haben die Griechen in ein mythologisches Bild gebracht, das Rudolf Steiner auf doppelte Weise beschreibt. Einmal mit der vorwärts- und einmal mit der rückwärtslaufenden Zeit, einmal vorstellend und einmal imaginativ: «Einst lebte Uranos. In dem sah man alles dasjenige, was der Mensch aufnimmt durch sein Haupt, durch die Kräfte, die als Sinnesgebiete auch jetzt hinauswirken in die äussere Welt. Uranos – alle zwölf Sinne – wurde verletzt, und die Blutstropfen fielen in Maja, in das Meer, und der Schaum spritzte auf. – Was hier die Sinne, indem sie lebendiger werden, hinuntersenden in das Meer der Lebensprozesse, und was da aufschäumt von dem, was als das Blut der Sinne hinunterpulsiert in die Lebensprozesse, welche Seelenprozesse geworden sind, das ist zu vergleichen mit dem, was die griechische Imagination aufschäumen liess dadurch, dass die Blutstropfen des verletzten Uranos hinuntertropften in das Meer und aus dem Schaum sich bildete Aphrodite, Aphrogenea, die Schönheitsgöttin. In dem Aphrodite-Mythos älterer Art, wo Aphrodite eine Tochter des Uranos und des Meeres ist, indem sie aus dem Schaum des Meeres entsteht, der geboren wird durch die Blutstropfen des Uranos, haben Sie einen imaginativen Ausdruck für den ästhetischen Zustand des Menschen, ja sogar den bedeutsamsten imaginativen Ausdruck und einen der bedeutsamsten Gedanken der geistigen Menschheitsentwicklung überhaupt[15].»

Der Aphrodite-Mythos zeigt uns, dass wir es mit einem alten Wesen zu tun haben, wenn wir auf den Künstler in uns blicken. Dafür spricht auch, dass er nur zwei Wesensglieder hat, statt der drei, die dem im Erdenmenschen tätigen Ich zur Verfügung stehen. Wenden wir uns mit der Frage, wer dieser Mensch in uns ist, an Rudolf Steiner. Er beschreibt einen alten Entwicklungszustand der Erdenevolution, während dem der Mensch ganz anders konfiguriert war als heute. In diesem «Alter Mond» genannten Zustand fehlte dem ganzen Kosmos die mineralisch-feste Substanz und dem Menschen das Selbstbewusstsein. Beides war noch nicht aus dem allgemeinen Weltenleben herausgefallen. Von diesem alten Mondenmenschen sagte Rudolf Steiner, dass er als ganzer so reagierte wie heute der künstlerische Mensch in uns. Kam er in Rot, so zog sich sein ganzer Organismus zusammen, kam er in Blau, so dehnte er sich aus. Seine Sinne waren noch Lebensorgane und seine Lebensprozesse noch Seelenorgane. Sie wirkten auf den Leib und brachten diesen dazu, räumlich die Bewegung auszuführen, die wir heute in derselben Situation symbiontisch erleben. Was der alte Mondenmensch durch diese Antwort seines Leibes seelisch erlebte – davon finden wir den leisen Anklang im Kunstgenuss.

Nichts geht in der Menschheitsentwicklung verloren. Was einmal errungen ist, verwandelt sich und entwickelt sich weiter, auch das alte Bewusstsein des Mondenmenschen. Er ist heute der Künstler in uns. Wir leben in einer Zeit, in der der Künstler in uns durch das selbstbewusste Ich ergriffen werden muss. Wir haben die Verantwortung für den Umgang mit ihm zu übernehmen wie für alles, worüber das Ich die Herrschaft erlangt. Dieser Mondenmensch muss aus eigener Intention ergriffen und ausgebildet werden, sonst verkümmert er und geht zugrunde – und mit ihm die Schönheit, eines der drei Fenster, durch die der Geist in die Sinneswelt scheint.

Teil II: Metamorphosen der Architektur

Wie ein Erlebnis zum Arbeitsmotiv wurde – ein persönliches Vorwort

Die Verhältnisse, in denen ich herangewachsen bin, werden durch die biographische Tatsache beleuchtet, dass mir mit 28 Jahren zum erstenmal bewusst wurde, dass es eine griechische Kultur gegeben hat. Während der Schulzeit hatte ich nie etwas vom alten Griechenland, von der ägyptischen, der persischen oder gar der altindischen Kultur gehört. Mit 15 Jahren wurde ich aus der Schule zu Tätigkeiten entlassen, die darin bestanden, Befehlen zu gehorchen, nach deren Sinn niemand zu fragen hatte.

Nach dem Kriegsende schloss sich eine an praktischen Aufgaben orientierte Berufsausbildung an. Erst mit 28 Jahren verliess ich zum erstenmal meine engere Heimat. Vorher war ich nie weiter als 200 km über meinen Geburtsort hinausgekommen. Meine auf die Natur bezogenen Fachkenntnisse hatten diese geographische Enge.

Die Flora der Alpen und des Mittelmeergebietes waren ein Erlebnis, das mich seelisch aus der Fassung brachte. Zwar hatte ich eine gründliche Kenntnis der Pflanzenwelt meiner Heimat, aber mir war – trotz des theoretischen Wissens – nie der Gedanke gekommen, dass die Pflanzenwelt der Erde noch andere Reichtümer bergen könne. Daran lässt sich die Naivität, in der ich aufwuchs, ermessen.

Während der ersten Reise ans Mittelmeer warf ich einen Blick durch eine Taucherbrille auf die damals noch unzerstörte Unterwasserwelt des Tyrrhenischen Meeres und – entdeckte eine neue Welt, die auch jenseits meiner theoretischen Kenntnisse lag, die mich das Fragen lehrte und in deren Eroberung ich mich stürzte. Viele Sommer reiste ich ans Mittelmeer, auch nach Griechenland, und tauchte an den unergründlichen Steilwänden des Athos.

Inzwischen hatte ich die Anthroposophie Rudolf Steiners als mein Lebensfeld entdeckt und mich in ihre Breite eingelesen. Dabei stiess ich auf den Begriff der griechischen Kultur[19]. Aber wie bei allem, wozu mir die Erfahrung fehlte, blieb mir auch dieser Begriff etwas Unwirkliches, bis ich nach Delphi kam. Dort wurde mir ein unvergessliches Erlebnis zuteil. Wir erreichten die Nordseite des Parnasses, als die Nacht schon hereingebrochen war. Als wir die Serpentinen nach Delphi hinauffuhren, war es gegen Mitternacht. Die Hitze der letzten Augusttage hatte Natur und Menschen ermüden lassen, und wir wollten Schlaf finden. In der Stille der Nacht setzten wir uns auf grosse Steinbrocken, die am Rande des Steilabfalles aufgeschichtet waren, und blickten hinunter auf den Olivenhain des Apollon, der als schwarze Fläche zu unseren Füssen lag. Der Vollmond stand hoch im Süden über dem Golf von Korinth, ein breiter silberner Streifen glänzte auf dem ruhenden Wasser. Die Nacht war hell, die wenigen durchscheinenden Wolkenstreifen gliederten den blauschwarzen Himmel so, dass er zusammen mit den Silhouetten der Berge links und rechts den Rahmen für ein Raumerlebnis schuf, in das die Seele – sich sehnsuchtsvoll diesem Feenreich überlassend – hinauszog. Da stieg die Erinnerung hoch: ein Wissen, vor diesem Anblick nicht zum erstenmal zu stehen. In einem seltsam wehmütigen Gefühl drohte ich zu ertrinken, bis Stimmen mich in die Gegenwart zurückriefen.

Nichts im Gebiet des alten delphischen Heiligtums blieb mir fremd. Mir war, als würde ich die Säulen kennen und die Quellen, die noch heute wie damals ihr frisches Wasser spenden. Bei anderem stellte sich das Gefühl alter Verbundenheit erst mit der Zeit ein, so beim Theater und im Stadion.

Später ist noch zweimal das Wiedererkennen eines Ortes in meiner Seele aufgestiegen. Von allen drei Orten wird im folgenden berichtet.

Aus dem Meer der Unendlichkeit, in die geblickt zu haben das tragende Erlebnis blieb, ragen heute noch die Reste menschlicher Kulturschöpfungen, ragen heilige Stätten, ragen Tempel und Kirchen. Diese Reste wollte ich nunmehr lesen lernen, so wie ich darnach strebte, die Signaturen der Pflanzenwelt zu lesen. Auf diesem Wege versuchte ich, mich in den Strom der menschlichen Kultur einzuleben, der seine Zeichen so zurückgelassen hat wie ein Wanderer seine Spuren im Sand. Diesen Spuren nachzusuchen, aus ihnen zu lernen und der Phantasie nur so weit Flügel zu leihen, als die Vernunft es zulassen will, ist die Absicht der vorliegenden Arbeit. Die eingesetzten Arbeitsmittel wurden im ersten Teil vorgestellt. Meine Bemühung ging dahin, die Arbeitsmethode, die Goethe für das Verständnis der organischen Natur entwickelt hatte, für das Verständnis künstlerischer Prozesse und die Betrachtung von Kunstwerken fruchtbar zu machen. Sie besteht darin, die Arbeitsgegenstände in eine Ordnung zu bringen, durch die sich das Wesen, das der Erscheinung zugrunde liegt, so deutlich als möglich aussprechen kann. Je vereinzelter die Erscheinung bleibt, je kleiner das Detail, umso weniger tritt die allein dem Ganzen zugrundeliegende, bewirkende Idee hervor. Dieses Wesen, die schaffende Idee durch Begriffe aussprechbar zu machen, ist der nächste Arbeitsschritt. Die Hilfen dafür sind heute in der Anthroposophie zu finden; nur durch sie ist der Kulturimpuls Goethes neu aufzugreifen.,

Beim Umgang mit Werken der bildenden Künste ist es hilfreich, sich zur Einstimmung einen Begriff von den Mitteln zu verschaffen, mit denen der Künstler gearbeitet hat. In der Architektur ist es das Baumaterial, das zu den verwendeten Werkzeugen und deren Anwendungsmöglichkeiten in Beziehung steht. (Ein Missgriff in bezug auf die Werkzeuge ist in einem der ältesten Bauwerke Europas zu finden: im Tumulus auf der kleinen Insel Gavrinis im Morbihan vor der Atlantikküste der Bretagne. Bis auf einen sind alle aufgestellten Steine des Ganges und der Kammer kunstvoll behauen und mit Ornamenten, Spiralen und Linien versehen, die A. Meyer[20] zu deuten unternommen hat. Der einzige unbehauene Stein besteht aus Quarzit und nicht aus Granit wie alle anderen.

Der Quarzit muss zu hart für die Werkzeuge der Steinzeit gewesen sein. Es scheint, als hätten die Künstler die Unbearbeitbarkeit erst entdeckt, als er schon eingebaut war.) Die Ägypter haben weichen Sandstein, im Neuen Reich Kalk, aber immer auch schon Granit für ihre kultischen Bauten verwendet. Im alten Griechenland fehlte der Granit, zum Kalk kam der Marmor. Im Mittelalter stand der Sandstein bei der Errichtung sowohl der romanischen Kirchen wie der gotischen Kathedralen im Vordergrund, aber auch lokal abgebaute Gneise, Schiefer und Grauwacke finden sich. Heute entstehen Beton-Bauten, das heisst, sie werden gegossen. Ein reiner Holzbau wie das zerstörte erste Goetheanum in Dornach fällt aus dem Rahmen und bedarf der Erklärung. Aus den genannten vier Kulturzeiträumen sollen Bauwerke besprochen und als Metamorphosenreihe dargestellt werden.

Es gibt keinen Bau, dessen Material nicht auf zwei polar verschiedene Weisen verwendet wird: Wir finden tragende und lastende Baumassen, dazwischen vermittelnde Elemente. «Tragen» und «Lasten» sind die Urphänomene der Architektur überhaupt. Kein Innenraum ist ohne sie denkbar. Die Art, wie sie gestaltet werden, charakterisiert ganze Epochen der Baukunst. Deshalb wird im folgenden die Art und Weise untersucht, wie Tragen und Lasten zueinander in Beziehung gebracht werden.

Um die Bauwerke einer Epoche besser zu beleuchten, erscheint es sinnvoll, deren Kulturhintergrund zu beschreiben. Dazu gehört die Frage nach der Bewusstseinsart der in den verschiedenen Epochen lebenden Menschen. Das jeweilige Bewusstsein drückt die Beziehung aus, die die Menschen zur geistigen Welt in Natur und Kosmos hatten und haben: Daraus erklärt sich die Kultur. Insbesondere ist es nötig, solch einen Hintergrund für die ägyptische Kultur zu schildern, weil sie uns – zumindest bei der ersten Begegnung – fremd erscheint.

Wie alle Wissenschaft, Kunst und Religion spiegelt auch die Architektur die Stufen der menschlichen Bewusstseins-Entwicklung. Der Beschreibung der Bauten und der Gesamtanlagen, wenn sie zum architektonischen Kunstwerk gehören, soll der Versuch folgen, die Eindrücke zu schildern, die sich ergeben, wenn der Künstler in uns, der «Mondenmensch», seine verlebendigten Sinne und seine verseligten Lebensprozesse tätig werden lässt[18]. In diesem Sinne soll zunächst der Blick zurück ins alte Ägypten gelenkt werden.

Ägypten

Unser Verhältnis zur ägyptischen Kultur gründet sich üblicherweise auf Besuche der alten Orte im Niltal oder auf die Betrachtung von Abbildungen der Bauten, Plastiken und Reliefs. Was meist fehlt, ist eine gründliche Kenntnis der Texte. Die Entzifferung der Hieroglyphen gelang Jean-François Champollion (1790–1832) vor noch nicht einmal 180 Jahren, aber das Geheimnis ist dadurch nicht kleiner geworden, denn die Frage nach dem Sinn der Texte ist ein ungleich grösseres Problem als ihre Entzifferung. Die Worte mögen lesbar geworden sein, doch die Bedeutung hat sich gewandelt. Wir haben die Begriffe der alten Ägypter nicht mehr, und sie hatten unsere nicht. So kommt es darauf an, sich in Übersetzungen so einzuleben, dass der alte Sinn wenigstens ahnbar wird. Ein grosser Teil des erhaltenen Papyrusmaterials besteht aus Bruchstücken eines Textes, der von Karl Richard Lepsius (1810–1884) in der Mitte des vergangenen Jahrhunderts erstmals übersetzt wurde und von ihm den Namen «Totenbuch»[21] erhielt. Der wirkliche Titel sollte lauten: «Vom Heraustreten ins Tageslicht.» In unsere heutigen Begriffe übersetzt müsste es heissen: «Vom Sterben». Das Sterben wurde als ein Erwachen für das Geisteslicht erlebt, dessen der Verstorbene nachtodlich ansichtig wird, wenn er das Erdendunkel verlässt. Alles was er an esoterischem Wissen brauchte, um nach dem Tode den Gang durch die verschiedenen Regionen des Geisterlandes antreten zu können, ist Inhalt des «Totenbuches». Lässt man die Texte, so wie sie nun einmal vorliegen, auf die Seele wirken, verdichtet sich der Eindruck, dass es sich um eine Art von Wissen handelt, wie es als allgemeines Volkswissen damals ebenso weit verbreitet war wie die Bibel im europäischen Mittelalter. Die Vielzahl der gefundenen, weitgehend übereinstimmenden Textstücke spricht dafür. Aber das Wissen der Eingeweihten und der Priesterkönige finden wir hier nicht. Trotzdem scheint ein Abglanz kosmischer Weisheit bis in unsere Tage, wenn wir so etwas wie den «Hymnus an Ra», das Götterwesen, das die Sonne bewohnt, im 15. Kapitel des «Totenbuches» lesen:

> Sei mir gegrüsst, o Ra!
> Über dem Horizonte, gleich Tum, steigest du auf,
> Und gleich Horus-Khuti erreichst du die Höhe am Himmel.
> Wenn du segelst in deiner göttlichen Barke,
> Mein Körper auf Erden badet im Licht deiner Strahlen.
> Am Anblick deiner göttlichen Schöne erfreut sich mein Auge,
> Herrschet der Friede im unermesslichen Himmel.
> Sieh, der Wind bläht deine Segel und erfreuet das Herz.
> Mit mächtigen Schritten durchläufst du die Weiten;

Deine Feinde liegen zu Boden gestreckt;
Frieden im Himmel herrscht.
Die Planetengeister kreisend um dich
Singen dir Ruhm;
Und wenn du hinter den Bergen des Westens
Am Horizonte hinabsteigst,
Der Fixsterne schützende Geister
Neigen sich vor dir und beten dich an.
Deine Schönheit ist gross
In der Morgendämmrung, am Abend.
Du, Herr des Weltenlebens, der Weltenordnung,
Sei mir gegrüsst, Ra, wenn du am Horizonte aufsteigst,
Wenn du am Abend, Tum ähnlich, zur Ruhe gehst.
Denn wahrlich, sie sind schön, deine Strahlen,
Wenn auf der Höhe des Himmelsgewölbes
Du vorbeiziehst in all deiner Herrlichkeit.
Die Göttin Nut, die dich geboren,
Weilt dort.
Gekrönt bist du zum König der Götter;
Und Nut, deine Mutter, die Göttin des himmlischen Meeres,
Sie neigt sich vor dir und betet dich an.
Weltenordnung und Weltharmonie
Strahlen aus dir.
Vom Morgen, da du emporsteigst, bis zum Abend,
Da du zur Ruhe gehst,
Mit mächtigen Schritten durchziehst du den Himmel.
Vor Freude dein Herz überquillt,
Und tief ist der Friede des himmlischen Sees.
Gestürzt ist der Dämon!
Abgehauen die Glieder, gebrochen die Wirbel!
Zum Hafen treiben
Die segenbringenden Winde dein Schiff...
Die Götter im Westen und Süden, im Osten und Norden
Beten dich an.
Du, göttliches Ursein, aus dir
Entsprungen des Daseins Formen und Wesen...
Sieh nun, o Herr! Dein Mund lässt ertönen ein Wort,
Und schweigend lauscht dir die Erde.
Du einziger Gott! Du glänztest am Himmel
In urferner Vergangenheit, wo die Erde

Und ihre mächtigen Bergesketten,
Noch nicht geschaffen ...
Du, der Schnell-Laufende! Du, der Herrscher, der Einzige!
Du, der Schöpfer alles Wesens und Webens!
Am Zeitenanbruch
Schufst du der Himmlischen Götter Zunge.
Aus dem Urmeer
Hobst du empor die Wesen
Und rettetest sie auf die Meeres-Insel des Horus ...
Könnt ich atmen die Luft, die dich erfüllt
Und den erfrischenden Nordwind geniessen,
Welchen Nut, deine Mutter, dir bringt!
O Ra, meinen Geist segne in Gnaden!
Osiris, gib meiner Seele ihr göttliches Wesen zurück!
Sei mir gegrüsst, du, Götterherrscher!
Sei gepriesen dein Name,
Du, Schöpfer der herrlichen Werke!
Mit deinen Strahlen beleuchte, o Gott,
Meinen Körper, der, in die Erde verscharrt,
Ruhet in Ewigkeiten!

Wie die letzten Zeilen zeigen, singt die Seele des Verstorbenen diesen Hymnus, wenn sie das geistige Sonnenwesen erblickt. So verhalten sich auch alle anderen Geistwesen des Kosmos, in deren Reich sie nachtodlich eintritt. Nur die richtigen Worte sind die Garanten eines sicheren Weges durch alle Fährnisse dieser Reise. Das geistige Sonnenwesen braucht für seinen täglichen Weg aus dem östlichen in das westliche Lichtland das sinnlich erscheinende Gestirn, seine Barke. Jeden Morgen wird das Sonnenwesen beim Durchgang durch den östlichen Horizont neu geboren als Horus, der Sohn, oder Chepr, der Werdende. Das sind einige von vielen Aspekten des Sonnenwesens Ra. Steht die Sonne am Mittag im Zenit, ist Horus zu Amun, zum Manne geworden, und am Abend stirbt er als Atum, den westlichen Horizont durchschreitend, in die geistige Welt eingehend, um sich zum gestorbenen mitternächtigen Osiris zu wandeln. Ein Geheimnis, vielleicht das tiefste Geheimnis der altägyptischen Religion ist die Wiedergeburt des sich selbst hervorbringenden Gottes. Isis oder Nut gebiert ihn am Morgen. Das Mysterium von Geburt und Tod ist der Inhalt der okkulten ägyptischen Weisheit.

Frank Teichmann[22] hat darauf hingewiesen, dass die Gesamtanlage einer Pyramide des Alten Reiches viergliedrig ist wie das Sonnenwesen selbst. An der Grenze des Fruchtlandes im Niltal befindet sich der Taltempel. Von dort führt der gedeckte Aufweg die Uferbank hinauf bis zum Toten- oder Verehrungstempel, auf den die Pyramide folgt. Die künstlerische Wirkung des einzigen noch einigermassen erhaltenen Taltempels, der

Chephrenpyramide bei Giseh, enthält das Geburtsmysterium auch heute noch. *Abbildung 18* zeigt den Grundriss, *Abbildungen 19, 20, 21* die drei im folgenden beschriebenen Räume dieses Taltempels. Alle sichtbaren Wände und Pfeiler des Baues sind aus gewaltigen Granitblöcken versetzt. Alle Oberflächen haben wir uns poliert vorzustellen. Die Endverarbeitung muss im versetzten Zustand erfolgt sein; denn manche Wandkanten fallen mit den Bockfugen nicht zusammen. Wie der Grundriss zeigt, hat der Tempel zwei Eingangsräume *(Abbildung 19)*. Sie sind die kleinsten im Grundriss, haben aber die grösste Raumhöhe. Man geht auf eine Wand zu, die in etwa drei Meter Höhe eine Nische zeigt, die ein Kultbild enthalten haben könnte. Überlässt man sich der symbiontischen Wirkung, die dieser Raum auf den Lagesinn ausübt, fühlt man sich in der Kopf-Fuss-Richtung ergriffen; man muss stehen bleiben und wird in die Vertikale gestellt. Weitergehen kann man nur, wenn man diese Wirkung überwindet, die den Menschen zur Salzsäule erstarren lassen will. Wendet man sich nach links oder rechts, je nachdem, welchen Eingangsraum man betreten hat, kommt man durch ein Tor in den zweiten Raum, der die beiden Eingangsräume verbindet. Er hat den Charakter eines Ganges und ist in der Höhe niedriger als die Eingangsräume. Seine symbiontische Wirkung bringt den Menschen in die Hinten-Vorn-Richtung und man will ausschreiten. Behält man aber die Eingangswirkung als Nachklang, wird der Schritt gemessen und feierlich. In der Mitte dieses zweiten Raumes wendet man sich der abschliessenden Halle zu. Im niedersten der drei Räume eröffnet sich das Links und Rechts, die dritte Dimension des irdischen Raumes. Symbiontisch erlebend, breitet man die Arme aus. Behält man die vorangegangenen Erlebnisse im Nachklang, schreitet man an den Pfeilern vorbei. Erreicht man den Raum zwischen zwei Pfeilern, sinken die Arme und man atmet aus. Öffnet sich der Raum nach den Pfeilern wieder, erheben sie sich und man atmet ein. So wird im dreidimensionalen Raum, den er schrittweise betreten hat, dem Menschen im Atemrhythmus die Seele gegeben: das Geheimnis der Geburt.

In der altägyptischen Kultur ergreift die Menschheit den irdischen Raum; dadurch entsteht die Kunst der Architektur. Die ägyptischen Pyramiden sind nicht nur die ersten Steinbauten, die die Menschheit hervorgebracht hat, sie sind auch die grössten Kulturbauten bis heute geblieben. Die Menschheit kommt in Ägypten mit ihrem Bewusstsein auf der Erde an. Dafür ist der Taltempel ein künstlerisch sprechender Ausdruck. Aber die alte Götterwelt ist noch lange nicht verklungen, sie wirkt weiter. Den neuen Impuls finden wir in den mythischen Götterbildern jedoch nicht; er lebt in den kultischen Massnahmen, die den Menschen geistig-seelisch und leiblich auf der Erde befestigen. Ein mit dem Mysterium der Geburt zusammenhängender Befestigungsimpuls ist der Taltempel der Chephrenpyramide. Trotzdem bleibt uns die Aufgabe, die nachklingende Götterverbindung des Ägypters zu erahnen, um von seinem Lebensgefühl eine Spur zu finden. Ein wesentliches Merkmal dieser Götter ist, dass sie sehr oft Tierhäupter tragen. Betrachten wir eine der vielen aufgefundenen Plastiken, die Sechmet als löwenhäuptige Göttin darstellt *(Abbildung 22)*. Diese Statue stammt aus dem Grabe des (unbedeutenden) Königs

Tut-Ench-Amun aus der 18. Dynastie im Neuen Reich. Dieses Grab wurde als einziges unausgeraubt aufgefunden und ist deshalb berühmt geworden. Es ist anzunehmen, dass grosse Könige noch reichhaltigere Grabschätze gehabt haben. Versuchen wir, uns mit künstlerischem Sinn der eigenartigen Wirkung, die das Werk ausstrahlt, hinzugeben. Die Göttin erscheint in Rumpf und Gliedmassen weiblich, das Löwenhaupt wirkt dagegen ausgesprochen männlich. Wir stehen vor einer ganzen Reihe von Fragen: Was drückt ein Tierhaupt, verglichen mit einem menschlichen, aus? Was das Zusammenspiel männlicher und weiblicher Elemente? Die krönende Sonnenscheibe will erfasst sein, ebenso das Gold, das die Statue bedeckt. Auch die Haltung von Armen und Händen wird zur Frage. Doch am mächtigsten zieht das Problem der Tierhäuptigkeit ägyptischer Götter an.

Ein Antlitz wirkt erst wahrhaft menschlich, wenn sich, je zarter umso deutlicher, das Mienenspiel als Seelenspiegel erweist. Ein Lächeln lässt tief in die menschliche Seele blikken, die darin zum Beispiel die Zartheit ihres Wesens offenbaren kann. Die Falte über der Nase erscheint und verstärkt sich, wenn Zorn aufsteigt. Herabgezogene Mundwinkel sind Ausdruck von Verachtung. Der Glanz und das Leuchten der Augen zeigen die Begeisterung jugendlicher Seelen. Die Augen können warm blicken oder kalt, können damit Mauern einreissen oder aufbauen. Fragen wir uns, welchen Ausdruck das menschliche Antlitz trägt, wenn der Mensch sich in den Dienst einer hohen Sache stellt. Ein Priester, der am Altar die Wandlung vollzieht, wird nicht lächeln, wenn er sich mit ganzer Seele in den Dienst der Weihehandlung stellt. Mit dem Künstler in der eigenen Seele empfindet man, dass der im Dienste einer hohen Sache Handelnde nicht Zornesfalten zeigen oder die Augen begeistert leuchten lassen kann. Solches würde nur sein subjektives Verhältnis zu der Handlung ausdrücken, nicht diese selbst. Es scheint, der Ausdruck der Götter Ägyptens verrate die Lösung: tiefer Ernst. Im Ernst spiegelt sich die Objektivität des Geistes im Antlitz des Menschen. Ernst ist der Ausdruck, wenn das menschliche Antlitz zum Spiegel der Geistwelt wird. Im Lächeln dagegen tritt die eigene Seele an die Oberfläche.

Nun ist es nicht denkbar, dass ein Mensch allein mit ernstem Ausdruck durch das Leben geht, ohne ein Lächeln, ohne einen warmen Blick, ohne Zorn, ohne Furcht ... Er verliesse das Gebiet menschlich-seelischen Verhaltens. Lächelnde Mäuse, Löwen oder Kühe sind andererseits kaum vorstellbar. Ihre Seele ist nicht mit der menschlichen zu vergleichen. Die Seele des Menschen ist zu allen Regungen fähig, auch alle Abgründe sind in ihr zu finden. Sein Antlitz spiegelt im Ausdrucksansatz, was die Seele erlebt, ohne dies voll in der Erscheinung auszuleben. Das können wir menschlich nennen. Ernst erscheint das Antlitz, wenn sich die Seele dem Geiste zuwendet. Nehmen wir aus dem Reich der Säugetiere Maus und Kuh und halten die Beschreibung von zwei isoliert geschilderten Seelenzuständen dagegen, wie sie Goethe[23] beschreibt:

Furcht

Dunstige Fackeln, Lampen, Lichter
Dämmern durchs verworrne Fest;
Zwischen diese Truggesichter
Bannt mich, ach! die Kette fest.

Fort, ihr lächerlichen Lacher!
Euer Grinsen gibt Verdacht;
Alle meine Widersacher
Drängen mich in dieser Nacht.

Hier! ein Freund ist Feind geworden,
Seine Maske kenn ich schon;
Jener wollte mich ermorden,
Nun, entdeckt, schleicht er davon.

Ach wie gern in jeder Richtung
Flöh ich zu der Welt hinaus;
Doch von drüben droht Vernichtung,
Hält mich zwischen Dunst und Graus.

Hoffnung

Seid gegrüsst, ihr lieben Schwestern!
Habt ihr euch schon heut und gestern
In Vermummungen gefallen,
Weiss ich doch gewiss von allen:
Morgen wollt ihr euch enthüllen.
Und wenn wir bei Fackelscheine
Uns nicht sonderlich behagen,
Werden wir in heitern Tagen
Ganz nach unserm eignen Willen
Bald gesellig, bald alleine
Frei durch schöne Fluren wandeln,
Nach Belieben ruhn und handeln
Und in sorgenfreiem Leben
Nie entbehren, stets erstreben;
Überall willkommne Gäste,
Treten wir getrost hinein:
Sicherlich, es muss das Beste
Irgendwo zu finden sein.

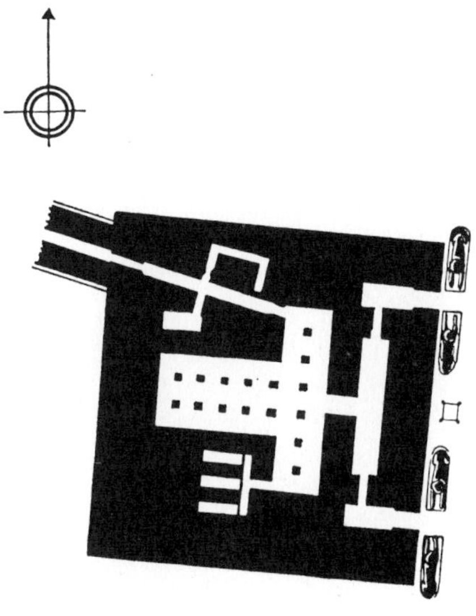

18 Grundriss des Taltempels der Chephren-Pyramide von Giseh.

20. Langraum des Taltempels der Chephren-Pyramide.

21 Säulenhalle des Taltempels der Chephren-Pyramide.

Durch die beiden Texte ist die Seelenstimmung von Furcht und Hoffnung ausgezeichnet charakterisiert. Das gilt nicht nur hinsichtlich des Inhalts, auch der künstlerische Aufbau zeigt dieselbe Polarität. Die 16 Zeilen der «Furcht» sind in 4 Strophen zu 4 Zeilen mit je 4 Betonungen gegliedert. Auffallend viele Zeilen zeigen wiederum eine Viergliederung der Worte oder Wortzusammenhänge. Die Seele zieht sich in dieser Form symbiontisch ebenso zusammen wie unter der Wirkung des Inhaltes. Äussere Bedrängnis als Inhalt und die Viergliedrigkeit ergeben eine Einengung des Raumempfindens, der eigene Leib zieht sich zusammen. Man achte darauf und halte dagegen, wie sich das Raumempfinden des eigenen Leibes weitet, wenn die «Hoffnung» spricht: das Gedicht mit seinen 18 Zeilen hat keine einzige Zäsur. (Zu beachten ist auch das fortlaufende Reimprinzip aa bb c d ee c d ...; das heisst, der Text ist nicht in Strophen gegliedert, nicht streng geformt, sondern freier dahinfliessend.)

In der Gestalt der «Furcht» zieht sich die Seele zusammen, der Leib folgt nach: dadurch erwachen die Sinne nach aussen; wie mit Tasthaaren wird in den Umraum gefühlt und wahrgenommen –, es wird in dieser Überwachheit auch das wahrgenommen, was gar nicht da ist. Der Ausruf: «Jener wollte mich ermorden» entschlüpft der «Furcht» im Wahrnehmen einer vermummten Gestalt und hat keinen Realitätsbezug.

Ach wie gern in jeder Richtung
Flöh ich zu der Welt hinaus;
Doch von drüben droht Vernichtung,
Hält mich zwischen Dunst und Graus.

Dadurch ist die Seelenstimmung einer Maus – der leibgewordenen Furcht – charakterisiert.

Umgekehrt weitet sich in der Gestalt der «Hoffnung» die Seele voller Sympathie, und der Leib macht diese Bewegung mit; die Sinne werden dumpf nach aussen und nehmen nur noch die eigene Leiblichkeit wahr, blind für alles, was aus der Umgebung bedrängen könnte. Durch das Versinken in der Wahrnehmung des eigenen Leibes verlieren die von der «Hoffnung» ausgesprochenen Worte ebenfalls ihren Realitätsbezug: Werden die «Schwestern» sich wirklich «enthüllen»? Die sich über alles – grundlos – ausbreitende Sympathie entspricht ebensowenig einer harmonisch-menschlichen Empfindung wie die übertriebene Angst und Antipathie der «Furcht»-Gestalt. In den Versen:

Überall willkommne Gäste,
Treten wir getrost hinein;
Sicherlich, es muss das Beste
irgendwo zu finden sein ...

wird die Seelenstimmung einer Kuh – der leibgewordenen Hoffnung – beschrieben.

Auf diesen Zusammenhang hat Wolfgang Schad[24] aufmerksam gemacht. Wenn es eine von geistigen Wesen bevölkerte Seelenwelt gibt, aus der die Kräfte solcher Seelen

22 Sachmet, um 1350 v. Chr.

23 Statuette des Tut-Ench-Amun, um 1350 v. Chr.

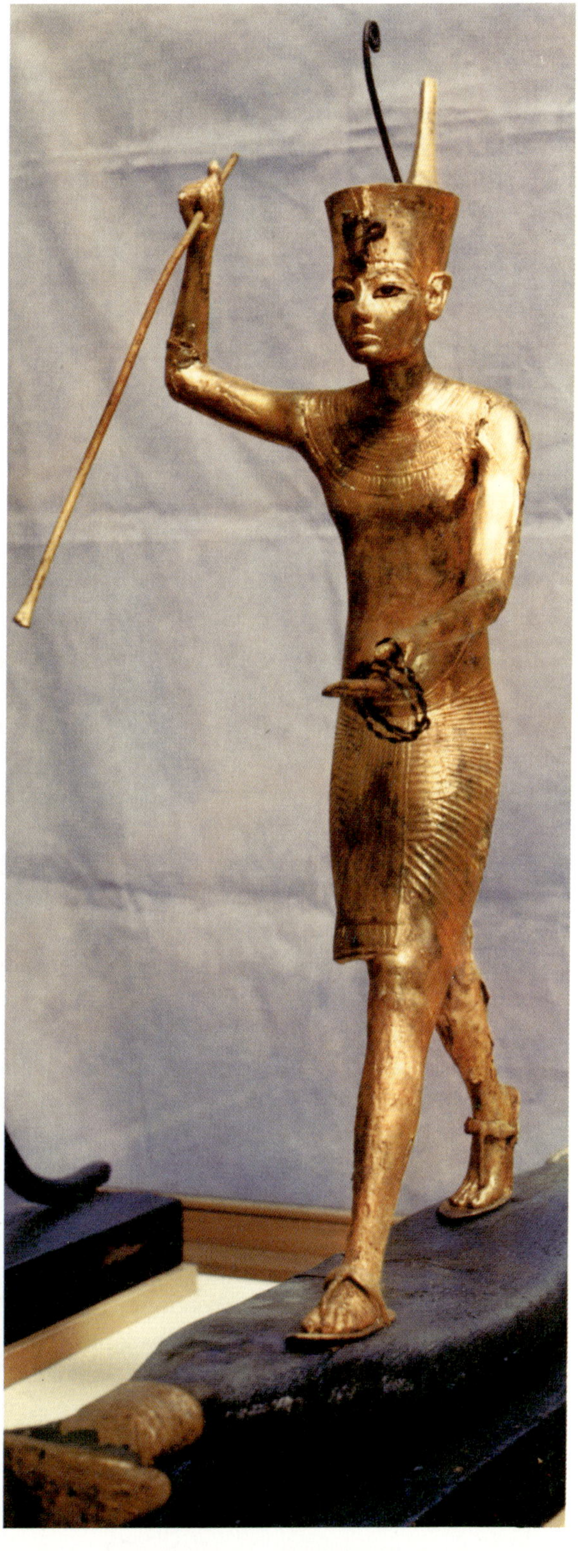

wirken, die die Tiere gebildet haben und die ein Seelenprinzip in sich sind, könnte man sich diese Wesen mit Tierhäuptern vorstellen, mit ernstem Ausdruck: im Ernst die geistige Welt ausdrückend, im Tierhaupt ein Seelenprinzip. (Diese geistigen Wesen stehen hierarchisch unter dem Sonnengott Ra, er herrscht über sie und andere.) Welches geistige Prinzip drückt sich im Ernst Sechmets, der löwenköpfigen Göttin, aus? Es ist eine Seelenfähigkeit, die zwischen Furcht und Hoffnung die Mitte bildet: das Prinzip des Mutes. Sechmet ist die Göttin des Krieges. Wie liessen sich Kühnheit und Mut schöner und angemessener darstellen als in ihrem ernst blickenden Löwenhaupt! Arm- und Handhaltungen der abgebildeten Sechmet-Statue scheinen mit den Seelenprinzipien zusammenzuhängen, zwischen denen der Mut angesiedelt ist. Die rechte Hand drängt zurück, was aus der Region der Furcht herandrängen will, die linke Hand ergreift, was sich durch Hoffnung mit der Zukunft verbindet.

In allen alten Kulturen und in allen Dichtungen bis in die Romantik wird die Sonne golden genannt. Das hängt nicht nur mit dem künstlerischen Empfinden zusammen, das die Richtigkeit einer solchen Zuordnung unmittelbar erfassen kann, sondern auch mit dem Wissen der alten Mysterien, wonach in den Metallen der Erde die Wirkungen der Wandelsterne zu sehen sind. Im Golde wurde die Gabe der Sonne an die Erde gesehen.

Die Sonne ist – selbst vom Gesichtspunkt der heutigen Naturwissenschaft kann man es so formulieren – der Spender allen Lebens auf der Erde. Ohne das Licht und die Wärme der Sonne wäre Leben nicht denkbar. Von der Sonne strahlen der Erde die Kräfte zu, die von den äussersten Hüllen der Erde bis zu den Lebenskräften des Humus alles hervorbringen. Das Wasser, in dem die chemischen Kräfte wirken, das Licht, das die Lufthülle erfüllt, und die Wärme, die alles durchdringt und bewegt, sind Sonnenwirkung. Alle Pflanzen sind auf diese Kräfte angewiesen und antworten durch die mannigfaltigsten Wachstumserscheinungen auf ihre Rhythmik im Jahreslauf. Damit zeigt uns die Pflanzenwelt, dass ihre Lebensorganisation von der Sonne stammt. Ihr Ätherleib ist Sonnenwirkung, ist – künstlerisch gesprochen – aus Sonnengold gewoben. Es lässt sich denken, dass die Ägypter, die sicher nicht in unseren Begriffen vorgestellt haben, doch auf ihre Weise ein Wissen von diesen Zusammenhängen hatten und künstlerisch daraus arbeiteten. Ist also der Ätherleib gemeint, wenn eine Götterstatue golden erglänzt? Vieles spricht dafür, auch die Sonnenscheibe über dem Haupt der Sechmet, das Symbol des Ursprungs aller lebendigen Kräfte. Rudolf Steiner sprach davon, dass in der ätherischen Welt nicht nur die Zeit sich umkehre, sondern auch alle sonstigen Eigenschaften ihre Umkehrung erfahren[25] – auch das Geschlecht? Nicht nur Sechmet wird mit Brüsten dargestellt, auch goldene Statuen von Pharaonen tragen sie, wie wir aus dem Schatz des Tut-Ench-Amun wissen. *Abbildung 23* zeigt eine Statue dieser Art. Ein weiterer ästhetischer Eindruck, den diese und andere Statuen oder Fresken tierhäuptiger Götter erwecken, bezieht sich auf den Ernst und die Unwandelbarkeit des Tierhauptes im Ausdruck, wodurch ein Wirken dieser Götter in der Zeit ausgeschlossen erscheint. Die Ewigkeit wird in ihnen Bild. Insofern der inkarnierte Mensch ein in der Zeit lebendes und sich entwickelndes Wesen ist, bleibt ihm der unmittelbare Zugang zu dieser zeitlosen Götterwelt verschlossen. Nach dem Tode verliert der Mensch sein zeitliches Wesensglied, den Ätherleib, und durchschreitet mit seinem überzeitlichen Wesen die Region dieser Götter.

Hängt die aus allen ägyptischen Überlieferungen sprechende Sehnsucht, in ein nachtodliches Sein zu kommen, die wir als einen wesentlichen Zug dieser Kultur bezeichnen können, damit zusammen, dass die Sehnsucht nach der alten Göttererfahrung, die Sehnsucht nach dem Ursprung des menschlichen Wesens noch lebendig ist? Als kosmisches überzeitliches Wesen erlebt der Mensch sich ausgegossen in die Götterwelt. Auch dafür gibt das «Totenbuch» Beispiele:

Zu Kepra werd ich, in den Urstoff tauchend;
Ich keime durch die Weltallkraft des Keimens.
Schildkrötengleich bedeck ich mich mit einem Rückenschild.
Ich trag in mir die Keime aller Götter;
Ich bin der Schlangengöttin Vier-Gestirn;
In mir verberg ich der Amenti sieben Zonen;
Ich bin Gott Horus,
Dessen Körper leuchtet, da er Seth bekämpft.
Und Toth zugleich bin ich, der die zwei Kämpfer trennet;
In seines Schreines Tiefen, mit der Junu-Götter Beifall,
Fällt er sein Urteil[26].

Wir sehen, dass der alte Ägypter die Götter in seinem nachtodlichen Sein so erlebte, dass er mit ihnen eins sich fühlte, sich ausgegossen in die Götter empfand. Die Tatsache, dass wir diese Sehnsucht nach der nachtodlichen Vereinigung mit Götterwesen nicht kennen, sollte uns nicht hindern, die Texte des Totenbuches so zu verstehen.

Der aus der Zukunft kommende Impuls der ägyptischen Kultur befestigt das Menschenwesen im irdischen Raum. Der Taltempel der Cheopspyramide kann dem ästhetischen Menschen das Erlebnis vermitteln, hier sei das Mysterium der Geburt mit diesem Impuls verknüpft. Es ist naheliegend, auch das Todeserlebnis des Ägypters zu prüfen, und sich zu fragen, ob auch in ihm eine solche Befestigung in der irdischen Welt zu entdecken ist.

In West-Theben gibt es drei verschiedene Gräberfelder des Neuen Reiches: eines im Tal der Könige: die Pharaonengräber; im Tal der Königinnen die Gräber ihrer Frauen und deren Kinder; und schliesslich die Gräber der Noblen, der Hofbeamten. In grosser Zahl finden sich Beamtengräber auch in Sakkara. Die Gräber der Könige, die der Angehörigen des Königs und die der Beamten haben je einen eigenen Stil.

Die Gräber der Beamten sind hinsichtlich Grösse und Ausstattung sehr verschieden gebaut. Die Fresken oder die Reliefs an den Wänden zeigen aber insofern Einheitlichkeit, als immer Darstellungen aus dem Leben der Verstorbenen die Wände schmücken. Aus diesen Darstellungen ist zu entnehmen, worin die Aufgaben am Königshof bestanden, die der Verstorbene zu verwalten hatte. Man findet Verwalter der Bäckereien, der Brauereien, der Schlachtereien, Verwalter der Landwirtschaft, der Viehzucht, der Jagd. Nakht, dessen kleines Grab seiner lebensvollen Fresken wegen berühmt geworden ist, wird auch der Organisator musikalischer Veranstaltungen eines Königshauses gewesen sein[27].

Ein zweites, allerdings nicht durchgängiges Merkmal der Beamtengräber ist die Zweiteilung in eine Grabkammer und einen Vorraum, der wohl den Angehörigen zugänglich geblieben sein mag. Beide Räume sind durch eine sogenannte Scheintüre verbunden: durch ein Fresko oder meist durch das Relief einer Türe mit Altar oder Altarstufen davor.

Rudolf Steiner stellte oft dar, wie der Mensch nach dem Tode sein Lebenspanorama um sich ausgebreitet erlebt[28]. In einem gewaltigen Bild steht das Leben von der Geburt bis zum Tode vor dem Seelenblick. Dieses Bild löst sich auf und verschwindet in dem Masse, wie der Ätherleib – dessen Gedächtnisinhalt es bildet – als nächstes Wesensglied stirbt. Die Fresken mit den Taten der Verstorbenen als ein solches Lebenspanorama zu betrachten, drängt sich auf. In der Grabkammer ruht der physische Leib als Mumie in seinen Formen bewahrt. In einem zweiten Raum findet die Seele das Bild ihres Ätherleibes. Hierher kommt sie zurück, von hier aus erreicht sie durch die Scheintür ihre Mumie. So kann sie sich immer wieder mit ihrem vergangenen Erdenleben verbinden. Dadurch wird die Seele des Verstorbenen an die irdische Welt angekettet. Ihr abgelegter physischer Leib und ihr abgelegter Ätherleib zerfallen nicht, sondern ziehen sie magisch an.

Auch in den Gräbern der Mitglieder der Königsfamilie finden wir Lebenspanoramen. Meist sind es Malereien, die zeigen, wie die Verstorbenen einen religiösen Kult ausüben. Im Gegensatz zu den Darstellungen in den Beamtengräbern erscheinen hier tierhäuptige und menschenhäuptige Götter wie Isis und Nephthys. Die eigentliche Grabkammer, die Sarkophag und Mumie enthält, kann diese Götterbilder ebenfalls enthalten –, oder sie ist schmucklos.

Nachdem ein verstorbener Mensch seinen Ätherleib abgelegt hat und sich sein Lebenspanorama aufgelöst hat, tritt er in die Seelenwelt ein. Hier begegnet ihm sein vergangenes Leben so, dass er seine Taten noch einmal zu durchleben hat. Dabei erfährt er die Wirkung, die diese auf die Menschen seiner Umgebung gehabt haben. Die Begierden, Triebe und Leidenschaften seines Lebens hat er hier zu überwinden und abzulegen. Das dreigliedrige Grab der Königin – Mumie, Lebenspanorama und Götter der Seelenwelt – scheint das nachtodliche Leben bis in diese Seelenregion abzubilden. Dabei wird nicht nur die Seele des Verstorbenen an die physische Welt gebunden, sondern auch die unsterbliche geistige Persönlichkeit. Die Befestigung an die irdische Welt geht einen Schritt weiter als bei den Beamten.

Den Gräbern der Könige fehlen Darstellungen des Lebenspanoramas, jedenfalls sind solche selten zu finden. Dafür gibt es die tierhäuptigen Götter der Seelenwelt in grosser Zahl. Die Grabkammer selbst enthält eine neue Art der Darstellung: das *Amduat,* das Stundenbuch, das die Geheimnisse des Sonnenganges durch die zwölf Stunden der Nacht enthält. Hier erscheint ein Inhalt der geistigen Welt, der unabhängig vom Leben des Menschen ist. In diese Geistwelt tritt der Mensch nachtodlich erst ein, wenn auch sein Seelenleib sich aufgelöst und er die Region durchlebt hat, in der sein vergangenes Seelenleben aufgearbeitet worden ist[29]. Nun öffnet sich ihm die geistige Welt selbst. Wenn er wach bleiben kann, erlebt er die Wirksamkeit göttlicher Wesen. Davon spricht das Amduat. Dem König wird auch von dieser Welt ein Bild ins Grab gegeben, damit sein geistiges Wesen in der irdischen Welt findet, was es drüben sucht. Das scheint nicht ohne Tragik zu sein.

Deutlicher noch als der Taltempel, in dem wohl die Geburtsmysterien am Morgen gefeiert wurden, befestigen die Gräber Seele und Geist des Ägypters an die physische Welt. An dieser Erde soll er Interesse entwickeln, hier soll der Mensch heimisch werden. Das Bewusstsein seiner göttlichen Herkunft muss er verlieren, indem er das Erdenbewusstsein entwickelt. Von beidem sprechen die Werke, die uns diese Kultur – unsere *eigene* Herkunft beleuchtend – im Niltal hinterlassen hat.

Wenden wir uns dem ägyptischen Tempelbau zu, wie er im Neuen Reich typisch war. Beispiele bieten sich in Karnak und Luxor, dem alten Theben. Die sonst noch erhaltenen Tempel stammen meist aus der Zeit der ptolemäischen Herrscher, als die alte Kultur nur noch Tradition war.

Wie hat der ägyptische Baumeister sein Material künstlerisch verwendet? Ausser der Mauer sind die beherrschenden Elemente Säule und Architrav. Die Säulen sind aus Trommeln gefügt oder aufgemauert. Ein charakteristisches Bild bietet *Abbildung 24,* die eine Säulenfront mit Architrav vom Luxortempel zeigt. Alle Säulen sind im Querschnitt rund, sie nehmen die Last auf, die der Architrav und die darüberliegende (Holz-?)Decke abgeben. Zwischen Säule und Architrav ist ein Kapitell eingefügt. Das Kapitell und die Säule sind die tragenden Elemente des Bauwerkes. Der lastende Architrav ist aus Abschnitten gefügt, die je ein Joch lang sind. Damit ist die denkbar einfachste Art verwirklicht, wie Tragen und Lasten zusammenwirken können. Entweder *trägt* ein architektonisches Element eindeutig, oder es *lastet* eindeutig. Die Säule baucht sich leicht von der Basis her. Ihre Tragekraft nimmt sie aus dieser Geste. Von hier strebt sie aufwärts. Den gleichen Ausdruck hat das Kapitell in der ästhetischen Wirkung so verwandelt, dass es eine grössere Last in eine geringere Höhe hebt als die Säule. Wie klingt die Tragekraft von Säule und Kapitell mit der Last des Architravs zusammen? Die Säule könnte ein Vielfaches der tatsächlichen Last aufnehmen, ja, es fällt ihr sehr leicht, den Architrav zu tragen; ihre aufstrebende Wucht beherrscht die Wirkung, die vom Ganzen ausgeht. Um sich diesen Eindruck zu verdeutlichen, kann man zeichnenderweise die Proportion von Säule und Architrav zweifach verändern: einmal, indem man die Säule schlanker macht und zum anderen, indem man die Spannung ihres Mantels dadurch verändert, dass man den Wendepunkt der Mantelkurve nach oben wandern lässt. Beides zeigt *Abbildung 25.* Wie schlank darf die Säule sein, um den unveränderten Architrav zu tragen (Figur A)? Die

24 Säulenreihe mit Architrav vom Luxortempel.

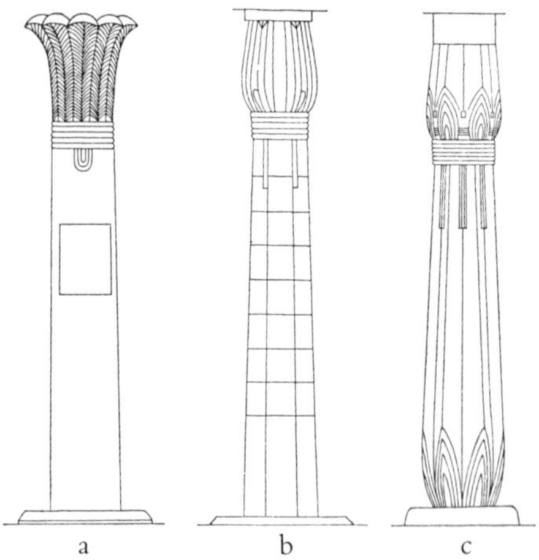

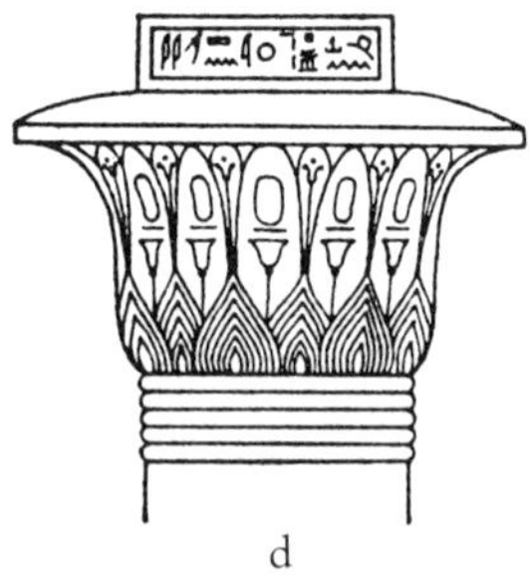

26 Ägyptische Pflanzensäulen.
a: Palmensäule, b: Lotosbündelsäule,
c: Papyrusbündelsäule, d: Papyrussäule.

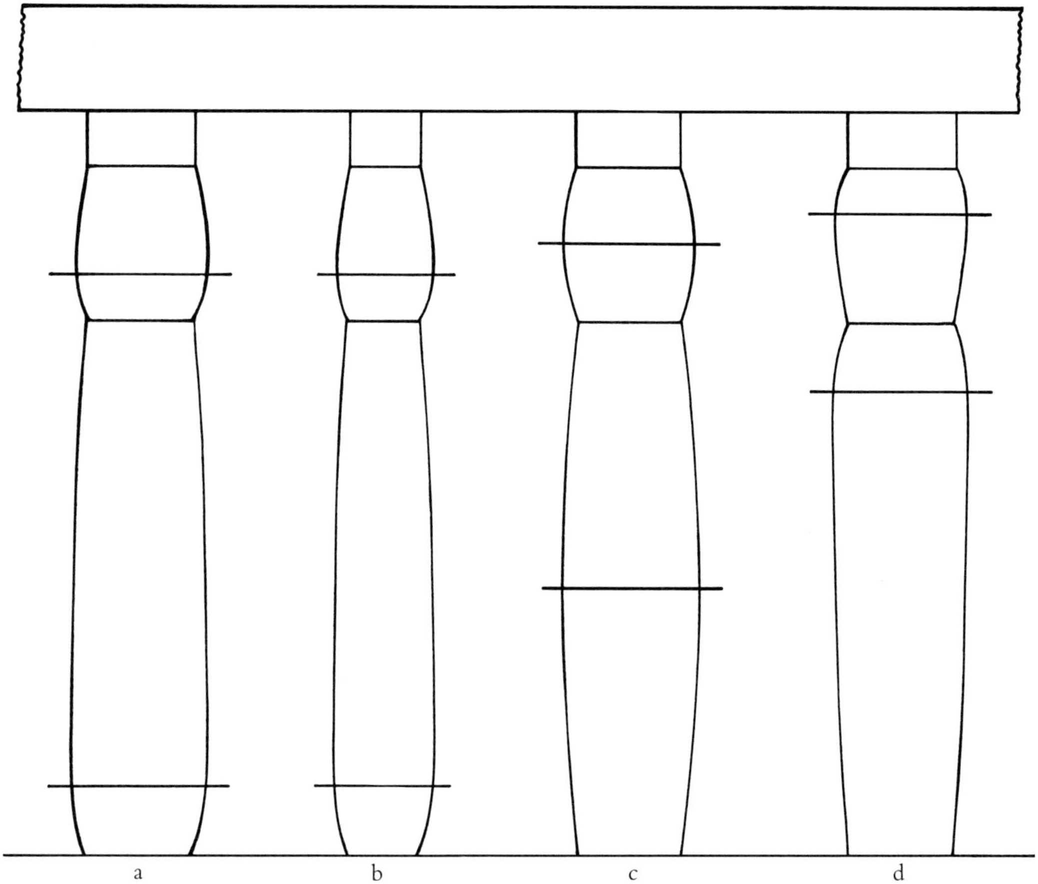

25 Zeichnung einer Säule von Luxor. a: in tatsächlicher Proportion; b: Tragen und Lasten sind in Harmonie; c: Wendepunkt der Mantelkreise in der Mitte der Säule; d: Kapitell auf dem Kopf stehend.

aufstrebende Wucht geht in dem Masse verloren, wie der Ort, aus dem die Tragekraft geholt wird, sich nach oben bewegt (Figur B). Diese Wirkung wird dadurch verstärkt, dass das Kapitell die Säulengeste mitvollzieht. Die ägyptische Säule ist nicht aus dem Zusammenklang von Tragen und Lasten geschaffen. Ihre künstlerische Bedeutung ist anderswo zu suchen.

Die meisten Säulentypen der ägyptischen Architektur des Neuen Reiches lassen sich auf Pflanzenmotive zurückführen; beispielsweise die Palmsäule, die Lotussäule, die Papyrusbündelsäule und die Papyrusblütensäule *(Abbildung 26)*. Die Palmsäule hat einen runden Schaft, die Lotussäule eine konkave Kannelierung, die beiden Papyrussäulen haben Kanneluren mit einem gekielten Rücken. Der Zusammenhang mit dem Naturbild ist unverkennbar: die Palme hat einen runden Stamm, Lotusblüte und -blatt werden von runden Stengeln getragen, die Stengel des Papyrussprosses sind wie die aller Sauergräser dreikantig. Auch die Kapitelle sind von den Blattschöpfen oder den Blüten der entsprechenden Pflanzen abgeleitet: das Kapitell der Palmsäule vom Blattschopf der Palme, das Kapitell der Papyrusbündelsäule von der Gestalt geschlossener Papyrusblütenschöpfe, das der Papyrussäule von dessen geöffnetem Blütenstand, schliesslich das Kapitell der Lotussäule von der geöffneten Blüte der Lotusblume. Auf die Pflanzenwelt, die dem Ägypter hier als Vorbild diente als die Welt der lebendigen Gestalten, muss man sich erst besinnen, wenn man ägyptische Säulen betrachtet, denn der unmittelbare Eindruck zeigt vom Leben nichts mehr. Eine lebendige Pflanzenform bildet sich unter der Wirkung von zwei zueinander polaren Kräften, die wir im ersten Teil kosmische und irdische Kräfte genannt haben. Diese Kräfte wirken nicht nur bei der Bildung des Laubblattes, wie gezeigt worden ist, sondern auch bei der Bildung des Sprosses und bei den Bäumen in der Entwicklung des Stammes. Wie der Architekt hat auch der Baum das Problem des Tragens und Lastens zu lösen. Jede Erweiterung seiner Krone im jährlichen Wachstum bringt eine grössere Last. Diese Last wird aufgefangen, indem der Stamm so in die Dicke wächst, dass die Last der Krone ins Gleichgewicht mit den tragenden Kräften kommt. Entwickelt sich die Krone einseitig, wird bei den Laubbäumen am Wurzelansatz auf der abgewendeten Seite Zugholz gebildet, das diese Querlast aufnimmt. (Das gilt auch für jeden Ast und seinen Ansatz am Stamm.) Der Stamm entwickelt nie einen Kreisquerschnitt, sondern immer nur eine Annäherung daran; je stärker querziehende mechanische Kräfte wirksam sind, umso stärker ist die Antwort der tragenden Kräfte, die den Kreisquerschnitt abwandeln. So entsteht eine lebendig wirkende Gestalt, wie sie besonders an Mandelbäumen und noch schöner an alten Ölbäumen zu studieren ist. Dieses «Leben» schwindet umsomehr aus der Anschauung, je geometrischer die Gestalt wird. Ägyptische Säulen sind einerseits Abbilder lebendiger Gestalten und andererseits vollkommen geometrisch konstruiert, deshalb abstrakt und leblos wirkend. Das Leben wurde den Pflanzenformen der Säulen von den Ägyptern gründlich ausgetrieben.

Der Göttertempel des Mittleren und Neuen Reiches enthält das Allerheiligste – den Naos oder Götterschrein – als kultischen Mittelpunkt des Gesamtheiligtums. Die Kapellen weiterer Götter umgeben ihn. Aus diesem geschlossenen Kultbau führt ein Prozessionsweg durch sich zunehmend öffnende Säulenhallen und Säulenhöfe und schliesslich durch die den ganzen Tempel abschliessende Mauer, in der zwei Pylonen oder Türme den Torbau flankieren. Alle Dächer der inneren Gebäudeteile sind flach und überragen die Mauer nicht. Wer sich dem Heiligtum nähert, sieht daher nur die Pylonen und die Umfassungsmauer. Die steilen Böschungen der Pylonen, durch Rundstäbe eingefasst und mit horizontalen Hohlkehlen abgeschlossen, wirken monumental. Keine Plastik oder plastische Gliederung belebt das Bild. Auch die an der Frontseite, neben die Pylonen in Mauernischen gestellten Fahnenmaste, möglicherweise wimpelgeschmückt, bringen keine Bewegung in den ruhig hingelagerten Baukörper. Noch weiter zur Ruhe bringen und geometrisieren lässt sich Architektur kaum. *Abbildung 27* zeigt den Blick auf die Südseite des grossen Hofes mit Pylonen und den dazugehörenden Grundriss. Ist man durch die Tempel von Karnak und Luxor gewandert und auf den Totentempel der Hatschepsut zugegangen, verdichtet sich der Eindruck, dass die Landschaftsformen des Niltales mit ihren den Blick begrenzenden ruhig lagernden Tafelgebirgen in den Aussenformen der Tempel wiederkehren. Im Tal der Könige sind die Königsgräber ebenso in die natürlichen Gebirgsmonumente hineingelegt wie die Gräber der Könige des Alten Reiches in die Pyramiden. Die äussere Form der Kultbauten scheint von der Landschaft Ägyptens inspiriert zu sein. Landschaft und Bau bilden zusammen ein Ganzes. Was in der Landschaft als Zufälliges erscheint, wird von den Bauten geometrisch idealisiert und zur inneren Notwendigkeit gebracht. In den Bauformen findet der Blick des Betrachters zentrierend zusammengefasst, was der über die Landschaft schweifende Blick als Grenze des Horizontes im Niltale findet.

Treten wir durch das pylonengeflankte Tor ins Innere des Tempelheiligtums. Wir kommen in den Säulenhof und erleben eine Raum gewordene Pflanzenwelt, die den über den Kopf schweifenden Blick als Panorama begrenzt. Es folgt die Säulenhalle oder das Hypostyl. Hier sind wir in den Papyruswald so eingetaucht, dass er über dem Betrachter zusammenschlägt. Zwei Säulenzeilen, die die Mittelachse flankieren, haben einen breiteren Querabstand des Jochs und steigen höher auf. Das Licht fällt durch die Seitenfenster im oberen Teil des Mittelganges. Durch diese Schneise im Säulenwald schreitet man dem Naos entgegen, in den das Aussenlicht nur noch durch die Tür fällt, die sich zum Mittelgang öffnet. Die Decke des Naos senkt sich, die Türen werden schmal, die Fussbodenhöhe steigt an. So wird der Eindruck, schrittweise in einen Innenraum zu kommen, geradezu magisch erzeugt. Im Zentrum, in einem verhältnismässig kleinen Raum, steht der Schrein mit dem Kultbild des Gottes, davor auf einem Sockel die Sonnenbarke. In diese Barke wird die Kultstatue gestellt und mit ihr während der Prozession getragen. Da in der Aussenansicht des Tempels die mineralischen Gebirgsformen idealisiert wiederkehren, ist es für das künstlerische Erfassen der Innenwelt des Tempels fruchtbar, in einer solchen Richtung weiterzusuchen. Die Pflanzenwelt umkleidet die Erdnatur, ihre Gebirge, Ebenen und Täler. Weiter aussen folgt die Luft – das blaue Himmelsgewölbe

–, in der die Farben des Morgens und des Abends entstehen und vergehen, durch die der Ägypter seine Seele ergriffen fühlte. Erst die Nacht zeigt den Sternenglanz, der jenseits der Himmelsbläue liegt und der von den alten Kulturen als Bild der geistigen Welt verstanden wurde. Im Tempel erscheint in dieser Reihenfolge die Vierheit von mineralischer Welt, lebendiger Welt, Seelenwelt und Geistwelt nach innen eingestülpt. Auf die das mineralische Gebirge idealisierenden Aussenmauern folgt der Säulenhof mit den geometrischen Bildern der Pflanzenwelt. Die Säulenhalle, der erste Innenraum, macht einen ungeheuren seelischen Eindruck, der noch ausführlich zu beschreiben ist. Und im allerheiligsten Inneren wohnt der Gott, ein Wesen der geistigen Welt. Ein zum Mikrokosmos eingestülpter Makrokosmos ist der Tempel der Ägypter, ausgedrückt in einer zeitlosen geometrischen Raumgebärde allergewaltigster Monumentalität.

Um die ästhetische Wirkung einer Säulenhalle zu erleben, betreten wir den Tempel des Reichsgottes Amun in Luxor, beziehungsweise dasjenige, was davon noch übrig geblieben ist. Die Ansichten, die sich heute bieten, zeigen die *Abbildungen 28 und 29.* Grosse Teile von Säulenhof und Säulenhalle (ohne Dach) sind noch erhalten. Die Aussenmauer ist im wesentlichen noch im Grundriss zu sehen. Wenn der Betrachter zwischen die eng gestellten, gewaltigen Säulen tritt – geringer Reihenabstand und kleine Jochbreite –, kann er sich des gewaltigen Eindrucks dieses Säulenwaldes nicht entziehen. Eine mächtige Tragekraft strebt auf, von den Papyrusbündelkapitellen noch einmal aufgenommen und verstärkt. Die leicht wirkenden Architrave, die in der Säulenhalle eine Holzdecke getragen haben, werden von diesen Säulen sozusagen auf die Fingerspitzen genommen. Wenn morgens die Sonne aus dem Osten das Licht wirft, das zu dieser Tageszeit auch den Naos mit der Kultfigur erhellte, erscheint die emporstrebende Kraft dieses Säulenwaldes in ihrer gewaltigsten Wirkung. Der ästhetische Mensch, der nach der symbiontischen Farbwirkung sucht, bemerkt schnell, dass dem kein helles Gelb und kein tiefes Blau entspricht: Ein gewaltiges, posaunenhaftes Rot tönt ihm entgegen, und seine Seele zieht sich unter dieser Wirkung zusammen. Nun begreift er: diese Säulen haben niemals Lasten tragen dürfen, wenn eine derartige Wirkung dem Menschen entgegenbrausen soll. Jede grosse Last nähme dem Rot diese Kraft. Der Architrav dämpft das obere Gebiet der Säule zur Farbe des Ochsenblutes. Dieses laut dröhnende Rot lässt kein Eigenleben in der Seele des Betrachters aufkommen, der ahnt, dass hier über seinen Kopf hinweg gesprochen wird und dass die aufgehende Sonne durch die ihr vom Tempel zurückgeworfene Wirkung den Gott berührt hat, der erwachend aus dem Naos tritt, sich in diese seelische Rothülle kleidet und in die Pflanzenwelt des Säulenhofes tritt, umgeben vom Gebirge der Tempelmauer. Der Tempel diente dem Amun tatsächlich als Wohnung. Das erfährt der Künstler im Menschen, wenn er sich diesem Morgenerlebnis hingibt. Die Sprache des Tempels posaunt über die sich duckende Menschenseele hinweg, als bemerke diese Architekur den Menschen nicht. In diese ungeheure Wirkung versunken ahnt man, dass die Säulen Ausdruck für das gewaltige, ja gewalttätige Hervortreten des Sonnengottes aus dem Tempel sind. Wenn die Sonne Ägyptens im Zenit steht, hat

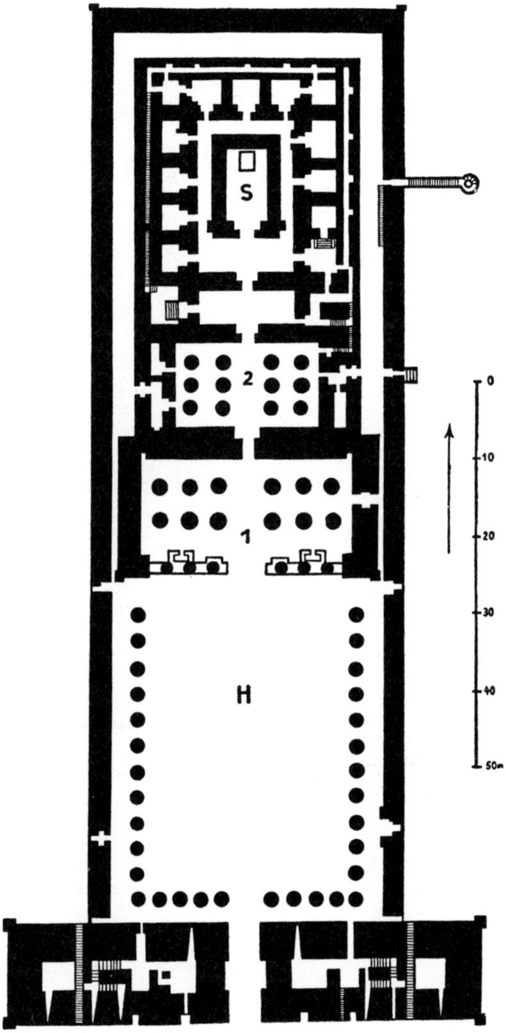

27a Grundriss des Horustemples von Edfu:
H: Hof, 1: Vorhalle, 2: Säulensaal, S: Allerheiligstes.

28, 29 Säulenhalle des Amuntempels in Luxor.

sie auch in der Natur diese Wirkung. Die pflanzenleere Wüste zeugt davon. Das sinnessymbiontische Roterlebnis ist in das Erlebnis göttlichen Zornes übergegangen. Ob die alten Ägypter den Anblick ihrer Tempel überhaupt ertragen haben?

Die Wirkung übermenschlicher Grösse und Gewalt geht nicht nur von den mächtigen Bauwerken, sondern ebenso von den räumlich kleinen Plastiken aus. Im ägyptischen Museum in Kairo sieht man – im Gegensatz zu den Kolossalstatuen der Ramessidenzeit, die man oft vor Augen hat –, nur selten eine überlebensgrosse Statue. Selten erreicht ein Relief Lebensgrösse. Doch auch davor zieht sich der künstlerische Mensch zusammen. Wenn die Reliefs und Plastiken sprechen könnten, sprächen sie zu Wesen, die über oder hinter uns sind.

Ägypten ist als Land und als Kultur von der Polarität beherrscht. Fruchtbare Niederung, vom Nil jährlich überschwemmt, und pflanzenlose Wüste treffen ohne Übergang aufeinander. Ober- und Unterägypten als Landschaften sind Polaritäten. Das menschenreiche breite Delta Unterägyptens steht dem engen und schmalen Flussbett (2–20 km Breite) des Niltales Oberägyptens gegenüber. Die Polarität von Geburt und Tod beherrscht die Kultur; auch Architektur und Plastik wirken in Polaritäten. Auf den gegenständlich wachen Menschen wirkt die Kunst abstrakt, geometrisierend und leblos, als reiner Raum, ganz anders aber auf den Künstler in uns. Die Wirkung kann sich bis zu einem rot herausbrüllenden Zorneswesen steigern – wie in den Säulenhallen des alten Theben. Wenn der Bewusstseinsschritt verdeutlicht werden soll, den die Menschheit von der ägyptischen Kultur zur griechischen gemacht hat, eignet sich dafür die Darstellung des Menschen, wie sie in beiden Kulturen zu finden ist. In der Reliefkunst und Malerei der Nilkultur erscheint das ägyptische Wesen deutlicher als in der Plastik. Dagegen ist für die Auffassung des griechischen Bewusstseins der vollplastische Ausdruck unentbehrlich (Beispiele auf *Abbildung 30 und 31*). Die ägyptische Darstellung wirkt ungewohnt und fremdartig, während die griechische ganz unserer eigenen Empfindung von Schönheit entspricht. Wir können mit dem Gestaltsinn die griechische Plastik so ergreifen, wie wir einen lebendigen Menschen damit aufzufassen gewohnt sind, was bei der ägyptischen Darstellung nicht gelingt. Der künstlerisch arbeitende Ägypter hat seinen Gestaltsinn anders gebraucht als wir, anders auch als der Grieche. Um auf die Verschiedenartigkeit des Umganges mit dem Gestaltsinn bei uns und den Ägyptern aufmerksam zu werden, betrachten wir die ägyptische Darstellung in ihren Einzelheiten und in ihrer Behandlung. Der Mensch als ganze Gestalt ist im Profil dargestellt, aber nicht immer die einzelnen Teile seines Leibes. So erscheint der Kopf im Profil, nicht aber das Auge, das von vorne gesehen dargestellt wird. Wenn man versuchsweise einen Taschenspiegel senkrecht an die Stelle der Nase hält, sieht man zwei Augen die von vorne blicken. Wie das Auge wird auch die Schulterpartie von vorne dargestellt, aber nicht Brust und Bauch. Von hier bis zu den zwei ungleich langen Füssen erscheint wieder das Profil. Die Füsse müssen ungleich lang sein, weil die Gestalt in der Vertikalen steht und ein Fuss nach vorne voll auf den Boden gesetzt ist. Wir haben keine gegenständliche Darstellung des Menschen vor uns. Vielleicht wird von jedem Organ des Menschen die charakteristische Ansicht dargestellt. Das dem Betrachter zugewendete Antlitz scheint viel stärker Spiegel der Seele zu sein als das Profil, in dem mehr die geistige Individualität erscheint. Das die Seele abbildende Mienenspiel muss man von vorne betrachten. Der dem Geist angemessene Ernst kommt aber im Profil deutlicher zum Ausdruck. Der Blick des Auges richtet das Haupt nach vorn. In dieser Richtung erscheint im Auge Seelisches und Geistiges.

Den ägyptischen Darstellungen des Menschen fehlt alles Portraithafte. Der Mensch ist ideal gestaltet, ist nicht Ausdruck eines persönlichen Wesens. Wie die Pflanzenwelt kein Leben mehr hat, wenn sie in der Säule künstlerisches Bild wird, so fehlt dem Menschen in der künstlerischen Darstellung ein individuelles Ich. Der Aspekt der allgemeinen Idee eines Gegenstandes und seiner Teile beherrscht alle Bildgestaltung. Dieser Aspekt wird jedem Teil abgewonnen, dann wird daraus ein Ganzes gefügt, das nun mit der Sinneserscheinung seines Vorbildes keine äussere Ähnlichkeit mehr hat. Wie dieses Ganze gefügt wird, ist bezeichnend. Die Teile werden zusammengesetzt, wie man Blöcke zu Mauern, Pfeilern und Säulen fügt. Eines wird auf das andere gestellt, wie es in der Architektur sachgemäss ist. Hierfür ergeben die Vollplastiken bessere Beispiele als Fresken und Reliefs. *Abbildung 32* zeigt einen sogenannten Würfelhocker, in dem die *architektonische Plastik* der Ägypter einen Höhepunkt erreicht: Der Mensch als Stein gewordene Gestalt einer zeitlosen Welt; der Mensch als reiner Raum, als Ideal des physischen Leibes, ganz vom Geist geprägt, kristallin.

Wie anders der Grieche! Alles lebt, alles bewegt sich, leicht spielende Muskeln, selbst in der Ruhe pulsierendes Leben, eines aus dem anderen hervorgehend, eines das andere bedingend. Der Grieche war vor allem Plastiker, der Ägypter Architekt. Auch im Tempelbau der Griechen herrscht eine vollkommen lebendige, plastische Architektur.

30 Ägyptische Menschendarstellung.

31 Griechische Menschendarstellung
(sog. «Jüngling von Marathon», Bronze, 4. Jh. v. Chr.).

32 Würfelhocker
(Hor, Granit,
23. Dynastie).

Griechenland

So unveränderlich die Kunst der Ägypter über die Jahrtausende sich zeigt, so unveränderlich liegt auch ihr Lebensraum, das Niltal und sein Delta, vor uns. In der griechischen Kultur dagegen sind Kunst und Wissenschaft gekennzeichnet von Entwicklung und Leben. Die Götterwelten werden von dramatischen Ereignissen erschüttert. Götter sterben, neue werden geboren, menschliches Schicksal ist Tragödie von Göttertaten im Reich der Sterblichen. Davon geben Mythologie und Kultur Griechenlands beredte Zeugnisse. Ihr Kulturraum lebte und weitete sich. Vom griechischen Festland und der Peloponnes breitete sich griechisches Wesen aus bis über die Ostküste des Mittelmeeres, über Nordafrika, nach Westen über Süditalien und Sizilien.

Die Vielzahl der kultischen Bauwerke der Griechen wie Tempel, Orakel- und Mysterienstätten, Denkmäler und Altäre erschwert die Übersicht. Betrachtet man nur die Bauwerke, die grosse Bedeutung für alle griechischen Stämme über lange Zeit bewahrt haben, sind drei grosse Mysterienstätten und drei mehr auf äussere Wirksamkeit gerichtete Heiligtümer nicht zu übersehen: Im Norden auf der Insel Samothrake das Heiligtum der Kabiren, – der Megaloi Theoi, der grossen Götter; im Osten die Mysterienstätten des Wortes von Ephesus und im Westen die Mysterienstätte von Eleusis, in der das Demeter-Persephone-Mysterium gefeiert wurde. Diesen drei Mysterienstätten stehen die drei grossen heiligen Bezirke von Delphi, Epidauros und Olympia gegenüber. Mit den drei letztgenannten beschäftigen wir uns hier, auf die Mythologie wird nur soweit zurückgegriffen, als es für das Verständnis der Kulturaufgaben der drei Heiligtümer notwendig ist.

Das delphische Heiligtum

Delphi liegt in einer Landschaft, die man (auch wenn die Meereshöhe für dieses Urteil nicht ganz ausreicht) hochgebirgsartig nennen kann. Der Wildbach Pleistos, der vom Parnass, dem Göttersitz, herabschiesst, hat vom heutigen Ort Arachowa her in einer mächtigen Windung eine Schlucht gegraben, die sich vor ihrer Mündung in den Golf von Korinth zu einer fruchtbaren Ebene weitet. Da unten lag der Olivenhain des Apollon. Der Wanderer, der von Ithea, das dicht neben dem altgriechischen Hafen Kirrha am Golf liegt, das Bachbett des Pleistos hinaufsteigt, entdeckt das delphische Heiligtum erst, wenn er um eine von Norden in das Tal ragende gewaltige Felsnase herumgekommen ist. Hier öffnet sich ihm der Anblick der Felswände der beiden Phaidriaden, der (in der Sonne) «Erglänzenden», die heute noch wie damals in ihrer überwältigenden Grösse vor dem

Betrachter stehen. Mitten zwischen den Phaidriaden tritt aus einer senkrechten, die Felsen teilenden Klamm die Kastalische Quelle hervor, die eine steile Rinne in den Hangfuss der Phaidriaden geschnitten hat. In dieses grossartige Naturpanorama eingebettet liegt das delphische Heiligtum.

Dieser Ort, so erzählt die Mythe, wurde von Zeus zum Mittelpunkt der Welt bestimmt. Der Welterschütterer, der Blitzeschleudernde liess zwei Adler aus den entgegengesetzten Enden des Weltalls fliegen. Sie trafen sich hier am Südhang des Parnasses. An diesem Orte hatte der Drache Python seine Wohnstatt, der Sohn der grossen Erdenmutter Gaia. Wie sie ist er ein Unterirdischer; wenn die aus einem Erdspalt aufsteigenden Schwaden die Phaidriaden umschlingen, erhebt er sich über die Erde.

Hier, am Nabel der Welt, fand Apollon seine Wohnstatt.

Die Mythen, die die Geburt Apollons beschreiben, lassen sich so zusammenfassen[30]: Leto empfing von Zeus ihre Zwillinge Artemis und Apollon in Kleinasien (in Didyma bei Milet). Diese Frucht aus dem Osten trug sie herüber ins griechische Zentrum; sie gebar in Delos, in der Mitte der Kykladen. Leto selbst ist eine Enkelin des Uranos, des Fixsternhimmels, und der Gaia, der Erde. Ihr Vater war Koios, was «Himmelskugel» bedeutet; er wurde auch «Polos», der Himmelspol genannt. Ihre Mutter hiess Phoibe, die Strahlende, Reine oder Reinigende.

Altes asiatisches Geistesgut wird nach Griechenland getragen, das seinen Schöpfungsanfang aus kosmischen und irdischen Kräften genommen hat. Apollon wird der dritte grosse Gott der Griechen neben Zeus, seinem Vater, und seiner Halbschwester Athene. Wie der Homerische Apollonhymnus[31] schildert, sprangen die Götter von ihren Sitzen auf, wenn Apollon erschien und seinen Bogen spannte. Nur Leto, die Mutter, blieb ruhig neben Zeus und nahm Bogen und Köcher von den Schultern des Sohnes.

Leto, die Mutter, litt neun Tage unter den Wehen, als Apollon auf Delos geboren wurde. Alle erhabenen Göttinnen waren zugegen, auch Themis, nur Hera fehlte (aus Eifersucht) und hielt Eileithyia, die Göttin der Geburt, bei sich zurück. Iris wurde als Botin zu Eileithyia gesandt, und als die Göttin den Boden von Delos betrat, konnte Leto gebären. Sie umschlang die Palme, die auf Delos wächst, und kniete in der weichen Wiese nieder. Da jauchzte die Erde, und hervor sprang Apollon. Themis nährte das göttliche Kind mit Nektar und Ambrosia, der Speise der Unsterblichen. Als Apollon von dieser Speise genossen hatte, sprang er aus den Windeln und sprach zu den versammelten Göttinnen: «Mein sei Leier und krummer Bogen, die werde ich lieben, und ich künde den Menschen des Zeus untrüglichen Ratschluss.» Da erblühte Delos und leuchtete in lauterem Gold. Die ehernen Himmel hallten wider, und Zeus nahm Hera den Zorn.

Der unmittelbar zum Jüngling herangewachsene Apollon entschloss sich, sein Orakel zu gründen, um den Menschen die Vernunft zu bringen; aber er wollte dem Fragenden die Antworten so geben, dass dieser selbst finden musste, was «heilsamer und besser» wäre. Auf der Suche nach dem Ort, an dem er sein Orakel gründen könnte, bereiste Apollon, von Thessalien her kommend, Böotien. Seine Wahl fiel auf Haliartos, ein altes

Orakelheiligtum, dessen Heroin die Nymphe Telphusa war. Telphusa wehrte sich gegen die Besitzergreifung durch Apollon und ersann eine List. Sie schilderte ihm die Nachteile des haliartischen Ortes und die Vorzüge von Delphi, ohne ihn allerdings über den gewaltigen und abscheulichen Drachen aufzuklären, der dort sein Unwesen trieb.

Dem Rat Telphusas folgend, kommt Apollon nach Delphi: «darüber hängt ein Fels, und es zieht darunter die Tiefe des Waldtals rauh dahin». In Apollons Kampf gegen den Drachen wiederholt sich ein uraltes mythologisches Thema, das in den Mythologien aller Völker zu finden ist. Georges Roux[32] weist darauf hin, dass auch für die Haliartos-Orakelstätte ein Drachenkampf berichtet wird: «Kadmos kann Theben erst gründen, nachdem er bei der Quelle Dirke den von Gâ-Telphusa geborenen Drachen getötet hat. Gâ ist nämlich die Mutter der Drachen und insbesondere derjenigen Drachen (gê-geneis, ‹von der Erde geboren›), welche die Hüter der Quellen sind.» Diese Situation liegt auch in Delphi vor. Hier bei der «Quelle mit den schönen Wellen» stellte sich Apollon zum Kampf. Von Apollons Pfeilen getroffen, verendete der Drache Delphyne (weiblicher Name) oder Python (sein männlicher Name). Den sterbenden Drachen sprach Apollon mit den Worten an: «Hier an diesem Ort, auf der Nährmutter Erde, vergehe!» Gemäss diesem Wort wurde der Ort *Pytho* und Apollon *Pythier* genannt. Nach dem Drachenkampf kehrte Apollon nach Haliartos zurück, um Telphusa für ihre Hinterlist zu bestrafen. Er stürzte Felsbrocken auf die Nymphe und errichtete seinen eigenen Altar in ihrem heiligen Hain.

Nach Delphi zurückgekehrt, errichtete er eigenhändig die Basis seines Tempels. Diesen selbst erbauten zwei Architekten, die Böotier Trophonios und Agamedes; damit tritt Delphi in die Geschichte ein. Drei Tempelgenerationen sollen der Mythe nach diesem vorangegangenen sein: der Lorbeertempel, der Tempel aus Wachs und Federn und der Bronzetempel mit den sechs Goldakroterien, der von Hephaistos mit Hilfe Athenes geschmiedet wurde. Von diesen drei Tempeln haben die Archäologen keine Reste entdeckt, aber vom Tempel der Böotier ist die Basis gefunden worden.

Apollon sah mit dem weitreichenden Blick des Gottes jenseits der Peloponnes ein kretisches Handelsschiff. In ihm erkannte er die zukünftigen Priester des delphischen Heiligtums, sie würden die Sprüche des Orakels unter den Felsen der Phaidriaden verkünden. In der Gestalt eines gewaltigen Delphins sprang Apollon auf die Brücke des Schiffes. Von seinem Atem getrieben, landete die furchtgelähmte Besatzung im Hafen von Krisa. Als hellglänzender Stern wandelte Apollon hinauf in den Tempel und stieg in das Adyton hinab. Strahlende Helle erfüllte ganz Delphi. Die Frauen und «schöngegürteten Töchter» des Ortes schrien in Panik. Apollon flog als Jüngling zurück zum Schiff und verkündete den Kretern, dass sie von nun an in seinem Tempel den Priesterdienst versehen sollten. Zuvor aber befahl er ihnen, an der Landungsstelle einen Altar zu errichten und weisses Mehl zu opfern und ihn, Apollon, zur Erinnerung daran, dass er ihr Schiff in Gestalt eines Delphins betreten habe, Apollon Delphinios zu nennen. So geschah es, und der Altar wurde unter dem Namen Delpheios weiter verehrt. Dann schritten die

Kreter zu den Phaidriaden hinauf; die Muse inspirierte ihren Gesang in der Art kretischer Paiane. Apollon öffnete seinen Priestern Tempel und Adyton, wo sie von nun an den Priesterdienst versahen.

Seither wurde Apollon, diesen drei grossen Taten entsprechend, als Telphusios, Pythios und Delphinios angebetet. Der Kampf Apollons mit dem Drachen erlangte im Laufe der Jahrhunderte grosse Volkstümlichkeit. So wurde alle vier Jahre anlässlich der Pythischen Spiele dieses Ereignis – «Pythikos Nomos» – gefeiert und zwar als Flötenwettbewerb in fünf Teilen. 1. Teil, die «Prüfung»: Apollon untersucht, ob der Ort zum Kampf gegen Python geeignet ist; 2. Teil, die «Herausforderung», in der er den Drachen zum Kampfe reizt. In der «Jambischen Bewegung» (3. Teil) wird der Kampf dargestellt, der Drache wird von den Pfeilen getroffen. Die «Spondäische Bewegung» (4. Teil) zeigt den Sieg Apollons, und im 5. Teil folgt schliesslich der «Triumphtanz» des Gottes zu Ehren seines Sieges.

Die Mythologie zum delphischen Heiligtum ist in mancherlei Formen und Ausführungen Gegenstand von Volkserzählung und Dichtung geworden. (Ausführliches ist bei Roux zu finden, dessen Arbeit dieser Zusammenfassung zugrunde liegt[32].) In den Tragödien von Aischylos und Euripides wird die delphische Mythologie mehrfach behandelt. Euripides erzählt in der «Iphigenie bei den Tauriern» den Kampf mit dem Drachen und den Streit der Götter um das Orakel. Aischylos schildert in der «Orestie», wie Apollon den neuen Kult begründet, die Göttin Hybris verdrängt und die Ankunft von Themis und Dike in Delphi ankündigt. Die «Eumeniden» beginnt er mit einem feierlichen Gebet, das die Pythia auf dem Vorplatz des Tempels spricht[33]:

Pythias

Zuerst von allen Göttern lobpreist dies Gebet
Die Urprophetin Erde; nach ihr Themis auch,
Die ihrer Mutter Seher-Sitz als Erb empfing,
Wie Sagen melden. Doch zum dritten sass daselbst,
Willfährig aufgenommen, sonder allen Zwang,
Ein andres Kind der Erde vom Titanenstamm,
Die Phoibe. Sie gab Phoibos dies Geburtsgeschenk,
Der drum mit Phoibes Namen zubenamet ist.
Er nun, verlassend Delos' See und Klippenstrand,
Entschwang zu Pallas' schiffumkreisten Küsten sich,
Und kam nach diesen Gauen und Parnassos' Sitz.
Geleit dahin und Preis und Ehre zollet ihm
Hephaistos' Volk, und bahnt den Heerweg durch das Land,
Der rauhen Landschaft Wildnis ihm entwilderend.
Und als er ankommt, bringt das Volk ihm Huldigung,
Und König Delphos, der des Landes Steuer lenkt.

Doch Zeus begeistert ihm das Herz durch Seherkunst,
Und lässet ihn als vierten sitzen auf dem Stuhl;
Zeus' aber, seines Vaters, Mund ist Loxias.
Dies sind die Götter, welche anruft mein Gebet.
Doch preist die Red auch Pallas vor dem Heiligtum,
Und ehrt die Nymphen in Korykions Felsgewölb,
Das Vögeln Schirm beut, und wo Götter sich ergehn. –
Denn Bakchos herrscht dort tosend, wohl gedenk ich des,
Seitdem er, Feldherr eines Heers bakchant'scher Fraun,
Pentheus dem Häslein gleich im Todesgarne fing. –
Auch Pleistos' Quellborn und Poseidons Herrschermacht
Ruf ich, und als Vollender ihn den Höchsten Zeus.
Dann steig ich gotterfüllet auf den heil'gen Sitz.
Nun lasset, Götter, diesen Eingang glücklich sein
Vor allen andern. Und sind Griechen hergesandt,
Lasst sie dem Los nach kommen, wie es bräuchlich ist,
Denn ich verkünde, wie der Gott den Geist mir lenkt.

Was die Ausgräber der «Ecole Française d'Athènes» seit 1896 wieder zugänglich gemacht haben, entspricht etwa dem Zustand des delphischen Heiligtums, wie es im vierten und dritten Jahrhundert v. Chr. entwickelt war. *Abbildung 33* zeigt den Gesamtplan des Heiligtums und *Abbildung 34* den heiligen Bezirk. Dieser bildet die Mitte zwischen dem höhergelegenen Stadion und dem tiefergelegenen Heiligtum der Athene Pronaia. Die Lage der heiligen Mauer, im Plan nicht besonders vermerkt, wird durch den breiten Umfassungsstrich bezeichnet. Die «heilige Strasse» tritt bei A in den heiligen Bezirk ein und wendet sich zwischen dem Schatzhaus der Böotier (VII) und dem Schatzhaus von Megara nach Norden, verläuft östlich (unterhalb) des Schatzhauses der Athener, das heute wieder verhältnismässig gut rekonstruiert ist (*Abbildung 35* mit dem Felsen der Sibylle), vorbei an der Halle der Athener zur Ostecke der Polygonalmauer und von dort zum Altar von Chios. Auf dem Wege dorthin öffnet sich ein Blick auf die Südostecke des Tempels, von unten her gesehen *(Abbildung 36).* Erst wenn man den Altar umschritten hat, erscheint die Front des Apollontempels ganz vor dem Blick, der Himmel im Hintergrund: am Morgen, von der emporsteigenden Sonne beleuchtet, am Abend als dunkle Bausilhouette vor dem strahlenden Abendhimmel. *Abbildung 36* gibt den heutigen Anblick wieder. Von den sechs Säulen der Giebelseite wurden nur vier teilweise wieder aufgestellt, von den Säulen der dem Tal zugewendeten südlichen Längsseite zwei weitere.

Der Versuch, aus den wenigen Resten zu einem Gesamteindruck im künstlerischen Erleben zu kommen, mag auch nach vielen Versuchen scheitern. Sinnessymbiosen wollen sich oft als unmittelbares Erlebnis nicht einstellen. In diesem Fall ist die Gefahr gross, wirklich Erlebtes mit Herangetragenem zu vermengen. Ein künstlerisches Erlebnis stellt sich aber bald ein, nachdem man gelernt hat, das Ganze der Tempelanlage aufzufassen. Deshalb wollen wir uns im folgenden darauf beschränken. (Ein Tempel, an dem noch stark das sinnessymbiontische Erlebnis erfahren werden kann, ist der sogenannte Poseidontempel in Paestum.) Versuchen wir, uns an den heutigen Resten ein Bild von dem Anblick zu formen, wie er sich dem Betrachter um 300 v. Chr. bot.

Wie alle Tempel der klassischen Zeit ist auch der delphische Apollontempel ein Peripteros, ein Ringhallentempel. Hier am steilen Hang musste ein gewaltiger Unterbau als Fundament errichtet werden; er ist noch vollkommen erhalten. Die oberste Quaderschicht des Fundamentes, die Euthynterik, ragt über den Boden und trägt die drei Stufen der Krepis, die die Standfläche, den Stylobat, deutlich über das Bodenniveau erhebt, wie man auf *Abbildung 36* gut erkennen kann. Die Säulen stehen unmittelbar auf dem Stylobat, früher trugen sie Gebälk und Dach, die Cella einhüllend.

Kommt man in der Erwartung nach Delphi, die Reste des Adytons, der Höhle, in der die Pythia die Orakelsprüche verkündet hat, im Tempel zu entdecken, sieht man sich enttäuscht wie die Archäologen, die kurz vor der Jahrhundertwende unter dem Tempel die Erdspalte gesucht haben, aus der das inspirierende Pneuma aufstieg. Die Grabung hat ergeben, dass es weder unter dem Tempel einen Erdspalt gibt, noch Reste des Adytons gefunden worden sind, woraus Roux mit Recht schliesst, dass wir uns täuschen, wenn wir den vielfach beschriebenen Erdspalt, das «Schasma gês», für eine Erdspalte halten.

Stellen wir uns vor, was dem Besucher in alter Zeit begegnete, wenn er durch den Vorraum (Pronaos) und die grosse Tür in den Innenraum des Tempels kam, den Pausanias «Megaron» nannte. (Diese Bezeichnung mag gewählt worden sein, weil sich das Innere dieses Tempels von allen anderen Tempeln in mehreren Punkten unterschied. Auch in dieser Frage können wir uns an Roux[32] halten, der das Problem «Delphi» in hervorragender Weise aufgearbeitet hat.)

Bei Homer wird die Empfangshalle der Fürstenpaläste, in denen die Feuerstelle das Zentrum bildet, Megaron genannt. In der sakralen Architektur bezeichnet Megaron den Naos im Tempel solcher Gottheiten, deren Kulte im Inneren des Baues abgehalten wurden, und nicht an einem Altar, der im Freien vor dem Tempel steht, wie es meistens der Fall ist. Die Ausnahmen sind bezeichnend: die Mysterien, zu denen man nur als Eingeweihter zugelassen war, wurden innerhalb von Mauern gefeiert: so in Samothrake, Eleusis und Ephesus. Die öffentlichen Religionsfeiern dagegen fanden *vor* der Wohnstätte der Götter statt. Delphi bildete hier eine Mitte: Das Recht auf das Orakel war nicht an eine Einweihung gebunden; die Befragung fand dennoch im Megaron des Apollontempels statt, der von zweimal acht Säulen in drei Schiffe geteilt wurde (*Abbildung 37* zeigt die Frontansicht, *Abbildung 38* den Grundriss).

Eine gewaltige Menge verschiedenartiger Weihgaben muss das Megaron angefüllt haben: Leiern, Dreifüsse, Wagen (an der Decke hängend). Tische, Becken, Opferschalen, Schilde, Helme, Bronzekessel, Mischkrüge, Waffen, Vasen, Statuen und mehr. Die Zedernholzbalken der Decke hingen voller Siegerbinden, ein Eisenthron stand dort, auf

DAS APOLLON-HEILIGTUM

I Tempel des Apollon und Altar von Chios
II Theater
III Schatzhaus von Sikyon
IV Schatzhaus von Siphnos
V Sog. Schatzhaus von Megara
VI Schatzhaus von Theben
VII Sog. Schatzhaus der Boiotier
VIII Schatzhaus, vermutlich von Potidaia
IX Unbekanntes archaisches Schatzhaus
X Archaisches Schatzhaus unter dem Asklepios-Tempel(?)
XI Schatzhaus der Athener
XI A Schatzhaus von Syrakus, vermutliche Lage
XII Sog. aiolisches Schatzhaus
XIII Schatzhaus von Kyrene
XIV Vermutlich Prytaneum
XV Unbekanntes archaisches Schatzhaus
XVI Schatzhaus des Brasidas und von Akanthos
XVII Unbekanntes archaisches Schatzhaus
XVIII Unbekanntes Schatzhaus
XIX Unbekanntes Schatzhaus
XX Unbekanntes Schatzhaus
XXI Unbekanntes Schatzhaus
XXII Unbekanntes archaisches Schatzhaus
XXIII Unbekanntes archaisches Schatzhaus
XXIV Schatzhaus von Korinth
XXV Sog. Schatzhaus von Knidos
XXVI Buleuterion
XXVII Unbekanntes archaisches Schatzhaus und Exedra des Herodes Atticus (vermutliche Lage)
XXVIII Unbekanntes archaisches Schatzhaus
XXIX Archaisches Bauwerk: Tempel der Gâ?
XXX Unbekanntes archaisches Schatzhaus
XXXI Unbekanntes archaisches Schatzhaus
XXXII Unbekanntes archaisches Schatzhaus

1 Stier von Korkyra
2 Weihgeschenk der Arkader
3 Die Navarchen (Weihung Spartas für den Sieg bei Aigos Potamoi)
4 Doureios Hippos (Das Hölzerne Pferd) von Argos
5 Weihgeschenk der Athener aus der Beute von Marathon
6 Die Sieben gegen Theben
7 Die Epigoner (Die Söhne der Sieben vor Theben gefallenen Helden)
8 Die Könige von Argos
9 Unbekannter hellenistischer Bau (Nische)
10 Reiterstandbild von Philopoimen und Machanidas
11 Unbekanntes Weihgeschenk
12 Unbekanntes Weihgeschenk
13 Unbekannte Nische
14 Unbekannte Nische
15 »Unteres« Denkmal der Tarentiner
16 Weihgeschenk der Aitoler
17 Weihgeschenk der Knidier, vermutlicher Standort
18 Weihgeschenk der Liparer (?)
19 Nische mit (zerstörtem) Denkmal
20 Weihgeschenk der Boioter
21 Säulenmonument
22 Brunnen beim Asklepios-Tempel
23 Quelle (?)
24 Felsen der Sibylle
25 Sphinx der Naxier
26 Halle der Athener
27 Heiligtum der Musen: »Kassotis-Quelle« I
28 Pfeiler der Messener, vermutliche Standorte
29 Pfeiler des Aemilius Paulus
30 »Oberes« Denkmal der Tarentiner
31 Dreifuß von Plataiai (Basis der ehernen Schlangensäule mit dem goldenen Dreifuß für den Sieg bei Plataiai)
32 Wagen der Rhodier
33 Halle Attalos' I.
34 Oikos des Attalos. Vermutlich Dionysion
35 Monumentale Basis Attalos' I.
36 Pfeiler Attalos' I., errichtet von den Amphiktionen
37 Pfeiler Eumenes' II., errichtet von den Amphiktionen
38 Pfeiler Eumenes' II., errichtet von den Aitolern
39 Palme vom Eurymedon (Weihung zu Kimons Doppelsieg über die Perser 468 v. Chr.)
40 Denkmal der Aristaineta
41 Pfeiler Prusias' I.
42 Apollon Sitalcas (?)

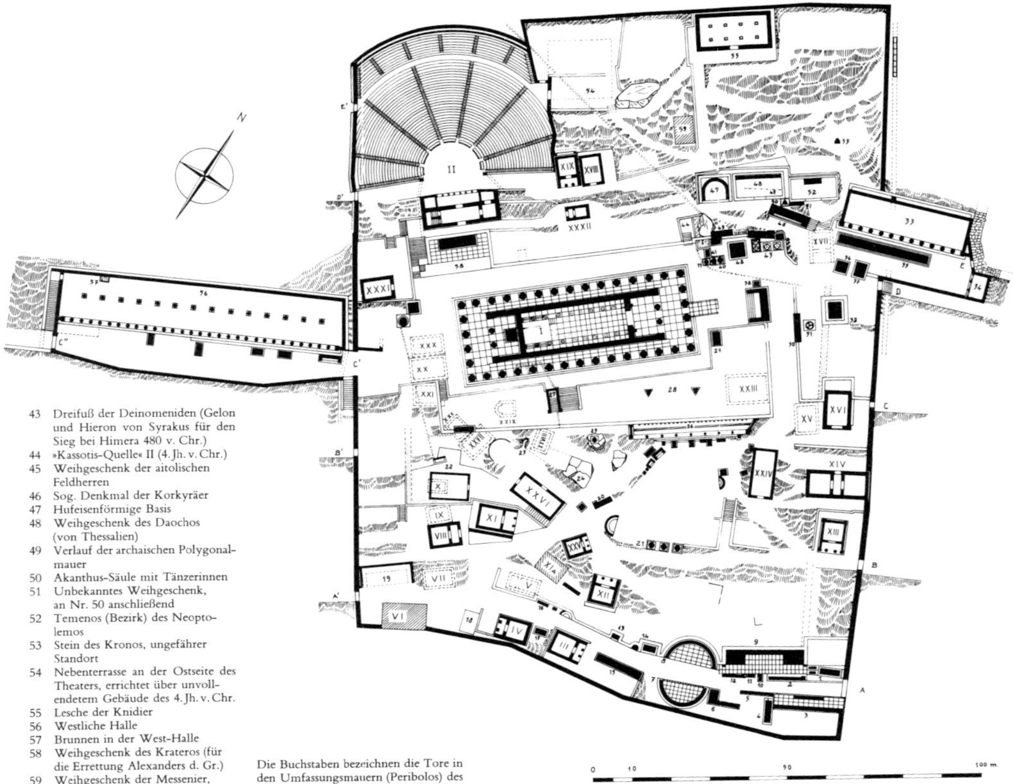

43 Dreifuß der Deinomeniden (Gelon und Hieron von Syrakus für den Sieg bei Himera 480 v. Chr.)
44 »Kassotis-Quelle« II (4. Jh. v. Chr.)
45 Weihgeschenk der aitolischen Feldherren
46 Sog. Denkmal der Korkyräer
47 Hufeisenförmige Basis
48 Weihgeschenk des Daochos (von Thessalien)
49 Verlauf der archaischen Polygonalmauer
50 Akanthus-Säule mit Tänzerinnen
51 Unbekanntes Weihgeschenk, an Nr. 50 anschließend
52 Temenos (Bezirk) des Neoptolemos
53 Stein des Kronos, ungefährer Standort
54 Nebenterrasse an der Ostseite des Theaters, errichtet über unvollendetem Gebäude des 4. Jh. v. Chr.
55 Lesche der Knidier
56 Westliche Halle
57 Brunnen in der West-Halle
58 Weihgeschenk des Krateros (für die Errettung Alexanders d. Gr.)
59 Weihgeschenk der Messenier, vermutlicher Standort

Die Buchstaben bezeichnen die Tore in den Umfassungsmauern (Peribolos) des heiligen Bezirks.

34 Das Apollon-Heiligtum in Delphi.

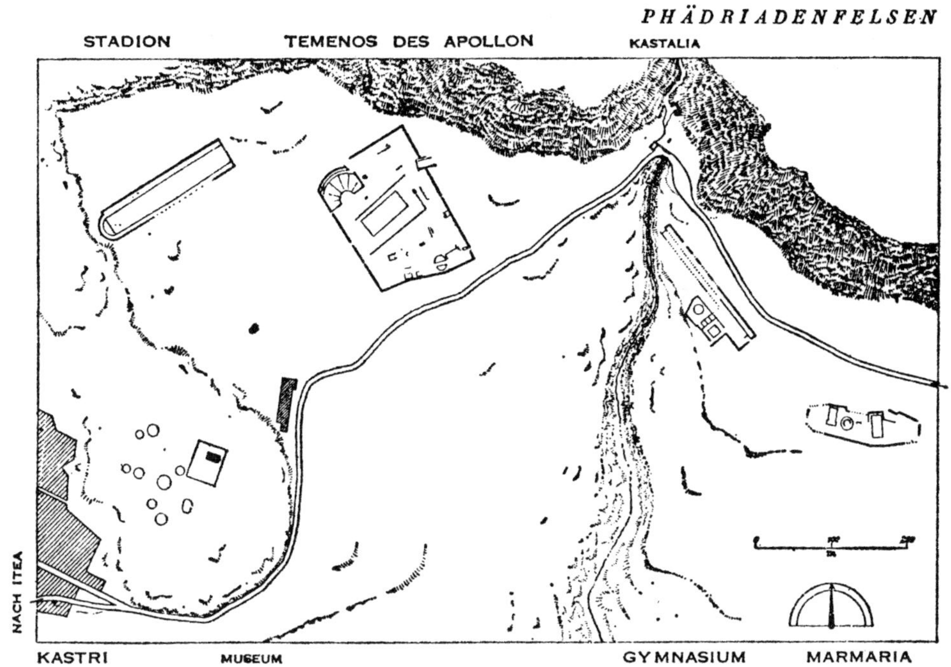

33 Delphi, Lageplan (nach P. de La Coste-Messelière/De Miré, Delphi).

35 Delphi, Schatzhaus der Athener mit Felsen der Sibylle.

36 Delphi, Apollon-Tempel, Südostecke.

37 Delphi, Apollon-Tempel, Frontansicht.

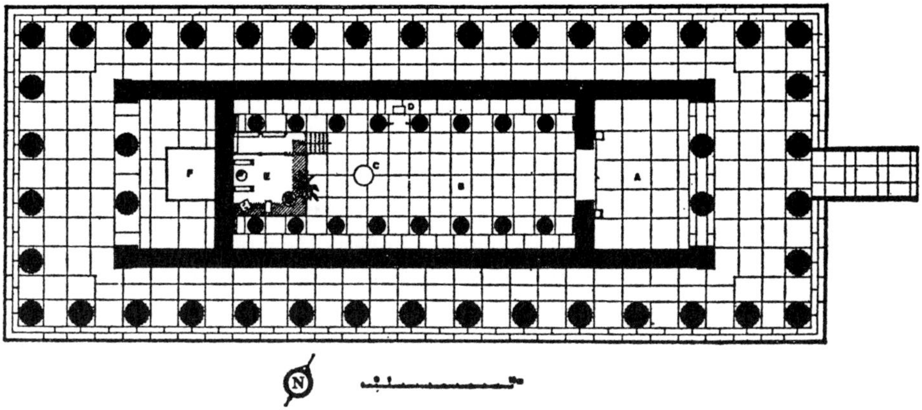

38 Delphi, Grundriss des Apollon-Tempels im 4. Jh., Rekonstruktion; A: Pronaos, B: Megaron, C: Feuerstelle der Hestia, D: Poseidanion (Poseidon-Heiligtum), E: Ort der Befragung (Adyton), F: monumentale Basis im Opisthodom.

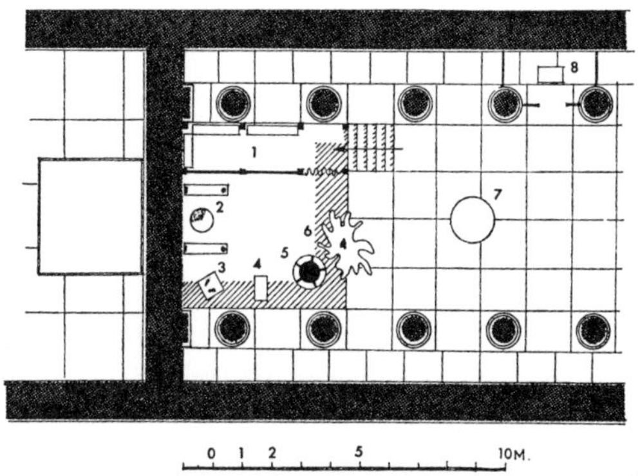

39a Delphi, Apollon-Tempel, Grundriss des Adyton, Rekonstruktion; 1: Oikos, Raum für die Orakelbefrager, 2: Omphalos, 3: goldene Statue des Apollon, 4: Grab des Dionysos, 5: Orakelöffnung und Dreifuss, 6: heiliger Lorbeer, 7: Feuerstelle der Hestia, 8: Poseidanion.

39b Delphi, Apollon-Tempel, Rekonstruktionszeichnung des Adyton von F. Bady.

den sich Pindar setzte, wenn er nach Delphi kam. Ausser dem Adyton gab es noch zwei Altäre im Tempel. Einer war Poseidon, dem Gemahl der Gâ, geweiht, der vor der Ankunft des Apollon in Delphi Herr des Orakels gewesen war. Der zweite Altar war die Feuerstelle des Megaron, die «prophetische Feuerstelle von Pytho», der mit duftendem Öl gesalbte «glänzende Thron» der Hestia. In dem am weitesten zurückliegenden Teil des Tempels lag nach Pausanias der «prophetische Ort» (Manteion), der Befragungsort (Chesterion) oder auch der «dem Laien untersagte Ort» (Adyton). Wie dieser Ort aussah, ist nur aus den Angaben der Alten zu erschliessen. Die heutigen Ruinen geben uns keine Hinweise, was zumindest besagt, dass es sich nicht um einen grossen unterirdischen Bau gehandelt haben kann, sondern um eine einfache Anlage in der grossen Halle des Megaron ohne feste Fundamente; vielleicht war es auch nur ein Teil des Megarons, der so bezeichnet wurde, weil er vielleicht etwas tiefer lag. Es könnte sogar sein, dass es sich um eine Aussparung in der Pflasterung im hinteren Raum des Megarons handelte, die den Blick auf die natürliche Bodengestaltung des heiligen Ortes freigab, der natürlich älter ist als die historisch nachweisbaren Tempelbauten. Hier war der Ort, an dem die Erdenmutter Gâ ihr Heiligtum hatte, ehe Apollon sie daraus verdrängte. Dieser Ort wird heiliger gewesen sein als der Tempelbau, der ihn umschloss. Im Erdreich, das die Ausgräber an der Stelle untersuchten, an der wir das Adyton zu vermuten haben, fanden sie Scherben und Teile von Götterbildern aus mykenischer Zeit, woraus zu schliessen ist, dass der gewachsene Fels des Parnasses nicht der Boden des heiligsten Ortes des delphischen Heiligtums gewesen sein kann, der sechs Meter unter dem Megaronniveau liegt. In dieses Erdreich wird das Schasma gês, die Öffnung in der Erde, der das in Begeisterung versetzende Pneuma entströmte, hineingegraben worden sein. Auf den die Öffnung umrandenden Steinen stand der Dreifuss, auf den sich die Pythia setzte, um vom Pneuma durchdrungen die Orakel zu verkünden.

Im Adyton muss sich der Oikos, der «Ort, in dem die Befrager Platz nahmen», befunden haben. Auch hiervon sind keine Reste auf uns gekommen. Nach Roux könnte es ein Holzbau gewesen sein. Aus alten Texten geht hervor, dass sein offener Zugang in der Längsachse des Megaron gelegen haben könnte. Ein Lorbeerbaum, als wohl ungewöhnlichste Einrichtung des Adytons, muss neben dem Schasma gês gestanden haben. Viele alte Berichte sprechen von ihm. Im Prolog des «Jon» von Euripides erzählt Hermes, dass er sich in die «Höhlung mit dem Lorbeerbaum» begeben werde, um das Schicksal zu erfahren, das Apollon seinem Sohn und Diener Jon zugedacht hat. (Wenn wir auf die prophetische Tätigkeit der Pythia zu sprechen kommen, wird sich zeigen, dass der Lorbeerbaum notwendiger Bestandteil der Orakelstätte ist.)

In unmittelbarer Umgebung vom Dreifuss über dem Schasma gês und vom Lorbeerbaum befand sich der Omphalos, der Nabel der Welt. Über ihm thronten zwei Goldadler; bekleidet war er mit einem Netzstoff, dem Agrenon. Etwa seit dem 4. Jahrhundert v. Chr. befand er sich unter einem von Säulen getragenen Baldachin. Dieser alte Omphalos ging verloren. Gefunden wurden aber zwei Kopien aus hellenistischer oder römischer Zeit: Die eine aus Kalkstein – sie steht an ihrer Fundstelle in der Nähe des Schatzhauses der Athener – die andere aus Marmor steht im Museum.

Ausserdem fand man im Adyton einen einfachen Steinsockel mit der Inschrift: «Hier ruht der tote Dionysos, Sohn der Semele.» Schliesslich stand dort noch eine Kultstatue des Apollon aus Gold. Die Rekonstruktions-Zeichnung des Adytons und der zugehörige Grundriss werden hier wiedergegeben, um auch einen optischen Eindruck davon zu bieten, wie dieser heiligste Teil des Megaron ausgesehen haben mag *(Abbildung 39)*.

Hat es einen Brunnen im Inneren des Adytons oder des Megarons gegeben? Dass ein Trunk aus der Quelle Kassotis ebenso zu der Vorbereitung des Seelenzustandes der Pythia gehörte, wodurch sie sich für die Inspiration Apollons öffnete, wie ihre kultische Reinigung in der zweiten Quelle des Heiligtums, der Kastalischen, so wie das Kauen des Lorbeers und das Einatmen des Pneumas, dürfen wir vielen alten Quellen entnehmen. Pausanias, der griechisch-römische Reisende, der die Kulturstätten Griechenlands zwischen 160 und 180 n. Chr. beschrieben hat und ohne dessen Werk die Archäologie wohl vor manchen unlösbaren Problemen stände, hat auch den vor der Nordostecke des Tempels gelegenen Kassotis-Brunnen beschrieben[34]: «Man sagt, dass das Wasser der Kassotis in die Erde einsickert und im Adyton des Gottes die Frauen in einen Zustand versetzt, in dem sie weissagen können.» Dazu kommt, dass man bei der Ausgrabung nirgends eine Kanalisation gefunden hat, die die Grundmauern des Tempels durchzieht. Reste eines Brunnens am Orte des Adytons fehlen. Der Tempel des 4. Jahrhunderts, dessen Reste der Besucher heute sieht, ist der dritte aus Kalkstein gebaute Tempel Delphis. Der erste brannte 548 v. Chr. ab. Der Wiederaufbau wurde durch die Alkmaioniden mit Spendenhilfen aus der ganzen grossgriechischen Welt vorgenommen. Die nächste Katastrophe folgte 373 nach einem Erdbeben. Kurze Zeit später rutschte die südwestliche Ecke des Alkmaionidentempels ab, und zum drittenmal wurde der Tempel neu gebaut.

Auf der Terrasse zwischen dem Tempel und der grossen Polygonalmauer finden sich die Reste eines Brunnens, der ausserhalb des Tempels, an seiner südlichen Grundmauer lag. Eine Treppe von zwölf Stufen führte zwischen zwei Mauern hinüber. Die Steine der Mauern stammen vom Tempel des 7. Jahrhunderts. Der Brunnen wurde von den Alkmaioniden nach dem Brand von 548 wiederaufgebaut. Dass man ihn an seiner ursprünglichen Stelle beliess, ohne ihn höher zu legen oder unter der Anschüttung der neuen Terrasse zu begraben, beweist, dass es sich um einen heilig-ehrwürdigen Ort gehandelt hat. In der Grundmauer des Tempels befindet sich ein Kanal, zu dem ein etwas höher gelegener Wartungsgang führt, durch den der Brunnen versorgt wurde. Kanal und Gang sind heute auf der Höhe des Opisthodom unterbrochen, genau an der Stelle, die beim Abrutschen im Jahre 373 v. Chr. stehengeblieben war. Sie sind also beim Aufbau des letzten Tempels nach 373 nicht erneuert worden. Der Alkmaionidentempel wurde grösser gebaut als der vorhergehende: er reichte bis an den heiligen Kassotis-Brunnen heran. Der zuführende Kanal wurde in die Grundmauern aufgenommen und es musste durch einen besonderen Gang für die Wartungsmöglichkeit gesorgt werden. Falls das Erdbeben von

373, das Delphi erschütterte, den Kanal spaltete und Wasser in den Untergrund eintrat, erklärt sich auch, warum kurze Zeit später auf dem gleitend gewordenen, wasserundurchlässigen Schiefer des Untergrundes gerade diese Ecke des Tempels abrutschte und einstürzte. Das muss beim letzten Wiederaufbau bemerkt worden sein, und aus nun zwingenden Gründen wurde der Kanal im Neubauteil unterbrochen und beseitigt, um einer ähnlichen Katastrophe vorzubeugen. Bei dieser Gelegenheit wird auch die Zuleitung zum Adyton beseitigt worden sein, denn seine westliche Grundmauer liegt im Neubauteil. Jetzt gelangte kein Wasser mehr in den heiligen Kassotis-Brunnen. Damit war versiegt, was zur ältesten Vergangenheit des Heiligtums gehörte. Vor Apollons Besitzergreifung war die Erdenmutter Gâ die Herrin dieses Brunnens, aus dem die «reinen Wellen der Musen mit den schönen Haaren» die Orakel in Versen inspirierten.

In der Nähe dieses Brunnens hatte Apollon den Drachen getötet. Die Quelle war in alten Zeiten eine der wirkenden Kräfte der Weissagung und konnte nicht einfach aufgegeben werden, wenn auch die Trockenlegung eine architektonische Notwendigkeit war. Der Brunnen wurde an die Stelle verlegt, die Pausanias beschrieben hat, an die Nordostseite des Tempels. Eine neue unterirdische, noch erhaltene Kanalisation wurde hinauf nach Nordwesten gebaut, wo die Quelle Kerna unter einer Felsnase fliesst und woher das Kassotis-Wasser schon immer gekommen ist (siehe *Abbildung 40*).

Nachdem die äusseren Gegebenheiten der delphischen Orakelstätte aufgezeigt wurden, können wir versuchen, eine deutlichere Vorstellung davon zu gewinnen, wie die Pythia den Befragungs- oder Orakelkult zelebrierte. Sie hatte das bedeutendste Priesteramt Delphis inne. Ihr Name «die Pythierin» deutet darauf, dass sie die Priesterin des Pythos war, die Mittlerin zwischen den fragenden Menschen und dem Gott, dem pythischen Apollon. Eine delphische Legende sagt, dass die erste Pythia, eine Tochter der Nymphe Kastalia und des ersten Königs von Delphi, Delphos, Phenonoe hiess – «die Gottes Stimme vernimmt». Apollon selbst schenkte seiner Priesterin das Versmass des Hexameters für die Verkündigung der Orakel. Da die Pythia das menschliche Medium war, durch das der Gott sprach, bedurfte sie auch keiner besonderen Ausbildung oder Fähigkeiten. Seit dem 5. Jahrhundert v. Chr. konnte wohl jede Einwohnerin Delphis zur Pythia gewählt werden, nur musste sie sich eben als geeignetes Instrument des Gottes erweisen. In den «Eumeniden» des Aischylos ist die Pythia eine alte Frau, aber in früheren Zeiten waren es Jungfrauen, denen das Amt auf Lebenszeit übertragen wurde. Die griechische Religion stellte an ihre Priester hohe moralische Forderungen; an die Pythia vor allem die der rituellen Reinheit, da sie im Zustand der «Begeisterung» unmittelbar vom Gotte berührt wurde. Sie musste unbedingte Enthaltsamkeit üben. Ausserdem gab es Verbote, die Nahrung und Kleidung betrafen. Erst nach rituellen Waschungen konnte sie ihr Amt ausüben: Ehe sie zum Tempel hinaufschritt, reinigte sie sich mit dem Wasser der Kastalischen Quelle (siehe Plan des Heiligtums, *Abbildung 33*). Ihr Haar war mit Lorbeer bekränzt, und sie selbst in einfache Priestergewänder gekleidet. Nachdem sie den Tempel betreten hatte, verweilte sie vor dem Altar der Hestia und opferte über dem flak-

40 Delphi, Quelle Kerna, die den Kassotis-Brunnen versorgte.

kernden Tannenholz Gerstenmehl und Lorbeerblätter. Danach stieg die Pythia in das Adyton hinab, kaute den prophetischen Lorbeer, trank vom Wasser der Kassotis, setzte sich auf den Dreifuss und atmete das dem Schasma entströmende Pneuma ein.

Nun wurde der erste Befrager von den Dienern des Orakels, den Propheten, ins Adyton geleitet, damit er seine Frage an die Pythia richte. Zuvor hatte der Befrager sein Opfer auf den Altar zu bringen, der unter der Aufsicht der Priester und der Hosios, der Geheiligten, stand, die das Opfer deuteten. Gelangten sie zu der Ansicht, dass das Opfer die Gunst des Gottes fand, verkündeten sie «hosia», die Aufhebung des Verbotes der Orakelverkündigung, wodurch der Frager zum Betreten des Tempels berechtigt wurde.

Die Bedeutung der Orakelsprüche und die Art, wie die Orakelsprüche zu deuten sind, werden noch erörtert (siehe Seite 185), zunächst ist die Beschreibung des Tempels fortzusetzen. Gebälk und Dach dorischer Ordnung wurden (bei einem Tempel des 4. Jahrhunderts) von dorischen Säulen aus örtlichem Kalkstein getragen: 15 auf den Längsseiten, 6 auf den Schmalseiten. Die Giebel waren, wie bei allen dorischen Tempeln, mit Plastiken geschmückt.

In dem nach Osten gewendeten Hauptgiebel erschien Apollon als Musagetes, als Führer der Musen. Die Musen waren die Göttinnen aller Geisteskultur, in Delphi befand sich ihr Heiligtum südlich des Tempels. Sie sind es, die durch das Wasser der Kassotis, das die Pythia trank, inspirierend wirkten. Es gab drei delphische Musen, jede trug den Namen einer Saite der Leier: Nete, die Saite des hohen Tons, Mese, die des mittleren und Hypart, die des tiefen Tons. Vielleicht deuteten diese Namen auf die Sphärenmusik der Planeten im Makrokosmos, von der die Pythagoräer sagten, dass sich in ihr wie in der irdischen Musik mathematische Verhältnisse ausdrücken. (Das Längenverhältnis der Saiten 2:1 entspricht der Oktave, 3:2 der Quinte, 4:3 der Quarte. Es genügen die Zahlen 1, 2, 3, 4, deren Summe 10 ist, um das Geheimnis der kosmischen Harmonie des Planetenraumes auszudrücken. Die mystische 10, die Tetraktys, wird im pythagoräischen Katechismus auch auf Delphi bezogen: «Was ist das Orakel von Delphi? Es ist die Tetraktys, das heisst die Harmonie, in welcher sich die Sirenen befinden[35].»

Im Westgiebel erschien dagegen Dionysos glorreich inmitten seiner Thyiaden. Das Grab des Dionysos ist uns schon im Adyton begegnet. Ausserdem gab es in Delphi eine von den Knidiern geweihte Kolossalstatue des Gottes, deren Basis über dem Theater am Weg zum Stadion gefunden wurde. Dionysos war kein Stadtgott wie Athena oder Apollon. Er lebte in den wilden Bergen des Parnasses in der Einsamkeit der Natur; er repräsentierte das Ekstatisch-Dunkle der Seele, die emotionale Seite der Welt. Durch sein Wesen wurden die Frauen und Mädchen vom häuslichen Herd, vom sittsamen Tun fortgerissen, als seine Thyiaden trieb er sie bei nächtlichem Fackelschein in wildem Lauf durch die Wälder des Parnasses. (*Abbildung 41* zeigt den heutigen Zustand des Tempels.)

Der Tempel des 4. Jahrhunderts, dessen Giebel Apollon und Dionysos zeigen – die Giebelstatuen blieben leider ganz verschollen –, zieht das Interesse auf die Geschichte und die Merkmale des dorischen Tempels.

Die frühesten griechischen Heiligtümer stammen aus dem 10. Jahrhundert und sind Brandopferaltäre an ausgezeichneten Stellen der sonst unberührten Natur oder auch Opfergruben, wo durch Trankopfer die Unterirdischen versöhnt wurden. Es folgte eine Einfriedung des heiligen Bezirkes, des Temenos, durch eine Mauer.

Zu Anfang des 8. Jahrhunderts begannen die Griechen, Götterstatuen zu schaffen und Gotteshäuser zu bauen. Das Megaron der mykenischen Kultur bildete den Ausgangspunkt für die eigentliche griechische Tempelarchitektur. Zunächst waren diese Tempel klein. Die vorgezogenen Längswände umfassten einen offenen Vorraum, an dessen Fronten eine oder zwei Stützen den Giebel trugen. Diese «Antentempel» blieben besonders für Schatzhäuser auch später gebräuchlich *(Abbildung 42)*. Hin und wieder wurde der Antentempel durch eine Vorhalle (Prostylos) ergänzt, die aus einer Reihe vorgestellter Stützen gebaut war. Später gab es Doppel-Antentempel und Tempel mit Vorhallen an beiden Schmalseiten («Amphiprostyloi», siehe *Abbildung 43*). In der Regel hatten die Tempel wohl in dieser frühen Zeit ein steiles Giebeldach. Alle diese Varianten eines frühen Tempelbaus dienten allein als Haus für die Kultstatue des Gottes. So blieb es auch während der ganzen griechischen Kultur. Die Priester und die Gemeinde der Gläubigen versammelten sich vor dem Tempel und brachten am Altar – meist östlich des Tempels – ihre Opfer.

In geringerer Zahl als die Gotteshaus-Tempel entwickelte sich ein zweiter Typus sakralen Hausbaus: Tempel, in denen Menschen Mysterienkulte feierten. Diese entbehrten jedes Aussenschmucks, Antenbauten fehlten; alles war auf die künstlerische Wirkung des Innenraumes angelegt. Einen Höhepunkt dieser Architektur bildete das Telesterion von Eleusis, das Iktinos erbaute. Der griechische Gottestempel dagegen war nach aussen gebaut, auch von aussen künstlerisch aufzufassen.

Im 7. Jahrhundert wurden die ersten grossen Tempel erbaut. Ihnen – wie auch den Opfern, die gebracht wurden – legte man die heilige Zahl Hundert zugrunde. Wie die «Hekatombe», das Opfer von 100 Rindern, sprengte auch der Tempel, der 100 Fuss (33 Meter) lang war, alle bisherigen Dimensionen. Den schönsten dieser frühen Tempelbauten finden wir in Olympia, er war der Hera geweiht und wurde schon eine Generation später, etwa um 600, erneuert. Durch die Reste dieses Tempels kann man heute noch schreiten. Die gewaltige Grösse von 100 Fuss wurde anfänglich nur in der Längen-Dimension des Tempels verwirklicht. Die Fronten von 6 bis 10 Metern Breite und die geringe Wandhöhe standen dazu in keinem rechten Verhältnis. Was sich in den Stützen vor und zwischen den Anten der kleinen Vorgänger andeutete, wurde nun als hölzerner, später steinerner Baldachin über die Wohnung des Gottes (Wohnung = Naos) gelegt. Die eigentliche grosse Schöpfung der griechischen Architektur war dieser über den Naos gebreitete säulengetragene Himmel, durch den der sonst strenge Naos seine offene Aussenbeziehung erhielt. Die Tiefe gliederte sich durch Lichtspiele und Durchblicke. Der Säulenkranz, die «Peristasis», wird zu Schönheit und Harmonie in wenigen Generationen herangebildet. Die Art, wie der geschlossene Kern der Cella, der durchsichtige Rhythmus

41 Delphi, Apollon-Tempel.

42 Zeichnung eines Antentempels mit Grundriss: Delphi, Apollon-Heiligtum; Schatzhäuser von Knidos, Massilia und Siphnos.

43 Beispiel eines Amphiprostylos: Athena-Nike-Tempel, Akropolis, Athen.

des Säulenkranzes und das Dach gegeneinander ausgewogen und in eine mathematisch aussprechbare Harmonie gebracht werden konnten, blieb Inhalt der griechischen Architektur bis zu ihrem Ende in der römischen Zeit. Der griechische Tempel – der Peripteros – ist bis zum vollkommenen Ausdruck von Ordnung in der Harmonie entwickelt worden.

Die einzelnen Phasen des Tempelbaues sind in Thermos, einem abgelegenen Apollonheiligtum Ätoliens, aus den Resten von drei aufeinanderfolgenden Tempelbauten gewonnen worden. (Gruben gibt eine genaue Übesicht. Es lohnt sich, die Genese der «dorischen Ordnung des Peripteros» dort nachzulesen[36].) In der dorischen Ordnung des Tempelbaues stemmt sich die Säule vom Stylobat ohne Übergang aufwärts, sich nach oben verjüngend, dem Architrav entgegen. 16 bis 20 senkrechte Furchen, die Kanneluren, wurden, von scharfen Graten getrennt, in den Schaft eingeschnitten. Sobald man eine glatte mit einer kannelierten Säule vergleicht, wird die Bedeutung der Kannelierung augenfällig: Der plastische Eindruck der Säule wird wesentlich verstärkt. Die aufstrebende Kraft verwandelt sich durch die Kannelierung. Ihre Tragekraft bezieht die Säule nicht mehr aus ihrer physischen Gegenständlichkeit, sondern aus einer inneren Lebendigkeit. Die glatte Säule wendet sich an den nur dem Materiellen zugewendeten Menschen, die kannelierte unmittelbar an den Künstler in uns. Zwischen Schaft und Architrav liegt das vermittelnde Kapitell. Es vermittelt zwischen den tragenden Kräften des Säulenschaftes und der Last des Gesimses, die der Architrav in der Horizontalen zusammenfasst. Das Kapitell selbst besteht aus zwei Teilen, dem runden Echinus, der sich über den Schaft hinauswölbt, und einer quadratisch-kantigen Platte, dem Abakus, der zum Architrav hin vermittelt. Zwischen Abakus und Echinus findet der Prozess des Lastaufnehmens statt. Damit der Betrachter den Übergang vom reinen Tragen zur Vermittlung durch den Echinus deutlich fixieren kann, ist das Ende des Schaftes durch drei schmale Kerben und der Fuss des Echinus durch drei schmale aufgelegte Ringe gekennzeichnet. Gegen dieses Doppelband schwingen die Enden der Kannelüren rund aus *(Abbildung 44)*.

Um die Mitte des 6. Jahrhunderts steigert sich die Monumentalität: gewaltige Säulen ungeheurer Kraft entstehen. Wie ein strotzender Bizeps schwillt der Echinus (zum Beispiel in Korinth, *Abbildung 45*) unter der Last des mächtigen Architravs. Es ist, als ob in den Bauten des 6. Jahrhunderts eine Dimension gewonnen wird, die die Baumeister des 5. Jahrhunderts wieder zurücknehmen, um sie ästhetischer zu behandeln und zu verfeinern, um sie dadurch zu einer hohen inneren ästhetisch-mathematischen Vollkommenheit zu steigern. Die Säulen werden schlanker, straffen sich, der Echinus spannt sich energischer, die Kraft wird federnder und eleganter (beispielsweise im Aphaiatempel von Aegina, *Abbildung 46*). Im 4. Jahrhundert macht sich ein leichtes Erstarren bemerkbar, die Kraft wirkt kühler, die Eleganz stelzig, der Echinus nähert sich dem Ausdruck eines Kegelstumpfes.

Auf den glatten Steinbalken des Architravs liegen die Querbalken der Decke auf. Die Zwischenräume werden von der Metope ausgefüllt, der keine konstruktive Bedeutung zukommt. Sie trägt den Schmuck. Die Triglyphe, die die Stirn der Deckenbalken verkleidet, wird mit der Metope zu einem selbständigen gegliederten Fries. Der Triglyphen-Metopen-Fries steht auf einer schmalen vorspringenden Leiste, der Taenia, über die hinweg der Rhythmus des Frieses auf den Architraven durch die Ausbildung der Regula übergreift. An der Unterseite der Regula hängen 3 bis 6 runde Tropfen, die Guttae, wohl Stein gewordene Nägel. Das den Dachrand bildende Geison ist aus Gründen der rhythmischen Gliederung des Ganzen auch auf beiden Stirnseiten des dorischen Tempels zu finden. Ein schräges Geison begrenzt die dreieckigen Giebelflächen der Fronten. Den Abschluss des Daches bildet ein aufgebogener, verschieden profilierter Rand, die Sima. An den Längsseiten werden diese durch Wasserspeier, seit dem 6. Jahrhundert löwenköpfig, durchbrochen. Oft finden sich palmettenartige Aufbindungen der Dachziegel, die Antefixe, die auch die Firstziegel zieren. Schliesslich finden wir noch die Akroterien, die First und Ecken der Giebelseiten krönen. Es sind Gorgonen, Sphingen und geflügelte Fabelwesen, die zusammen mit den Antefixen die obere Grenze des Baues gegen den Himmel aufzulösen scheinen. (*Abbildung 47* gibt eine Übersicht über die dorische Bauordnung.)

Zwei besondere Probleme des dorischen Tempels müssen berücksichtigt werden. Das erste hängt damit zusammen, dass die frühen Baumeister von einer gegebenen Ganzheit ausgingen: dem Mass der Längsseite des Naos. Die Peristasis ist damit einerseits an den Naos gebunden, andererseits entsteht sie aus der Gestalt der Säulen und ihrer Anzahl, die wiederum die Teilung des Frieses bestimmt. Der Grundriss, einschliesslich der Peristasis, bildet sich dabei aus einer Teilung der gegebenen ganzen Zahl. Beim Heraion (siehe Seite 229 f.) wurde die Decke des Naos noch von Holzbalken gebildet, die, mit den Triglyphen verkleidet, den Fries zusammen mit den Metopen aus bautechnischen Notwendigkeiten gliederten. Auf eine Jochbreite kamen zwei Deckenbalken; die so enstehende Gesamtordnung von Peristasis und Naos kann man mit Gruben[37] eine naive nennen. In den folgenden hundert Jahren vergrösserten sich Metope und Triglyphe, so dass es unmöglich wurde, die Dachbalken der nun aus Stein gefertigten Kassettendecke aus dem Mass der Triglyphen zu bestimmen. Die Decke rückte schliesslich in die Ebene des Geisons – nun in keinem Massverhältnis mehr zum Metopenfries stehend. Der Naos begann sich in der Peristasis zu verlieren. Erst im Zeustempel von Olympia erschien die vollkommene Lösung dieses Problems. Der Baumeister ging nicht mehr von der Seitenlänge als der gegebenen Einheit aus, sondern er konzipierte von der Jochbreite her alle anderen Masse. Sie entstehen aus einer Teilung oder einer Vervielfachung des Grundmasses von 16 Fuss. Alle Endmasse, die sich auf das «Ganze» des Tempels, der Peristasis, des Naos oder des Stylobatrechteckes bezogen, waren dabei abgeleitet. Der Tempel entstand also aus einer Vervielfachung des sinnvoll kleinsten Masses, und nicht mehr durch Teilung des gegebenen ganzen Masses. Dadurch hing jedes Glied des Tempels mit allen anderen sichtbar zusammen. Die Wandfluchten des drei Joche breiten Naos banden in die Achsen der zweiten Frontsäulen. Die Antenstirnen des neun Joche langen Naos fluch-

44 Dorisches Kapitell
mit Übergang zum Architraven und zum Säulenschaft.

45 Korinth.

46 Ägina, Aphaia-Tempel.

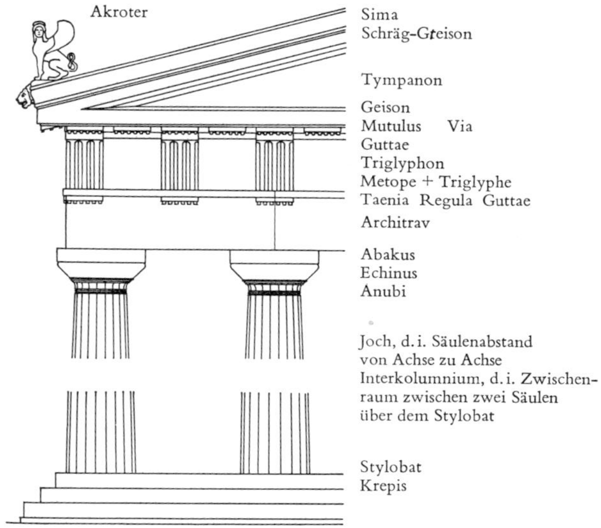

47 Übersicht über die dorische Ordnung.

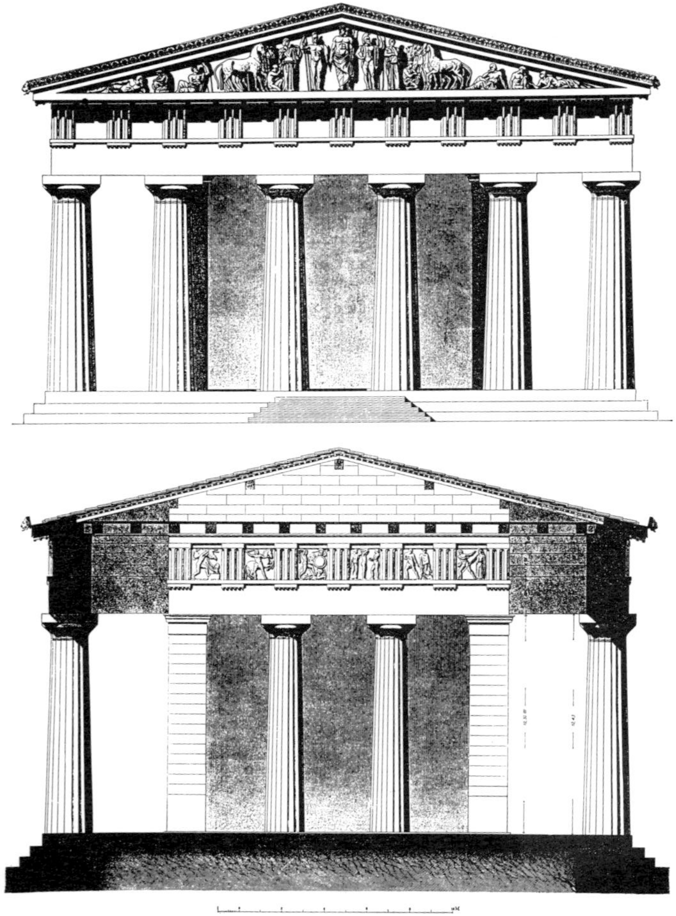

48a Olympia, Altis, Zeus-Tempel. Oben: Ansicht der Ostseite.
Unten: Querschnitt mit Ansicht des Pronaos.

48b Olympia, Altis, Zeus-Tempel. Oben: Teil der Seitenansicht.
Unten: Querschnitt durch den Tempel.

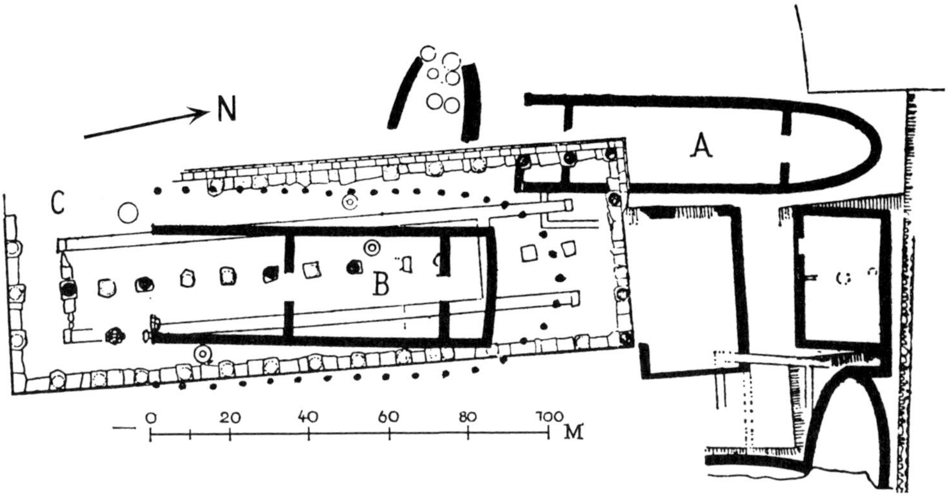

49 Grundriss der Peristasis von Thermos, Apollon-Heiligtum; A: Megaron, B und C: Tempel.

50

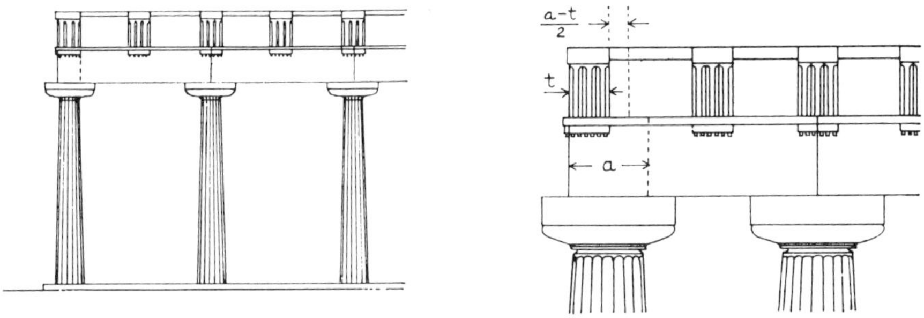

51

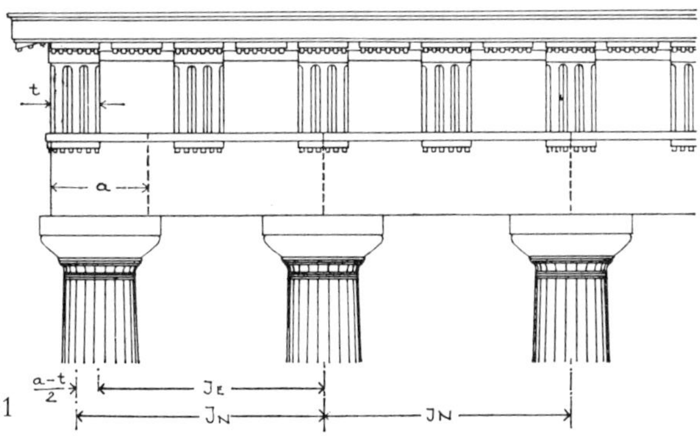

50, 51 Der dorische Eckkonflikt.

Oben links: Holzkonstruktion mit Architrav und Triglyphe von gleicher Breite (kein Eckkonflikt). Oben rechts: Steinbau mit breitem Architrav (a) und schmälerer Ecktriglyphe (t): Ausgleich durch eine Verbreiterung der Eckmetope um $\frac{a-t}{2}$. Unten: Wie oben rechts, Ausgleich jedoch bei gleichbreiten Metopen durch Verengung des Eckjoches (J_E) um $\frac{a-t}{2}$ gegenüber dem Normaljoch (J_N).

teten in die Mitte der zweiten Flankenjoche. Aus *Abbildung 48* ist die Gesamtproportion gut ersichtlich. Man beachte, wie die Löwenköpfe des Geison den Metopen-Triglyphen-Fluss und die Dachziegel wieder den Rhythmus des Geison verdoppeln.

Das zweite Problem der dorischen Bauordnung ist ein diffiziles und wohl kaum je lösbares Rätsel. Zuerst betrachten wir einen Bau in Thermos, der eine Holzkonstruktion war. (Den denkbaren Anblick seiner Peristasis zeigt *Abbildung 49*.) Hier konnte der Triglyphen-Metopen-Fries ungehindert um jede Ecke der Peristasis fliessen, weil der Architrav die gleiche Breite hatte wie die Metope. Die Triglyphe brauchte nur als «Ecktriglyphe», das heisst in zwei senkrecht aufeinander stehenden Ebenen ausgebildet und auf die Ecke des Architravs gesetzt zu werden. So erschien sie von der Front- und der Längsseite her als Triglyphe.

Der Steinbau bedingte eine Verbreiterung des Architravs aus Proportionsgründen. Triglyphen und Metopen konnten dem Bau nicht mehr angepasst werden – weil sie den doppelten Rhythmus der Jochbreite hatten –, wenn man sie nicht vollkommen unproportioniert verbreitern wollte. Das hiesse, alle Proportionen des Holztempels unverändert beizubehalten. – Was passiert, wenn der Architrav stärker wächst als der Metopen-Triglyphen-Fries? (Siehe *Abbildung 50*.) Der Architrav ist um a–t breiter als die Triglyphe. Soll er an der Ecke nicht um *a–t* vorkragen – nur dann stände die zweite Triglyphe in der Mitte der Säule –, muss die Metope um diesen Betrag verbreitert werden, damit der Triglyphenfries der (senkrecht zur Bildebene stehenden) Stirnseite in die Fluchtebene des Architravs zu liegen kommt. Es handelt sich um das sogenannte – in jedem Buch über den dorischen Tempel behandelte – Eckproblem. Solange dorische Steintempel gebaut wurden, suchte man nach einer harmonischen Lösung des Problems. Dies gelang nicht sofort. Ein ebenso grobklotziger Versuch der Lösung wie die Verbreiterung der Metope ist die Verkürzung des Jochabstandes um den Betrag $\frac{a-t}{2}$ (siehe *Abbildung 51*).

Die harmonischen Lösungen suchen den Ausgleich in der Verteilung der Differenz auf zwei oder drei Joche oder auf zwei oder drei Metopen. Die Kombination beider Lösungsmöglichkeiten zeigt der Poseidontempel in Paestum. (Eine grossartige Lösung des Problems wurde auch beim Zeustempel von Olympia gefunden, siehe Seite 230 ff.)

Die Säulenreste, die heute auf dem Stylobat in Delphi wieder aufgerichtet sind, gehören zu einem Tempel, der im 4. Jahrhundert nach einem wahrscheinlich durch ein Erdbeben ausgelösten Einsturz des vorangegangenen Tempels gebaut wurde. Der frühere vom Geschlechte der Aklmaioniden errichtete Tempel hatte ebenfalls einen historischen Vorgänger, der mehr oder weniger aus Holz gebaut war und im Jahre 548 abbrannte. Ganz Hellas steuerte damals zu einem Neubau bei. Aus dieser Zeit stammt die polygonale Stützmauer, die nach Süden heute noch Halt gibt. Der etwa von 530–510 errichtete Tempel der Alkmaioniden hatte archaische Proportionen, war schmal und langgestreckt, mit gewaltigen Ausmassen, die fast an jene des Apollontempels von Korinth heranreichen. Von diesem Tempel sind bedeutende Reste, nämlich die sorgfältig vergrabenen

Giebelfiguren gefunden worden, die im Museum von Delphi ausgestellt sind. Die Westgiebelseite stellte eine Gigantomachie dar *(Abbildung 52)*. Die Ecken erfüllen gestürzte Giganten, zur Mitte hin richten sich die Kämpfer auf bis zur überragenden Göttergruppe in der Mitte. Dieser Giebel war aus Porosgestein gefertigt, der Ostgiebel dagegen aus Marmor. Hier erscheint in feierlicher Stille Apollon, der Herr des Tempels, auf einem Viergespann, von den Musen umgeben, zu denen sich Delphos und zwei Hephaistossöhne gesellen – eine feierliche Epiphanie.

Nur 150 Jahre stand dieser gewaltige Tempel, dann stürzte er 373 ein. Wiederum sammelte man in ganz Griechenland für einen Neubau. Er wurde schliesslich 320 mit fast unverändertem Grundriss über dem Fundament des vorhergehenden wieder errichtet. Noch heute wirkt es auf den Betrachter anachronistisch, dass dieser schmale Tempel am Ende des 4. Jahrhunderts errichtet wurde. Vielleicht kann es als Hinweis auf die Heiligkeit Delphis verstanden werden. Die Ehrfurcht vor der Erhabenheit, dem Alter und der Bedeutung des Ortes werden ihre Wirkung geltend gemacht haben, so dass die Priester keine andere Lösung zuliessen als die zustandegekommene, die den schmalen Grundriss unverändert liess *(Abbildung 53)*. Dieser Tempel wurde errichtet, als es die Vorbilder des Parthenons und des Tempels von Bassai schon gab! Jedenfalls verlor sich die überlange Cella (13,34 m x 44,14 m) ohne Bindung in der Peristasis, die ihrerseits die archaische Inkonsequenz zeigte, dass Säulendurchmesser und Jochweiten der Frontseiten grösser waren als die der Längsseiten, also noch aus dem «Ganzen», und nicht aus der Einheit der Jochweite geholt waren.

Blickt man auf die Details, kehrt sich die Wirkung um: Kantig-stereometrische Gestalten, der Echinus wird von einem geradlinigen Kegelstumpf gebildet, die Säulen erscheinen gerade gestreckt – kein plastischer Schwung (Entasis) haucht ihnen Leben ein. Die Triglyphen wirken eckig und hart. Ein archaischer Grundriss und spätklassische Details kommen hier zusammen. *Abbildung 54* zeigt die Reste des Tempels, wie sie aus der Höhe des Theaters heute zu sehen sind. Wir blicken über die grosse Stützmauer nördlich des Tempels – den sogenannten Ischegaon, den «Erdhalter» –, die für die Errichtung des Alkmaionidentempels wohl erforderlich war. Nach Westen endet die grosse Stützmauer in einer Nische. In dieser Nische stand eine Gruppe von Bronzestatuen, von der zwar nichts gefunden wurde, die wir aber aus einer Beschreibung Plutarchs gut kennen[38]. Alexander der Grosse war dargestellt, wie er mit dem Löwen kämpfte, zusammen mit seinem General Krateros, der ihm zu Hilfe eilte. Dieses Weihgeschenk – anlässlich der Errettung Alexanders – befand sich an einer ausgezeichneten Stelle des Heiligtums (siehe Seite 201 ff.). In unmittelbarer Nachbarschaft östlich davon muss auch die Statue des Wagenlenkers gestanden haben.

Die steile Treppe westlich dieser Nische führt zum Theater hinauf, das erst Mitte des 2. Jahrhunderts fertiggestellt wurde, es bot 5000 Besuchern Platz *(Abbildung 54)*. Dieser letzten Ausbaustufe ging die erste Anlage im 4. Jahrhundert voran. Ausgeführt wurde das Theater im hellgrauen Kalk des Parnasses. Es ist heute noch gut erhalten, viel besser

52a, 52b Delphi, Alkmaioniden-Tempel, Gigantomachie von der Westgiebelseite.

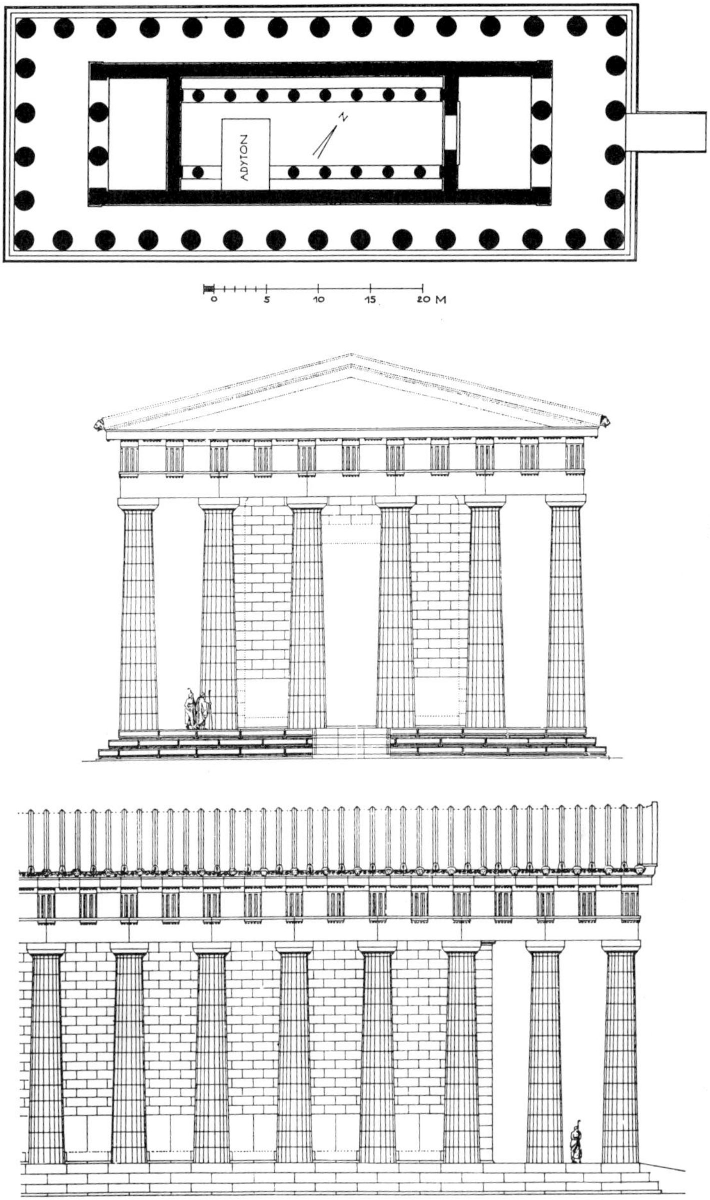

53 Delphi, Apollon-Heiligtum, Apollon-Tempel, 366–320 v. Chr. (Rekonstruktion).
Oben: Grundriss. Mitte: Ostfront. Unten: Südseite.

als der Tempel. Die 35 Sitzreihen des Koilon steigen steil an; man blickt sehr «von oben» herab auf die Szene.

Das etwas in die Westecke des Temenos geklemmte und in die heilige Mauer aufgenommene Theater und der Tempel sind die zwei Schwerpunkte dieses heiligen Bezirks. Man fragt sich, warum dieser merkwürdige, keinen rechten Platz bietende Ort für das Theater gewählt wurde. Östlich und nordöstlich davon wäre genug Raum vorhanden gewesen, um alle Seiten des Theaters vollkommen auszubilden.

Es sei gestattet, die persönliche Situation miteinzubeziehen, die zu folgender Antwort führte, die ich buchstäblich «sah». Bevor ich dazu kam, erlebte ich im ästhetischen Empfinden etwas von der Stimmung der Doppelnatur, die diesen heiligen Bezirk prägt. Dieses Gefühl, vor einem Phänomen zu stehen, das sich aus Polaritäten bildet, kam zum ersten Mal, als ich etwa auf dem Punkt stand, von dem aus *Abbildung 54* fotografiert wurde. Es war das Gefühl, dass beide Bauwerke eine Ganzheit darstellen, zwei Prinzipien, die sich zu einem Ganzen künstlerisch verbinden: der tiefer gelegene Tempel und das höher gelegene Theater. Einen Bezug beider Baukörper zueinander erkennt man daran, dass die Hauptachsen beider Bauten senkrecht aufeinander stehen. (Die Achse in der Symmetrieebene des Theaters schneidet die des Tempels senkrecht, etwa zwischen der ersten und der zweiten Säule der Längsseite, von Westen gesehen.)

Der Tempel selbst diente zwei Göttern als Wohnung. In der langen Frühlings- und Sommerzeit war Apollon der Herr des Tempels. Zu Beginn der kalten Jahreszeit zog er nach Norden zu den Hyperboräern, und Dionysos trat für die kurze Winterzeit die Herrschaft an. Mit dem Einzug eines Gottes in den Tempel (oder zumindest in das Temenos) waren zwei grosse Feste verbunden, die kultisch gefeiert wurden: Das Fest der jährlichen Wiedergeburt des Apollon zur Zeit der erblühenden Natur; da nahte er sich wieder der griechischen Seele aus der geisterfüllten Natur mit dem neu aufglänzenden Licht des längerwerdenden Tages, Frieden und Harmonie stiftend. Wenn die Kälte heraufzog, und Apollon bei den Hyperboräern weilte, stiegen die Unterirdischen vor den Seelenblick der Menschen. Dionysos trat seine Herrschaft an. Er ist der Gott, der aus dem Inneren der *Seele* wirkt, nicht aus dem im Umkreis erlänzenden Licht. Er wühlt von innen auf, und es offenbaren sich die Abgründe der Seele, vor denen dem Griechen graute. Hier ahnte die Seele das Schattenreich der Toten, und auf dem Weg zu diesen Göttern tauchten die Leidenschaften auf und erzeugten Schauder und Schrecken im Seelenwanderer. Für solche Begegnung mit den Dionysosmächten braucht die Seele Kraft, dafür ist übende Vorbereitung erforderlich; Dionysos unvorbereitet zu begegnen, könnte den Untergang in den Leidenschaften der eigenen Seele bedeuten.

Ganz anders trat die Griechenseele vor Apollon, der in der Mitte des Kreises der oberen Götter steht, den sie erkennend grüsste, wenn sie durch die Sinneswelt den Weg zu den oberen Göttern suchte. Ihm konnte sich der Mensch ohne Schulung überlassen, denn Seelenausgleich stiftet Apollon.

Ein weiteres Mal begegnet uns diese Doppelheit, wenn wir uns das Geschehen um die die Orakel verkündende Pythia noch einmal vor Augen halten. Sie ist die Priesterin des «pythischen Apollon», also des Pythons und seines Besiegers Apollon. Python, der Sohn der Erdenmutter Gâ, repräsentiert die unterirdischen Götter und Apollon die oberen. Es ist in diesem Zusammenhang bedeutungsvoll, dass die Pythia sich zweimal einem Brunnen naht, ehe sie in der Mania vom Gotte ergriffen wird: Aus dem Tal heraufsteigend wäscht sie sich in einer rituellen Handlung an der Quelle Kastalia die Sünde und die Unreinheit vom Leibe. Im Adyton des Tempels trinkt sie aus der Kassotis, ehe sie sich auf den Dreifuss setzt und zum Werkzeug dessen wird, der aus ihr spricht. Es scheint die Kastalische Quelle die apollinische zu sein, deren Wasser von aussen benetzt, und die von innen erfüllende Kassotis-Quelle die dionysische. Unter einem solchen Gesichtspunkt verraten die Brunnenbauten der beiden Quellen ihre Geheimnisse (siehe Seite 196 ff.).

Was ergibt die Untersuchung einer apollinisch-dionysischen Polarität der Orakelsprüche? Eines der bekanntesten Orakel – das die Pythia dem Barbarenherrscher Krösus aus Lydien gab, der wissen wollte, ob ein Feldzug sich zu seinen Gunsten entscheiden würde –, lautete: «Wenn du den Fluss Halys überschreitest, wirst du ein grosses Reich zerstören[39].»

Krösus verlor den Feldzug, als er den Halys überschritt, und das Reich, das er zerstörte, war sein eigenes. Jeder Orakelspruch lässt zwei Deutungen zu, auch der dem Krösus gegebene. Den apollinischen Sinn erfährt das befreite Ich im klaren Lichte der Vernunft, wenn alles dunkle Streben, das aus der Tiefe der Seele quillt, abgestreift ist. Den dionysischen Sinn erfährt, wer in wilder Seelenwallung mit umwölkter Stirn sich seinen Leidenschaften überlässt. Krösus wird mit dionysisch gestimmter Seele das Wort der Pythia vernommen haben.

Nicht nur im Tempel finden wir die apollinisch-dionysische Doppelheit, auch zwischen Tempel und Theater ist sie zu finden. Der Tempel, in dem Apollon durch die Lüfte den Weg nach Norden zu den Hyperboräern jahresrhythmisch nahm, in dem Göttergeschehen lebte und Götterwille den Menschen pythisch offenbart wurde, stand dem Kulturleben des Theaters gegenüber. Hier wurde Menschenschicksal in den grossen Tragödien vor die Seelen der Zuschauer gestellt. Die Dramen des Aischylos, des Sophokles, des Euripides erschütterten und läuterten die Seelen. Menschenschicksal, von Göttern geführt, bewegte die Herzen der Zuschauer, wenn sie es auf der Szene verfolgten.

Nach der erwähnten mythologischen Überlieferung ist die Kultstätte des Dionysos in Delphi älter als die des Apollon. Auf seinem Altar wurden Feueropfer dargebracht und seine Thyiaden trugen brennende Fackeln, wenn sie die Wälder des Parnasses durchstreiften. Der ursprüngliche Ort des Dionysoskultes ist wahrscheinlich dort zu suchen, wo heute des Theaterrund die Szene umfasst. In späteren Zeiten zumindest wurde inmitten der Szene anlässlich der Dionysosfeiern ein Feuer entzündet, um das die Chöre, im Rhythmus schreitend, die Dithyramben des Dionysos sangen. Götter-Welten-Atem im Tempel und Menschen-Herzens-Feuer im Theater.

54 Delphi, Apollon-Heiligtum. Blick vom Theater auf den Apollon-Tempel.

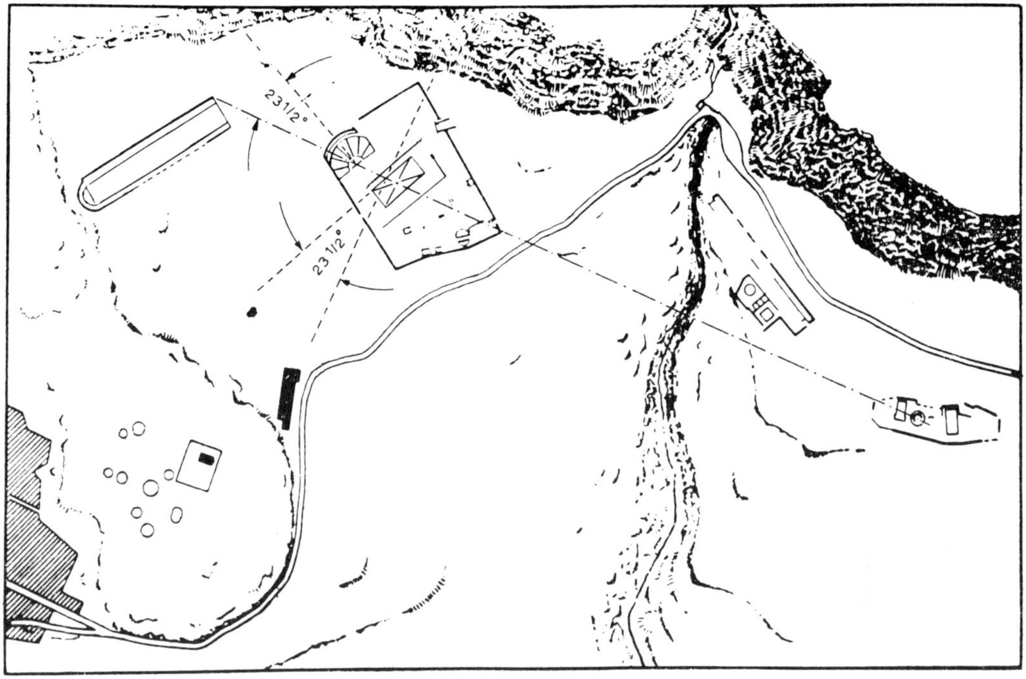

55 Delphi, Übersichtskarte des Heiligtums mit eingezeichneter Hauptachse.

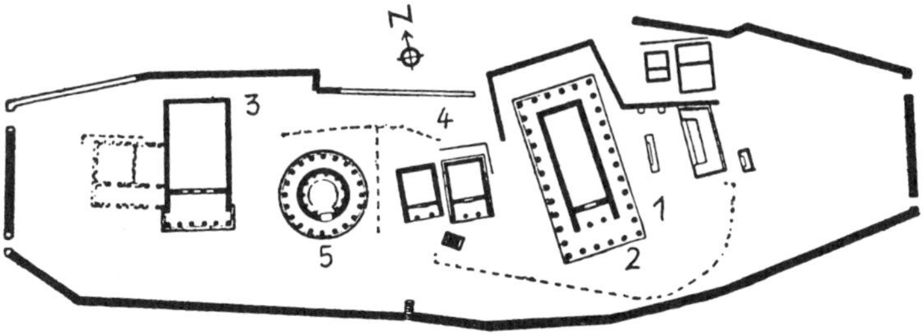

56 Delphi, Gesamtplan des Heiligtums der Athena Pronaia in der Marmaria. 1: Athena-Altäre; 2: Athena-Tempel II, um 510 v. Chr. (darunter Athena-Tempel I, um 600 v. Chr.); 3: Athena-Tempel III, 4. Jh. v. Chr.; 4: Schatzhaus von Massilia links und dorisches Schatzhaus (von Athen?) rechts; 5: die Tholos, kurz nach 400 v. Chr.

Die künstlerisch empfindende Ahnung mag sich dahingehend verdichten, hier kein Zufälliges, aber noch kein Ganzes vor Augen zu haben. Der Blick schweift über Theater und Tempel den Hang hinab und bleibt an den Resten des der Athene geweihten Rundtempels, der Tholos, haften. Wie hängt dieses tief im Tal liegende Heiligtum mit dem zusammen, was die heilige Mauer umschliesst? Es gibt einen geometrischen Zusammenhang. Mittelpunkt der Szene, Mittelpunkt des Tempels und Mittelpunkt der Tholos liegen auf einer Geraden (siehe *Abbildung 54*). Man erkennt im Tal die Reste des Athene-Pronaia-Rundtempels und «sieht» diese Gerade vom Tempelmittelpunkt zum Mittelpunkt der Szene. (Wegen der Schwierigkeit, Vermessungspläne einzusehen oder zu beschaffen, die eine Gesamtanlage Delphis enthalten – also Themenos, Athene-Pronaia-Heiligtum und Stadion –, könnte eine genaue Überprüfung geringfügige Abweichungen feststellen). *Abbildung 55* zeigt eine Übersichtskarte, in die die Hauptachse des Heiligtums eingetragen ist. Dabei entdeckt man, dass auch das Stadion mit seiner Nordostecke auf der Hauptachse liegt.

Ich möchte mir erlauben, hier abermals eine persönliche Bemerkung einzuschieben. Als ich dieses Erlebnis hatte, von dem ich hier berichte, stieg mir ein jubelndes Glücksgefühl in der Seele auf, das mir selbst zu meinem Lebensalter und meiner Lebenssituation gar nicht zu passen schien. In diesem Erlebnis, und dem schon geschilderten, das ich bei meiner nächtlichen Ankunft in Delphi hatte, liegt der tiefere Grund, warum ich begann, mich mit dem was Kunst ist oder sein kann, auseinander zu setzen. Durch die Hilfe, die ich in dem Vortragszyklus Rudolf Steiners «Das Rätsel des Menschen» fand, lernte ich in diesen Gefühlen die erste Regung der sich beseelenden Lebensprozesse zu sehen. Mit Abstand betrachtet, begriff ich, dass die reale Wirklichkeit der geistigen Welt darin zu erfahren ist, wie sie durch Kunstwerke in die Sinneswelt scheint. Ich hoffe zu zeigen, dass Delphi, als Kunstwerk betrachtet wie jedes andere Kunstwerk auch, durch diese Art des Umganges, den ich das künstlerische Geniessen zu nennen gelernt habe, andere Geheimnisse preisgibt als auf der gegenständlich-wissenschaftlichen Ebene. Nicht, dass dadurch die Arbeit von Roux oder Gruben zu ersetzen wäre, aber sie wird ergänzt. Sie wird so ergänzt, dass in dem, was die Wissenschaft durch grossartig gründliche Arbeit herausfindet, der Sinn des Ganzen aufleuchten kann. Dazu einen Beitrag zu leisten, ist meine Absicht.

Das Heiligtum der Athene Pronaia liegt tief unten am Hang, südlich der Schlucht der Kastalischen Quelle. Hier wurde eine Terrasse von 150 m Länge, aber nur 40 m Breite angelegt, auf der fünf Gebäude standen. (*Abbildung 56* zeigt einen Plan der Anlage.) Nächst dem östlichen Eingang in den von Stützmauern umgrenzten Peribolos, befand sich der älteste Tempel des Heiligtums. Es folgten zwei Schatzhäuser, die Tholos und der jüngste Tempel. Wie das ganze delphische Heiligtum entwickelte sich auch der der Athene geweihte Teil langsam im Laufe der Jahrhunderte. Unter dem frühesten Tempel im östlichen Teil fanden die Ausgräber eine Schicht, die Opfergaben aus dem 2. Jahrtausend enthielt. Man fand etwa 200 Tonidole einer Göttin mit weit ausgebreiteten Armen. Aus dem 7.–8. Jahrhundert ist eine Stützmauer nachzuweisen. Der erste Tempel folgte gegen das Ende des 7. Jahrhunderts, davon zeugen noch ein polygonaler Fundamentrest und einige dorische Säulentrommeln und Kapitelle. Die Fachgelehrten meinen, es habe sich um eine frühe Form des Peripteros gehandelt, der auf steinernen Säulen einen Architrav und ein Dach aus Holz getragen habe. Kurz nach dem Bau des Alkmaionidentempels wurde im Athena-Heiligtum der Peribolos erweitert und am Ende des 6. Jahrhunderts über dem alten ein zweiter Tempel errichtet. Diesem fehlte ein Opisthodomos, vielleicht wegen der schmalen Terrasse, worauf gebaut wurde. Aus Porosstein errichtet, wies er an der Frontseite 6 und an der Längsseite 12 dorische Säulen auf. Schon kurze Zeit nach der Fertigstellung musste der Tempel unter Erdrutsch und herabfallenden Felsen gelitten haben, jedenfalls wurden die Interkolumnien der Nordostecke vermauert, wie wir noch heute sehen können. Als der Tempel ausgegraben wurde, standen noch 15 Säulen in situ. Nach starken Regenfällen im März 1905 stürzten gewaltige Felsbrocken von der östlichen Phaidriade und vollendeten die Zerstörung. Diese Felsen liegen noch heute auf der Ruine. Auf den Neubau des Apollon-Tempels Ende des 4. Jahrhunderts folgte der Bau eines dritten Athene-Tempels am Westende der Terrasse, eines Prostylos. Zwischen dem älteren Tempel und der Tholos standen zwei Schatzhäuser.

Bei der Tholos, die im Beginn des 4. Jahrhunderts erbaut wurde, handelt es sich um einen runden Peripteros dorischer Ordnung. Die Bauidee der Tholos in Delphi ist bis heute nicht enträtselt, das gilt auch für die zwei weiteren Rundtempel Griechenlands, die in Epidaurus und Olympia errichtet wurden (siehe Seite 210 und 239). Die Archäologen kennen einen einzigen Vorgänger dieser drei, die alle im 3. Jahrhundert errichtet wurden. Im Schatzhaus der Sikyonier in Delphi befinden sich die verbauten Reste eines Rundtempels aus dem Beginn des 6. Jahrhunderts. Die Peristasis dieses Tempels bestand aus 13 Säulen, über denen ein vollkommen beziehungsloser Fries aus 20 Metopen und 20 Triglyphen lief. 20 ist auch die Grundzahl der Tholos im Athene-Heiligtum. (*Abbildung 57* zeigt eine Ansicht des heutigen Zustandes der Tholos, aus der die Säulenstellung sehr schön zu ersehen ist.) Jede der 20 dorischen Säulen, von denen 3 wieder aufgerichtet wurden, wiederholte in 20 Kannelüren den ganzen Grundriss (siehe *Abbildung 58* – die dunklen Flecken sind die Ergänzungen). Im Inneren der kleinen Cella entsprachen den Säulen der Peristasis 10 korinthische Säulen, von denen eine für eine breite Türöffnung ausgelassen wurde. Diese korinthischen Säulen standen auf dem Radius jedes zweiten Interkolumniums und waren in die Wand der Cella eingebunden, die Wirkung des kleinen Raumes so nicht beeinträchtigend. Sie standen auf einem bankartigen Sockel, der wie der Boden aus dunklem Kalk gearbeitet war und dadurch einen edlen Kontrast zum pentelischen Marmor bildete, aus dem der Bau sonst bestand.

Wie wirkte dieser Bau auf den Betrachter? Die schlanken Säulen streckten sich in eleganter Kühle dem Gebälk entgegen und trugen es in leichter Art ohne grosse

Anstrengung. Das Dach musste sich besonders weich in den Himmel aufgelöst haben. Hinter der äusseren Sima, die oben noch gerade abschloss, trat die bewegte schwingende Silhouette einer kleineren hervor, die den Eindruck der kühlen Eleganz vollendete. Die Metopen sind nur in geringen Resten erhalten; es müssen flüssig bewegte Gruppen von Kentauren und Amazonen gewesen sein, die das Auge über den Fries führten und ihm alle Schwere nahmen.

Eine Überlieferung über die Entstehung des dritten Athene-Tempels und der Tholos berichtet Roux[40], sie vermag ein Licht auf die Bedeutung der Tholos zu werfen: Ein blutiger Streit zwischen zwei delphischen Adelsfamilien führte zum Bau. Orsilaos, Sohn eines delphischen Archonten, feierte die Hochzeit mit der Tochter des Krates. Da zersprang ein Trankopfergefäss. Von solch ungünstigem Vorzeichen erschreckt, brach Orsilaos die Hochzeit ab, Krates vergalt ihm diese Demütigung blutig. Er bezichtigte Orsilaos und seinen Bruder des Diebstahls heiliger Geräte. Beide wurden für schuldig befunden und von den Phaidriaden gestürzt. Krates aber verfolgte die Familie weiter und liess die ins Athene-Heiligtum geflüchteten Mitglieder der Familie des Orsilaos ermorden. Die Delphier, aus Furcht über die Entweihung des heiligen Ortes, beschlagnahmten das Vermögen des Krates, weihten «das Gold der Schänder» der Göttin und errichteten damit den dritten Athene-Tempel und die Tholos. (Roux vermutet, die Tholos habe deshalb einen Brandopferaltar eingeschlossen; Reste davon sind aber nicht gefunden worden.) Ende der sechziger Jahre war im Zentrum der Tholos noch ein quadratisches Loch zu sehen, das heute mit Erde gefüllt und mit einem Schlussstein verdeckt ist. Diese runde Bodenplatte erinnert an die Tholos in Epidaurus, die unter der Cella ein Labyrinth birgt. Eine Andeutung davon scheint das quadratische Loch im Fundament zu sein. In Epidauros wurden im Zentrum des Labyrinthes unter dem Boden der Cella die heiligen Schlangen gehalten.

Schlangen wurden mythologisch nicht nur Asklepios zugeordnet – dem Epidauros geweiht war –, sondern auch der Athene. Eine erst in den letzten Jahren im Akropolis-Museum von Athen aufgestellte schreitende Athene trägt ein schlangengesäumtes Tuch um die Schultern und hält einen Schlangenkopf in der Hand. Eine ähnliche Athene befindet sich in Neapel. Athene war die Botin, die den Städtern, den Bewohnern der Polis, aus dem Haupte des Zeus die Kopfkräfte brachte. Das Herausgehen aus der Natur, das Sich-Versammeln in Stadtstaaten war eine ureigene Erfindung der alten Griechen. Damit wurde ein Schritt getan, der ein endgültiges Einschlafen des Bewusstseins für die wesenhaften Naturkräfte zur Folge hatte. Die Nymphen der Quellen, die Wesen der Steine und Bäume verschwanden aus der Natur, der Mensch entdeckte sein eigenes Inneres als Lebensort für seine Seele. Was ihm hier neu begegnete, war die Gabe des menschlichen Verstandes. Die Weisheit, die früher *in der Natur* unmittelbar erlebt wurde, tauchte jetzt als intellektuelle Kraft *im Inneren der Seele* auf und wurde als solche von der Persönlichkeit in Besitz genommen. Die Philosophie entstand. Platon war ein Stadtmensch. Die Griechen erlebten diesen neuen Zustand noch nicht als völlig gottverlassen – wie ihre Religion zeigt. Aber zur Zeit des Römischen Reiches war die Abnabelung von der Natur vollendet.

Ein künstlerisches Bild dafür kann man schon in dem mit den Schlangen seiner Intelligenz kämpfenden Laokoon sehen[41]: Die Schlange vertreibt den Menschen aus dem Paradies; hier vollendet sie ihren Auftrag. Der Mensch, der bis dahin sein Schicksal von den Göttern gelenkt erlebt hatte, fing an, sich auf seinen eigenen Kopf zu verlassen. Dieser aber ist sphärisch gebildet wie der Fixsternhimmel, aus dem er seine Bildekräfte bekommt. Die Götter verstummen in der fühlenden Mitte zwischen Herz und Lunge. Stellt die Tholos ein künstlerisch-architektonisches Bild derjenigen Kräfte dar, die damals als Verstandeskräfte in die Seele einzogen? Die runde Gestalt der Tholos als Ausdruck der Kräfte, die das Haupt bilden, erbaut im Heiligtum der Athene Pronaia, unmittelbar neben dem Tempel der Göttin, die in dieses runde Gefäss die Gedankenkräfte giesst!

Ist Delphi ein Heiligtum, das entstanden ist aus der künstlerischen Empfindung seiner Erbauer, aus dem Gefühl für die Kräfte der geistigen Welt, die der Menschengestalt zugrundeliegen? Die Entdeckung, dass die Mittelpunkte von Theater, Tempel und Tholos auf einer Geraden liegen, kann zu dieser Fragestellung führen. Die Mauer des Heiligen Bezirkes schloss den Raum der Brustorganisation des Heiligtums ein und tief unten, der Erde nah, ruhte das Haupt in Gestalt der Tholos. In seiner langen Genese wurde Delphi durch den Bau des Theaters auf diese Hauptachse vollendet. Das erklärt seine in die Ecke des Temenos gedrängte Lage. Wissenschaftliche Mittel vermögen vielleicht nicht, solch eine Absicht des Architekten nachzuweisen. Wer aber mit offenem Sinn für das, was Delphi als Ganzes ausspricht, die Stätten besucht, wird empfinden, dass er vor einer Architektur steht, der die Idee der menschlichen Gestalt zugrundeliegt.

Selbsterkenntnis ist das einzige Mittel, die Schlange im Menschen als solche zu erkennen und sie in den Dienst der Aufgaben zu stellen, die ein sich selbt bewusstgewordener Mensch aufgreifen will. Ohne diese beherrscht der Verstand den Menschen, der kalt wird und seine Schärfe dazu gebraucht, allein seinen Vorteil, seine Zwecke zu erreichen. Auch heute noch gilt das «Erkenne dich selbst» von Delphi wie ehemals. Zum gleichen Zeitpunkt, als in der Menschheitsgeschichte der Verstand verfügbar war, wurde eine Kulturstätte gebaut, die dafür ein ideales künstlerisches Bild darstellte; sowohl für die neuen Möglichkeiten der Persönlichkeit wie für die neuen Gefahren, die der Menschengemeinschaft durch die Vereinzelung entstanden.

Lag das Heiligtum der Athene Pronaia tief unterhalb des Apollon-Heiligtums, so lag das Stadion darüber. Der Weg der Heiligen Strasse verliess an der Südwestecke des Theaters *(Abbildungen 33 und 34)* den Heiligen Bezirk und führte in Serpentinen zum Stadion hinauf, dem wohl am besten erhaltenen Bauwerk Delphis. Unterwegs begegnete dem Besucher das Brunnenhaus der Kerna-Quelle, die damals die Kassotis versorgte. Aus einer Inschrift an der südlichen Stützmauer des Stadions geht hervor, dass es in fünf Jahrhunderten erbaut wurde. Erst viel später, zur Zeit des Herodes Attikos (101–177 n. Chr.)

57 Delphi, Marmaria, Blick auf die Tholos von oben.

58 Delphi, Marmaria, die Säulen der Tholos.

59 Delphi, Blick auf das Stadion.

60 Delphi, Grenzschwelle (im Vordergrund) des Stadions.

kamen die Sitzreihen aus Parnasskalk dazu, die auf der Nord- und Westseite noch vollständig erhalten sind (siehe *Abbildung 59*).

Die Länge des Stadions beträgt 177,55 m (Stadion der römischen Zeit), die Breite 25,5 m. Anfang und Ende des Stadions, um das das Bauwerk errichtet wurde, bezeichnen zwei Steinschwellen (*Abbildung 60,* Vordergrund). Die Wettkämpfer traten durch drei Arkaden in das Stadion ein (deren Basis ist auf *Abbildung 60* zu sehen). Die Startlinie ist in die Grenzschwelle des Stadions eingehauen, darin befinden sich auch die Löcher für die Speere, die die Kämpfer trennten. An beiden Längsseiten und der runden Zielseite befanden sich die – Theatron genannten – Sitzreihen, die 6000 Menschen Platz boten. Diese Sitzreihen endeten in einer 1,30 m hohen Krepis. (*Abbildung 59* gibt eine Übersicht, von der Nordecke des Stadions gesehen, aus der auch hervorgeht, dass die nordwestliche Längsseite 12 Sitzreihen hat, die südöstliche nur 6 – am Ausgang der Zielendenrundung gerade noch zu erkennen.)

Ist auch das Stadion auf die Hauptachse bezogen? Im Stadiongelände selbst oder oberhalb desselben einen Standpunkt zu finden, von dem aus alle infrage kommenden Bauwerke gleichzeitig zu überblicken sind, ist so schwierig, wie Vermessungspläne zu erhalten. Die vorhandenen Lageskizzen *(Abbildung 55)* zeigen aber, dass es sehr wahrscheinlich ist, dass die Nordecke des Stadions auf der Hauptachse liegt. Das Stadion, fast auf der Höhe der Phaidriaden gelegen, den Göttern nah, war der Ort der Wettkämpfe. Wie bereits ausgeführt, war es besonders in der Frühzeit Delphis der Ort des musischen Agons, wo dem Kitharaspiel – die Kithara war das Instrument Apollons – und dem poetischen Vortrag eine besondere Bedeutung zukam. Hier war der Ort des delphischen Heiligtums, wo der Mensch als Mensch seine Bedeutung für die Bauwerke hatte. Hier wohnten nicht Götter, sondern Menschentaten füllten das Stadion. Ohne die Zuschauer, die dem Sieger zujubelten, wäre es als Kunstwerk nicht vollendet gewesen. Das Ganze der künstlerischen Idee Delphis erfordert, im Stadion das dritte Glied der Architektur zu erblicken. Es verhält sich zum Ganzen wie die Gliedmassen zum menschlichen Leib. Hier kam der Mensch als tätiges, schaffendes, seinen Bewegungsorganismus ergreifendes Wesen in Betracht. Im Apollon-Tempel, der dort gebaut wurde, wo vergleichsweise in der menschlichen Organisation die Lunge liegt, wechselten die Götter sich im Weltenatem jahresrhythmisch ab; der Mensch hatte als der die Götter Befragende Zutritt. Im Theater, dem Herzen des Heiligtums, lauschte menschliches Publikum dem göttergelenkten Schicksalswalten. Das Glied des Ganzen, das dem Kopfteil des Kunstwerkes Delphi entspricht, ruhte erdennah im Tal, allein von Göttern bewohnt. In der Mitte, halbwegs im Hang – die Brustorganisation Delphis –, da verbanden sich Götter und Menschen; oben am Hang – die Gliedmassenorganisation Delphis – da, dem Himmel nah, massen sich Menschen im Wettkampf.

Die Übereinstimmung zwischen dem dreigliedrig angeschauten Menschenleib und den dreigliedrigen Bauwerken in Delphi enträtselt den Sinn dieses grossen griechischen Heiligtums. Es ist ein von Menschen für Menschen und Götter geschaffener Organismus, von denselben Ideen gebildet, die aus der Geistwelt heraus dem Menschen seinen Leib, sein Haus auf der Erde, bauen.

Wie haben sich dem Betrachter solche Gedanken ergeben? Am Anfang war das Staunen über die ausgegrabenen Heiligtümer in dem vergoldenden Abendsonnenschein eines Sommertages, eingerahmt von der heroisch-erhabenen Gebirgslandschaft, die sich in einem weitschwingenden Tal zum Meer hin öffnet. Zunächst stellte sich sinnessymbiontisch ein «bläuliches» Gefühl im Umkreis des Athene-Heiligtums ein, ein «bläulichrötlich» schwingendes Gefühl im Apollon-Heiligtum und ein mehr «rötliches» im Stadion. Erst später, in der Erinnerung bemerkte er, dass man Gedanken herantragen kann, die nicht aus dem Erlebnis entstanden sind. Einige dieser Gedanken mochten Bestand haben, indem sie sich wandelten und reicher wurden, so dass sie immer besser zu dem passten, was bei jeder neuen hingebungsvollen Erinnerung in der Seele aufstieg.

In den beiden Arten, wie der ästhetische Zustand des Menschen sich äussert, ist ein Arbeitsmaterial verborgen, das sowohl liebevoll wie scharf beobachtet und durch das Herantragen von Worten und Begriffen ans Licht gebracht werden kann.

Ist die Übereinstimmung zwischen dem von Göttern gebauten Menschenleib und dem von Menschen gebauten delphischen Kulturleib noch weiter zu verfolgen?

Im Lichte der Dreigliederung lassen sich die drei Sprüche der sieben Weisen deuten, die eigentlich das Motto von Delphi ausdrücken[42]:

Erkenne dich selbst

Von nichts zuviel

E

Im «Erkenne dich selbst» ist die Stimmung des Athene-Heiligtums zu spüren – so selbstverständlich wie in «Von nichts zuviel» die Stimmung des Apollon-Heiligtums. Das Epsilon von Delphi ist wohl allen, die sich um dessen Verständnis bemüht haben, ein Rätsel geblieben. Plutarch übersetzte es mit «Du bist». Wenn man dies als zutreffende Übersetzung ansehen will, kann sich eine Erklärung ergeben, indem man sich die Bedingungen verdeutlicht, die gegeben sein müssen, damit der Mensch aus sich selbst heraus die Welt gestalten kann – die Bedingungen, damit aus dem, was ihm die Natur als Götterwerk schenkt, ein Selbstverantwortetes, eine Kulturschöpfung entstehen kann. Der Mensch muss Selbstgestalter seines Schicksals werden. Das kann er nur, wenn die Athene-Kräfte, die zur Griechenzeit eben noch Pronaia, das heisst vor dem Tore waren, in den Menschen eintreten, und er der Herr des Denkens wird.

Auf dem Wege zum «Gestalte die Welt» steht das «Du bist» so vor der Tat wie das «Erkenne dich selbst» vor der Selbsterkenntnis. Das «Gestalte die Welt» ist die Aufforderung, vor der wir heute stehen, ist unser Lebensproblem. Die griechische Bewusstseinssituation ist der Schritt davor, das Wirklichkeitsgefühl, auf dieser Welt angekommen zu sein: «Du bist». Die drei Sprüche des Tempels zu Delphi sind in der tieferen Wahrheit dieses Weltortes und der Zeit seiner Errichtung verankert. Unter dem Gesichtspunkt der Dreigliederung sollen nun auch die Brunnenbauten der Kerna-Quelle und der Kastalischen Quelle betrachtet werden. Diese beiden Quellen sind aufs engste mit der Mythologie und den Kulten des delphischen Heiligtums verbunden.

Ausgehend von der Betrachtung des dreigegliederten menschlichen Leibes, sehen wir das Haupt als abgeschlossene Knochenkapsel, nach hinten oben gerichtet, das Gehirn einschliessend. Nach vorn unten gerichtet ist der Gesichtsschädel mit den Sinnesorganen. Darin spricht sich eine Polarität aus, die einmal einen Innenraum bildet und sich zum anderen der Umwelt zuwendet. So verhält sich auch die Stoffwechselorganisation. Sie bildet opake, abschliessende Oberflächen und entwickelt im Verdauungstrakt ihre eigenen inneren rhythmischen Bewegungen, die Peristaltik. Zu ihr gehört die Gliedmassenorganisation ebenso wie zum Gehirnschädel das Gesicht. Auch die Gliedmassen verhalten sich in ihren Bewegungen polar zu den Bewegungen des Stoffwechsels, sie sind nach aussen gerichtet und orientieren sich an den Umweltbedingungen. Zwischen der Nerven-Sinnes-Organisation und der Stoffwechsel-Gliedmassen-Organisation liegt der mittlere rhythmische Mensch – in der Lunge mehr umweltorientiert, im Herzen mehr dem Stoffwechsel zugewendet. Der ideale 1:4-Rhythmus – welcher sich im griechischen Hexameter ausdrückt – baut sich zwischen Herz und Lunge auf. Darin lebt die Mitte des Menschen, leiblich und seelisch.

So weit haben wir die drei Glieder des delphischen Heiligtums mit dem dreigliedrigen Menschenleib in Übereinstimmung gefunden. Gibt es nun einerseits in dem Stoffwechsel-Gliedmassensystem und andererseits in dem Nervensystem ebenso «Mitten», wie das Herz-Lungen-System die Mitte für den ganzen Menschen darstellt? Zwischen dem Gesichts- und dem Gehirnschädel liegt das ganze Höhlensystem des Kopfes, über die Stirn-Nasen-Mundhöhle bis hinunter zum Kehlkopf, das insgesamt die Sprachorganisation abgibt. Dabei ist zu bedenken, in welch starkem Masse die Gestalt der Mund- und Nasenhöhle zum Sprechen gebraucht wird. Man kann das erfahren, wenn die einzelnen Vokale und Konsonanten auf die zugehörige Stellung von Lippen, Zähnen und Gaumen überprüft werden (siehe Teil I, Seite 64 ff.). Wie die Sprachorganisation die Mitte des Hauptes bildet, so die Sexualorganisation die Mitte des unteren Menschen. Dass es sich in beiden Fällen um rhythmische Organisationen handelt, gewahrt man, wenn man den Unterschied zwischen der männlichen und der weiblichen Bildung betrachtet. Die weibliche Sprachorganisation bleibt kopfnah gebildet, die Stimmlage hoch. Der männliche Kehlkopf verändert sich zur Geschlechtsreife, wandert nach unten, die Stimme wird tief. Die männliche Sprachorganisation bildet sich damit stoffwechselartiger, die weibliche nervöser. Umgekehrt ist es bei der Fortpflanzungsorganisation: Hier ist die männliche Organisation mehr nach aussen, gliedmassenartig ausgeprägt, die weibliche nach innen, stoffwechselartig. Der Rhythmus, den wir hier entdecken können, entspricht dem sozialen Menschenwesen, er spielt sich auf der natürlichen Seite zwischen Menschen ab, wie er sich auf der kulturellen Seite abspielt durch die Sprachorganisation.

Der Sprachorganisation zwischen Kopf und Lunge und der Sexualorganisation zwischen Herz und Gliedmassen entspricht die apollinische Kastalische Quelle zwischen der Tholos und dem Apollon-Tempel und die dionysische Kerna-Quelle zwischen dem Theater und dem Stadion. Dabei ist wohl zu bemerken, dass dem Brunnenhaus der Kastalischen Quelle die Gestalt von Kehlkopf, Mund- und Nasenhöhle künstlerisch zugrunde lag. Dazu betrachte man *Abbildung 61.* Sie zeigt die Kastalia von schräg oben. Man sieht in dem in den Felsen geschnittenen Brunnenhaus in der Wand Nischen für Weihgaben und darunter eine Kerbung, in die die Decke eingelassen war. Auf halber Höhe zwischen Deckenkerbe und Boden der Brunnenstube erkennt man bei näherem Hinsehen eine vor der Rückwand aus dem Brunnenboden aufsteigende Wand, die aus dem anstehenden Felsen herausgearbeitet ist. Die Oberkante dieser Wand ist stark beschädigt, sie endet deshalb unregelmässig. Hinter dieser Wand, in der rechten (südlichen) Ecke entspringt die Kastalia. Das Quellwasser wird hinter dieser Wand entlang in einen Tunnel im gewachsenen Fels geführt, aus dem es (links vom Bildrand) wieder austritt. (*Abbildung 62* zeigt die Tunnelöffnung, *Abbildung 63* den Austritt.) Der Wasser führende Graben knickt ausserhalb des Tunnels scharf in die Richtung der kastalischen Schlucht ab. Hier bemerkt man (am unteren Bildrand, links der Mitte) unmittelbar nach dem Knie eine Einarbeitung in den Fels, den *Abbildung 64* frontal zeigt. Wozu diente diese Einarbeitung? Es ist eine einfache Vorrichtung, in die ein Brett zum Stauen der Quelle eingesetzt wurde. Das Wasser konnte so auch hinter der Mauer der Brunnenstube ansteigen, bis es aus 5 (7) Öffnungen in diese einfloss. Hier waren löwenköpfige Wasserspeier aus Bronze befestigt. (*Abbildung 65* zeigt die letzte erhaltene Fassung eines solchen Speiers.) Sollte die Kastalische Quelle im Brunnenhaus Wasser schenken, wurde der Durchfluss gesperrt. Das Wasser lief dann frei oder in Becken aufgefangen auf den Boden des Brunnenhauses, der mit Steinfliesen gedeckt war. Die seitlichen Stützen dieser Bodendeckung erkennt man auf *Abbildung 61* als Bank, die den Boden der Brunnenstube an allen vier Wänden einfasste. Von hier aus floss es durch eine schmale (auf *Abbildung 61* zu erkennende) Rinne und vereinigte sich mit dem Hauptgraben, der aus dem Tunnel kam. Das Brunnenhaus der Kastalischen Quelle wäre einfacher zu bauen gewesen. Kein äusserer Grund hat den Architekten gezwungen, den Tunnel durch den gewachsenen Felsen zu führen. Er hätte von vornherein den Abfluss allein durch die herausgearbeitete Mauer vorsehen können. Aber dann hätte es keinen Rhythmus mehr zwischen dem Strömen der Quelle im Brunnenhaus und ihrem Schweigen gegeben.

Vergleichen wir nun die Anlage der Kastalischen Quelle mit der menschlichen Sprachorganisation. Wenn der Mensch spricht, strömt die Luft durch den Kehlkopf und die Mund- und Rachenhöhle. Schweigt der Mensch, wird die Luft hinter der Rachenhöhle vorbei in den Nasenraum geleitet und tritt durch ihn aus. (Es kann ein unmittelbares Erlebnis sein, die Kongruenz beider Bildungen zu sehen.) Wird der «Nasendurchtritt» der Quelle geschlossen, spricht sie in der Brunnenstube; wird er geöffnet, so schweigt sie.

61 Delphi, Blick auf die Kastalische Quelle von oben.

62 Delphi, Tunnelöffnung der Kastalia.

63 Delphi, Tunnelaustritt der Kastalia.

64 Delphi, Kastalia, Einarbeitungen in den Fels zum Stauen der Quelle

65 Delphi, Kastalia, Fassung eines Wasserspeiers.

66 Beispiel einer Darstellung von Alexanders Löwenjagd (Grosser Sarkophag aus Sidon).

67 Wagenlenker, 5. Jh. v. Chr.

Als im 2. Jahrhundert n. Chr. Delphis Leben endgültig versiegte, versuchte der römische Kaiser Hadrian (117–138), das Orakel noch einmal zu beleben. Kurz danach erhielt der letzte Heide auf dem römischen Kaiserthron, Julian Apostata (griechisch: der Abtrünnige», 361–363) den letzten Orakelspruch, gleichzeitig den einzigen, der sich nicht in eine apollinische und in eine dionysische Auffassung zerlegen lässt: «Sagt es dem Herrscher: Zerstört ist die Stätte gesegneter Kunst! Phoibos Apoll hat kein Heim mehr, verwelkt ist der mantische Lorbeer, versiegt ist die Quelle, verstummt sind die murmelnden Wasser.»[43]

So sehr dieser Spruch im übertragenen Sinne gemeint war, gab er doch auch die damalige Situation wieder. Das Wehr in der Brunnenstube wird nicht mehr für den Kultus aufgestellt, die Kastalia ist verstummt, auch wenn ihr Wasser heute noch fliesst.

Gehen wir zum Kassotis-Brunnen des alten Alkmaionidentemples, von dem wir vermuten, dass er eine Zuleitung durch den gesamten Unterbau des Tempels und eine Zapfstelle im Adyton hatte. Der Kassotis-Brunnen des 4. Jahrhunderts, über die Nordecke des Tempels in die Stützmauer gebaut, hatte keine Verbindung mit der Quelle mehr. Der neue Kassotis-Brunnen wurde mit Wasser aus der heute «Kerna» genannten Quelle versorgt, deren altes Brunnenhaus halbwegs zwischen Theater und Stadion unter einer mächtigen Felsnase zu finden ist *(Abbildung 40)*. Wenn heute auch die Quelle für die Wasserversorgung des neuen Dorfes Delphi mit verwendet wird und die neue Fassung die alten Verhältnisse nicht mehr erkennen lässt, haben wir doch zu vermuten, dass eine unterirdische Leitung der Kassotis Wasser zuführte. Nur das überschüssige Wasser sprudelte in ihrem Brunnenhaus. Die Lage der Kerna-Quelle im Gesamtheiligtum korreliert mit der Lage der Sexualorganisation im Menschenleib. Aus dieser Quelle trank die Pythia, in der Kastalischen hatte sie sich zuvor gereinigt. Wie der Mensch durch den Kehlkopf als Kulturwesen ausspricht, was als Idee im Inneren seiner Seele geboren wird, so spricht der Mensch im Geburtsakt als ein Naturwesen aus, was einem sich inkarnierenden Menschen-Ich als Leibeshülle dienen soll. Diese Polarität ist nicht nur in der Architektur Delphis, sondern auch im Kultus Delphis zu entdecken. Durch die seelenreinigende Kraft der Kastalischen Quelle und die Leibesfeuer entzündende Kraft der Kassotis stellte die Pythia die Bedingungen her, unter denen zwei Seiten der geistigen Welt, die hinter der Sinneswelt liegende apollinische und die unter der menschlichen Seele liegende dionysische, auf Fragen nach Volks- und Menschenschicksal im Orakelspruch zusammenklingend antworten konnten.

Das delphische Heiligtum offenbart sich damit als ein von Menschen nach kosmischen Gesetzen für Götter geschaffenes Kunstwerk. Die besondere Verehrung, die Delphi bis zum Ende der griechischen Kultur immer genoss, hing wohl mit der Vollkommenheit dieses Gesamtkunstwerkes zusammen. Seine Ausstrahlung versetzte die für die Empfindung der imaginativen Welt offenen Griechen in einen Seelen- und Gemütszustand, den sie als heilig empfinden mussten.

Einige kleinere Zusammenhänge lassen dieses Kunstwerk noch ziselierter erscheinen.

Sie zeigen, dass die Entstehungsgeschichte des Heiligtums ein lebendiges Zusammenklingen vieler Bauimpulse war, die die zugrundeliegende Idee immer deutlicher und reiner zum Ausdruck brachten. Diese Idee des Menschenleibes war auf die aus dem Kosmos wirkenden Kräfte, die ihn bilden, bezogen, und nicht auf einen gegenständlich erscheinenden, wenn auch noch so ideal gebildeten Leib. Darauf deutet das folgende Phänomen hin: Weder die Achse des Tempels noch die des Theaters liegen in der Hauptachse des Heiligtums. Misst man den Winkel der Abweichung, ergibt sich (aus den zur Verfügung stehenden ungenauen Unterlagen) ein Winkel von ungefähr 25°. Wegen des möglichen Messfehlers bis zu 2° könnte dieser Winkel 23½° betragen: Das wäre die Neigung der Erdachse gegen die Ekliptik, ein Winkel, der nicht nur den Griechen, sondern schon älteren Kulturen bekannt war. Dieses kosmische Mass kehrt, wenn auch mit erheblichen Abweichungen, im menschlichen Leib als Neigung des Herzens gegen die Körperachse wieder. Das Herz als mikrokosmische Sonne ist keine ungewohnte Vorstellung, sie kann künstlerisch nachempfunden werden, so dass man sagen kann: Wie die Erdachse 23½° gegen die Sonne in der Ekliptik geneigt ist, so ist das Herz gegen die Körperachse geneigt – ebenso das Theater gegen die Hauptachse des delphischen Heiligtums (um 90° gedreht, gleichfalls der Apollon-Tempel). Diese Arbeitshypothese mag einmal durch eine ausreichend genaue Messung bestätigt oder verworfen werden.

Die Hauptachse geht zwischen Theater und Tempel mitten durch die Nische mit dem Weihgeschenk des Krateros, das die Errettung Alexanders bei der Löwenjagd zeigt, und dem bisher nur kurz erwähnten Wagenlenker hindurch – also eine Mitte in der Mitte des Heiligtums, die uns die Zweiheit, die als Prinzip das Kunsthandwerk Delphi beherrscht, wiederum vor Augen führt: Alexander im Kampf mit dem Löwen, den Sieg nur durch fremde Hilfe erringend (siehe vergleichsweise *Abbildung 66*), auf der anderen Seite der Mensch, der gesiegt hat. Der Wagenlenker trägt die Binde des Siegers, er hält die Rosse gezügelt, sein Gurt kreuzt sich über dem Rücken. Der apollinische Mensch hier, der dionysisch kämpfende dort. *Abbildung 67* zeigt den grossartigen Bronzeguss, den der Tyrann Polyzalos von Gela um 475 als Weihegeschenk nach Delphi brachte. Wagen und Gespann, nur bruchstückhaft erhalten, sind zusammen mit der fast vollständig erhaltenen Statue des Wagenlenkers im Museum von Delphi aufgestellt.

Das in den Menschen einziehende individuelle Ich erschien dem Griechen als eine seine Existenz im Tiefsten erschütternde Frage. Diese stellt er künstlerisch in der Sphinx dar. Sie ist die Plastik gewordene Frage der Griechen: «Was ist der Mensch?» In Delphi stand sie, von den Naxiern geweiht, auf einer ionischen Säule im einzig unbebauten Gebiet des Temenos, im Gebiet des Heiligtums der Gâ (*Abbildung 34,* Nummer 25), zwischen der Halle der Athener (26) und dem Felsen der Sibylle (24). Die Antwort auf die Frage der Sphinx liegt in ihrer Gestalt als offenbares Geheimnis: Der Mensch ist das Viergetier: Adler (Flügel), Löwe (Rumpf), Stier (Schwanz) und Mensch (Haupt). Diese Antwort kehrt wieder in der Vierheit der Apostelsymbole christlicher Esoterik.

Das Heiligtum des Asklepios in Epidauros liegt im Nordosten der Peloponnes; zusammen mit Delphi und Olympia bildet es die Ecken eines etwa gleichschenkligen Dreiecks. Delphi liegt im Norden am Scheitelpunkt dieses Dreiecks, auf dem Festland in der hochgebirgsartigen Kulisse des Parnasses. Epidauros liegt an der östlichen Ecke des Dreiecks, in einer Mittelgebirgslandschaft zwischen gerundeten Bergkuppen. Das olympische Heiligtum liegt an der westlichen Ecke, im Tiefland des Alpheiostales in der nordwestlichen Peloponnes.

Die griechische Mythologie kennt Asklepios als den Sohn des Sonnengottes Apollon, seine Mutter ist die thessalische Königstochter Koronis. Die Mythen über die Geburt des Heroen Asklepios unterscheiden sich zwar in einigen Punkten, sind im ganzen aber doch vergleichbar. Das älteste Heiligtum des Asklepios stand in Trikki (heute Trikkala) in Thessalien. Homer erwähnt die Söhne des Asklepios Machaon und Podaleirios, die als Könige von Thessalien am Trojanischen Krieg teilgenommen haben[44]. Sie taten sich nicht nur als Helden, sondern auch als Heilkundige hervor – eine Erbschaft des Vaters. Asklepios selbst wird – zusammen mit Jason, Herakles und den Dioskuren – als Heroe des Argonautenzuges erwähnt.

Nach Pindar war Asklepios ein Sohn des Apollon[45]. Der göttliche Arzt hatte seine Fähigkeit vom Vater ererbt, dessen Heilkunst nur versagte, wo er selbst tötete. Homer schildert Paiëon (ein Beiname des Apollon) als den Arzt, der die Götter heilte, wenn sie verwundet wurden.

Die Mythen erzählen von einer Liebschaft am See Vivilis. Die jungfräuliche Tochter Koronis (die Krähenjungfrau) des Königs Phlegyas (der Feuerrote) von Thessalien wusch ihre Füsse im See. Apollon überraschte sie und zeugte mit ihr einen Sohn. Sie aber wählte Ischys, einen Sterblichen, zum Manne. Die Nachricht von der Hochzeit der Koronis mit Ischys brachte der weisse Rabe zu Apollon. Der Zorn des Gottes traf zuerst den Raben, der seitdem schwarz ist. Apollon sandte seine Schwester Artemis nach Thessalien, damit sie mit ihren Pfeilen Koronis wegen ihrer Untreue bestrafe. Artemis tötete sie und viele Frauen mit ihr; die Scheiterhaufen für die Bestattung der Toten brannten. Als die Flammen über dem Leib der Koronis aufloderten, rief Apollon: «Ich dulde nicht, dass mein Sohn mit der Mutter untergeht.» Apollon befreite Asklepios aus dem Leib der Toten und brachte ihn ins Peliongebirge zum Kentauren Chiron, dem grossen Erzieher, der, wie Pindar sagt, voll Liebe für die Menschen war. Hier erlernte er die Heilkunst.

In Epidauros selbst wurde eine andere, auf den Ort bezogene Legende über die Geburt des Asklepios erzählt. Der thessalische König Phlegyas kam mit kriegerischer Absicht auf die Peloponnes. Mit ihm reiste Koronis Aigle (die Lichte), die damals schon von Apollon schwanger war, ohne dass ihr Vater oder ihre Mutter, die eine Tochter der Muse Erato war, davon wussten. Sie gebar Asklepios auf epidaurischem Boden, Artemis und die Moiren halfen dabei. Um die Geburt des Sohnes zu verbergen, setzte ihn Koronis auf dem Berge Myrtio aus. Eine Ziege säugte das Kind und ein Hirtenhund bewachte es. Der Berg heisst seitdem Titthio, «wo er gesäugt wurde». Aresthanes, ein Hirte, vermisste seine beiden Tiere und ging sie suchen. So fand er das Kind und wollte es mit sich nehmen. Da sah er, dass ein heller Glanz das Kind umstrahlte, er erkannte dessen göttliche Abkunft und wandte sich voller Scheu ab. Im ganzen Land und über das Meer verbreitete sich die Kunde von der Geburt des Asklepios, der später als grosser Arzt jede Krankheit heilen konnte.

Über den Tod des Asklepios wurde in Epidauros noch erzählt, dass er aus Liebe zu den Menschen einmal einen Toten vor dem Hades retten wollte und ihn wiedererweckte. Aus Zorn wegen der Übertretung einer Grenze, die ihm als Artz gesetzt war, schleuderte Zeus seinen Blitz auf Asklepios und tötete ihn. Im Asklepios-Heiligtum in Epidauros wirkten die Priesterärzte in der Nachfolge des Asklepios bis ans Ende der römischen Zeit. Die Kunde vieler der Heilungen wurde in grosse Stelen gemeisselt, die im Heiligtum aufgestellt waren. Pausanias schreibt: «Innerhalb des heiligen Bezirks standen von alters viele Stelen, zu meiner Zeit noch sechs. Auf ihnen sind die Namen von Männern und Frauen verzeichnet, die von Asklepios geheilt wurden, dazu die Krankheit, an der jeder litt, und wie er geheilt wurde[46].»

Die griechischen Archäologen haben deren noch zwei gefunden, die im heutigen Museum von Epidauros ausgestellt sind. Darauf sind 43 Heilungen verzeichnet, die in Epidauros vor der 2. Hälfte des 4. Jahrhunderts geschahen. Allerdings lassen manche der beschriebenen Heilungen den Schluss zu, dass Asklepios die Mitarbeit seiner Patienten voraussetzte. Wer nicht mit Genauigkeit seine Hilfsbegehren formulierte, den bestrafte er mit listigem Sinn, die Bitten des Hilfesuchenden wörtlich nehmend: «Eine Frau aus Pellini, Ithmonike genannt, kam zum Heiligtum, den Gott zu bitten, dass sie ein Kind bekommen möge. Als sie im Abaton eingeschlafen war, hatte sie folgende Vision: Sie bat den Gott, er möge ihr helfen, eine Tochter zu empfangen. Asklepios sagte ihr, sie würde schwanger werden, und wenn sie eine weitere Bitte an ihn habe, würde er diese erhören. Sie aber antwortete, dass sie keinen weiteren Wunsch habe. Und wahrlich, die Frau wurde schwanger und trug das Kind drei Jahre, bis sie wieder zum Heiligtum kam, um den Gott zu bitten, er möge ihr helfen, dass sie entbinden könne. Nachdem sie wieder im Abaton schlief, hatte sie die folgende Vision: Sie sah, wie der Gott sie fragte: Ist dir vielleicht nicht das geschehen, worum du gebeten hast und bist du vielleicht nicht schwanger geworden? Dass du aber gebären wolltest, hast du nicht gesagt, obwohl ich dich gefragt habe, ob du noch etwas anderes wolltest. Wie dem auch sei, jetzt bist du wiedergekommen, um zu bitten, dass du gebären mögest. Das wird dir gegönnt. Danach ging sie schnell aus dem Abaton hinaus, und kaum war sie ausserhalb der Umschliessung, brachte sie ein Mädchen zur Welt[47].»

Ein weiterer Fall zeigt, dass Ungläubigkeit gegenüber der Heilkraft des Gottes Ungnade fand: «Eine Frau aus Athen, namens Ambrosia, die auf einem Auge blind war, kam zum Gott, um geheilt zu werden. Wie sie nun alles im Heiligtum besichtigte, machte sie sich über einen der Heilungsfälle lustig. Sie sprach, es sei unmöglich, dass Lahme und Blinde nur durch Träume gesunden könnten. Wie sie nun im Abaton schlief, hatte sie die folgende Vision: Sie träumte, wie sie den Gott vor sich sah, der ihr sagte, dass er sie wohl heilen würde, aber sie müsse aus Dankbarkeit dem Heiligtum ein silbernes Schwein stiften, zum Denkmal ihrer Dummheit. Nachdem er so gesprochen hatte, spaltete er den Augapfel und goss eine Arznei hinein. Als es nun Tag wurde, kam sie gesund aus dem Abaton heraus[48].»

Über den Kultus, der in Epidauros gepflegt wurde, wie über die Tätigkeiten der Priester (Nakoros), der Priesterin, des Priesterhelfers (Pyrophoros), der Tempelhüter (Jerommemones = die die heiligen Worte im Gedächtnis Behaltenden) und schliesslich der Sänger (Aoidei), ist kaum etwas überliefert. Im ganzen gesehen kann man davon ausgehen, dass die Priester und ihre Helfer jedem Heilungsuchenden die Aufgaben mitteilten, die zur seelischen Wiederherstellung seiner ganzen Persönlichkeit erforderlich schienen. Das geschah durch «das Tor der reinen Seele». Die Einheit von Seele und Leib wurde noch so gesehen, dass die Seele den Leib gestaltet. In ihr liegen die Fähigkeiten, die die Harmonie – das ist Gesundheit – geben. Ist der Leib krank, mangelt es an Wirksamkeit der Seele im Leib. Die gesundmachenden Kräfte der Seele wurden aufgerufen durch die Wirkung der Tragödien im Theater, durch Rezitation und wohl auch durch gymnische Agone (Wettkämpfe). Hatte der Kranke seine Seele vorbereitet und gereinigt, durfte er im Abaton, einem Hallenbau, schlafen *(Abbildung 68)*. Hier erschien ihm Asklepios und nannte die Bedingungen der Heilung, meist Opfer und Stiftungen. Immer wird der visionär erscheinende Asklepios milde und freundlich geschildert.

Wenden wir uns der Architektur des Heiligtums zu. Meine Ungeduld bekennend, darf ich sagen, dass ich mich, nachdem die Dreigliederung Delphis, seine Hauptachse und der Winkel von 23½ Grad entdeckt waren, mit Zirkel und Lineal den wiederum ungenügenden Karten von Epidauros gewidmet habe. Hier war also kein «Gefühl», vor einem Ganzen zu stehen, der Antrieb zur Beschäftigung, mit dem, was noch zu finden ist. Deshalb soll die Darstellung mehr von den Entdeckungen her aufgebaut werden, an die sich die künstlerischen Empfindungen anschliessen sollen.

Früher führten zwei Wege nach Epidauros; einmal konnte der Wanderer von Argos und Nauplion auf einer sehr alten, noch aus mykenischer Zeit stammenden Strasse oder vom Isthmus, von Isthmia-Korinth her seinen Weg suchen. Beide Strassen hatten sich wohl unmittelbar vor den Propyläen des Heiligtums vereinigt. Es ist dem Besucher anzuraten, seinen Weg auch an den Propyläen beginnen zu lassen, denn die Gesamtanlage dieses Bauwerkes und seiner Umgebung vermag die Seele auf das zu Erwartende einzustimmen. Die Propyläen sind nicht auf jeder Karte eingezeichnet, in der Regel nur auf den Übersichtsblättern. Sie sind im Norden des Heiligtums zu finden. Wenn man vor den Propyläen (heute leider mit dem Rücken an einen Drahtzaun gelehnt) steht, bleiben alle anderen Baukomplexe dem suchenden Blick verborgen. Nur das Theater mag früher, je nach dem damaligen Baumbestand, dem Blick zugänglich gewesen sein. (*Abbil-*

dung 69 wurde von diesem Standort aufgenommen.) Von hier überblickt man drei verschiedene Niveauhöhen: Selber steht man auf dem untersten Niveau; der Boden der Propyläen und das Gelände dahinter bilden das zweite; eine darauf folgende angeschüttete Erdschwelle – vom Architekten bewusst gestaltet – führt auf das dritte Niveau hinauf, wo der heilige Bezirk lag. Wenn man vor den Propyläen steht, verbirgt diese Geländegestaltung dem Blick das Abaton, den Asklepios-Tempel und die Tholos – nach einer alten Überlieferung auch «Thymele» genannt – und all die vielen, teilweise auch grösseren Baukomplexe. Erst wenn die Worte, die über den Propyläen standen, sich in der Seele befestigt hatten, konnte vom untersten Niveau die erste Schwelle in die Propyläen hinein überschritten werden. Über den Propyläen stand zu lesen:

ΑΓΝΟΝ ΧΡΗ ΝΗΟΙΟΣ ΘΗΩΔΕΟΣ ΕΝΤΟΣ ΙΟΝΤΑ
ΕΜΜΕΝΑΙ ΑΓΝΕΙΗ Δ ΕΣΤΙ ΦΡΟΝΕΙΝ ΟΣΙΑ [49]

Rein sei ein jeder, der tritt in den weihrauchduftenden Tempel.
Rein sein, das heisst, im Sinnen des Hauptes das Göttliche hegen.

Dem Motto ist zu entnehmen, dass die Reinheit der sinnenden Seele wiedergefunden werden sollte, denn alles Götterunwürdige in Denken, Fühlen und Wollen liegt den Krankheiten des Leibes zugrunde.

Auch hier, auf dem zweiten Niveau der Propyläen verbirgt die Erdschwelle zum dritten noch den Heiligen Bezirk. Alle Gebäude tauchen gleichzeitig auf, wenn wir die Schwelle hinaufsteigen. Tempel, Tholos, Abaton und weitere Gebäude liegen vor dem Blick. Diesen Weg hinauf durch die Propyläen *(Abbildung 70)* braucht die Seele heute so notwendig wie damals. Diese vorbereitende Einstimmung muss dem Seelenauge heute manches ersetzen, was der Blick nicht mehr sieht. Denn Epidauros ist eine der am meisten zerstörten Kultstätten des alten Griechenland. Allein das in den Berg gebaute Theater blieb fast vollständig erhalten (die notwendigen Restaurierungsarbeiten werden mit Gefühl für das Mögliche von griechischen Archäologen ausgeführt). Epidauros ist die grösste der wenigen klassischen Stätten, die von Griechen ausgegraben wurden.

Die Komposition des Heiligtums wurde nicht in einer längeren Genese über die Jahrhunderte entwickelt wie in Delphi, sondern in einem einzigen Jahrhundert; vom Beginn des 4. bis zum Beginn des 3. Jahrhunderts wurden Tempel, Tholos, Theater und wohl auch das Stadion erbaut. Es scheint, dass von vornherein eine Konzeption der Gesamtanlage vorlag. Es kennzeichnete nicht nur den Charakter des Epidaurischen Heiligtums, sondern die architektonische Tendenz des 4.–3. Jahrhunderts, dass Tempel und Kultbauten ausserordentlich kunstvoll ausgestattet wurden. Doch in der Grössenordnung blieben sie bescheiden, klein - ganz im Gegensatz zu den Nutzbauten, die rings um das Kultzentrum lagen. Dazu zählte auch das Abaton, eine weite, teilweise zweigeschossige Halle, in der sich die Patienten zum Heilschlaf niederlegten. Sie grenzte das Heiligtum nach Norden ab und erschien von den Propyläen her als erstes dem Blick. Eine riesige Palästra und,

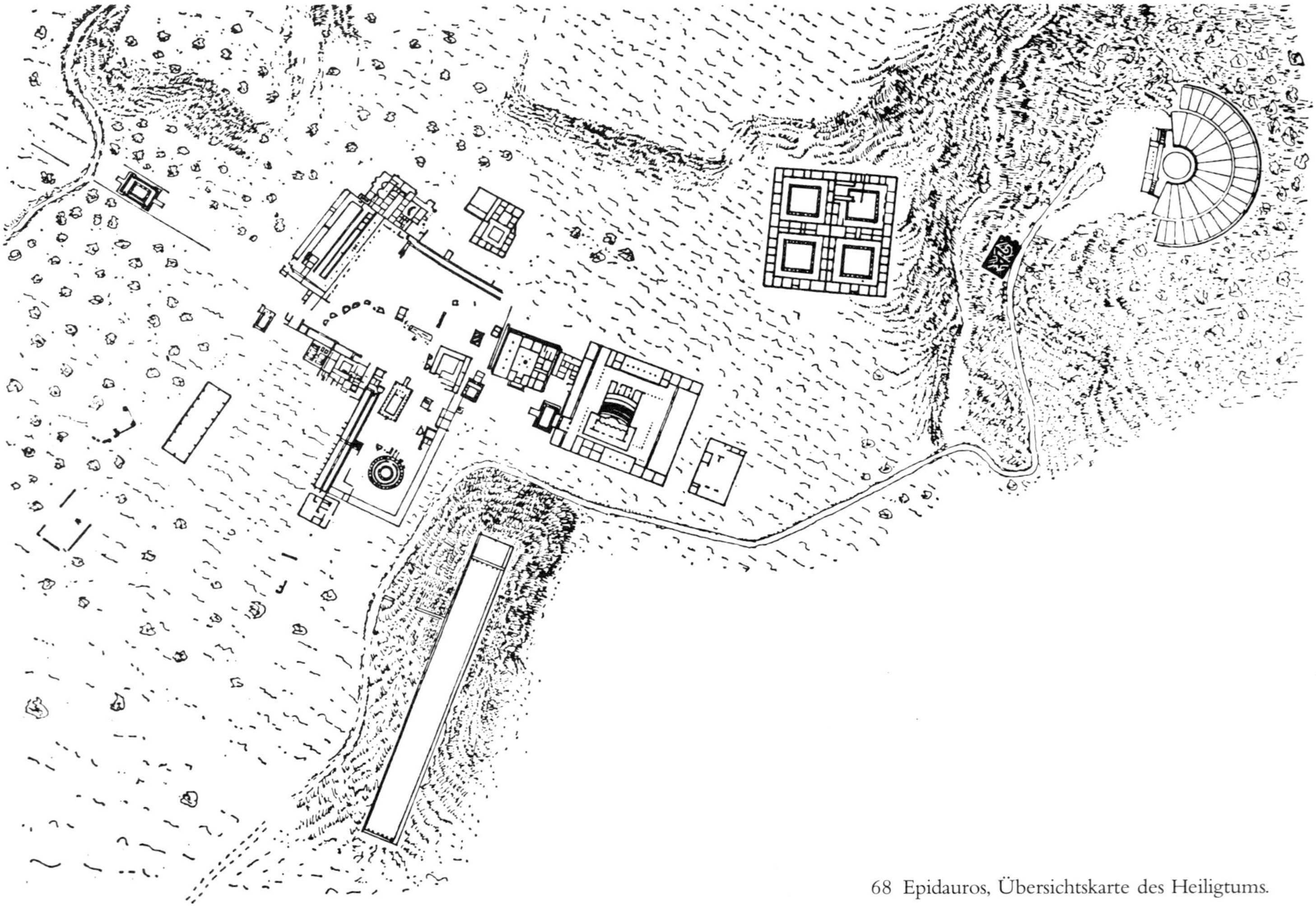

68 Epidauros, Übersichtskarte des Heiligtums.

69 Epidauros, Vor den Propyläen.

70 Epidauros, Propyläen.

als grösster Bau in Epidauros überhaupt, ein grossartiges zweistöckiges Gästehaus mit 160 Zimmern, die um vier Innenhöfe gruppiert waren, gehörten noch dazu. Von Pausanias[50] erfahren wir, dass das Heiligtum nicht von einer Mauer eingefriedet, sondern durch eine Reihe von Pfählen abgesteckt war, die wohl bei den Propyläen ihren Anfang hatte. (*Abbildung 70* zeigt die Peristasis der Propyläen, die sechssäulige korinthische und ionische Fronten hatte.)

Der Bau des Asklepios-Tempels (siehe den Grundriss auf *Abbildung 68* und den Blick auf die Reste der Krepis in *Abbildung* 77) wurde um 380 begonnen. Die Bauzeit dauerte nur knapp fünf Jahre. Der Grundriss mit 11,76 m × 23,06 m weist wohl einen der kleinsten dorischen Ringhallentempel ganz Griechenlands auf. Da ihm ein Opisthodom fehlt, wirkt die Peristasis mit 6 mal 11Säulen gedrungen. Von den Giebelfiguren wurden nur unbedeutende Reste gefunden, aber doch so viele, dass wenigstens das Thema des Westgiebels deutlich wird: Der Kampf zwischen Griechen und Amazonen. Akroterien, die schwebende Reiterinnen (Nereiden?) darstellten, ein Rosettenschmuck im Metopen-Triglyphen-Fries (eine der Besonderheiten dieses Tempels), ein mit marmornen Löwenköpfen geziertes Geison, Gebälk und vielfarbig bemalte Kapitelle: dies alles kann man im Museum neben der Rekonstruktion eines Teils des Tempels betrachten, denn im Gelände lässt sich kein Eindruck mehr davon gewinnen. Über die Asklepios-Statue, die im Inneren des Naos zu bewundern war, schreibt Pausanias: «Die Kultstatue des Asklepios ist halb so gross wie die des olympischen Zeus in Athen und aus Elfenbein und Gold gemacht; eine Inschrift besagt, der Künstler sei der Parier Thrasymedes, der Sohn des Arignotos. Er sitzt auf einem Thron, einen Stab haltend, die andere Hand hat er über dem Kopf der Schlange, und auch ein Hund ist neben ihm liegend dargestellt. Auf dem Thron sind die Taten von argirischen Heroen angebracht, Bellerophontes Kampf mit der Chimära und Perseus, der der Meduse den Kopf abgeschlagen hat[51].» Das Kultbild – wie auch die ganze Ausstattung des Tempelinneren (dem allerdings die Innensäulen fehlten) – muss ausserordentlich prächtig gewesen sein. Der Boden bestand aus kontrastierendem weiss-schwarzem Marmor.

Das grossartigste Schmuckstück des ganzen Heiligtums war die von 360 bis 320 erbaute Tholos, ein grösserer dorischer Rundtempel als der von Delphi, der ihm voranging. (*Abbildung 71* zeigt die Rekonstruktion eines Sektors, der im Museum von Epidauros aufgebaut ist. Wir blicken vom Inneren der Cella auf Innensäule, Cellawand und Säule der Peristasis.) Der Durchmesser der Krepis betrug 21,68 m – der der Cella 14,65 m. Eine Peristasis umkränzte die Cella wie in Delphi, hier aber mit 26 dorischen Säulen aus weissgetünchtem Stein, im Inneren der Cella waren 14 freistehende korinthische Säulen ohne Konkordanz zu den dorischen Aussensäulen angeordnet. Sie liessen einen schmalen Umgang frei. Die Kapitelle dieser korinthischen Säulen sind das Eleganteste und Leichteste, was die griechische Architektur an Kapitellen überhaupt hervorgebracht hat. *Abbildung 72* zeigt das vom Architekten Polyklet selbst gehauene Modell, das, neben der Tholos sorgfältig vergraben, fast unbeschädigt gefunden wurde. In zwei Reihen übereinander wird jedes Kapitell von 16 Akanthusblättern umkränzt, aus denen sich zu den Ecken des Abakus hin Pflanzenspiralen erheben. Zwei weitere, kleinere neigen sich der Mitte zu und bilden die Basis für eine Blüte. Auf *Abbildung 72* erkennt man zwischen dem von den korinthischen Säulen getragenen Architrav und der Cellawand einen die Decke bildenden Kassettenring, zwischen dieser Wand und dem Architrav der Peristasis zwei solche Ringe. In diesen Kassetten (auf der Abbildung leider nicht zu erkennen) setzt sich der Blütenschmuck des korinthischen Kapitells fort. Jede Kassette trägt im Zentrum eine Blüte mit 4, 8 und 12 Blättern – von innen nach aussen gesehen. In die Kassettenecken gestellte akanthusartige Laubblätter führen die runde Blüte in die quadratische Gestalt der Kassette über.

Die Cellawand trug vielfarbige Verzierungen, Blumen, Mäander, Hohlleisten und Knöchel, schliesslich auch Fresken des Malers Pausias, von denen Pausanias zwei beschreibt: «In der Nähe des Tempels ist ein Rundbau errichtet, die sogenannte Tholos, sehenswert. Darin ist von der Hand des Pausias ein Eros gemalt, der Geschosse und Bogen niedergelegt hat und statt ihrer eine Leier trägt. Auch Methe, die Trunkenheit, ist hier gemalt; auch diese ein Werk des Pausias, aus einer Glasschale trinkend. Man sieht auch in dem Gemälde die gläserne Schale und durch sie hindurch das Gesicht der Frau[52].»

Pausanias nennt Polyklet den Jüngeren als Architekten dieses mit grösster handwerklicher Akkuratesse errichteten Baues. (Nach Gruben suchte er das Vorbild für die Türumrahmung, für das Anthemion und den Eierstab der Wandbekrönung im Erechtheion der Akropolis von Athen.[53]) Die reiche Ornamentik der Marmordecke des Umganges mit ihren Mäandern, Kymatien, Akanthusmotiven und den schon erwähnten Rosetten in den Kassetten ist die reichste ganz Griechenlands.

Wie schon beim Asklepios-Tempel waren die Metopen mit zwölfblättrigen Rosetten geschmückt, die – bunt bemalt – die fast quadratischen Felder ausfüllten. Der Aussenaufbau der Tholos war aus gewöhnlichem Kalkstein ausgeführt – bis auf die Simen, die Deckenkassetten und die Orthostaten, die aus Marmor bestanden. Im ganzen Innenraum aber entfaltete sich die Pracht des Marmors, der von verschiedenen Orten stammte, aber grossartig zusammengestellt war. Wandsockel und Stylobat, schwarz hervorgehoben, kontrastierten mit dem schimmernden Weiss der anderen Innenelemente. Der Fussboden aus spiralig geordneten schwarzen und weissen Rauten wiederholte diesen Kontrast. Der runde Zentralstein des Fussbodens konnte aufgehoben werden und gab den Zugang zum Labyrinth frei (siehe Seite 221 f.).

Noch heute empfindet man im Museum die elegante Wirkung und den erlesenen Geschmack des ganzen ornamentalen Zierates (siehe *Abbildung 71*). Einen Schritt weiter entwickelt, hätte dieser Zierat seinen Bezug zu den architektonischen Elementen verloren und wäre zum Selbstzweck geworden.

Man stelle sich die ebene oder zeltartige Holzdecke über diesem Fussboden vergoldet vor, dazu die Malerei des Pausias an den Wänden. Wozu mochte dieser merkwürdige Bau bestimmt gewesen sein? Meines Wissens gibt es keine Deutungsversuche hierüber.

Pausanias schrieb über das Theater: «Die Epidaurier haben im Heiligtum ein Theater, das, wie ich glaube, besonders sehenswert ist, die Theater der Römer übertreffen alle anderen an Schmuck, das der Arkader in Megalopolis übertrifft alle an Grösse. Welcher Architekt aber könnte hinsichtlich der Harmonie und der Schönheit mit Polyklet in Wettstreit treten? Polyklet nämlich war es, der sowohl dieses Theater als auch das runde Gebäude (die Tholos) errichtet hat[54].» Der Hinweis auf Polyklet datiert das Theater auf Mitte bis Ende des 4. Jahrhunderts. Nach neueren Forschungen wurde es aber erst zu Beginn des 3. Jahrhunderts errichtet, was jedoch nicht unbedingt gegen ein von Anfang an vorhandenes Gesamtkonzept spricht, weil beide Zeitangaben so dicht zusammenliegen.

Das architektonische Konzept des griechischen Theaters wurde im Laufe von 2 Jahrhunderten aus dem älteren Tanzplatz, der Orchestra, entwickelt, der in der griechischen Tradition wohl immer kreisrund war. In der Mitte stand der Altar des Dionysos. Am gegenüberliegenden Hang liessen sich die Zuschauer nieder. Die Skene war möglicherweise nichts weiter als ein Zelt, aus dem der Chor und die Schauspieler auftreten konnten. Schliesslich kamen die Sitzstufen hinzu, dann wurde die ganze Anlage in Stein ausgeführt. Der Zuschauerraum (Koilon), der stets unter freiem Himmel lag, nahm die von der Orchestra ausgehende Muschelform an und wurde meist in einen Hang gegraben und zu den Enden hin aufgeschüttet. Die obere Kante der nach aussen erforderlichen Stützmauern folgte der Steigung der Sitzstufen. In Epidauros finden wir das vollendetste Theater dieses Typus. Seine geometrischen Entwurfsprinzipien lassen sich klar und deutlich erkennen. Der Grundkreis der Orchestra ist in 20 gleiche Sektoren geteilt, von deren Grenzen radiale Treppen hinaufführen, die den Zuschauerraum in gleiche Sektoren teilen. Von 12 solchen Sektoren reicht je einer über den Halbkreis hinaus *(Abbildung 73)*. Die jeweils 2 letzten Sektoren sind mit einem vergrösserten Durchmesser angelegt, so dass ein Korbbogen entsteht. In die Sektoren wurden zunächst 34 Sitzringe gebaut, über die nach einem breiteren Umgang (Diazoma) 20 weitere Sitzreihen hinzugefügt wurden. Im ganzen fanden 14 000 Zuschauer Platz. Die Orchestra (Durchmesser: 9,77 m) blieb kreisrund in der Ausführung und ist von einer Steinschwelle eingefasst. Das Bühnenhaus, die Skene, war ein kompliziertes Gebäude, von dem heute nur noch die Grundmauern zu sehen sind. Vor dem Bühnenhaus lag eine schmale ionische Halle, in deren Stützen (ionische Halbsäulen) gemalte Kulissen in dafür vorgesehene Pfalze eingehängt wurden. An den Enden des Bühnengebäudes schloss ein Festtor, durch welches der Zugang zum Theater erfolgte, die ganze Anlage an beiden Seiten ab.

Das ionische Proskenion trug eine Decke, auf der später offenbar auch gespielt wurde. Daher ist zu vermuten, dass das eigentliche Bühnenhaus zweistöckig war, weil diese Spielfläche sicherlich vor einem Hintergrund lag. (*Abbildung 74 und 75* zeigen zwei Ansichten von Theater und Orchestra mit Skene und Festtoren.)

Das Stadion *(Abbildung 76)* hat eine rechteckige Form, also nicht die delphische Hufeisen-Form. Seine Länge beträgt 196,45 m und die Breite 23,30 m. Die Zuschauer sassen auf dem Boden, nur wenige Steinbänke waren an den Seiten angebracht. (Sie liegen heute ziemlich ungeordnet herum). Auf der nördlichen Seite hatte das Stadion einen kurzen unterirdischen Zugang, der es mit dem Temenos verband. Durch diese Krypta bewegte sich die Prozession, die vom Asklepios-Tempel her *(Abbildung 77)* Priester und Kämpfer in das Stadion brachte, bevor der Beginn des Agons verkündet wurde. Es ist zu vermuten, dass im Stadion vor der Errichtung des Theaters auch die musikalischen Wettkämpfe stattfanden.

Um den geometrischen Zusammenhang der Bauwerke von Epidauros zu betrachten, stehen gleichfalls nur Detailkarten von ausreichender Genauigkeit zur Verfügung. Übersichtskarten, die sowohl Tempel, Tholos, Theater und Stadion enthalten, sind unzuverlässig wie diejenigen von Delphi; eine Überprüfung ist also wiederum wünschenswert. Schon der flüchtige Blick auf die Karte zeigt, dass es eine alle Glieder verbindende Hauptachse nicht gibt. Aber die Mitte der der Tholos zugewendeten Front des Asklepios-Tempels, die Mitte der Tholos und die westlichste Ecke des Stadions liegen auf einer Geraden (*Abbildung 78a*). Weiter kann entdeckt werden, dass der Winkel zwischen der Tholosmitte, der östlichsten Ecke des Stadions und der Mitte der Orchestra 120 Grad beträgt: die Dreiteilung des Kreises. Der Vergleich der beiden sehr unterschiedlichen Schenkel-Längen miteinander ergibt ein Verhältnis von 1:5. Die Strecke 1 ist die Entfernung Tholosmitte – östlichste Ecke des Stadions bis Mitte der Orchestra im Theater. Schwenkt man diesen Winkel so um seinen Scheitelpunkt, dass er zur Tangente des Theaters wird, wird er auch zur Tangente der Tholos. Also verhalten sich auch die Durchmesser von Tholos und Theater wie 1:5. Ein weiteres Mal ist der Winkel von 120 Grad in der architektonischen Komposition zu finden, wenn man den Mittelpunkt des Asklepios-Tempels wieder mit der östlichsten Ecke des Stadions verbindet und auf der südlichen Längsseite des Stadions weiterschreitet (siehe *Abbildung 78b*). Schwenkt man auch diesen Winkel so um seinen Scheitelpunkt, dass der auf den Tempel gerichtete Schenkel zur Tangente wird, wird sein zweiter Schenkel zur Diagonalen des Stadions. Damit sind alle vier Baukörper so zueinander komponiert, dass sich alle Masse gegenseitig bedingen. Es gibt in Epidauros also keine zufällige Grösse. Die Arbeitsmittel des Architekten, der hier ein grossartiges kompositorisches Werk vollbrachte, waren die Dreiteilung des Kreises, das Streckverhältnis 1:5 und als absolutes Mass die Länge des Stadions. Die einzige Variable im Ganzen wäre nur noch die Lage der Tholos auf der Hauptachse des Heiligtums, die Tempel, Tholos und Stadion verbindet, und der Durchmesser der Tholos, der allerdings den Durchmesser des Theaters bestimmt. Aber auch die Tholos ist noch einmal miteinbezogen: Schlägt man um den Mittelpunkt des Theaters einen Vollkreis auf seiner äusseren Begrenzung, beträgt auch der Winkel: westlichste Ecke Stadion – Tholosmitte – Tangente des Theaterkreises 120 Grad. Bleibt also nur der Durchmesser der Tholos als vom Architekten gesetzt übrig? Man kann davon ausgehen, dass der Architekt unter Ausnutzung der bereits gegebenen Verhältnisse von der Tholos aus konstruiert hat. Sie ist das zentrale Bauwerk von Epidauros, dessen Bedeutung erkannt werden muss, wenn ein Licht auf das Ganze der Kulturanlage fallen soll.

71 Epidauros, Tholos, Rekonstruktion eines Sektors im Museum von Epidauros.

72 Epidauros, ein Kapitell von der Tholos.

73 Epidauros, Theater (Flugaufnahme).

74, 75 Epidauros, Theater.

76 Epidauros, Stadion.

77 Epidauros,
Krepis des Asklepios-Tempels.

76

77

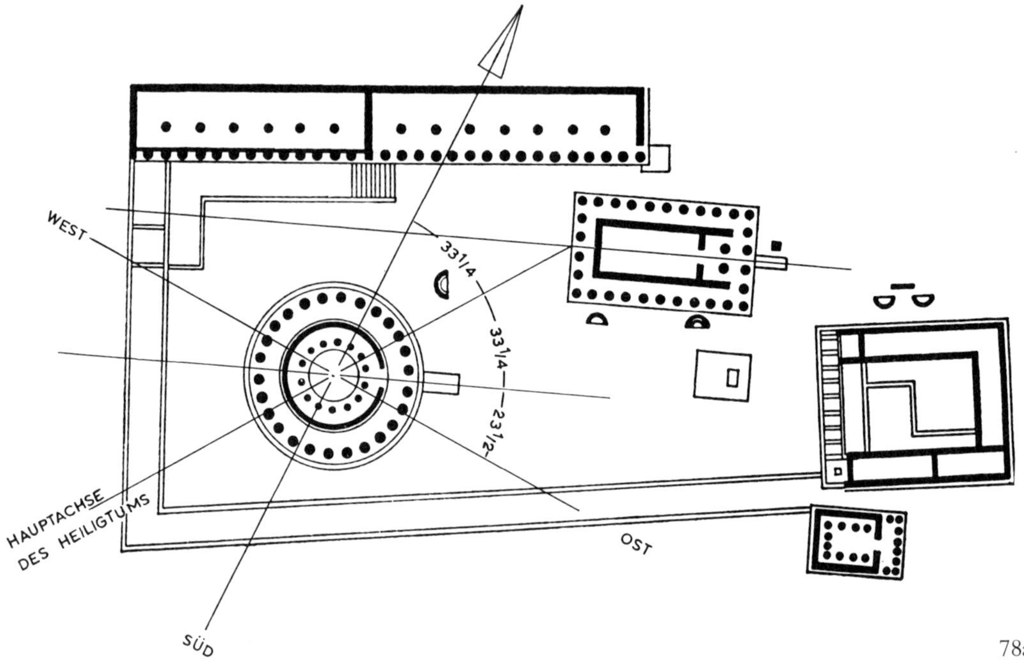

78a

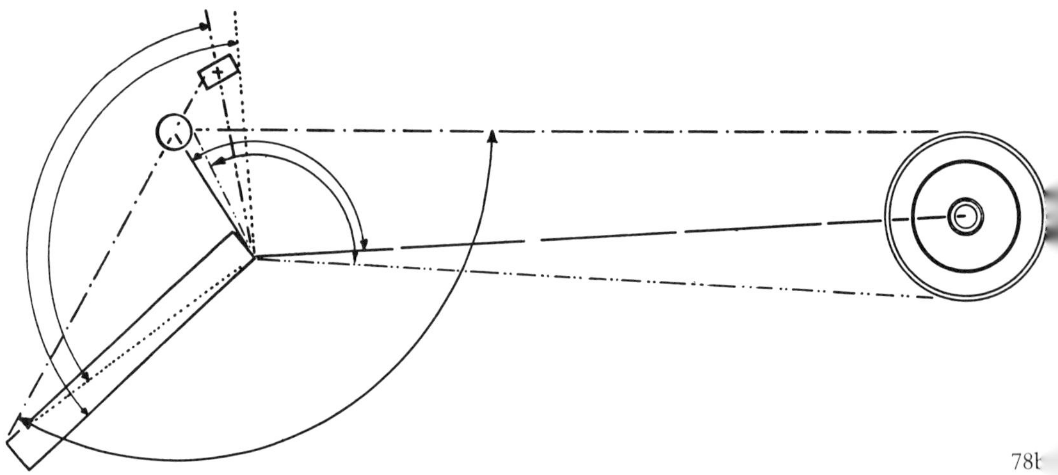

78b

78a, 78b Epidauros, Pläne mit den geometrischen Bezügen.

Die Betrachtung Delphis berechtigt, von der «Kopfnatur» der Tholos zu sprechen und zu fragen, ob die von Pausanias beschriebenen Gemälde des Pausias dazu passen. Daran anschliessend erhebt sich die Frage, ob und wie das Problem menschlicher Erkrankung mit den Kopfkräften zusammenhängt. Rudolf Steiner entwickelte dazu vor Medizinern einen Gedanken, der hier wiederholt werden soll[55]: Die Fähigkeit von niederen Tieren und Pflanzen, verlorengegangene Glieder des Organismus ersetzen oder doch so ausgleichen zu können, dass der Organismus in allen seinen Funktionen wieder hergestellt wird, zeigt der menschliche Organismus nicht. Der abgeschnittene kleine Finger wächst ihm nicht nach. Wo sind die Kräfte geblieben, die dem menschlichen Ätherleib organisch fehlen? Ist die menschliche Lebensorganisation unfähiger als die des Regenwurms, den man in Teile zerschneiden kann, die sich dann wieder zu ganzen Regenwürmern entwickeln? Über diese Kräfte verfügt der Ätherleib des Menschen auch, aber sie werden nicht dem Leibe, sondern der Seele zugewendet. In den Kulturkräften, die sich im Denken, Fühlen und Wollen der Menschenseele äussern, lässt sich wiederfinden, was an Lebenskräften dem Leibe verloren geht. Mit den der Seele zugewandten Reproduktionskräften des Ätherleibes lassen sich Gedanken-Teile ebenso zu Ganzheiten bilden, wie sich Teile des Regenwurms wieder zu einem ganzen Organismus bilden.

Der Gedanke ist naheliegend, dass die Kräfte, die dem Leibe fehlen, weil sie als Kulturkräfte der Seele zur Verfügung stehen, die Ursache der menschlichen Erkrankungsmöglichkeiten sind. Seiner geistig-seelischen Fähigkeiten wegen fehlen dem Leibe die Kräfte, die ihn unter allen Umständen leiblich gesund erhalten würden. Von diesem Gesichtspunkt aus kann man sagen: Die Seelenfähigkeiten des Menschen sind die Ursache seiner Krankheit.

Von dieser allgemeinen Einsicht her lässt sich das Verhältnis der verschiedenen Glieder des menschlichen Leibes zur Krankheit differenzieren. In dem Masse, in dem die Erhaltungs-, Wachstums- und Reproduktionskräfte den verschiedenen Gliedern des menschlichen Leibes entzogen sind, werden diese erkranken können. Im Willensgebiet schläft die Menschenseele, im Denken wacht sie, im Fühlen findet sich ein dazwischenliegender, träumender Seelenzustand. Diesen drei Bewusstseinszuständen und Seelenfähigkeiten liegt der ganze Mensch leiblich zugrunde: Dem schlafenden Wollen vorwiegend die Stoffwechsel-Gliedmassen-Organisation, dem träumenden Fühlen die rhythmische Kreislauf-Atmungs-Organisation und dem wachen Denken das Nerven-Sinnes-Gebiet des Hauptes. Dem Ätherleib des Hauptes sind die meisten Kräfte entzogen. Das völlige Unvermögen der Nerven zu regenerieren, ist dafür Ausdruck. Polar dazu verhält es sich mit der Stoffwechselorganisation: Das schlafende Bewusstsein entzieht hier der Lebensorganisation wenig Kräfte, wir finden da entsprechend starke Regenerationskräfte. Das Haupt als Träger der wachen Denktätigkeit ist damit der Pol, von dem die Krankheit – grundsätzlich gesehen – ausgeht. Auch im alten Griechenland wusste man von solchen Geheimnissen, aber sie wurden nicht abstrakt, sondern im Kleide mythologischer Bilder formuliert.

Prometheus, der «Vorausdenkende», also derjenige, der die Folgen seines Handelns überblickt, Sohn des Titanen Japetros und der Themis, kämpfte im Gegensatz zu den übrigen Titanen mit List, also mit Hilfe des Verstandes, und nicht durch Körperkraft, um Zeus zu stürzen. Als Zeus zur Strafe den Menschen das Feuer entzog, entwendete es ihm Prometheus und brachte es wieder auf die Erde. Diese Wendung des Mythos ist nur verständlich, wenn die beiden «Feuer» verschiedenartig sind: Ein altes Bewusstsein, das verlorengeht, und ein neues, das dadurch entsteht, dass sich der Mensch das Gedankenlicht selber erobert. Zeus liess von Hephaistos Pandora erschaffen und sandte durch sie die Krankheiten über die Menschen, das sind die Folgen, wenn die Lebenskräfte als Denkkräfte im Haupt wirken. Prometheus aber wurde an die Felsen des Kaukasus geschmiedet, wo ihm ein Adler die Leber zerhackte, die des Nachts immer wieder nachwuchs: Ein gewaltiges Bild für die Schwächung der Lebenskraft, die das prometheische Wesen des Menschen vom Leibe fordert, und für den Schlaf, der dem abgebauten Leib neue Kräfte schenkt. Der Adler der Gedankenkraft frisst die Lebenskräfte des an die Erde gefesselten Menschen. Dem alten Bewusstsein des vorprometheischen Menschen ging die Empfindung verloren, in einer geistigen Wirklichkeit zu leben. Für unser Bewusstsein ist der gefesselte Prometheus zum bildlosen Denken geworden, das sich gegen die Bildersprache der Mythologie wehrt und darin keine geistige Wirklichkeit erblicken will. Der alte Grieche brauchte die Bildersprache noch, um sich in Übereinstimmung mit den Wesen der geistigen Welt zu wissen. Für diese Art im Leben zu stehen, fehlt unserem Bewusstsein Erfahrung und Verständnis.

So sind es zwei Dinge, die in Übereinstimmung zu bringen sind, weil wir ihnen mit ganz verschiedenen Haltungen gegenüber stehen: die gegenständlich vor unseren Augen liegenden Reste der alten Kulturen und ihre mythologischen Bilder. Die ersteren scheinen wir zu verstehen, weil wir Gegenständliches zu untersuchen gewohnt sind. Aber wir sollten uns erst zufrieden geben, wenn das, was sich aus der Untersuchung ergibt, mit dem übereinstimmt, was wir aus den Bildern der Mythologie gewinnen. Was die Tholos anbetrifft, haben wir die Betrachtung in diesem Sinne fortzusetzen. Dafür kommen wir auf die dem Denken zugrunde liegenden Kräfte zurück. Allen seelischen Kräften liegt der Ätherleib zugrunde, der sich vom Leibe ab- und der Seele zuwendet. Dem Haupte sind die leiblichen Kräfte so weit entzogen, dass das Ich sie als Denkprozesse intentional führen kann. Die Denkprozesse sind dieselben, die in der Pflanze leibgebunden wirken. Ja, wir können unseren Ätherleib mit Recht die Pflanze im Menschen nennen. Wie die Pflanze die Bildung ihrer Gestalt durch die Blüte krönt und abschliesst, so krönt der Mensch seine Denktätigkeit mit der entwickelten Idee. Stellt nun die Tholos ein architektonisches Bild des Hauptes, der Denkkraft und des wachen Bewusstseins dar? Vieles spricht dafür, vor allem das Pflanzenblätter und Blüten tragende korinthische Kapitell als Bild des ätherischen Werkzeuges des Denkens. Die korinthische Säule wurde von den Griechen ausschliesslich in Innenräumen sowie in allen Rundbauten verwendet. Das Aufblühen der Idee im Haupt des Menschen wurde wunderbar in der blütengeschmückten Decke, die ihren Ausgangspunkt in den Kapitellen hat, ins Bild gebracht. Auch das Gold taucht hier wieder auf, das wir im Pharaonengrab als Bild des Ätherleibes kennengelernt haben. Wie die Ideen von Menschen ausgesprochen werden, so geht der Blütenschmuck in die Decke der Peristasis über.

Die Tholos von Epidauros steht als ein Bauwerk vor uns, das als herrliches Bild des menschlichen Hauptes aufgefasst werden kann. Gleichzeitig ist die Tholos aber auch ein Bild der Erkrankungsmöglichkeit des Menschen. Was wir hier in der Blüte als Bild seelischer Fähigkeit erleben können, fehlt dem Leib in seinen Wiederherstellungs-, Wachstums- und Reproduktionskräften.

Zur Griechenzeit waren zwei Fresken im Inneren der Tholos zu finden[56]: Die Methe, die Trunkenheit, deren Gesicht durch die gläserne Weinschale zu sehen war, und Eros mit der Leier. Um mit dem Methe-Fresko zu beginnen: Was hat der Alkohol – die wesentliche Essenz des Weines – mit dem Haupt des Menschen zu tun? Worin liegt seine hervorragende Bedeutung, dass er in seiner physiologisch-psychischen Wirkung – als Trunkenheit – in einem solchen Kultbau dargestellt wird? Das mythologische Bild des Prometheus behandelt die Entwicklung des individuell verfügbaren Verstandes. Ist der Alkohol die Schere, mit der der Mensch des alten Bewusstseins den Faden zur Götterwelt abschnitt, um zu sich selbst zu finden? Hat der Alkohol diese Wirkung nicht heute noch (wenn auch karikiert)? Kann man stärker in sich selber eingesperrt sein als unter Alkoholwirkung? Nicht einmal die Beziehung der Willenssinne zur Schwerkraft und zur Lage im Raum funktioniert mehr. Der Trunkene ist ein auf sein Ego reduziertes Wesen, das «Ich bin» ohne Mass und ohne Selbsterkenntnis. Zur Griechenzeit aber hatte der Alkohol eine Mission: als Stoff, der den Menschen die Götter nahm und die Menschen stärker mit der Erde verband. Damit hing der Dionysos-Kult zusammen. Der Lauf durch die Wälder des Parnasses wurde ja im Rausch gefeiert. Die Mission des Alkohols ist längst erfüllt. Heute ist der Alkohol einer der Verhinderer eines neuen Bestrebens, die geistige Welt neu zu erfahren.

In der Tholos von Epidauros war Methe dem Eros mit der Leier gegenübergestellt: durch die Kunst, die Musik, geschah der apollinische Ausgleich; Eros knüpfte dadurch mit einem zweiten Faden die Verbindung zu den Göttern.

Für die künstlerische Empfindung ist die Tholos ein Bild der von den Göttern gelösten Denkkräfte des Hauptes; dieses emanzipierte Bewusstsein ist die wahre Ursache der Krankheit. Ist damit der Ort gefunden, wo die griechischen Priester des Asklepios Krankheitserkenntnis gesucht haben? Das von den heiligen Schlangen des Asklepios bewohnte Labyrinth unter der Tholos ergänzt diese Auffassung. Es ist der Ort, der unter dem Niveau liegt, auf dem götterwürdige Gedanken gedacht werden; der Ort, wohin das durch den Dionysoskult isolierte Ich geworfen wurde. In der Sinneswelt – geistig gesehen in der Finsternis – muss der Mensch führungslos im Labyrinth irren. Erlebte der nach der Krankheitsursache forschende Priesterarzt im Zentrum des Tholos-Labyrinthes imaginativ die kranken Zustände der Heilungsuchenden?

Hatte der Kranke seine Vorbereitungen, die Seelen- und Leibesübungen, abgeschlossen und die Opfer auf dem Asklepios-Altar gebracht, durfte er zum Heilschlaf das Abaton betreten. Hier musste sich zwischen dem Priesterarzt in der Tholos und dem Kranken ein korrelierender Vorgang abgespielt haben. Im gleichen Moment, in dem die Krankheit sich dem Priester in der Tholos imaginativ offenbarte, erschien dem im Abaton schlafenden Kranken der milde, die gesundende Arznei bringende Asklepios. Unter Anleitung des Priesterarztes hatte der Kranke durch musische und gymnastische Übungen und durch den Aufbau eines gesunden Empfindungslebens seinen Anteil an der Therapie geleistet. Die Harmonisierung des Empfindungslebens, von dem die leibliche Heilung ausgeht, übte er im Theater, indem er die grossen Tragödien miterlebte, die Menschenschicksal exemplarisch vorführten. So wurde durch Kunst Heilung eingeleitet.

Als das für Asklepios angemessene Opfer galt der Hahn. Wie die Mythologie überliefert, waren Hahn und Schlange zwei Bilder, die eng mit Asklepios verbunden waren. Versuchen wir, auch dieses mythologische Bild in unsere Sprache zu übersetzen.

Die Vögel, zu denen der Hahn, und die Reptilien, zu denen die Schlange zählt, werden von der zoologischen Systematik als «Saurierabkömmlinge», als «Sauropsiden» zusammengefasst. Im Gegensatz zu allen anderen Tiergruppen haben die Sauropsiden eine Merkwürdigkeit mit dem Menschen gemeinsam, die aufs erste profan klingt. Mensch und Sauropsiden scheiden im Harn nicht nur Harnstoff aus wie alle anderen Tiere, sondern auch Harnsäure. Sie kann von manchen wüstenbewohnenden Schlangen sogar kristallin ausgeschieden werden. (Harnsäure ist ein Stoff, der gern kristallisiert.) Die Physiologen haben im menschlichen Leib ein ganzes chemisches System entdeckt, das die Harnsäure im Organismus am Auskristallisieren hindert. Mit zu berücksichtigen ist die Tatsache, dass der Mensch einen ganz bestimmten, individuell eingestellten Spiegel gelöster Harnsäure im Organismus hält[57].

Die Denkkraft, die die Begriffe verwebt, hängt mit der Zerschlagung von Salzen zusammen. Die Kräfte, die den menschlichen Organismus leiblich erhalten, ihn wachsen lassen und reproduzieren, entstehen gleichfalls aus der Zerschlagung von Natursubstanzen – was durch die Verdauung geschieht. Bedarf also auch die Seite des Ätherleibes, die sich im Denkprozess der Seele zuwendet, einer solchen zerstörenden Grundlage? Dann wäre das Gehirn ebenso das Verdauungsinstrument dieser Denkprozesse, wie Magen- und Darmfunktion der Leibeshöhle das Verdauungsinstrument der aufbauenden Lebensprozesse sind. Wie das Verdauen nicht in einer blossen Tätigkeit besteht, sondern ein Objekt – die Lebensmittel – braucht, auf das sich diese Tätigkeit richtet, so braucht auch die zerschlagende Tätigkeit im Gehirn ein solches Objekt – die Kristallisationskraft der Harnsäure. Erst wenn wir die zu überwindenden Kristallisationskräfte der Harnsäure und das Gehirn zu den Lebensprozessen dazunehmen, finden wir die ganze Grundlage der denkerischen Tätigkeit. Das Gedankenlicht ist ohne seine in Zerstörungsprozessen liegende organische Grundlage nicht zu entzünden.

Die Vögel, besonders die Singvögel haben ein transparentes Schädeldach, besonders aufgehellt sind die Augenhöhlen, durch die das Licht der Sonne den Vogelschädel und das Gehirn durchleuchtet. Die Tageslänge und deren Phasenverschiebung in den Jahreszeiten stimuliert auf diesem Wege die Hypophyse. So wirkt die im Jahreslauf auf- und absteigende Sonne unmittelbar in die Vogelorganisation hinein. Der Frühlingsgesang, aber auch das Einsetzen des Wandertriebes der Zugvögel werden auf diese Weise ausgelöst. Dass der Morgengesang im Frühling auf die Minute pünktlich nach Ortszeit einsetzt, hängt mit dem Phänomen des durchleuchteten Vogelkopfes zusammen. Die Amsel beginnt 43 bis 44 Minuten, das Rotkehlchen 34 Minuten, die Turteltaube 27 und die Blaumeise 9 1/2 Minuten vor Sonnenaufgang mit dem Gesang[58]. Die Vögel mit ihrem durchlichteten Gehirn sind Naturbilder für das menschliche Denken. Das durch den Denkwillen im Innern hervorgebrachte Licht braucht ebenso das Korrelat der Harnsäure wie das von der kosmischen Sonne erregte Jubilieren der Vögel.

Die Schlangen haben ihren Schädel durch die Bildung von Hornsubstanz verdunkelt. Allein über dem Pinealorgan zeigt das Schädeldach ein Loch. Im Gegensatz zu den Vögeln, die sich über den Erdboden erheben, sind die Schlangen an ihn gebunden. Mit diesem Sturz zur Erde scheint der verdunkelte Schädel zusammenzuhängen, nur das Loch im Schädeldach erinnert daran, dass die Schlange ursprünglich für den Empfang des Sonnenlichtes gebildet war. Durch die Abwendung von der Sonne ist sie kalt (wechselwarm) geblieben und hat keinen individuellen Wärmeorganismus gebildet wie die Vögel. Die Kälte – künstlerisch empfunden – ist die Ursache dafür, dass sich die Hornsubstanz zum Panzer der Schlangen entwickelte, der sie von der Sonnenwirkung abschirmt. Bei den Vögeln, die über die höchsten Körpertemperaturen im ganzen Tierreich verfügen, ergoss sich die Hornsubstanz in die Federbildung: diese ist luftig-licht, trägt Farben und Zeichnungsmuster; sie wird im Jahresrhythmus abgeworfen und erneuert. Die kalte, an die finstere Erde gefesselte Schlange, die aus alter verlorengegangener Verwandtschaft mit der Vogelwelt die Harnsäure als organische Grundlage ihrer Lichtabkunft noch im Organismus trägt, ist ein Naturbild für dasjenige Denken, das, nur die Sinneswelt erfassend, keine götterwürdigen Gedanken hervorbringt: Gedanken, die für den geistigen Teil der Welt blind sind, die kein heilendes Licht im Organismus entzünden, die keine Seelenwärme erzeugen, die zur Seelenkälte und zur Krankheit führen und einen Seelenpanzer bilden, wie ihn die Schlange leiblich trägt. Das gegenstandsbezogene Denken zu erringen, war in der griechischen Zeit eine entwicklungsgeschichtliche Notwendigkeit für die europäische Menschheit. Wie hätte der Mensch zum individuellen Ich, das wir heute alle selbstverständlich haben, zur Führung durch die eigene Persönlichkeit kommen sollen, wenn ihn die Götter nicht losgelassen hätten? Der Stab des Asklepios ist ein Bild des freien Ich, an ihm muss sich die Schlange, das erdergreifende Denken, aufrichten lernen. Die den Stab umwindende Schlange ist ein grossartiges mythologisches Bild für den selbstbewussten und deshalb der Krankheit verfallenen Menschen.

Asklepios, der Licht bringende, Seelenharmonie stiftende Heiler des griechischen Menschen, nimmt als Opfer den Hahn entgegen, den Vogel, der auf der Erde laufen gelernt hat, ohne – wie sein Morgenweckruf zeigt – die Sonnenbeziehung verloren zu haben. Er nimmt das Opfer von demjenigen entgegen, der die Wirkung der Krankheit überwinden lernt.

«Kriton, ich bin dem Asklepios noch einen Hahn schuldig, vergiss nicht ihn zu opfern![59]» Das waren die letzten Worte des Sokrates, als er den Schierlingsbecher schon getrunken hatte. Diese Worte erhalten ihren wahren Klang erst, wenn wir sie auf dem entwickelten Hintergrund sehen können. Selbstverschuldetes, dem Leib zugefügtes Gift, kann Asklepios geistig-seelisch heilen, wenn der Mensch den Faden zur geistigen Welt nicht verlieren will. So ist der Hahn, den Sokrates in der Todesstunde opfern will, Naturbild für die Kraft, mit der der Mensch in der Todesstunde die geistige Sonne sucht.

Olympia

Das Heiligtum von Olympia liegt in der westlichen Peloponnes, dort, wo der Bach Kladeos in den Alphaios mündet, der südlich Pyrgos das Meer erreicht. So eindeutig, wie die Heiligtümer von Delphi dem Apollon und Epidauros dem Asklepios geweiht waren, war Olympia nicht mit Zeus verbunden – wie es der gewaltige Zeustempel dem Besucher nahezulegen scheint. Hans Volkmar Herrmann hebt mit Recht hervor, dass der Kampf zwischen Pelops und Oinomaos am stärksten von allen Mythen in Olympia verankert war[60]. Tantalos hatte seinen Sohn Pelops geschlachtet und den Göttern zur Speise vorgesetzt. Diese erkannten den Frevel, bestraften Tantalos und riefen Pelops ins Leben zurück. Demeter, durch die Trauer um ihre entführte Tochter Persephone unachtsam, hatte ein Schulterstück Pelops verspeist; dieses wurde ihm durch ein elfenbeinernes ersetzt.

Als Pelops zum Manne herangewachsen war, warb er um Hippodameia, die Tochter des Königs Oinomaos von Pisa. Die Pisatis ist das Land, in dem die Altis, der heilige Hain von Olympia, liegt. Oinomaos hatte ein Orakel erhalten, das ihm den Tod durch seinen Schwiegersohn verhiess. Also forderte er jeden Freier zu einem Wagenrennen auf. Das konnte er ohne Furcht, da ihm sein Vater Ares die windschnellen Rosse geschenkt hatte. Er gab den dreizehn Freiern, mit denen er bisher gekämpft hatte, einen Vorsprung und durchbohrte sie mit dem Speer, wenn er sie überholte. Die an das Tor genagelten Häupter seiner Vorgänger hatte Pelops gesehen und von Poseidon, der ihn liebte, erhielt er ein Gespann geflügelter Rosse, mit denen er Sieger im Wettkampf blieb. Die Art wie und der Grund weshalb er siegte, sind in verschiedenen Versionen überliefert. Nach einer, in der die geflügelten Rosse fehlen, bestach er Myrtilos, den Wagenlenker des Oinomaos, der statt eiserner Stifte solche aus Wachs nahm, um die Räder des königlichen Rennwagens an der Achse zu befestigen. Oinomaos verlor ein Rad und wurde von seinen Rossen zu Tode geschleift. Pelops stürzte darauf Myrtilos ins Meer, um sich des unbequemen Zeugen zu entledigen. Sterbend verfluchte Myrtilos Pelops und sein Geschlecht.

Hephaistos aber entsühnte Pelops, der die Herrschaft über Pisa und Elis übernahm und sie schliesslich über die ganze Halbinsel ausdehnte – die ihm ihren Namen verdankt: Insel des Pelops, Peloponnes. Der Fluch des Myrtilos aber ging an den Söhnen des Pelops, an Atreus und Thyestes, und ihren Nachkommen furchtbar in Erfüllung. Eine besonders schöne und edle Fassung des Kampfes zwischen Oinomaos und Pelops sang Pindar in seiner Ersten Olympischen Ode, die er Hieron aus Syrakus widmete, der mit dem Rennpferd siegte[61]:

Aber als
Zu voll erblühter Jugend ihm Flaum das Kinn
Bedeckte dunkel, trachtete
Er zur nahen Vermählung zu werben

Die berühmte Hippodameia vom Vater
Aus Pisa. Einsam im Dunkel
    in des grauen Meeres Nähe gekommen,
Rief er den Dreizackgrossen, den
Schwerdröhnenden. Siehe, der ist ihm
Erschienen sogleich benachbart, zu ihm
Erhob er die Stimme: «Wenn irgend
    Kyprias liebliche Gaben, Poseidon,
Zu Dank erfüllt sind, fessle die eherne Lanze
    dem Oinomaos und bringe
Gen Elis mich auf schnellstem Gefährte und
Vereinige dem Siege mich. Nämlich drei
Und zehn der Freier tötend hat
Er die Hochzeit der Tochter verzögert.

Nicht trifft auf kraftlosen Mann die grosse Gefahr.
Welche des Sterbens Los
    befiel, wozu wohl sollte im Finstern hockend
Ein ruhmloses Alter einer verbrüten sinnlos
Und aller Schönheit entbehren? Nein, diesen Wettkampf
Werde ich wagen. Mögst du günstig Gelingen spenden.»
Er sprach's und griff in Erfüllung der Worte, denn es beglänzte
Ihn mit güldenem Wagen der Gott und gab
Rosse mit unermüdlichen Schwingen.

Er bezwang da des Oinomaos Gewalt und
Die Maid als Lagergefährtin.
    Die gebar der Söhne gierig auf Ehre
Fürstliche sechs. Doch nun geniesst

Er köstliche Spenden des Blutes
Und ruht an Alpheios' Ufer gelehnt
Und hat ein umworbenes Grab beim
    Fremden-umdrängten Altare. Es leuchtet
Von fernher aber Ruhm der olympischen Jahre
    über der Rennbahn des Pelops,
Wo ringt der Füsse Schnelligkeit und die Wucht
Der straffgespannten Stärke.

Eine andere mit Olympia verbundene mythologische Schicht spricht von Zeus und seinem Sohn Herakles, dem Stifter der Olympischen Spiele. Pausanias berichtete, was ihm die Eleer als ihre Chronik dargestellt hatten: «Schon die Menschen des vergangenen goldenen Zeitalters haben in Olympia dem Weltherrscher Kronos einen Tempel errichtet.» In dieser Zeit kam auch der idäische Herakles nach Olympia und veranstaltete mit seinen Brüdern, den Daktylen oder Kureten, die ersten Spiele[62]. Andererseits schilderte er auch, dass Zeus selbst mit seinem Vater Kronos hier um die Weltherrschaft gerungen und zur Feier seines Sieges für die Götter die ersten Wettkämpfe veranstaltet hatte. Danach war Apollon vor Hermes Erster im Wettlauf geworden.

Pindar nannte Herakles den Amphitryoniden, den Gründer der Spiele. Er, der Sohn des Zeus und der Alkmene, der den heiligen Hain pflanzte, war auch der Bringer des Ölbaumes. Die Dritte Olympische Ode, geschrieben für Theron von Akragas, Sieger im Wagenrennen lautet[63]:

Dass ich möchte den gastlichen Tyndarsöhnen gefallen und Helena,
Der schöngelockten, bet' ich feiernd das rühmliche Akragas,
Erricht' ich olympischen Siegsgesang dem Theron: der Rosse Preis,
Der unermüdlichen. Irgend stand mir so die
    Muse bei, neuschimmernde Weise fand ich
Einzufügen dorischem Schuh die Stimme,

Festzugschmückende, nämlich es fordern Kränze, aufs Haupthaar
    gewunden, ab
Mir diese Gott-gewirkten Schulden:
    dem Ainesidamossohn
Geziemend zu mischen die Stimmen-bunte Phorminx, Posaunenruf
Und Fug der Worte. Und Pisa fordert, dass ich
    künde – dorther kommen die Gott-verhängten
Zu den Menschen ja die Gesänge –, wem je

Das Vermächtnis erfüllend das alte des Herakles
Unfehlbarer Hellanodike, aitolischer Mann,
    hoch über den Wimpern den Schmuck

Um die Haare gelegt des Ölbaums,
den bläulich schimmernden, den dereinst
Von Isters schattigen Quellen her der Amphitryonide gebracht,
Olympischen Ringens schönstes Angedenken.

Der mit Worten beredet den Diener Apollons, der Hyperboreer Volk,
Den Setzling bat er, Schattenspender
den Menschen gemeinsam und
Zum Kranze der Ehren, sich aus – und redlich meint' er's – dem
Hain des Zeus,
Dem allaufnehmenden. Als geweiht dem Vater
die Altäre, sprühte auf goldnem Wagen
Schon der Monat-teilende Mond das ganze

Aug' des Abends ihm zu. Und er setzte des Wettspiels fünfjährige Wiederkehr
Und lautres Urteil ein an des Alpheios geheiligtem Uferhang.
Indes in des Kronios Schlüften liess die Stätte des Pelops nicht
Der Bäume Schönheit gedeihn. Der nackte Garten
schien den scharfen Strahlen der Sonne hörig:
Darum jetzt bewog ihn sein Herz zu wandern

In des Ister das Land, wo die Tochter der Leto ihn,
Rossetummelnde, aufnahm. Er kam von Arkadiens Kamm
und vielfach gekrümmtem Geschlüft,
Da vom Vater ihn zwang
die Nötigung auf Eurystheus' Gebot die gold-
Gehörnte Hinde zu bringen, wie sie
Taygeta heilig geschrieben,
Die göttliche, der Orthosia vor Zeiten.

Sie verfolgend erschaute er hinter dem eisigen Wehen des Boreas
Auch jenes Land, verhielt und staunte die Bäume an, ihn ergriff
Die süsse Begehr an der Rosse Ziel, der zwölfmal umquerten Bahn,
Sie einzupflanzen. Und nun zu diesem Feste
mit der tiefgegürteten Leda Zwillings-
Kindern kommt er huldvoll, den göttergleichen.

Ihnen nämlich vertraute er an, als er ging zum Olymp, das bewunderte
Wettringen um der Männer Ehre und brausende Wagenfahrt.

Im Kult von Olympia spielte weder der idäische Herakles noch der Amphitryonide eine grosse Rolle. Gemäss Hermann[64] handelt es sich bei der Pelops-Oinomaos-Mythe um vordorisches Sagengut, das aus der mykenischen Kultur stammt. Zeus und Herakles kamen mit den Dorern nach Olympia. Wie immer übernahmen die Dorer die alten Kultplätze und deren Götter, ihre eigenen Gottheiten neu dazu fügend. So wurde Zeus zum Herrn von Olympia. Mögen auch erste Anfänge der Wettkämpfe vor der dorischen Wanderung gelegen sein, ihre Prägung erhielten sie erst in der Zeit danach. Auch der Name Olympia stammt – wie die Namen der beiden östlich gelegenen Berge Olymp und Ossa – von den Dorern, die sie zur Erinnerung an ihre nördliche Herkunft gewählt hatten. Das traditionelle Datum (776 v. Chr.) der Neuordnung der Spiele durch den elischen König Iphitos steht in einem guten Verhältnis zu den Ergebnissen der Archäologie, die ein Aufblühen des Heiligtums im 8. Jahrhundert konstatiert.

Die Spiele fanden alle vier Jahre statt oder – wie die Griechen, die das Jahr der vergangenen Spiele immer mitzählten, sagten – alle fünf Jahre. Der Eintritt Olympias in die Geschichte erfolgte mit einem Waffenstillstand, den die Könige von Elis und Sparta schlossen. Pausanias berichtete, dass der bronzene Diskus, auf den dieser Vertrag eingeritzt wurde, noch zu seiner Zeit im Hera-Tempel zu sehen war[65]. Die Inschrift des Diskus, die in altertümlicher Weise nicht in geraden Zeilen geschrieben war, sondern in Buchstaben, die kreisförmig um den Diskus herumliefen, enthielt den Vertrag über den olympischen Götterfrieden und die für die Spiele gültigen Normen. Abgeschlossen auf den Rat des Orakels zu Delphi, wurde er von König Iphitos von Elis, dem Spartaner Lykurgos und von König Kleosthenes von Pisa. Der von Zeus beschützte Waffenstillstand wurde für die Zeit der Spiele zum heiligen Gesetz aller griechischen Stämme. Unter dem Schutzmantel dieses olympischen Friedens trafen sich die Kämpfer und Zuschauer alle vier Jahre während fast eines Jahrtausends: Elis besass in dieser ganzen Zeit keine namhafte militärische Macht. Aber auch die mächtigsten der griechischen Staaten hielten bis zum Ende ihrer Epoche den olympischen Frieden.

Im Jahre 776 v. Chr. gab es nur eine einzige Disziplin, den Stadionlauf. Alle anderen Disziplinen folgten später. Die hier angeführte Aufstellung stammt von Pausanias, sie ist umgerechnet auf die Jahre vor Christus:

Olympiade vor Christi		*Neue Disziplinen*
1	776	Stadionlauf
14	724	Doppellauf
15	720	Langlauf
18	708	Fünfkampf, Ringkampf
23	688	Faustkampf
25	680	Wagenrennen

und so weiter bis 145 v. Chr.

Von allen Bauwerken oder ihren Resten, die heute in der Altis zu sehen sind, ist keines dem 7. Jahrhundert zuzuweisen, alle sind jünger. Wir haben uns also die voll entwikkelten, an einem Tage abgehaltenen Spiele in einer Altis zu denken, wo entweder keine Bauwerke standen oder sehr vergängliche oder bisher noch nicht entdeckte. Das Aufblühen der Spiele jedenfalls nahm keinen bedeutenden Einfluss auf die Ausgestaltung des Heiligtums. Es gab aber den grossen Aschenaltar des Zeus, der vielleicht ähnlich aussah, wie ihn Pausanias sehr viel später beschrieb: «Auf einem steinernen Unterbau erhob sich ein hoher Aschenkegel, der aus aufgeschlemmter Asche der Zeusopfer gebaut war. Dazu gab es drei weitere Aschenaltäre, wenngleich auch kleiner[66].»

Nur wenige Schritte nördlich des Zeus-Altares stand der Altar der Hera. Die anderen beiden gehörten der Hestia und Gaia. Bis in die klassische Zeit wurde Zeus offenbar ohne Tempel an seinem Aschenaltar verehrt. Aus dieser Zeit fanden die Ausgräber Weihegaben, vor allem grosse Dreifüsse und bronzene Greifen- und Stierkessel, die in der Altis aufgestellt waren.

Der erste Tempel in Olympia wurde der Hera und nicht dem Zeus gebaut. Zeus wurde immer in der Natur verehrt, es gibt nur wenige späte Zeus-Tempel in Griechenland. Das Heraion, wie es heute zu sehen ist, stammt aus der Zeit um 600 v. Chr., 50 Jahre früher ist eine Vorform anzusetzen. Mit diesem Tempel beginnt die Baugeschichte Olympias. Ursprünglich war seine Peristasis ganz aus Holzsäulen gebaut, die je nach ihrem Verfall durch steinerne ersetzt wurden. Pausanias beschrieb die letzte Holzsäule, die zu seiner Zeit noch stand[67]. Je nach dem Baumeister, der sich mit dem Ersatz der Holzsäulen beschäftigte, sahen sie alle mehr oder weniger verschieden aus und entsprachen dem Stil der jeweiligen Zeit. Dadurch entstand ein uneinheitlicher Gesamteindruck. *Abbildung 79* zeigt Kapitelle des Heraions, an denen studiert werden kann, wie verschieden das Kapitell als Übergang vom Tragen zum Lasten aufgefasst werden kann. Schwierig ist es, sich vorzustellen, dass die Peristasis aus niederen, gedrungenen Säulen gebaut war, die ein hölzernes dorisches Gebälk mit Triglyphenfries trugen. Darüber kamen ein Ziegeldach mit Terrakottazieraten und die die Giebel krönenden mächtigen Scheibenakroterien. Der hocharchaische Bau von 50,01 m Breite und 18,76 m Länge, mit 6 Frontsäulen und 16 Säulen auf der Längsseite, wirkte schmal und lang. Auch der nur zweistufige Unterbau erhob sich noch nicht so weit über den Boden wie der spätere dreistufige dorische Tempel der klassischen Zeit. Pronaos, Cella und Opisthodom stellten schon die dorische Dreiteilung des Naos dar, dessen Wände im unteren Teil aus einem mächtigen Orthostatensockel (1,04 m hoch und 1,18 m breit) bestanden. Darauf folgte Lehmziegelmauerwerk, das die hölzerne Decke und den hölzernen Dachstuhl trug. Das Haupt des Kultbildes der Hera ist erhalten und gilt als eines der bedeutendsten Kunstwerke, die in Olympia gefunden wurden. (*Abbildung 80* zeigt das Heraion etwa aus Südosten. Die Säulen wurden wieder aufgerichtet, der Orthostatensockel ist noch in situ gefunden worden.)

Der Bau des Heraions in Olympia eröffnete als ein ausserordentlich bedeutendes kulturgeschichtliches Ereignis die griechische Kultur im Beginn des 6. Jahrhunderts v. Chr.

Alles, was davor liegt, erscheint wie eine embryonale Phase, in der angelegt wurde, was sich später ausgestaltete. Das Heraion bezeichnet den Moment, in dem Griechenland seine Kulturaufgabe ergriffen hat. Der Bau des Heraions war auch im engeren Sinn ein grosser Impuls für Olympia. Von da an blühte die Bautätigkeit auf, die Bedeutung Olympias wuchs über Elis und Pisa hinaus. Das Stadion war in dieser Zeit bereits eine geebnete Kampfbahn mit einem flach angeschütteten Südwall und lag um 80 m dem Heraion näher (westlicher) als die heute restaurierte Bahn aus klassischer Zeit. Zwischen Heraion und Stadion bauten zwölf Städte Grossgriechenlands Schatzhäuser auf der sogenannten Schatzhausterrasse; zuletzt das von Sikyon (im 5. Jahrhundert).

Die architektonische Gestalt wurde nur bei wenigen Schatzhausbauten erschlossen, so beispielsweise bei denen von Megara und Sikyon. Es gab keine weiteren Bauten in der Altis des 6. Jahrhunderts (*Abbildung 81* zeigt einen Plan mit der damaligen Situation).

Verlängert man die Symmetrieachse des Heraions nach Osten, wird sie auch zur Symmetrieachse des Hera-Altars und schneidet die Stadion-Nordseite in der Mitte. Das Stadion wurde also zum Heraion in ein Verhältnis gesetzt. Auf dieser Achse war nicht nur aus formalen Gründen kein weiterer Tempel unterzubringen. Auch westlich des Zeus-Altars fehlte der Platz. Das uralte Heiligtum des Pelopsgrabes verbot diesen Standort; auch die Lage unmittelbar neben dem Heraion wäre ästhetisch unmöglich gewesen. Der Standort des heiligen Ölbaumes, von dem die Zweige für die Siegerkränze geschnitten wurden, ist zwar hypothetisch, lässt sich aber mit der Lagebeschreibung des Pausanias vereinbaren. Jedenfalls fand man an der Stelle, die auf *Abbildung 81* eingezeichnet ist, eine Steinsetzung, die den heiligen Baum geschützt und markiert haben mochte. Geht man von dieser Lage des heiligen Ölbaumes aus, ist es naheliegend, dass der Zeus-Tempel auf diesen besonderen Punkt der Altis bezogen wurde, wie es der Plan auf *Abbildung 82* zeigt. Demnach lag der Zeus-Altar nicht westlich des Tempels, wie es der Kanon verlangte.

Der Zeus-Tempel, das grossartigste und grösste Bauwerk, das in der Altis entstand, wurde zwischen 470 und 456 v. Chr. errichtet. Damit erhielt das Heiligtum ein neues Zentrum. Die *Abbildungen 83 und 84* zeigen den heutigen Anblick der von einem Erdbeben niedergeworfenen Ruine, die sich immer noch über der Altis erhebt; die Fundamente liegen 3 m über dem Boden und sind von einem Wall aus Säulentrommeln und Gebälkteilen umgeben. Gebaut wurde mit einem ziemlich porösen Kalk aus der Umgebung. *Abbildung 85* zeigt die Trommeln einer Säule. Der Grundriss wurde – nach Gruben[68] – aus dem Säulenjoch von 16 dorischen Fuss (5,22 m) entwickelt. Daraus bestimmen sich die Achsmasse der Peristasis von 5 mal 12 Jochen, vermindert um die Eckkontraktion von 0,43 m an jeder Seite. Der Naos ist mit 3 mal 9 Jochen fest eingebunden. Im vertikalen Aufbau folgen in gleichmässiger Halbierung aufeinander: 1 Joch = 16 Fuss, 2 mal Triglyphe und Metope = 2 mal 8 Fuss; 4 mal Mutulus und Via = 4 mal 4 Fuss; 8 mal 1 Ziegelbreite = 8 mal 2 Fuss. Die Säulenhöhe überstieg nur um ein Geringes 2 Jochbreiten (10,51 m). Die Säulen wirken eng und dicht und müssen einen straffen und strengen Eindruck gemacht haben. Der in einer Schräge von 45 Grad ansteigende Echi-

79 Olympia, Cella des Heraion, Kapitelle.

80 Olympia, Heraion.

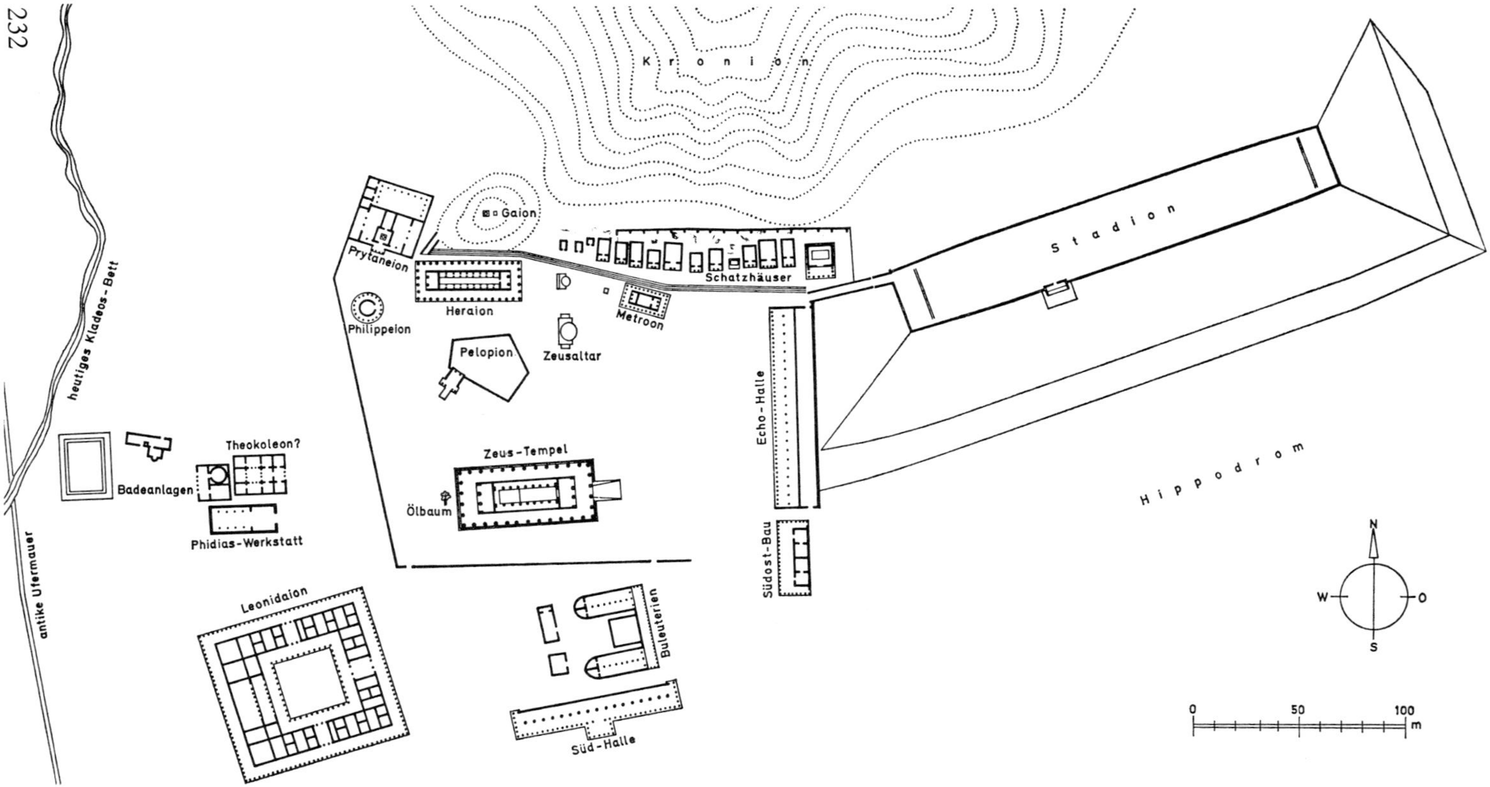

82 Olympia im 4. Jh. v. Chr.

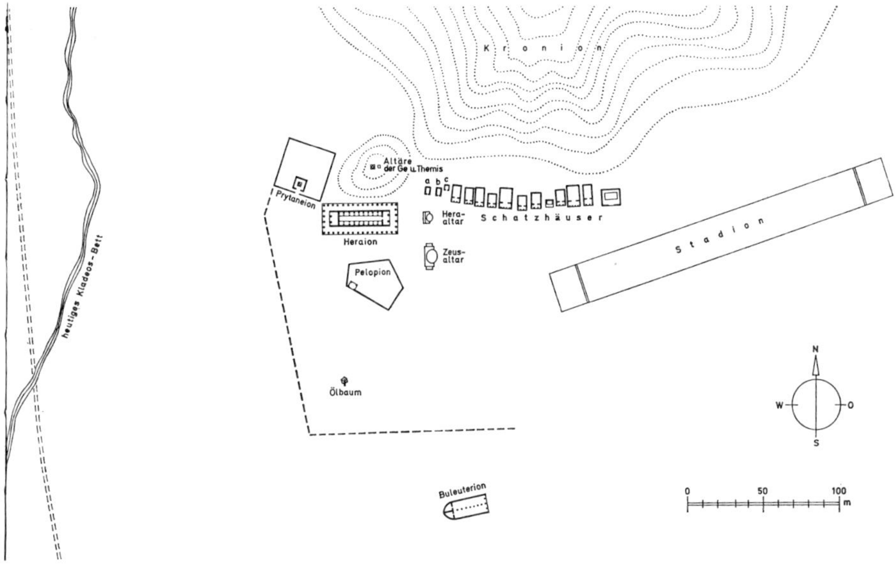

81 Olympia in archaischer Zeit. Die gestrichelte Linie im Westen und Süden bezeichnet die Altismauer der klassischen Zeit. Von den drei Gebäuden westlich der Schatzhausreihe bedeutet c) das Eileithyia-Sosipolis-Heiligtum, b) das Heiligtum der Aphrodite Urania und a) den durch die Exedra des Herodes Atticus zerstörten Bau.

83 Olympia, Zeustempel.

84a Olympia, Zeustempel.

84b Olympia, Zeustempel.

85 Olympia, Zeustempel, Zeus-Statue des Phidias (Rekonstruktion von F. Adler).

nus wölbt sich nur knapp hervor. Es wurde eine ganze Reihe feiner Abweichungen von den formalen Teilungen gefunden, die zusammen den lebendigen Eindruck des Baues erst schufen. So differierten beispielsweise die Säulendurchmesser der Längsseiten und der Fronten, letztere hatten einen grösseren Durchmesser. Die Säulen der Längsseiten neigten sich etwas nach innen. Die Frontseiten standen zwar gerade, beteiligten sich aber mit dem zunächst den Ecksäulen stehenden Säulenpaar mit verminderter Schräge an dieser Neigung. Das östliche Mitteljoch war etwas verbreitert.

Der Innenraum mit den Abmessungen 28,74 m : 13,26 m war durch doppelstöckige Säulenstellungen in drei Schiffe – Seitenschiffe und Mittelschiff – aufgeteilt; im Verhältnis 1:2 in der Breite. In diesem Mittelschiff bot sich dem antiken Betrachter der überwältigende Anblick der Zeus-Statue des Phidias. *Abbildung 85* zeigt eine Rekonstruktion. Diese gewaltige Sitzstatue füllte die gesamte Höhe und Breite des Mittelschiffes aus. Der thronende Weltenherrscher trug in der Linken ein adlerbekröntes Zepter, in der Rechten eine Nike, die geflügelte Siegesgöttin. Phidias hatte das Kultbild aus den edelsten Materialien seiner Zeit gefertigt: aus Gold, Elfenbein, Edelsteinen und Glas. Das Kultbild mit Sockel hatte eine Höhe von 12.37 m – eine selbst für unsere Zeit erstaunliche Grösse. Der Zeus des Phidias galt als das berühmteste Kunstwerk des Altertums überhaupt. Phidias hatte den Auftrag erst 30 Jahre nach Fertigstellung des Tempels erhalten, nachdem er die Gold-Elfenbein-Statue der Athena Parthenos im Parthenon der Akropolis von Athen vollendet hatte. Als Atelier wurde ihm eigens ein Gebäude mit den Massen des Mittelschiffes errichtet, in dem ihn eine grosse Schar von Hilfskräften bei der Planung und Ausführung unterstützte. Ein viele Jahre dauernder Arbeitsprozess brachte das Weltwunder zur Erscheinung. In der klassischen Zeit galt es als Unglück, sterben zu müssen, ohne den Zeus des Phidias gesehen zu haben. Was aus diesem gewaltigsten Götterbild der Antike wurde, wissen wir nicht. Der letzte, der die Statue erwähnte, war der Philosoph Themistios, der 384 n. Chr. bezeugte, die Statue gesehen zu haben. In der Werkstatt des Phidias fand man kurz vor Schluss der Ausgrabung ein schwarzes Reliefkännchen, in dessen Boden wohl von der Hand des Phidias eingekratzt war: «ΦΕΙΔΙΟ ΕΙΜΙ», «ich gehöre dem Phidias» – erstes Indiz eines individuellen, der Person zugeschriebenen Besitzes.

In den Giebeldreiecken bot sich dem antiken Betrachter ein grossartiger Skulpturenschmuck. Im Ostgiebel war die mit Olympia eng verbundene Mythe des Wagenrennens zwischen Oinomaos und Pelops dargestellt, und zwar der Augenblick vor dem Beginn des Kampfes: Zeus steht in der Mitte zwischen Oinomaos und Pelops, eingerahmt von Serope und Hippodameia und noch von einem Knaben und einem Mädchen, beide kniend. Diese sieben Figuren standen über den beiden mittleren Jochen, also über drei Triglyphen und zwei Metopen und schlossen sich zu einer elliptisch wirkenden Ganzheit zusammen. Auf jeder Seite dieser Skulpturengruppe fand sich je eine weitere Siebenergruppe aus einem Viergespann und drei Skulpturen, die Flussgötter und Seher darstellten. Jede dieser beiden Seitengruppen stand über drei Triglyphen und vier Metopen. Dem strengen gesammelten, mehr vertikal gestalteten Ostgiebel stand der bewegte, mehr aus gekrümmten Bewegungen gestaltete Westgiebel gegenüber: darauf wurde der Kampf gegen die Kentauren geschildert.

Die Kentauren sind zur Hochzeit des Peirithoos mit Deidameia geladen. Vom Weine berauscht, vergreifen sie sich an Mädchen und Knaben. Apollon, die Mittelfigur, stiftet mit ruhig-gelassener Gebärde Frieden. Auch er ist wie Zeus im Ostgiebel die Mittelfigur einer Siebenergruppe. Das Haupt dieses Apollon *(Abbildung 86a)* ist von unvergleichlich schöner Erhabenheit. Es ist vollkommener Ausdruck von gelassener Selbstzucht, wie dies in der Kunst Griechenlands nicht noch einmal zu finden ist. Neben Apollon kämpfen die Hauptgestalten des Mythos, Peirithoos und Theseus, die zusammen mit je einem Kentauren, der sich an einem Mädchen vergreift, die Siebenergruppe der Mitte bilden. Der Kentaur in der linken Giebelseite der Mittelgruppe soll der Fürst Eurytion sein, mit der geraubten Braut Deidameia. Fast spiegelbildlich dazu ist eine Gruppe auf der rechten Giebelseite. Zwischen der mittleren Siebenergruppe und dem knieend-liegenden Kampfgetümmel der beiden Siebenergruppen links und rechts davon besteht keine kompositorische Verbindung. Alle anderen Skulpturen jeder Siebenergruppe übergreifen sich wenigstens einmal. Auch hier stehen, wie über dem Ostgiebel, die mittlere Skulpturengruppe über den drei Triglyphen und zwei Metopen des mittleren Joches und die seitlichen über drei Triglyphen und vier Metopen von zwei Jochen. (Leider sind die Reste der Giebelskulpturen im alten Museum von Olympia falsch aufgestellt, besonders störend wirkt, dass Peirithoos und Theseus fehlen, von diesen Skulpturen wurden allerdings nur wenige Reste gefunden. Die folgenden Kentaurengruppen stehen je auf der falschen Seite.) Der Tempel stürzte 521 oder 522 n. Chr. durch ein Erdbeben ein und die Giebelskulpturen zerschmetterten am Boden. *Abbildung 86b* gibt eine Rekonstruktion der beiden Giebelgruppen wieder.

Ausser dem plastischen Giebelschmuck zeigte sich der Zeus-Tempel dem Betrachter von aussen schmucklos, die Metopen von Fronten und Längsseiten trugen keine Reliefs. Aber wenn der Besucher den Pronaos oder das Opisthodom betrat, sah er über dem Gebälk beider Räume über der Cella sechs Metopenreliefs. Sie zeigten die zwölf Taten des Herakles *(Abbildung 87)*. Von allen zwölf Metopen haben sich soweit Reste gefunden, dass eine Rekonstruktion möglich war. Pausanias beschrieb die Reihenfolge[69]. Danach begann der Zyklus im Opisthodom oben links mit der Tötung des Nemeischen Löwen und endete im Pronaos mit der Reinigung des Augiasstalles.

Aus der hochklassischen Epoche der zweiten Hälfte des 5. Jahrhunderts gibt es in Olympia eine marmorne Nike-Statue (*Abbildung 88* zeigt eine Aufnahme des heutigen Zustandes, *Abbildung 89* eine Rekonstruktionsskizze nach Schefold). Die Nike stand auf einem 9 m hohen dreiseitigen Pfeiler, der die Künstlersignatur trug. Die Gestalt der Nike, des Sieges, ist eine der am häufigsten anzutreffenden Skulpturen Olympias. Der Zeus des Phidias trug sie in der Hand; auf dem Dach des Giebels des Zeus-Tempels finden wir sie an der Ostseite.

Das Stadion ist noch vor der Mitte des 5. Jahrhunderts erneuert worden. Die Laufbahn des archaischen Stadions wurde tiefer gelegt. Mit dem Erdaushub erhöhte man den flachen Südwall, im Norden der Laufbahn zum Kronoshügel hin wurde Erde aufgeschüttet. Nach Osten ergab sich eine Böschung durch die Vertiefung der Laufbahn in das Gelände. Nach Westen hin, zur Altis, war das Stadion offen. Das Hippodrom lag wahrscheinlich südlich des Stadions, es wurde durch eine Änderung des Flussbettes des Alpheios im Mittelalter vernichtet. (Der Übersichtsplan der *Abbildung 82* gibt die Situation am Ende der klassischen Zeit wieder.)

Im 4. Jahrhundert, als die grosse Zeit der Spiele vorbei war, wurde die gesamte Altis noch einmal umgestaltet. (Der Niedergang begann mit dem Berufsathletentum.) Zu Beginn des 4. Jahrhunderts entstand, ganz im dorischen Kanon, noch ein kleiner Tempel der Meter Theon, der Göttermutter. Ein Bau unbekannter Bestimmung, der sogenannte Südostbau, wurde errichtet, dann die Südhalle und das Leonideion; damit erhielt die Altis eine völlig verwandelte Südansicht. Schliesslich wurde das Stadion noch einmal erweitert, umgebaut und aus der Altis verlegt. So kam eine Trennung zwischen Heiligtum und Wettkampfstätte zustande, die dem sich wandelnden Bewusstsein entsprach: Die Spiele wurden nicht mehr in ihrem alten kultischen Bezug erlebt. Die Verlegung des Stadions war mit gewaltigen Erdbewegungen verbunden. Das Stadion wurde 82 m nach Osten und ein kleines Stück nach Norden verlegt. Die neue Laufbahn wurde um 10 m verbreitert, die Längsseiten zeigten eine schwache Krümmung, die vorher fehlte. Auch der aufgeschüttete Südwall wurde verbreitert und erhöht. Ein neuer Wall wurde im Westen gegen die Altis aufgeschüttet, damit war das Stadion ringsum von Zuschauerwällen umgeben. Für die Kampfrichter, die Helladoniken, wurde am Südwall eine steinerne Plattform errichtet, um Sessel aufzustellen. (*Abbildung 90* zeigt den Durchgang vom Stadion zur Altis, *Abbildung 91* das Stadion heute.)

Der Bauherr des letzten Gebäudes, das in der Altis errichtet wurde, war Alexander der Grosse. Pausanias[70] berichtete, es wäre von Philipp, Alexanders Vater, nach dem Zusammenbruch Griechenlands bei Chaeronea 338 v. Chr. erbaut worden. Der makedonische König Philipp starb aber schon zwei Jahre nach der Schlacht; daraus ist zu schliessen, dass es Alexander war, der das Bauwerk errichten oder zumindest vollenden liess. 338 v. Chr. gingen die griechischen Stadtstaaten unter. Philipp, der makedonische König, errang in der Schlacht die Herrschaft über Griechenland. Sein Sohn Alexander besiegte den persischen Grosskönig und erweiterte seine Herrschaft bis nach Indien. Sein früher Tod 323 verhinderte, dass er sein Reich konsolidieren konnte; die Einheit des Alexander-Reiches zerbrach 301 in der Schlacht von Ipsos. Die hellenistischen Teilreiche entstanden. Eine Zeit des Umbruchs, eine Zeitenwende kündete sich an.

Der Alexander-Bau, das sogenannte Phillipeion, war eine Tholos. Sie stand auf einem dreistufigen marmornen Unterbau von 15,24 m Durchmesser. Die Cella war von einer Säulenhalle aus 18 ionischen Säulen umgeben, ihre Innenwand gliederten 9 korinthische Halbsäulen. (*Abbildung 92* zeigt die als sicher geltende Rekonstruktion von M. Schleif,

Abbildung 93 eine Ansicht der heutigen Ruine, vom Heraion her gesehen.) Diese Tholos diente nicht Gštttern als Wohnung, sondern Alexander liess Standbilder von sich selbst und seiner Familie darin aufstellen. Der Besucher stand vor Gold-Elfenbein-Statuen Alexanders, seines Vaters Philipp, seiner Mutter Olympia sowie seines Grossvaters Amyntas. An dieser Tatsache sehen wir, dass eine Wende in der Bewusstseinsentwicklung der Menschheit eingetreten war, denn zum erstenmal setzte ein Mensch sich selbst ein Standbild an die Stelle, die bisher den Göttern vorbehalten war. Diese Tatsache stellte ein unerhörtes Ereignis dar.

Das Philippeion wurde an einen ausgewählten Punkt der Altis gesetzt, wodurch noch einmal eine Hauptachse durch das Heiligtum entstand, ähnlich derjenigen in Delphi oder in Epidauros. Auf dem Plan des 4. Jahrhunderts *(Abbildung 82)* sehen wir die Mitte des Tholos, die Mitte der Ostfront des Heraions und die Nordostecke des neuen Stadions auf einer Geraden liegen.

«Agon» ist das griechische Wort für Kampf, Wettstreit, Wettspiel. Damit wurden nicht nur die festlichen Wettspiele in Olympia und anderen Wettkampfstätten bezeichnet, sondern Auseinandersetzungen jeder Art, Streit von Parteien oder Streit vor Gericht. Ausser gymnastischen und sozialen gab es auch musische Agone. Die Tragödiendichter traten in Athen an den Dionysos geweihten Festspielen mit ihren Werken vor das Volk, das im Theater über die Preise entschied. Agonal waren auch die Rededuelle der Sophisten und Rhetoren, ebenso der philosophische Dialog. Musikalische Wettbewerbe hatten Agoncharakter. Die Kitharisten, Flötenspieler und Sänger wetteiferten um den Sieg in ihrer Kunst. Selbst die bildenden Künstler wetteiferten agonal miteinander.

Welche Kräfte drückten sich in dem die ganze Natur der Griechen beherrschenden Drang zum Agonalen aus? Was ging in der Seele des Siegers vor, wenn er besonders in Olympia im Agon gewann? Er hatte alle anderen Bewerber im Kampf um den olympischen Lorbeer hinter sich gelassen, in den Staub geworfen oder sonstwie übertroffen. Durch den olympischen Kampf kam zutage, welche Unterschiede zwischen den Menschen bestanden. Es wurde offenbar, wie unterschiedlich die Gaben der Götter unter den Menschen verteilt waren. Wer im Kampf als Sieger hervorging, der war der Stärkere, der Grössere, war der Liebling der Menschen und der Götter. Selbstbewusstsein erwachte in den siegreichen Seelen. Die Olympiasieger wurden sich ihrer Persönlichkeit, ihres eigenen Ich bewusst.

Das war im alten Ägypten anders. Die Menschen waren offen für das, was die Götter durch den Mund ihrer Priesterkönige sprachen. Ehre und Auszeichnungen wurden nicht individuell erworben, sondern durch den Pharao verliehen. Das griechische Gemüt hatte zwar die alte Götterbindung noch nicht ganz verloren, aber das Tor zur geistigen Welt schloss sich; zu ihrer unmittelbaren Erfahrung blieben immer weniger Seelen fähig. Dafür eroberten die Menschen zunehmend die individuellen Gedankenkräfte, wie die griechischen Philosophenschulen, die sich nun entwickelten, zeigen. Die für die Griechen noch aus der Zukunft kommenden Gedankenkräfte waren zur Zeit der Römer voll ent-

86a Olympia, Zeustempel, Westgiebel: Apollon.

86b Olympia, Zeustempel, oben: Westgiebel, unten: Ostgiebel (Rekonstruktion).

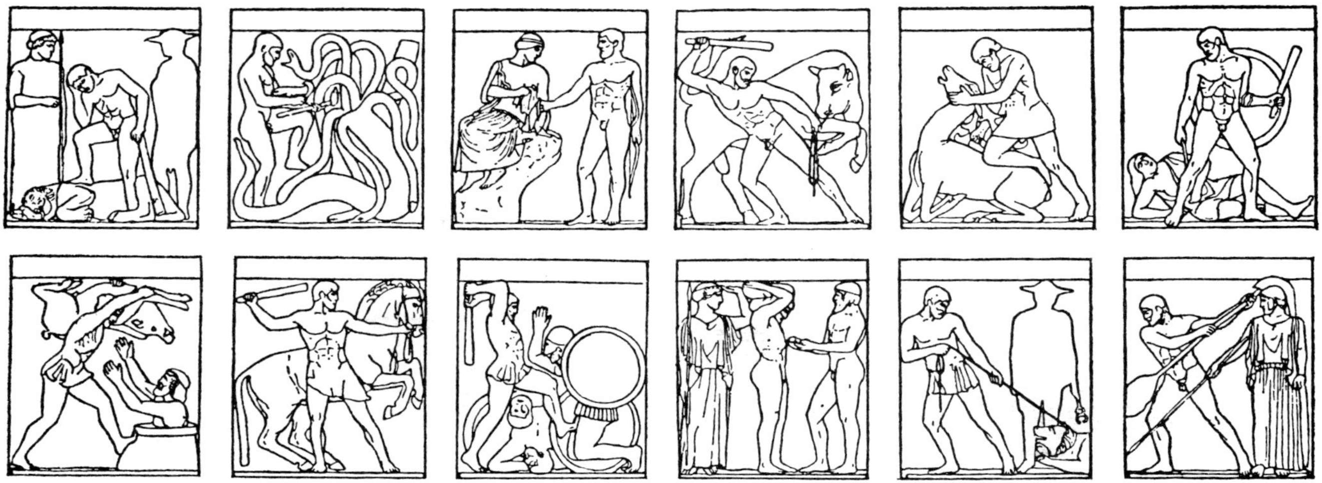

87 Olympia, Zeustempel, Die zwölf Taten des Herakles. Oben: Westmetopen; unten: Ostmetopen.

88 Olympia,
Nike des Paionios,
um 420 v. Chr.

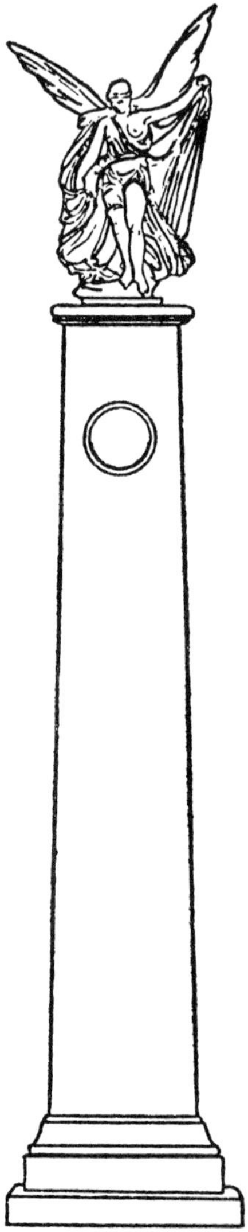

89 Olympia,
Nike des Paionios,
Rekonstruktion.

90 Olympia, Durchgang vom Stadion zur Altis. ▷

91 Olympia, Stadion.

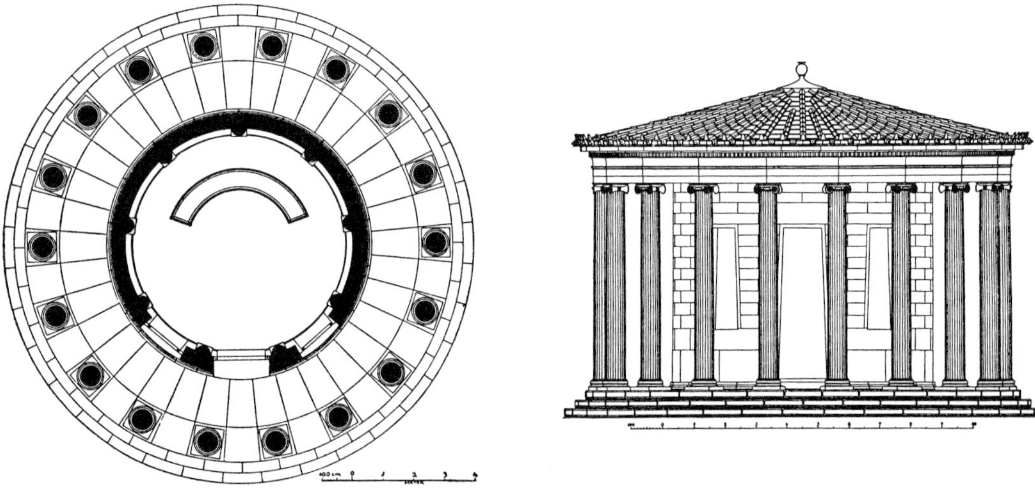

92 Olympia, Philippeion, um 330 v. Chr. Links: Grundriss. Rechts: Rekonstruktion von H. Schleif.

93 Olympia, Philippeion.

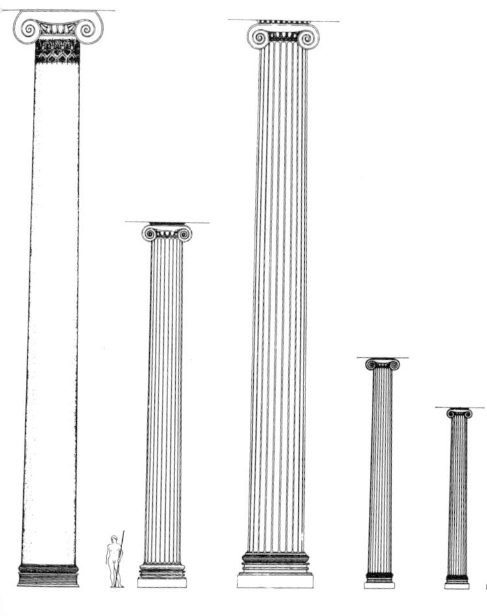

94 Ionische Säulen
(von links nach rechts:
Samos, Anfang 5. Jh. v. Chr.;
Priene, um 335 v. Chr.;
Didyma, Anfang 3. Jh. v. Chr.;
Didyma, Anfang 3. Jh. v. Chr.;
Magnesia, Anfang 2. Jh. v. Chr.).

wickelte Gegenwart. Für den römischen Verstand bedeuteten die Götter nur noch eine manipulierbare Tradition. Rom lebte aus der Kraft und der Macht der Persönlichkeiten. Der Hellenismus war Umbruchszeit des Bewusstseins, die zweckfreien Agone die Vorbereitung des Neuen.

Was man auch heute sonst darüber denken mag, der olympische Wettstreit war ganz offenbar nicht dazu da, gemeinschaftsbildend zu wirken, er erzeugte in den Kämpfern keine gemeinsamen Empfindungen, er vereinzelte die Menschen und stellte sie damit auf ihr eigenes Ich. Der olympische Kampf schuf keinen Frieden, sondern setzte ihn voraus. Der Schutz des olympischen Friedens durch Zeus war eine sachliche Notwendigkeit. Nur solange es diesen Schutz gab, blieb der kultische Charakter der Spiele erhalten. Olympia war ein Heiligtum, in dem im Schutze der Götter die Menschen ihre Persönlichkeitskräfte übten. In der griechischen Kultur überschritt die europäische Menschheitsentwicklung die Schwelle aus einer gotterfüllten Welt in eine Welt einzelner menschlicher Persönlichkeiten. Das Ich des Menschen, der individuelle göttlich-geistige Funke, glühte nun im Inneren der Seele. Im Römertum wurde seine Kraft auf eine erste Art offenbar.

Der Hader der griechischen Völker, ihre Zwietracht und die Unzahl ihrer Stammeskriege, die mit Mauern umgürteten Städte, ihre Lust an Waffen, kurz: ihr agonales Bewusstsein, waren Ausdruck der Entwicklung des individuellen Ich.

Betrachten wir auf diesem Hintergrund noch einmal die Bedeutung der Architektur des alten Olympia: das Stadion, das Heraion, den Zeus-Tempel und die Tholos. In Delphi war das Stadion noch dem musischen Wettstreit gewidmet – besonders in der frühen Zeit; in Olympia wichen die Musen rauherer Betätigung. In den gymnischen Agonen blieb einer der Kämpfer zerschunden im Staube liegen, doch zerschundene Glieder schmückten auch den Sieger. Das führte zu Vereinzelung, Individualisierung.

Das Bildprinzip der Tholos enthüllte sich in Delphi aus der der gesamten Architektur zugrundeliegenden Idee. Das künstlerische Auffassen führte dazu, einen von Menschen für Götter geschaffenen dreigliedrigen Leib zu empfinden, der in der heroischen Landschaft ausgebreitet dalag: Die Tholos war als das Haupt der Athene Pronaia geweiht, der Göttin der Gedankenkraft. In Delphi wie in Epidauros trugen dorische Säulen Gebälk und Dach der Tholos. Im Inneren aller drei Rundtempel, auch im Philippeion, gliederten korinthische Säulen die Innenwand. Diese korinthischen Kapitelle des Cella-Inneren erschienen wie Bilder der Lebensprozesse des Ätherleibes. Wie die Blüte die Pflanze krönt, wenn sie durch die Kräfte des Lichtes zu höherer Bildung fähig wird, so scheint Geisteslicht in die Menschenseele, wenn sie Ideen bildet. Für diese kulturschaffende Tätigkeit des Menschenhauptes war die Tholos architektonisches Bild. Alexander der Grosse zeigte sich als Herr dieser Hauptbildung, vielleicht war er der erste sich seines individuellen Ichs bewusste Mensch.

Die Alexandrinische Tholos unterschied sich von den beiden anderen auch dadurch, dass ionische Säulen die Peristasis schmückten. So sehr die Kleinheit des Baus und die

Stimmung der Zeit das ionische Element verlangt haben mochten, so sehr stimmte die ionische Säule auch mit dem Bewusstseinswandel zusammen, den Alexander demonstrierte.

In der korinthischen Säule können wir ein Bild der Lebensprozesse des Ätherleibes erkennen. Die dorische Säule haben wir als das kräftetragende Element der griechischen Architektur kennengelernt. In dieser Eigenschaft und in der Einfachheit ihrer Gestalt kann sie als ein Bild der physischen Kräfte erscheinen, die im menschlichen Leibe als die Knochen, zum Beispiel der Beine gegen das Becken, auftreten. In der ionischen Säule spricht sich ein weiteres menschliches Wesensglied im architektonischen Bilde aus. Betrachten wir den in den ionischen Tempeln Kleinasiens ausgebildeten Typus. Dieser ist, im Gegensatz zur dorischen Säule, mit einer Basis versehen *(Abbildung 94)* und trägt im Kapitell über dem verzierten Echinus einen Sattel, der in schweren Voluten ausläuft. Das Spiralmotiv der Voluten kehrt im Schmuck von Kapitell und Säulenhals vielfältig wieder. Die ein- und auswickelnde Spirale – der bestimmende Schmuck des Kapitells – kann als Bild der Seele des Menschen gesehen werden. Wie sich die Seele ausdehnt, wenn sie von Sympathie getragen wird, so wickelt sich die Volute aus – und wickelt sich auf der Gegenseite wieder ein wie die von der Antipathie beherrschte Seele. Der Rhythmus zwischen dem sympathischen Einschlafen und dem antipathischen Erwachen ist das Leben der Seele selbst. Denselben Rhythmus erlebt der künstlerisch Betrachtende, wenn er mit dem Bewegungssinn das ionische Kapitell auffasst (vergleiche dazu Seite 278 f.).

Die ionische Peristasis – Bild der Seele – umfing im Philippeion das Ichbild Alexanders, Herr der im Bilde der korinthischen Säulen dargestellten Denkprozesse. Es gab keine Tempel für Götter mehr. Nunmehr wurden die Bauwerke für Menschen errichtet oder tradierten wie in Rom vergangene Tendenzen. Die Hingabe an solche Eindrücke lässt den Umstand sinnvoll erscheinen, dass der Zeus-Tempel nicht in die Achse Tholos – Heraion – Stadion einbezogen wurde. Er lag so neben der dreigliedrigen Tholos – Heraion – Stadion – Achse, in deren Haupt ein Mensch eingezogen war, wie die Geistwelt neben dem ichbegabten Menschen. Im Ostgiebel des Zeus-Tempels erschien noch einmal die alte Götterwelt, in Ruhe und gesammelter Kraft nach Osten blickend, dorthin, wo sich die vergangenen Kulturen aus dem Götterschoss heraus entwickelt hatten.

In den Metopen wurden die Taten des Herakles geschildert, die er vollbringen musste, um Herr im eigenen Reich zu werden. Hier in Mykene übte der falsche Herrscher Erysteus seine Macht aus. Die Taten des Herakles konnte die Seele als Bilder erleben, die ihr den Weg beschrieben, den sie gehen musste, um zu sich selbst zu kommen.

Im Inneren der Cella stand das gewaltige Kultbild des Zeus, der in der Natur die Blitze zündete. Die seinem Haupte entbundene Athene lernten wir als Bild der Denkkraft kennen. Ist der Blitz nicht Bild des einschlagenden Gedankens?

Der Zeus-Tempel wird dem künstlerisch auffassenden Menschen zum Bilde dafür, dass die geistige Welt selber die Signatur der Ichwerdung des Menschen angenommen hat. Der Ostgiebel wies in die Vergangenheit, aus der das Ich kam, der Westgiebel in die

Zukunft, in die das Ich voranschreiten sollte. Hier stand Apollon, das göttliche Ich, die Seelenkämpfe dumpfer Triebe beherrschend. In den verbindenden zwölf Metopen waren die Schritte dieses Weges veranschaulicht. Im Zentrum des Ganzen erhob sich das Kultbild des Zeus, des kosmischen Urbilds des Gedankens. Das Wort ICH, durch das Mittel der Architektur artikuliert, wurde vom Schmuck des Zeus-Tempels von Olympia ausgesprochen.

Im Stadion hatten die Götter die Zügel ganz aus den Händen gegeben. Hier übte das Volk der Griechen die Kräfte, die die Menschheit in der Zukunft brauchte.

Die geflügelte Gestalt der Nike – die der Zeus des Phidias in der Hand trug – die von der Säule herabschwebte *(Abbildung 89)*, die auf dem Giebel des Zeus-Tempels stand und sonst zahlreich in der Altis zu finden war: Ist sie nicht das Bild des Ich, wie es sich aus der Seele des griechischen Künstlers imaginativ heraufdrängte, um im Schaffen Gestalt zu werden? Gibt es ein schöneres Bild für das geistige Wesensglied des Menschen als den geflügelten, sich in die Leiblichkeit herabsenkenden Genius, den zukünftigen Sieger über die Untergründe der Seele?

Zusammenfassung

Wir haben die drei grossen griechischen Heiligtümer als architektonische dreigliedrige Metamorphose der menschlichen Gestalt aufgefasst: dem Haupte entsprach die Tholos, dem rhythmischen Menschen Tempel und Theater, den Gliedmassen das Stadion. Dem Urbild der menschlichen Gestalt am nächsten erschien Delphi, wo im Orakel das Götterwort den Menschen noch erklang, um das Leben der griechischen Völker und das Schicksal des einzelnen Menschen zu lenken: eine Inspirationsstätte des sozialen Lebens, der sozialen Kunst. Polar dazu verhielt sich das olympische Heiligtum, wo die Menschheitszukunft durch die Übung der Ichkraft vorbereitet wurde. Dazwischen lag die Heilstätte von Epidauros, wo das Menschenwesen in der Therapie aus der Verbindung mit der Geistwelt geheilt wurde. Leib und Seele fanden ihre Gesundheit hier.

Die drei Sprüche zu Delphi lassen sich auf die Dreiheit der Kultstätten erweitern. Zwar klingen alle drei Sprüche in den drei Gliedern jedes Heiligtums wider. Aber das «Erkenne dich selbst» steht vor allem für Delphi, das «Von Nichts zuviel» für Epidauros und der Spruch des auf der Erde Angekommenen «Du bist» für Olympia.

Für die Beschreibung der Sinnessymbiose, die sich durch das künstlerische Auffassen des dorischen Tempels ergibt, musste ein Tempel angeschaut werden, der so weit erhalten ist, dass der unmittelbare Eindruck – das symbiontische Erlebnis – noch erzeugt wird. Von allen Tempeln des griechischen Mutterlandes ist das nur beim Parthenon auf der Akropolis von Athen noch der Fall, nicht bei dem am besten erhaltenen griechischen Tempel, dem Hephaistaion in Athen. Es gibt aber in Grossgriechenland einen Tempel, den Poseidon- oder Zeus-Tempel von Paestum, südlich von Neapel in Unteritalien, der geeigneter ist als der Parthenon. Bei ihm stehen die Giebel noch fast vollständig; man kann Blickpunkte finden, von denen aus der Tempel so erscheint, als trage er noch das Dach und als sei der Naos erhalten. Die Wirkung der Giebel ist für das symbiontische Erlebnis eine unerlässliche Voraussetzung. Dem Parthenon fehlen sie fast vollständig, seine Peristasis scheint durchsichtig, weil der Naos fehlt. In Delphi, Epidauros und Olympia ist ein unmittelbares Erlebnis überhaupt nicht mehr zu erreichen. Vieles lässt sich wohl in der Phantasie ergänzen; wenn man einen Begriff des dorischen Tempels erworben hat, lässt sich auch an wenigen Resten noch manches hervorzaubern, aber üben kann man die symbiontische Erfahrung am besten noch in Paestum.

Der Poseidontempel in Paestum

«Der erste Eindruck konnte nur Erstaunen erregen. Ich befand mich in einer völlig fremden Welt. Denn wie die Jahrhunderte sich aus dem Ernsten in das Gefällige bilden, so bilden sich die Menschen mit, ja sie erzeugen ihn so. Nun sind unsere Augen und durch sie unser ganzes inneres Wesen an schlankere Baukunst hinangetrieben und entschieden bestimmt, so dass uns diese stumpfen, kegelförmigen, enggedrängten Säulenmassen lästig, ja furchtbar erscheinen. Doch nahm ich mich bald zusammen, erinnerte mich der Kunstgeschichte, gedachte der Zeit, deren Geist solche Bauart gemäss fand, vergegenwärtigte mir den strengen Stil der Plastik, und in weniger als einer Stunde fühlte ich mich befreundet, ja ich pries den Genius, dass er mich diese so wohl erhaltenen Reste mit Augen sehen liess, da sich von ihnen durch Abbildung kein Begriff geben lässt. Denn im architektonischen Aufriss erscheinen sie eleganter, in perspektivischer Darstellung plumper als sie sind, nur wenn man sich um sie her, durch sie durch bewegt, teilt man ihnen das eigentliche Leben mit; man fühlt es wieder aus ihnen heraus, welches der Baumeister beabsichtigte, ja hineinschuf[71].»

So beschrieb Goethe seine Begegnung mit den Tempeln des alten Poseidonia, die in der Tiefebene der Halbinsel von Sorrent zum grossen Teil aufrecht die Zeiten überdauert haben.

Von den drei Tempeln in Paestum hatte Goethe den sogenannten Hera-Tempel II im Blick (auch Poseidon-Tempel oder Zeus-Tempel genannt). Goethe besuchte Paestum von Neapel aus, ging dann nach Sizilien; zurückgekehrt, schrieb er abermals über Paestum: «Es ist die letzte und fast möchte ich sagen herrlichste Idee, die ich nun nordwärts vollständig mitnehme. Auch ist der mittlere Tempel, nach meiner Meinung, allem vorzuziehen, was man noch in Sizilien sieht[72].» Das war zwei Monate später. Welch eine Wandlung in der Seele Goethes von lästig, ja furchtbar wirkender Fremdheit über eine schnell erreichte Phase befreundeter Vertrautheit bis zur Empfindung einer herrlichen Idee. Der Tempel ist ein Lehrstück eines architektonischen und – wie Goethe wohl empfunden hat – plastischen Organismus, der bei seinem Anblick eine Idee preisgibt, also mehr als den blanken Sinnesschein darbietet. (Die *Abbildungen 95 bis 98* zeigen den Tempel von allen vier Seiten.) Eine gegenteilige architektonische Wirkung erzeugt der ältere Hera-Tempel unmittelbar daneben, der als Summe einzelner Säulen erscheint – wie eine Schafherde, die sich abends im Pferch versammelt (siehe *Abbildung 99 und 100*).

Neben dem Zeus-Tempel stehen innerhalb der aus römischer Zeit stammenden 4,5 km langen, noch ringsum erhaltenen Stadtmauer des alten Poseidonia wie erwähnt der Hera-Tempel sowie – 500 m weiter nördlich – ein dritter, der Ceres- oder Athene-Tempel[73].

Die achäische Kolonie Sybaris, an der adriatischen Seite der Apenninhalbinsel gelegen, gründete Poseidonia etwa 700 v. Chr. Nach einer ungestörten Entwicklung von 200 Jahren eroberten die Lukanier die Stadt, später wurde sie römisch. Die Achäer, mit dorischer und ionischer Bevölkerung vermischt, konnten sich an der Nordküste der Peloponnes gegen die andrängenden Dorer behaupten und – wie Poseidonia zeigt – ihren Pflanzstädten eine durch ionisches Formengut bereicherte dorische Architektur mitgeben, was besonders der Athene-Tempel, aber auch der Hera-Tempel ausdrücken.

Von der alten griechischen Stadt Poseidonia ist ausser den drei Tempeln wenig gefunden worden. Man kann sich aber kleine, schlichte Häuserzeilen an schmalen Strassen denken, die Hauptstrassen verbreitert. Inmitten der Stadt lag der Marktplatz, die Agora. Seit dem 6. oder 7. Jahrhundert v. Chr. erfolgten Stadtgründungen planmässig, seit dem 5. Jahrhundert wurden rechtwinklige Strassen angelegt, an denen mit Häuserblöcken besetzte Grundstücke gleicher Grösse lagen. Heiligtümer und öffentliche Gebäude waren mitgeplant. Starke Mauern, verteidigungsgünstig angelegt, umgürteten die Städte. Tore führten zur Strasse, den Grabfeldern und dem Hafen. Das heute zu sehende Strassennetz stammt aus dem 3. Jahrhundert und hat mit der Zeit, aus der die Tempel stammen (6. und 5. Jahrhundert) nichts zu tun. Der Zeus-Tempel ist der jüngste der drei Tempel in Paestum. Er beherrschte und beherrscht noch heute das ganze Stadtgebiet. Ganz und gar im dorischen Kanon gebaut, ist kein ionischer Einfluss zu spüren. Wie die beiden anderen Tempel wurde auch er aus einem porösen Muschelkalk gebaut, der die Zeiten erstaunlich gut überdauerte.

So verschieden die Seiten- und Frontansichten des Zeus-Tempels auch sind, man sieht unmittelbar, dass man vor demselben Bau steht. Beide Ansichten erscheinen in vollkommener Ruhe, die drängende Kraft der Säulen und die Last von Gebälk und Dach sind zu einem Gleichgewicht gebändigt. Immer erscheint der Tempel als Ganzes, ob man eine orthogonale oder eine diagonale Ansicht wählt. Das gewaltige, fast einen Meter vorkragende Geison hält mit Notwendigkeit alles zusammen. Allerdings fehlt die Sima, die früher, den Zusammenklang – die Macht des Geisons verstärkend – noch zwingender gestaltet haben mag, wie man empfinden kann, wenn man den Tempel in der Phantasie entsprechend ergänzt. Leider fehlt dem Tempel sein eigentlicher Kern, der Naos; die Normannen haben ihn für ihre Kirchenbauten abgetragen. Deshalb geht der Blick durch den Tempel hindurch, man sieht mehr von der Peristasis und den in 2 Reihen von je 7 in 2 Etagen übereinandergestellten Säulen im Inneren der Cella, als es der Naos zugelassen hätte. Da nicht nur der Blick, sondern auch das Sonnenlicht hinein- und hindurchfallen, werden Säulen beleuchtet, die sonst im Schatten ständen, und es fällt kein reflektiertes Licht mehr auf die der Sonne abgewendete Seite der Säulen der Peristatis, die dadurch in einem zu krassen Hell-Dunkel-Kontrast erscheinen. So kommt eine Unruhe in das Innere, die mit der Ruhe des Aussenanblicks nicht harmonisiert. Bei der Betrachtung ist wichtig, sich Standorte zu suchen, von denen aus der alte Anblick des unzerstörten Bauwerkes so weit wie möglich zu erreichen ist. Aber trotz der Lücken – zwei

95 

95–98 Paestum, Poseidon-Tempel, alle vier Seiten.

96

97

98 

99

100

99, 100 Paestum, Hera-Tempel.

(besonders schlimme) im Westgiebel und die fehlende Cella – erscheint der Tempel immer als Ganzes, was an dem fühlbaren Zusammenhang aller Glieder miteinander liegt. Man empfindet ahnend schon nach kurzer Zeit, dass es hier kein Zufälliges gibt, alles ist Komposition; man erkennt, dass die Einzelteile dieses Tempels, für sich betrachtet, niemals das Bauwerk als Ganzes ahnen liessen[74].

Die mächtigen Säulen (Höhe 8,88 m, unterer Durchmesser der seitlichen Säulen 2,048 m, oberer 1,487 m) sind sanft geschwellt und mässig verjüngt, was sichtbar ist, solange man die Säulen mit dem Blick voneinander unterscheiden kann. Das Kapitell ist mächtig ausladend und die Breite des Abakus (2,606 m) übertrifft den grössten Durchmesser der Säulen beträchtlich. Die Gewalt dieser Säulen wird durch die feine Kannelierung in eine menschliche Dimension zurückgeholt. Es sind 24 schmale Kannelüren eingearbeitet, die trotz ihrer Feinheit plastisch wirken. Wodurch kommt die plastische Wirkung denn zustande? Untersuchen wir, aus welchem plastischen Element diese Säulen gebildet sind: Auswölbung (Konvexität) allein zeigt nur der Echinus. Der Säulenschaft besteht aus den konkaven Kannelüren und den Kanten, denen benachbarte Kannelüren begegnen. Wir bemerken also zwei Elemente, die zusammen das Volumen der Säule einschliessen und ihm dadurch die Gewalt nehmen. Folgt man den aufwärtsstrebenden Kannelüren, wird der Blick vertikal hinaufgeführt, so ist kein zielloses Schweifen über die Gesamtoberfläche möglich. Jeder Kanten-Übergang lässt den Blick anstossen und wirkt dadurch aufweckend. Unter dem Echinus wird der Blick gefesselt. Drei horizontale Kerben sind durch die Kannelierung gegraben *(Abbildung 101)*. Das letzte Stück des Säulenschaftes über den Kerben schafft durch eine in die Richtung des Echinus einschwingende Bewegung einen idealen Übergang. Die Kannelüren schwingen aus; ehe sich der Echinus in seiner gerafften, kraftvollen Wölbung darstellt, hemmen wieder horizontale Elemente den Blick, aber diesesmal sind es vier Kanten. Vier plastische Urphänomene wurden verwendet: Wölbung, Mulde, Kante und Kerbe, die einzeln und nebeneinander geordnet zu vollkommener Harmonie zusammenstreben. Wölbung und Mulde verhalten sich ebenso zueinander polar wie Kante und Kerbe. Am Schaft, durch Mulden gebildet, finden sich dort quergestellte Kerben, wo der Übergang in den gewölbten Echinus gesucht wird, und dieser trägt seinem gewölbten Wesen gemäss die Kanten dem Schaft entgegen. Zwischen den drei Kerben und den vier Kanten findet der plastische Übergang vom Schaft in den Architrav statt. Eine unübertreffliche Form der Vermittlung von Polaritäten ist hier zu beobachten.

Der Echinus trägt durch seine straffe Wölbung den grossen Abakus und die Last von Architrav und Fries so, dass sich seine Tragekraft und die Last in vollkommenem Gleichgewicht zeigen.

Welcher Art ist nun das sinnessymbiontische Farberlebnis, das diese Säule in der Seele erzeugt? Wenn wir versuchen, uns ganz dem Eindruck der Oberfläche einer Kannelierung hinzugeben – was gelingt, wenn man dicht an die Säule herantritt –, ist von dem Rot, in dem uns die ägyptische Säule erschien, nichts mehr zu spüren; wir können uns in die hinaufziehende Muldung einer Kannelüre hineinschmiegen, aber nicht vollständig, etwas verhindert die voll wache Wahrnehmung. So atmen wir uns in dieser Muldung zum Architrav hinauf. Das Erlebnis einer solchen Hingabe kann charakterisiert werden als bläulich, jedoch orange tingiert: die Tingierung entsteht, weil die Kanten zwischen den Kannelüren einen (wenn auch geringen) Eigenwert haben. Es entsteht also durch die Kannelüren ein helles Bläulich, durch das in den Kanten ein Orange hindurchschimmert.

Tritt man von der Säule so weit zurück, dass man sie als Ganzes ins Auge fasst, verschwindet alles reine Blau, ebenso die orange Tingierung. Es beginnt unter dem Blau, das sich von der Oberfläche der Säule milde leuchtend abhebt und zu einem Schleier blau einhüllenden Lichtes wird, ein Rot aufzuleuchten, das den Kern des Ganzen bildet. Das Rot mischt sich mit dem äusseren Blau zu einem wundervollen hellen Violett, in dem weder das äussere Blau noch das innere Rot überwiegt. Umgekehrt verhält es sich mit dem Echinus: Steht man unter der Säule und verfolgt die bläulichen Kannelüren bis hinauf zum Echinus, so wird man seelisch zurückgeschleudert, man erwacht zu sich selbst. Darauf vorbereitet, tastet der Blick abermals nach oben, der Wirkung standhaltend, erlebt man ein Rot, das sich verbreitert. Von der Seite angeschaut, verliert der Echinus dagegen diese rote Kraft. Von oben her wird der Echinus durch den Abakus in dem Masse bläulich gemildert, wie ersterer sich, die Wölbung verstärkend, selber rötet. So wirkt das Kapitell ebenso violett wie der Säulenschaft, nur bildet sich diesmal das Violett von oben und unten und nicht von innen und aussen wie beim letzteren. Nehmen wir noch die Krepis dazu: sie wirkt bläulicher als die bisher besprochenen Bauglieder und sorgt damit für die Standfestigkeit und Ruhe, die in den Erdboden überführt.

Architrav und Fries sind rings um den Tempel vollständig erhalten. Da das fast unverletzte Geison doch bis heute dem Gebälk Schutz vor dem Regen bot, ist die Vorderfläche des Architravs kaum verwittert. Die Kanten der Taenia sind scharf zu verfolgen. Regula und Tropfenreihe sind vielfach völlig unbeschädigt. Die Dimensionen sind gewaltig. Der Architrav hat eine Höhe von 1,488 m und eine Breite von 1,543 m. Zum Fries muss man den unteren Streifen des Geisons zählen, der bis an die Unterfläche der Mutulusplatten reicht (diese haben die Neigung des Daches und reichen daher über diesen Streifen herunter). Mit dem Geisonstreifen ist der Fries etwas höher als der Architrav: 1,599 m. Da die Triglyphen wesentlich schmaler als die Architravbalken sind, muss der Eckkonflikt unweigerlich auftreten. Hier wurde die klassische Lösung gesucht, aber um feine Varianten vervollkommnet. Dabei wird eine Verbreiterung der Eckmetopen vermieden, die Ecksäulen wurden um den gleichen Betrag hereingerückt, um den die Metope hätte verbreitert werden müssen. Die Eckjoche der Säulenstellung sind also schmaler als die Normaljoche. Unglaublicherweise wird die Verengung der Joche so lange nicht wahrgenommen, wie man eine Front als Ganzes im Auge hat. Erst wenn der Blick sich vom Ganzen löst und die Abstände zwischen den Kapitellen wirklich vergleicht, wird man auf die verengte Säulenstellung aufmerksam. Auch wenn man das einmal gesehen hat, verschwindet die Wahrnehmung wieder, sobald der Blick auf dem Ganzen ruht. Da es ja die Zwischenräume zwischen den Säulen, die Interkolumnien sind, die sich an den Ecken nicht gleichen, wird man durch dieses Phänomen darauf aufmerksam, dass es die Säulen und ihr Zusammenhang sind, worin das Ich ruht, nicht die Interkolumnien. Entsprechendes gilt auch für die Farbsymbiose an dieser Stelle. Achtet man nicht nur auf die Färbung, sondern auch auf das Hell-Dunkel-Verhältnis, erscheinen die Interkolumnien merkwürdigerweise dunkler als die hervortretenden helleren Säulen. Der wegen der fehlenden Cella durchscheinende Himmel stört das symbiontische Kunsterlebnis bedeutend. Sobald man aber seinen Standort so wählt, dass das Himmelsblau nicht oder nur wenig zu sehen ist, stimmt die äussere mit der inneren Wahrnehmung zusammen.

Es gelang dem Baumeister, dem Blick die Eckkontraktion an den Längsseiten zu verbergen, indem er die Kontraktion auf die beiden Säulenjoche nächst der Ecke verteilte. Dabei wurden durch die Wahl der Masse die entstehenden Unregelmässigkeiten so ausgewogen, dass sie nur dem bewusst analytisch blickenden Betrachter aus der reinen Seitenansicht erkennbar werden. Das Eckjoch hat eine Breite von 4,26 m, das folgende 4,348 m, und erst das dritte hat das Normalmass von 4,50 m. Die Differenz zwischen dem Eckjoch und dem zweiten ist also kleiner als diejenige zwischen dem zweiten und dem dritten Joch mit Normalmass. Das zweite Joch mit der grösseren Differenz zum dritten liegt schon an einer Stelle des Tempels, die für den Betrachter keinen Anlass bietet, gesondert ins Auge gefasst zu werden. Dazu kommt, dass in diesem Joch die Cella-Fronten sichtbar wurden, wie aus dem Grundriss *(Abbildung 102)* hervorgeht. Der grössere Teil der Interkolumnie erscheint, frontal gesehen, dunkel – wie die dritte Kolumne bei erhaltener Cella erschienen wäre –, der kleinere Teil hell wie die erste. Dadurch wurde die Massverschiedenheit gerade dieses Joches wohl vollkommen überdeckt. Durch den Ausgleich des Eckkonfliktes über zwei Joche wird hier notwendigerweise der Rhythmus des Frieses gestört, oder die dritte Triglyphe steht nicht mehr in der Mitte der zweiten Säule. Zwischen beiden Möglichkeiten fand der Architekt einen Mittelweg, der so vollständig die leisen Ungleichgewichte gegeneinander auswog, dass es kaum möglich ist, sie zu sehen, selbst wenn man die Lösung kennt und sie bewusst zu sehen versucht.

Die Geison kragt weit vor: 98,2 cm – bei einer Schichthöhe von 81 cm, einschliesslich des 16,6 cm breiten zurückgesetzten Streifens, vor dem die Mutuli stehen. An den Fronten trägt es die schmucklosen Giebel, an den Längsseiten einen Aufsatz keilförmiger Steine, deren Oberseite in die Richtung des Daches geneigt ist. Von den Mutuli, doppelt so eng stehend wie die Regula, steht jeder zweite genau vor jeder Triglyphe, wie es der dorische Kanon verlangt, jeder mit 18 (6 mal 3) Tropfen besetzt. Da sie nicht massiv ausgearbeitet, sondern eingesetzt waren, sind nur noch die Löcher zu sehen. Weil die Sima fehlt, erscheinen die Giebel leichter, als sie wohl im erhaltenen Zustand wirkten. An den Seiten machen sich die fehlende Sima und das fehlende Dach deutlicher bemerkbar. Die Phantasie hat es schwer, sachgemäss zu ergänzen, es sei denn, man tritt nahe an den Tempel heran.

Auch als ganzer Bauorganismus vermittelt der Tempel das symbiontische Violett-Erlebnis, doch variiert. An Architrav und Fries sind die Verhältnisse am leichtesten zu erleben. Beide Glieder wiederholen das Erlebnis der Krepis und Peristasis. Die lastenden Elemente Krepis und Architrav erscheinen in blau tingiertem Violett, Säulen und Triglyphen wirken rötlicher. Die Metopen treten ebenso zurück wie die Interkolumnien. Dieses Erlebnis vermag zu verdeutlichen, warum die Triglyphen in drei senkrechte Glieder geteilt sind: der Charakter des Tragens tritt dadurch hervor. Hätten sie eine ungegliederte Front, würden sie zu lastenden Elementen. Das Giebeldreieck zwischen dem bläulich wirkenden Geison und dem etwas rötlicheren Schräggeison lässt die Farbempfindung frei – wirkt aber dunkel: Dem Eindruck entspricht am ehesten ein dunkles Violett, durch das ein noch dunkleres blaues Grün schimmert. Das symbiontische Farberlebnis zusammenfassend, ist eine helle violette Färbung des Tempelbaues vor einem dunkleren Hintergrund gleicher Tönung zu beobachten.

Bei der Cella mit ihren zweistöckigen Innensäulen ist der Übergang der Säulen von den Seiten auf die Fronten besonders beachtenswert. Die Frontsäulen sind im Durchmesser um 5,1 cm stärker als die der Längsseiten. Die Ecksäulen wurden so gearbeitet, dass sie aus der Frontansicht wie Seiten-Säulen und aus der Seitenansicht wie Front-Säulen erscheinen. Dabei ging der Architekt so vor: Jede Ecksäule wurde mit dem grösseren Durchmesser angelegt und in die Flucht der Frontsäulen gebracht. Auf der Längsseite wurde sie in die Flucht der der Cella zugewendeten Innenseite gebracht. Dadurch stand sie aussen um 5,1 cm vor der Aussenflucht der Seitensäulen. Dieser Betrag wurde nachträglich, in der Rundung verlaufend, abgearbeitet, so dass am Säulenfuss ein Querschnitt entstand, wie ihn *Abbildung 103* zeigt. Auch die Kapitelle sind wegen des grösseren Säulendurchmessers an der Frontseite etwas grösser. Die Ecksäule trägt ein Frontsäulenkapitell, das natürlich rund gearbeitet ist. Da es auf der Längsseite nicht vorkragen darf, wurde es um den Betrag, den es grösser als die Kapitelle der Längsseite ist, zur Mitte der Front hin verschoben; daher steht es in der Innenflucht der Längsseitenkapitelle vor, wie *Abbildung 104* zeigt. Damit ist die Ecksäule unten nach aussen und oben nach innen verschoben und erscheint aus der Frontansicht einwärts geneigt, was noch einmal eine Erleichterung für den Blick beim Zusammenfassen des Ganzen ergibt. So kommt es, dass der Tempel von der reinen Seitenansicht her allein aus senkrechten, tragenden Elementen und waagerechten, lastenden Elementen gebildet erscheint. Von der Frontseite gesehen, gibt es ausser den senkrechten und waagerechten Elementen die Schrägen des Giebels, in die die Ecksäulen, auf feine Weise die Schräge vorbereitend, überführen. Der Zeus-Tempel von Paestum kann ohne weiteres für einen der vollkommensten dorischen Tempel gehalten werden, wenn nicht für den vollkommensten überhaupt. Das Wunderbare, wie sich seine Elemente aus Rot und Blau symbiontisch zum schimmernd hellen Violett mischen, gibt der ganzen klassischen Zeit des Griechentums einen Farbenschimmer, der einem aus allem entgegenklingt, was das Griechentum im Zenit seiner Zeit künstlerisch geschaffen hat.

Der alte Hera-Tempel, auch «Basilika» genannt, wurde kurz nach der Mitte des 6. Jahrhunderts gebaut. Auf seinem dreistufigen Stylobat steht noch die ganze Peristasis mit ihrer ungewöhnlichen Säulenzahl von 9 mal 18 Säulen, auch der Architrav ist vollständig erhalten. Dass der Hera-Tempel mehr als Säulenwald denn als Bauwerk wirkt, hat mancherlei architektonische Gründe[75]. Wir wollen hier nur auf die Gestalt der Säulen und besonders der Kapitelle eingehen. Stellt man sich so vor eine dieser Säulen, dass man sie noch mit einem Blick erfassen kann, wirkt sie viel monumentaler, mit grösserer Tragekraft begabt als die formal grösseren Säulen des benachbarten Zeus-Tempels. Bei einer Höhe von nur 6,454 m hat der Schaft einen unteren Durchmesser von 1,45 m und einen oberen von 0,982 m. Dazu ladet das Kapitell weit und flach aus. Der Abakus ist ein Quadrat von 2 m Kantenlänge (siehe *Abbildung 105*). Tritt man näher heran, nimmt die Kannelierung die Aufmerksamkeit zunehmend in Anspruch: es sind ringsum zwanzig flache Kannelüren, die über die gewaltige Schwellung laufen und die Kraft und aufwärtsstrebende Macht des Schaftes wie ein Korsett aus Kanten bändigen, so scharf treten die Grate der Kannelüren jetzt hervor. Diese Säulen wirken, ästhetisch aufgefasst, röter als die des Zeus-Tempels.

Die Kannelüren enden so, dass am oberen Ende des Schaftes ein schmaler Rand frei bleibt, in welchen die Grate der Kannelüren einmünden. Zwischen Schaft und Kapitell ist eine tiefe Kehle eingeschnitten. In diese Kehle schmiegt sich ein Kranz aus Blättern, der keinerlei Beziehung zu den Kannelüren zeigt. Dieser Blattkranz trennt Kapitell und Schaft auf den ersten Blick vollständig. Ästhetisch fühlt man sich zurückgestossen. Aber es kommt darauf an, mit welcher Intention man den Echinus betrachtet. Wir sind von den Säulen des Zeus-Tempels her gewöhnt, mit dem Blick aus dem Aufstreben von Säulenschaft und Kannelierung in die ausladende Krümmung des Echinus einzuschwenken, um zu erfahren, wie er sich unter dem Abakus wieder einwärts krümmt. So lässt sich die Säule des Heraions nicht auffassen. Blattkranz und Kehle gebieten dem Blick Halt. Keine Bemühung, einen Übergang vom Schaft in den Echinus zu finden, führt zum Erfolg. So gesehen, sind Schaft und Kapitell zwei unvereinte, unvereinbare Dinge. Oberhalb des Blattkranzes finden sich auf dem Echinus schmale schmückende Streifen, die ganz zum Echinus gehören. Sie erscheinen auf fast allen Kapitellen als schmaler Wulst, der nach aussen von einem Rundstab eingefasst ist. Bei näherer Betrachtung wirken die Kapitelle durch diesen Schmuck und die Art der Blätter in den Hohlkehlen fast alle verschieden, soweit das von unten zu erkennen ist. (*Abbildung 106* zeigt vier verschiedene Kapitelle.)

Der Hera-Tempel und besonders der Athene-Tempel weisen ionische Stilelemente in Gebälk, Dach und Giebel auf. Betrachten wir deshalb diese Säulen mit dem Blick für ionische Kapitelle *(Abbildung 94)*. Über dem Blattkranz des ionischen Kapitells liegt ein Polster, das in seitlicher Richtung zu Voluten herausgepresst wird. Das ionische Kapitell bewegt sich in den Voluten vom Abakus her abwärts. Betrachtet man das Kapitell des Heraions mit der gleichen Bewegung des Blickes, sieht man das Bildeprinzip dieser Säulen. Der Säulenschaft strebt vertikal durch das Kapitell hindurch, biegt unsichtbar unter

101 Paestum, Poseidon-Tempel, Kapitelle.

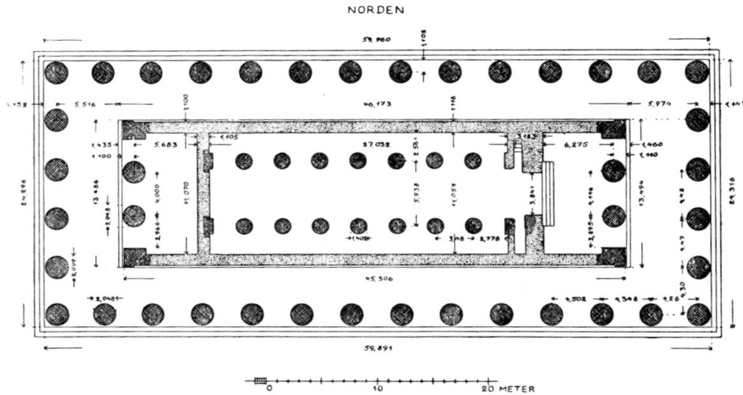

102 Paestum, Poseidon-Tempel, Grundriss.

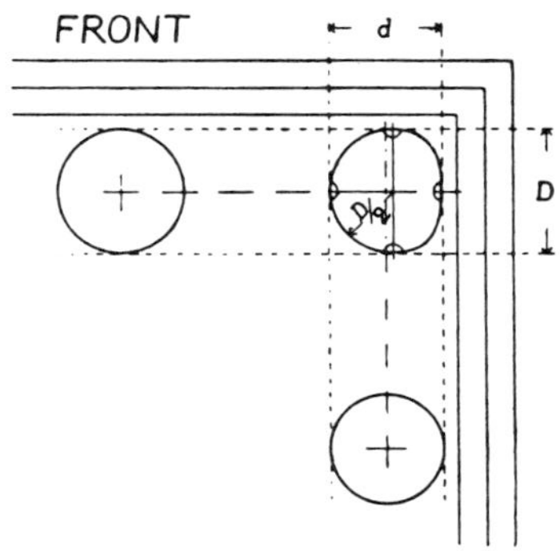

103 Paestum, Poseidon-Tempel:
Die Umformung der Ecksäule (stark übertrieben).

104 Paestum, Poseidon-Tempel: vorkragendes Ecksäulenkapitell (von der Celle her gesehen).

105 Paestum, Hera-Tempel, Säulen.

106a–d Paestum, vier Kapitelle des Hera-Tempels.

dem Abakus ringsum in die Horizintale, tritt oben am Echinus wieder in die Erscheinung, wölbt sich im Echinus abwärts und zieht sich wieder bis zur Schmuckleiste zusammen, die einen harmonischen Abschluss dieser Bewegung bildet. Denkt man sich den ersten Umgang einer Volute als Querschnitt eines drehrunden Körpers, kommt man ungefähr auf das Kapitell des Heraions (siehe *Abbildung 107*). Nun erklärt sich auch die Kerbe mit den Blättern: es ist der Rest des Blattkranzes einer ionischen Säule. Wir haben also ein dorisches Kapitell vor uns, das aus einem ionischen Bewusstsein entwickelt wurde. Vergleicht man sachgemäss eine Säule des Heraion-Tempels mit einer Säule des Zeus-Tempels, erscheinen sie korrelierend mit dem Geschlecht der Götter, denen die Tempel geweiht sind: die Heraion-Säule weiblich, die Zeus-Säule männlich.

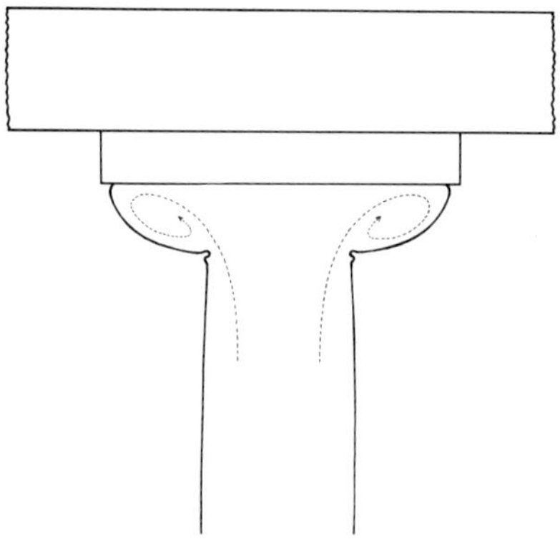

107 Worauf zu achten ist beim Betrachten der Kapitelle des Hera-Tempels.

Im folgenden soll das Bild, das wir vom griechischen Tempel erworben haben, mit dem ägyptischen Tempel verglichen werden.

Zusammenfassung

Im ganzen der ägyptischen Tempelanlage haben wir einen kultischen Weg gesehen, der sich zwischen den Pylonen (oder einer noch davor liegenden Allee) und dem Naos erstreckte. Es gibt drei typische Bezirke: den Säulenhof, die Säulenhalle und den Naos, die nacheinander von aussen nach innen sich zunehmend verdunkeln und zusammenziehen. Wenngleich sich der griechische Tempel aus dem Megaron schrittweise entwikkelte, war er doch in seiner voll entwickelten Form eine Metamorphose des ägyptischen

Tempels. Wie sich die Genese jedes Tempeltypus innerhalb einer Kultur vollzog und wie die Höhepunkte der Kulturen aufeinander zu beziehen sind, ist eine Frage, die zurückführt zu Gedanken, die im ersten Teil des Buches dargestellt sind[76]. Bei der Betrachtung der Schädelreihe und der Laubblattmetamorphose wurden wir aufmerksam auf zwei organisch bildende Zeitrichtungen: auf die gegenständlich-kontinuierliche Metamorphose und auf die diskontinuierliche, deren Zeitstrom aus der Zukunft fliesst. Die kontinuierlich wirkende Zeit, die die gegenständliche Metamorphose betreibt, hängt zusammen mit der Erscheinungswelt und dem physischen Leib, die diskontinuierliche dagegen mit dem Ätherleib, der rhythmisch aus der Zukunft in die Bildung eingreift. In diesen Strom zweier Zeitrichtungen ist der Mensch, die Menschheit, leiblich eingespannt. Entwickelt sich auch die menschliche Kultur, das menschliche Bewusstsein innerhalb einer Kulturepoche kontinuierlich? Gibt es auch zwischen den aufeinanderfolgenden grossen Kulturen Entwicklungssprünge? Den Sprung vom ägyptischen Bewusstsein zum griechischen haben wir schon bemerkt. Im alten *Ägypten* wurde die Menschheit durch die göttlichen Mächte geführt. Die Priesterkönige handelten nicht aus ihrem eigenen Willen, sondern sie waren die Mittler, die den Willen der Götter im Staate zur Geltung brachten. In *Griechenland* suchte der Mensch übend die Kräfte, die ihn zu seinem eigenen Ich führen sollten. Jede der beiden Kulturen führte zu ganz verschiedenen kulturgeschichtlichen Ergebnissen; ihre Tempel-Bauten waren Ausdruck dieser Seinsstufen der Menschheit und sprachen architektonisch dieselbe Idee aus, die auch aus den anderen Künsten und aus dem Wissen – erstmals bei den Griechen auch aus der Philosophie – sprach. Delphi, Epidauros, und Olympia sprachen das Wort «Mensch» auf eine dreifach modifizierte Art aus. Ägypten zeigte in seinem Tempelbau den Weg, der aus der geistigen Welt in die irdische führte. «Der Mensch kommt aus Gott», könnte man dieses Wort formulieren.

Die Metamorphose vom ägyptischen zum griechischen Tempel lässt sich architektonisch zeigen. Was in Ägypten räumlich hintereinander lag, wurde in Griechenland ineinander geschoben: die Säulenhalle steht über dem Naos, nicht mehr davor. Aus der reinen Gewalt des aufbrausenden Rot der ägyptischen Säule wurde das hellviolette Gleichgewicht im Tragen und Lasten der architektonischen Elemente des griechischen Baues.

Aber noch zog das menschliche Ich nicht in den Bau ein, noch waren die Tempel die Häuser der Götter; doch deren Sprechen verstummte. Um die Zeitenwende starben die Orakel.

Die Kirchenbauten der Romanik

Wie verhältnismässig deutlich ein Bild der griechischen und römischen Zeit aus ihren Relikten zu gewinnen ist, so verschwimmt die Kontur, wenn wir ein Bild der zweiten Hälfte des Jahrtausends nach der Zeitenwende gewinnen wollen. Das Weströmische Reich ging unter, germanische Stämme übernahmen die römische Herrschaftsstruktur, ohne sie wesentlich zu verändern. Die Vandalen und die Westgoten eroberten Gebiete in Nordafrika und auf der Pyrenäenhalbinsel und gründeten dort Reiche; das Frankenreich breitete sich nach allen Richtungen aus. Langobarden und Goten machten sich die Apeninnhalbinsel untertan. Von Konstantinopel aus regierte immer noch der Kaiser über das Oströmische Reich. Zur Zeit der fränkischen Merowinger war in allen germanisch geführten Reichen das alte römische Recht und die alte römische Währung des Goldsolidus ungebrochen gültig, das Mittelmeer blieb das kulturelle und wirtschaftliche Zentrum. Die Antike lebte unter neuem Namen noch immer. Erst der erwachende Islam zerstörte im 7. und 8. Jahrhundert den alten Zusammenhang. Europa als ein vom Orient gelöster Völkerzusammenhang konnte sich nunmehr langsam entwickeln. Noch immer galt die Sehnsucht der Menschen dem abgetrennten Osten, davon zeugten auch die Kreuzzüge. Aber die Kultur der Griechen, der Ägypter, der Assyrer wurde unter dem Zeichen Mohammeds weitergepflegt und kam auf arabische Art in Bagdad, in Alexandrien und auf europäischem Boden in Cordoba zu neuer Blüte. Als der grosse Kalif Harun al Raschid in Bagdad die Wissenschaft durch die Vereinigung des Aristotelismus mit dem Islam zu höchster Entfaltung brachte, konnte Karl der Grosse, dessen Geschlecht die Merowinger kurz zuvor abgelöst hatte, weder lesen noch schreiben. In Frankreich wurde Latein die Volkssprache, und die morgenländisch geprägte Kultur ging zugrunde. Nun wurde der Papyrus vom Pergament abgelöst. Das Ende der Goldsolidus-Währung zeigte an, dass der Handel aufhörte, dass das Mittelmeer zur Kultur- und Handelsschranke wurde. Die grossen, am Mittelmeer gelegenen Handelsstädte – von Venedig abgesehen – verödeten, in Europa blieb eine Tauschwirtschaft betreibende Landbevölkerung zurück. Aus dieser Zeit, besonders des 7. Jahrhunderts, sind die Nachrichten so spärlich, dass die Historiker es schwer haben, selbst den äusseren Rahmen dieser Zeit zu zeichnen.

In diese Dunkelheit fällt die Geburt der europäischen Völker, die sich dann bis ins 14., 15. Jahrhundert hinein entwickeln. Die geographischen Grenzen wurden mehr oder weniger schnell übersehbar. Das Reich Karls des Grossen umfasste im heutigen Sinne kein Volk, sondern eine Unzahl volksmässiger Reste der Antike, durchsetzt mit führendem germanischem Adel, der das kulturelle Ende der Antike herbeiführte. Die alten Inhalte verblieben als abstraktes Bildungsgut dem Klerus, woraus sich schliesslich im Disput zwischen Dominikanern und Benediktinern die scharfe Form des logischen Denkens im Mittelalter entwickelte. Noch bis ins 17. Jahrhundert war ausschliesslich Latein die Sprache von Wissenschaft und Religion. Der Geist des Imperium Romanum lebte bis zum Investiturstreit nicht nur in einem Staatsgebilde weiter, das die verschiedensten Völkerschaften übergriff, sondern auch in der Absolutheit des Herrschertums, was sich zum Beispiel in den offiziellen Titeln des sakralen Kaisertums äusserte. Karl der Grosse führte unter anderem die Titel: «gratia Dei rex Francorum et Langobardorum atque Patricius Romanorum» und «serenissimus Augustus a Deo coronatus magnus pacificus imperator». Vor allem lebte der Geist der vorchristlichen Zeit in der Einheit des weltlichen und religiösen Herrschertums. Die Kaiser empfingen ihre Ämter von Gott. Sie ernannten die Bischöfe und in ottonischer Zeit waren diese auch die Vertreter der Reichsgewalt. Dieser alten Ordnung wurde spätestens durch den Investiturstreit, der Kaisertum und Kurie zu Kontrahenten machte, der Boden entzogen, wenngleich die Kaiser noch lange das alte Bewusstsein ihres göttlichen Auftrages zu erhalten suchten. Im Drängen der sich unabhängig davon entwickelnden Völker, nationale Staaten zu bilden, lag damals die Zukunft, die das heutige Bild, das Europa bietet, heraufbrachte. Dieses kündigte sich in der Architektur, in allen Künsten in einer dreifach differenzierten Morgenröte an, die wir in der Architektur beobachten wollen.

Im 10., 11. und 12. Jahrhundert, im Westen und Süden Europas etwas früher beginnend, im Osten etwas später endend, entstand die Kirchenbaukunst der Romanik: ein Stil, der seinen Namen erst im 19. Jahrhundert erhielt, aber doch insofern gut gewählt, als damit ausgesprochen wurde, dass es das römisch-antike Formengut war, das sich hier metamorphosiert zeigte. Die früher gebrauchten Bezeichnungen «sächsisch» oder «normannisch» stimmten nicht, denn selbstverständlich bauten auch andere germanische Stämme in diesem Stil. Was aber das Wort «romanisch» nicht bezeichnet, ist das «Neue», das sich der alten Stilelemente des Imperium Romanum und der ganzen Antike bedient. Gerade auf das aufmerksam zu machen, was sich als künstlerischer Vorauswurf europäischer Völkerbildung in den Kirchenbauwerken der Romanik aussprach, bezweckt dieses Kapitel. – Das Christentum der damaligen Zeit, jedenfalls in seiner offiziellen staatstragenden Form, ist als derjenige kulturelle Faktor anzusehen, der das Band bildete, welches das Abendland zusammenhielt. Die Christianisierung, von Byzanz ausgehend, war im gallischen Teil des Imperiums im 7. Jahrhundert vollendet, Ende des 8. Jahrhunderts war auch Germanien durch die Sachsenkriege «christlich» geworden. Karl der Grosse hatte alles, was seiner Art widersprach, innerhalb des Christentums selbst beseitigt, zum Beispiel den Arianismus. Er setzte von den Pyrenäen bis zur Elbe den von ihm gewollten Ritus, die von ihm gutgeheissene Liturgie durch. Das so geeinte Abendland entwickelte den später «Romanik» genannten Stil, aber doch nicht einheitlich, sondern landschaftlich stark differenziert. (Zur Einführung in die Problematik der romanischen Architektur behandeln wir einen Bau, der in der deutschsprachigen Literatur nur wenig berücksichtigt ist, den der Heiligen Fides – französisch Sainte Foy – geweihten Kirchenbau in Conques, Dép. Aveyron in Südwestfrankreich.)

Conques, ein kleines mittelalterlich wirkendes Städtchen, liegt im südlichen Massif Central, etwa 40 km nördlich Rodez. Den Mittelpunkt des Ortes bildet die romanische Pilgerkirche, deren Bau unter dem Abt Olderich (1031–1065) um 1050 auf den Grundmauern einer vorangegangenen karolingischen Kirche begonnen und um 1130 vollendet wurde. Sie war eine der grossen Etappenkirchen eines Pilgerweges nach Santiago de Compostela, der in Le Puy anfing und über Moissac und Conques führte.

Nimmt man seinen Weg von Süden, von Rodez her im Tale des Dourdou, so erscheint Sainte-Foy unvermutet hinter einer Felsnase, wo die Schlucht des Bächleins Ouche sich mit dem Tal des Dourdou vereint. Am steilen Hang dieser wilden Schlucht thront der Bau über dem Betrachter. Anders ist es, wenn man sich von Osten her nähert: der Blick schweift über die Höhen des südlichen Massif Central, über bergiges Land und, eingebettet in gerundete Bergrücken, grüsst Sainte-Foy aus der Ferne herüber. Aus westlicher Sicht erscheint die Kirche wie eine Feste, die die Schlucht des Dourdou beherrscht. Von Norden aber blickt man aus der Nähe herunter auf Türme und Dach und fragt, wie sich dieser gewaltige Bau wohl an der Hangkante halte. Von hier gesehen, beschützt und hütet sie das Städtchen, dessen Dächer mittelalterlicher, gotischer Häuser sich eng um die aufragende Kirche scharen. Eine so in die Landschaft komponierte Kirche findet sich nicht oft. Trotz der heute asphaltierten Hauptstrasse bewahrte der Ort noch atmosphärisch einen Hauch der mittelalterlichen Frömmigkeit und Gottessehnsucht, woraus diese Kirche erwuchs – am schönsten ist dies zu erleben an einem Frühsommerabend, wenn die Sonne hinter dem westlichen Bergkamm versinkt, die langen Schatten den Hang hinaufwandern, und ein mildes blaues Licht das Tal erfüllt, über dem der goldene Abendschimmer des westlichen Himmels verglimmt. Solch ein Bild weckt die religiöse Stimmung des frühen Mittelalters, vor dessen Auftakt die alte Geisterfahrung der Antike verglomm und nur noch als Historie weiterlebte. Das fromme Suchen der Seele nach Geisterfahrung und die Hoffnung, dass die Auferstehung am Jüngsten Tage sie bringen werde, das Bemühen, zu den Auserwählten zu gehören, denen die Engel die Gräber öffnen, bilden die Stimmung, die der Bau im Betrachter erzeugen will. Eine Einstimmung dieser oder ähnlicher Art hilft, die Sinne für das künstlerische Auffassen zu öffnen.

Im Grundriss zeigt der Typus der romanischen Kirche ein Haupthaus, das in der Regel Ost-West gerichtet ist. Im Osten liegt davor das Transept (Querhaus). Die in aller Regel quadratische Vierung ist der Durchdringungskörper beider Häuser. Östlich der Vierung folgt der Chor. Im Westen schliesst in der Regel ein Bauteil an, der, als sogenanntes Westwerk oder als Turmbau aufgeführt, sogar getrennt davor stehen kann. Zwischen zwei Türmen ist oft ein Narthex, eine offene Vorhalle, entwickelt, oder es wurde ein ganzes Atrium westlich der Kirche errichtet. Welche Gliederung der Mauern und Wände gesucht, wie der Chor mit einer Apsis erweitert wurde, Nebenkapellen und Apsiden dazugesetzt wurden, wie das Dach gestaltet, das Licht geführt und Schmuck plastischer und malerischer Art verwendet wurde, wie die Kapitelle gestaltet waren, all dies macht das Individuelle einzelner Bauwerke aus, ebenso der Stil, in denen sie errichtet wurden. Die drei Hauptstile, die wir behandeln wollen, hängen geographisch zusammen. Wir beginnen mit dem westlichen Stil der Romanik, für den Sainte-Foy in Conques ebenso repräsentativ ist wie viele andere Kirchen in Westfrankreich. Wir finden ihn von der Nordkante der Iberischen Halbinsel über Westfrankreich und die Normandie bis ins normannische England.

Ein Zugang zu dem kleinen Vorplatz von Sainte-Foy liegt im Westen; durch diesen wollen wir uns der Westfront nähern: Der Blick fällt auf eine steil aufragende Westfront, die aus zwei Türmen besteht *(Abbildung 108)*. Die Mauern der Turmfronten und die mit einem Blendgiebel gekrönte Wand dazwischen sind auf eine einfache Weise durch vier davorgelegte Strebepfeiler gegliedert. Zwischen den Türmen liegt die Mauer hinter einem Blendbogen, was die plastische Wirkung stark erhöht. Das Portal zwischen den beiden inneren Strebepfeilern der Türme wird von einem Giebel geschützt, der sich in dem genannten Blendgiebel zwischen den Türmen wiederholt. Das das Portal krönende grossartige Tympanon wurde im 16. Jahrhundert an seinen jetzigen Platz vorgezogen. An seinem ursprünglichen Ort stand es eine Jochbreite weiter östlich. Leider verschwand durch diese Massnahme der kleine Narthex, in den man früher eintreten musste, um das farbig bemalte Tympanon betrachten zu können. Diese nachträgliche Baumassnahme verflachte die plastische Wirkung der Westfront drastisch. Künstlerische Gründe konnten dafür nicht ausschlaggebend gewesen sein. Auf der Nord- und Südseite sind den Kirchenmauern Strebepfeiler vorgelegt, die auf die einfachste plastische Art das Aufstrebende des ganzen Baues zum Erlebnis bringen.

Weiter fällt bald auf, dass das Mauerwerk aus einer Mischung von Quadern und Bruchstein besteht. Der Quaderbau wurde verwendet, wo scharfe Kanten zu erscheinen haben oder wo das Auge des Betrachters länger ruhen möchte: vom Boden bis über Augenhöhe und überall dort, wo es auf exakte Ausführung ankam. Alle vorgelegten Stützpfeiler, mindestens ihre Kanten, wurden mit Quadern ausgeführt, ebenso alle gekrümmten Mauern von Apsis, Apsiden und Chorumgang sowie der Treppenturm, im Innenraum schliesslich alle Wände bis zum Fuss der Arkaden vor der Tribüne und darüber alle Kanten. Als Bruchsteinmauerwerk dagegen wurde das Innere ebener Flächen ausgeführt, über die das Auge gewöhnlich hinweggeht.

Die Westseiten des Querhauses haben in der Mitte des ersten Joches, vom Haupthaus aus gesehen, je ein kleines Portal, dessen Dachgesims von sechs mit einem reich verzierten Lemniskatenband verbundenen Konsolen getragen wird. Das südliche dieser Portale zeigt zwei Gewände, in denen je zwei Säulen mit reich verziertem Kapitell und grosser Kämpferplatte das Giebeldreieck tragen. Apsis, Apsiden und Radialkapellenmauern zeigen die reichste plastische Gliederung der Aussenmauern des ganzen Bauwerkes. Das vorkragende Dachgesimse von Apsis und Apsidialumgang endet in einem Würfelband und wird – wie auch das schmucklose Band der Apsidialkapellen – von Konsolen getra-

108 Conques, Sainte-Foy, Westfassade.

109 Conques, Sainte-Foy, Tympanon.

gen. Die auch der ganzen Ostseite vorgelegten Strebepfeiler tragen gegliederte Halbsäulen, die bis zum Gesims aufsteigen. Über dem Dach des Apsidialumganges gliedern Blendarkaden mit Halbsäulen die Mauer der Apsis. Diesem gestaffelten zierlichen Aufstreben der Ostseite steht damit das kraftvolle Erheben der drei anderen Ansichten gegenüber (an der Nordseite wegen der eng an die Kirche herantretenden Stützmauer des Hanges weniger gut zu erleben). Hier ziehen die plastischen Elemente den Blick nach oben, dabei bleibt die Mauerscheibe tatsächlich so im Hintergrund, wie es der Charakter des Bruchsteinmauerwerkes verlangt. So wird neben dem grossartigen architektonisch-plastischen Eindruck auch das Rationelle der verwendeten Technik deutlich: präziser Steinschnitt dort, wo das Auge hingezogen wird, das Bruchsteinmauerwerk an den zurücktretenden Flächen. Mit künstlerischem Geschick hat der Architekt das verfügbare Baumaterial eingesetzt.

Vor dem Westportal stehend, betrachten wir das Tympanon näher *(Abbildung 109).* Das Halbrund ist in drei horizontale Felder geteilt: In der Mitte thront Christus als Weltenrichter in einer Mandorla. Darüber ist das von zwei Engeln getragene Kreuz zwischen Sonne und Mond. Diese und zwei weitere, Posaunen blasende, das Jüngste Gericht ankündigende Engel erfüllen das obere Feld und bestimmen damit das Thema des Ganzen: das Jüngste Gericht. Ein weiterer Blick auf den Christus zeigt, dass auch er allein in diesem Sinne aufgefasst werden soll: eine Kreisaura mit einem vorgelegten Kreuzsymbol ruht hinter seinem Haupt; auf der Aura steht «Judex» (Richter). Das vorgelegte Kreuz ist auf der rechten Seite zerstört, auf einem der beiden erhaltenen Arme steht noch «Ex», was zwei Lesemöglichkeiten zulässt: entweder hiess es «Rex» oder das Wort «Judex» wurde wiederholt, was unwahrscheinlich ist; also lautete die Inschrift: «Rex Judex» («König» und «Richter»). Hinter der erhobenen rechten Hand hält ein Engel ein Spruchband mit der Inschrift: «Kommt ihr Gesegneten meines Vaters», und über der herabweisenden linken Hand hält ein weiterer Engel ein anderes Spruchband: «Geht von mir, Verfluchte.» Wie es nun den Gesegneten und den Verfluchten geht, zeigt der Rest der Bildfelder: da sind zur Rechten des Christus die Erwählten, die daherkommen unter ebenfalls von Engeln gehaltenen Schriftbändern mit den Namen der Tugenden Glaube, Hoffnung, Liebe, Demut. Es folgen sich (von Christus her gesehen) Maria, Petrus und der Einsiedler Dadon (er soll am Ende des 8. Jahrhunderts das Kloster von Conques gegründet haben), dann folgt der Bauherr der heutigen Kirche, Abt Olderich. Fest an der Hand hält dieser Karl den Grossen, der den Bau der vorangegangenen karolingischen Kirche finanziert haben soll. Um den Kaiser befinden sich Mitglieder seiner Familie. (Ein Frauenkopf soll seine Schwester Bertha darstellen, mit der er die Sünde beging, die er nicht zu beichten wagte.) Schliesslich folgen noch drei Heilige, die zur Zeit der Heiligen Fides ebenfalls den Märtyrertod starben: Caprais, Bischof von Agen, Primus und Felicius sowie ein kleiner Geduckter in der Ecke: Arosnides, der Mönch, der die Reliquien der Heiligen Fides gestohlen und nach Conques gebracht haben soll.

Zur Linken Christi ist zwischen ihm und den Verdammten ein Feld mit vier Engeln eingeschoben, wohl, um den Abstand durch die Hierarchie der dazwischengeschalteten Engel zu verdeutlichen. Von diesen Engeln ist offenbar weniger Gnade zu erwarten als vom Weltenrichter; ihre Aufgabe steht auf dem Schild desjenigen Engels, der sich mit erhobenem Schwert den Verdammten zuwendet: «Die Engel werden die Guten von den Bösen trennen.» Darüber steht ein ebenfalls sich den Verdammten zuwendender Engel mit Lanze. Die den Christus anblickenden Engel tragen das Buch des Lebens und ein Weihrauchgefäss. Die Verdammten darzustellen, musste reichlich Anlass gewesen sein, denn das verbleibende Feld wurde noch einmal quergeteilt. Von links nach rechts und von oben nach unten sehen wir: den Falschmünzer (an seinen Instrumenten zu erkennen), einen Ketzer (der Teufel hält ihm mit dem Fuss den Mund zu – also ein Teufel, der kirchliche Urteile ausführt), schliesslich Etienne, Bischof von Clermont, im Netz der Hölle (er soll den Kirchenschatz von Conques im 10. Jahrhundert zusammen mit den beiden anderen Abgebildeten geplündert haben), darunter sehen wir einen Völlerer, von Teufeln zwangsentleert, dann die Ehebrecher. Ganz unten wird der Hochmut der Herrscher bestraft; aber noch beugt der Teufel vor dem König, dem er die Krone herunterreisst, die Knie. Der Investiturstreit war erst in Gang gekommen.

Das untere Feld des Tympanons zeigt auf der rechten Seite das Himmlische Jerusalem und auf der linken die Hölle. Wie Abraham die Auserwählten empfängt, empfängt der Höllenfürst die Verdammten. Es sind im wesentlichen kleinere Gauner: ein Wilddieb, der in den Wäldern der Abtei einen Hasen gejagt haben soll (der Hase hilft ihn braten), oder ein Geizhals mit seinem Beutel Gold. Dem Lügner wird die Zunge herausgerissen, und der Zornige wird in einen siedenden Kessel getaucht. Kopfvoran geht es hinein in den Höllenrachen. In der Hölle angekommen, wird ein Ritter mit der Mistgabel empfangen. Unter den Füssen des Christus begegnen sich die gute und die böse Seite der geistigen Welt unmittelbar: Michael, der Seelenwäger, wiegt unbestechlich das Schicksal der Menschen, der verschmitzt dreinblickende Teufel kann mit dem Finger die aufsteigende Waagschale nicht niederdrücken. Über dem Tympanon liegt ein aus Rundstab und Hohlkehlen bestehender Gewändebogen, über dem der Giebelwinkel sich erhebt. Hier hat sich das mittelalterliche Bewusstsein ein unvergleichliches Denkmal gesetzt: Neugierig blicken zweimal sieben Nasen über das Himmelsrund oder den Rand, der die Sinneswelt von der Geistwelt trennt; ein fünfzehnter Neugieriger reisst das Band in der Mitte auseinander. Die Sehnsucht, mit dem Kopf durch die Sinneswelt zu stossen, hat sich hier ins Bild gebracht. Im ganzen gesehen ist das Tympanon eine wegen der drastischen Direktheit staunenswerte Mischung aus Christentum, Pfaffenmoral und Kirchenpolitik. Die Menschheit ist auf dieser Erde angekommen, das Wissen von der geistigen Welt hat irdische Züge angenommen.

Wenn man von Westen eintritt, hat man im Inneren der Kirche den schönsten Eindruck vom Langhaus. (Die Türe ist zu schliessen, denn das einfallende Licht stört die Raumwirkung erheblich.) Man trete einige Schritte vor und stelle sich zwischen die ersten beiden Pfeiler, dorthin, wo einmal das Tympanon war. Von der Lichtführung wird die Vierung etwas herausgehoben, der darübergesetzte Laternentambour gibt etwas mehr Helligkeit als die Beleuchtung durch die Fenster der Seitenschiffe; Fenster hat es in jeder Jochbreite eines, sowohl in der Wand des Seitenschiffes wie in der darüberliegenden Tribüne. Durch die Arkaden fällt ein mildes Licht, das den Raum stufenlos erhellt – bis auf die hellere Vierung und den deutlich dunkleren Chor mit seiner Apsis. Die von den einzigen wirklich eine Last aufnehmenden Säulen des ganzen Baues getragene Apsiswand erscheint heller vor dem tieferliegenden, sehr dunklen Chor- und Apsisumgang. Dadurch fängt sich der Blick vor einem dunklen Hintergrund, der das Gefühl vermittelt, dass eine ganze Welt in der Finsternis noch verborgen läge. (*Abbildung 110* versucht, einen Eindruck dieses Erlebnisses zu vermitteln.) In dieser Chorwirkung liegt eine Besonderheit der westlichen Romanik, was an der Kirche von Hildesheim und an San Miniato in Florenz noch gezeigt werden wird.

Die Wand des Längsschiffes wird auf jeder Seite von fünf quadratischen Pfeilern getragen. Das westliche Paar zählen wir dazu, es steht als einziges nicht auf einer runden Basis. Zwischen dieses Pfeilerpaar ist ein Rundbogen gespannt, der die Westtribüne des Haupthauses über dem Mittelschiff trägt. Ein Unterzug wird von einem vorgelegten Halbpfeiler mit Kämpferplatte getragen. In diesem Rundbogen befand sich ursprünglich das Tympanon. Allen Pfeilern der Langschiffwand sind abwechselnd Halbsäulen und Halbpfeiler vorgelegt, und zwar von der Wand wie von der Leibungsseite der Arkade her. Die Halbsäulen vor der Mittelschiffwand laufen bis zur Tonne der Decke durch. Sie enden in Kapitellen mit Kämpferplatte, die einen der Tonne untergezogenen Gurt trägt *(Abbildung 111).* Alle Halbsäulen stehen auf einer attischen Basis. Die mit den Halbsäulen alternierenden Halbpfeiler enden in der Höhe unter der Arkade der Seitenschifftribüne. Sie tragen wieder Halbsäulen mit attischer Basis. Damit fehlt dem Obergaden des Biforiums der Scheinstützenwechsel des Untergadens. Alle Säulen und Halbsäulen des gesamten Innenraumes tragen Kapitelle mit Kämpferplatte; diese entspricht in der griechischen Architektur dem Abakus. Allen Halbpfeilern fehlt die Basis und das Kapitell; sie allein tragen eine Kämpferplatte in der Arkadenleibung.

Über den hohen Arkaden der Wand zwischen Haupt- und Seitenschiffen – auch des Querhauses – öffnen Doppelarkaden die Tribüne gegen das Mittelschiff *(Abbildung 112).* Die Doppelarkade wird von einem Schild- oder Entlastungsbogen mit gleichem Durchmesser wie die darunterliegende Arkade zusammengefasst. Ein tympanonartiges Blendenfeld ist hinter den Entlastungsbogen zurückgesetzt. So entstehen hohe lichte Biforien, die unter der Decke in einer Gesimsleiste enden, der die Tonne aufliegt.

Wie das Langhaus ist auch das Querhaus gebaut; hier fehlen allerdings die kreuzgewölbten Seitenschiffe der Nord- und Südwand. So ist die Wand mit ihren Durchblicken in die Seitenschiffe und in die Tribüne ein wunderbar gegliedertes Raumgebilde, zusammengefügt aus aufstrebenden plastischen Formen, abgeschlossen vom Tonnengewölbe als einem weiteren plastischen Element. Die Leichte und die aufstrebende Kraft des Raumes wird durch das Tonnengewölbe – vom milden Licht des Rundfensters in der Westwand des Langhauses ausgeleuchtet – zu vollkommener Ruhe und Harmonie gebracht.

Auf die östlichen Querarme der Seitenschiffe öffnen sich Apsiden; diese Seitenschiffe setzen sich in einem Umgang fort, der zum Chor hin durch die erwähnte Säulenstellung geöffnet ist. Drei Radialkapellen erweitern den Chorumgang nach Osten. So entstehen transparente Räume, die um Vierung und Sanctuarium gruppiert sind –, eine Vielheit, die als vollkommene Einheit wirkt, ja sogar ein zentralraumähnliches Erlebnis liefert, wenn man unter dem Ostbogen der Vierung steht und nach Osten in die Apsis blickt. Dazu tragen die Dreiheit der Schiffe und der Querschiffarme sowie die hohen Biforien der auch um die Querschiffarme geführten Tribüne entscheidend bei.

Die Kunsthistoriker sind mit Recht der Ansicht, dass die Ausbildung eines Umgangschores mit der Confessio, der Ruhestätte eines Bekenners (Märtyrers) im Altarsockel zusammenhing. In dieser liegt in der Regel eine Reliquie, die durch ein Fenster vom Umgang der Krypta her zugänglich ist. Ob unter dem Chor von Sainte-Foy eine Krypta – möglicherweise nicht ausgegraben – liegt, ist unerforscht.

Bis zum griechischen Tempel war alle Architektur «reine» Architektur. Darauf macht Conques erst aufmerksam. Der griechische Bau aus (verklammerten) Quadern bestand eindeutig nur aus tragenden oder lastenden Elementen. Es traten in der Statik des Baues keine Kräfte ausser in der vertikalen Richtung auf. Beim Rundbogen, dem eigentlich neuen Element der Romanik, verändert sich dies. Welches Glied des Bogens trägt eindeutig, welches lastet eindeutig? Die Kämpferplatte und die noch darüber liegenden Quadern, also die Stelzen des Rundbogens, tragen eindeutig, der Schlussstein im höchsten Punkt der Wölbung lastet eindeutig. Um das zu erleben, muss man die einzelnen Quadern eines Rundbogens bewusst ins Auge fassen mit der Frage, wie sie sich in die wirksamen Kräfte einfügen. Alle Quadern zwischen Stelze und Schlussstein tragen sowohl als sie lasten. Von der Kämpferplatte an in die Rundung hinein nimmt der tragende Anteil ab und der lastende nimmt zu. In der Statik treten dadurch horizontal wirkende Kräfte auf, besonders stark in den Tonnengewölben; sie müssen aufgefangen werden. Dazu dienen die der Aussenmauer vorgelegten Stützpfeiler. Keinem Griechen wäre eingefallen, so zu bauen. Sie sind in der Kraftorganisation geblieben, die vom Erdmittelpunkt her wirkt; das sind die allein der unbelebten, physischen Welt angehörenden Kräfte. Der Rundbogen scheint ein vielleicht noch nicht tauglicher Versuch zu sein, aus dieser Kraftorganisation herauszukommen. Der Gewölbeschub ist eine Folge davon, und zwar folgt er mehr aus der Untauglichkeit der Mittel – je häufiger die Verwendung des Quaderbaus, desto untauglicher die Mittel – als aus der Notwendigkeit des Bauimpulses. Aus diesem Gesichtspunkt erscheint der «Mörtelguss», bei dem Bruchsteine in Mörtelmasse eingegossen sind, in einem anderen Licht. Diese sicher nicht perfekte Technik steht der romanischen Bauidee näher als der alte griechische Quaderbau. Ihr Motiv ist, die physischen Kräfte zu überwinden. Das kann nur gelingen, wenn an organische Kräfte künstlerisch angeschlossen wird. Der Rundbogen und die Gewölbetonne sind die ersten Zeichen eines in diese Richtung gehenden Gestaltungswillens. Die Gotik, die ja vollständig zum

110 Conques, Sainte-Foy, Blick von Westen nach Osten.

111 Conques, Sainte-Foy, Blick an die Decke.

112 Conques, Sainte-Foy, Wand des Mittelschiffes mit Doppelarkaden der Tribüne.

113 Conques, Sainte-Foy, Arkade mit untergezogenem Gurt, von Halbsäule getragen.

alten Quaderbau zurückkehrt, vergrössert diesen Widerspruch zwischen Arbeitsmittel und Bauidee wieder. Ihre Versuche, die Schwere zu überwinden, bedingen das Strebewerk, das den gotischen Kirchenbau wie ein Korsett umgibt. Auch wenn die gotischen Baumeister daraus eine Tugend machten, entstand das Strebewerk doch nur aus dem Widerspruch zwischen dem Suchen nach einer neuen Kraftorganisation und der Kenntnis der Technik aus der Antike.

Betrachten wir das Verhältnis der romanischen Baukunst zur Säule: mächtige Pfeiler mit vorgelegten Halbsäulen und ihren Kapitellen. Diese Halbsäulen tragen den der Arkadenleibung untergezogenen Gurt, der zur Kämpferplatte des gegenüberstehenden Halbpfeilers zieht *(Abbildung 113)*. Lässt man sich auf die ästhetische Wirkung dieses Bildes ein, gewinnt man den Eindruck, dass diese Glieder der Architektur, also die Unterzüge der Arkaden, ihre Halbsäulen und Halbpfeiler, nicht an den tragenden und lastenden Kräften des Baues teilhaben. Sie sind plastischer Schmuck, der in fast schwereloser Leichte den Bau gliedert. So eingestimmt kann der Betrachter bewusst üben, einmal alle «tragenden und lastenden» und ein andermal alle «schwerelosen» Elemente getrennt ins Auge zu fassen. Die schwerelosen Elemente sind qualitativ etwas anderes als der Bau selbst. Dieser plastisch schmückende Teil ist wie eine Erinnerung an die Architektur Griechenlands. Wie die Erinnerung kein Sein mehr enthält, enthalten diese Elemente keine Schwere. Sie können als der Glanz erscheinen, der aus alten Zeiten in die Bauhütte schien, die im Conques des 11. Jahrhunderts arbeitete.

Kehren in Conques die Motive der griechischen Kapitelle wieder, gibt es Variationen, gar Metamorphosen des dorischen, des korinthischen, des ionischen Kapitells? Das korinthische Kapitell sieht man überall im ganzen Bau, oft vereinfacht: meist ist die Volute gegenüber dem griechischen Original stark betont, beide Voluten sind zusammengezogen, so dass der Eindruck der Kombination von ionischem und korinthischem Kapitell entsteht. Jedenfalls haben alle Kapitelle an der Basis einen Kegelstumpf oder einen Wulst, der an einen gestauchten Echinus des dorischen Kapitells erinnert. Die in der Romanik erfundenen Zahnschnitt- und Würfelmuster zieren nur selten die Kämpferplatte. Die nichtfigürlichen Kapitelle in Conques sind aus dorischen, korinthischen und ionischen Motiven zusammengezogen. Aber allen diesen Kapitellen mangelt es an der ausgewogenen Vollkommenheit, die die griechischen Architekten ihren Werken zu verleihen wussten. Die Offenbarung der Vollkommenheit, die der Betrachter griechischer Tempel empfindet, hängt wohl damit zusammen, dass die griechische Architektur den reinen Quaderbau vollkommen beherrschte und dadurch zum Ziel führte. Die griechische Kultur als Ganzes vollführte einen kontinuierlichen Schritt auf dem Weg der Bewusstseinsentwicklung der Menschheit, den Schritt aus dem Schosse der Götter in die Götterleere, in der sich der freie Menschengeist aus eigener Kraft zu finden hat. Die Mischkapitelle von Conques hätte ein Grieche als Barbarei empfunden. Vermischung ist keine Metamorphose, findet man aber den Schritt nach vorn, steckt der Metamorphosenschritt darinnen.

Unter den etwa 280 Kapitellen von Sainte-Foy gibt es ein Motiv, welches zwölfmal wiederkehrt. Jedesmal sind Motive aller drei griechischen Stile zu erkennen und dazu ein neues: ein menschliches Antlitz zwischen den Voluten über den Akanthusblättern und dem dorischen Kegelstumpf oder Wulst *(Abbildungen 114 und 115)*. Das Menschenantlitz löst die Frage nach der Metamorphose. In den griechischen Kapitellen hatten drei menschliche Wesensglieder ihren künstlerischen Ausdruck gefunden: der physische Leib in der statisch-ruhenden Kraft der dorischen Säule mit ihrem Kapitell, der die Lebensprozesse betreibende Ätherleib in den lebendigen Formen des korinthischen Kapitells und die zwischen Sympathie und Antipathie schwankende Menschenseele in den ein- und auswickelnden Voluten des ionischen Kapitells. Ist nun das Menschenantlitz in den Kapitellen von Conques nicht ein Bild des Menschen-Ich, das die Seelenkräfte, die Lebenskräfte, den physischen Leib ergreift und sich ihrer bedient? Die Viergliedrigkeit des Menschenwesens spricht sich in diesen grossartigen Kapitellen aus, zugleich der Metamorphosenschritt vom griechischen Bewusstsein zu dem des Mittelalters. Das alte Bildbewusstsein der Griechen breitete die Heiligtümer in die Landschaft aus, damit die Götter davon Besitz ergriffen. Hier wurde ein Haus für Menschen gebaut, die darin inbrünstig beteten. Das Ich hatte sich aus der Götterwelt herausgelöst, in der Menschenseele sollte es nun zum Bewusstsein kommen und sich selber führen lernen. Die Weisheit wurde nicht mehr in der Welt wahrgenommen. Der Gedanke glomm als ein vom Menschen gemachter im Inneren auf. Der Mensch bekam Zweifel, ob seine Gedanken etwas mit der Welt zu tun hatten. Ein neuer Weg in der Menschenseele selber öffnete sich. Diese künstlerische Imagination könnte den Kapitellen zugrunde liegen.

Das Kirchlein Saint-Pierre in Bessuéjouls

Im Tal eines der malerischen Nebenflüsschen des Lot, zwischen Estaing und Espalion, liegt Saint-Pierre in Bessuéjouls verborgen. Das heutige Aussehen des Kirchleins stammt aus dem 16. Jahrhundert. Nur der im Westen vor dem Kirchenbau stehende Turm ist aus dem 11. Jahrhundert. In diesem alten Bauteil findet sich über dem Narthex eine Kapelle, die dem Erzengel Michael geweiht ist. (*Abbildung 116* zeigt deren Grundriss.) An der Ostseite des Raumes steht ein Altar, der an der schmalen Nordseite ein Relief Michaels als Drachentöter trägt. Die nach Westen gewendete Frontseite trug vier schmale Reliefs, die sorgsam ausgehauen und vernichtet wurden. Was mag hier dargestellt gewesen sein? Die Nord- und Südseite der Kapelle ist durch Doppelarkaden gegliedert. Die Doppelarkaden werden von zwei Halbsäulen und einer vollen Säule dazwischen getragen. Das Kapitell, von dem hier berichtet wird, schmückt die östliche Halbsäule der nördlichen Arkade *(Abbildung 117)*. Statt des Menschenantlitzes wie in Conques zeigt es einen ganzen Menschen[77]. Die die Lebensorganisation ausdrückenden Blattgestalten und die

114, 115 Conques, Sainte-Foy, die zwölf «Kopf-Kapitelle».

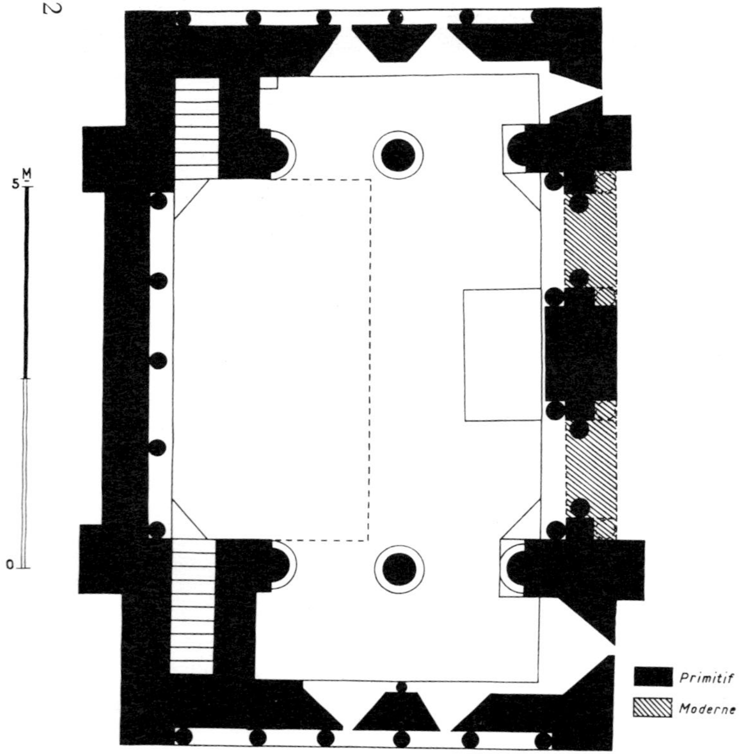

116 Bessuéjouls, Saint Pierre, Grundriss.

117 Bessuéjouls, Saint Pierre, Kapitell.

118 Conques, Sainte-Foy, vier biographische Kapitelle.

den Seelenkräften entsprechenden Voluten laufen paarweise ineinander und werden von einem Ring zusammengehalten.

Näher betrachtet, erweist sich dieses Kapitell als nicht seitensymmetrisch gestaltet. Auf der (vom Betrachter aus gesehen) rechten Seite des dargestellten Menschen krümmt sich das Akanthusblattmotiv zu einer knospenartig verbergenden Geste, die Hand des Menschen bleibt hinter der Spirale zurück. Auf der linken Seite dagegen liegt die Hand vor der Spirale, und das Blatt ist palmettenartig geöffnet. So wie die Seiten dieses Reliefs unterscheiden sich auch die linke und die rechte Seite des Menschen. (Wir reichen uns, wenn eine Begrüssung nicht nur Konvention ist, mit Sympathie die rechte Hand und zeigen uns die «kalte Schulter» links. Wir leben unsere Sympathie rechts stärker aus, dabei bleibt der scharfe analytische Blick schlafend. Umgekehrt sind wir linke Menschen, wenn wir diagnostisch tätig sind, in diesem Zustand bleibt die warme Zuneigung im Hintergrund.) Auch die menschliche Lebensorganisation hat diese zwei Seiten: die mit Zerstörungskräften der Umwelt zugewendete und die auf den eigenen Leib gerichtete, die ihn erhält und fortentwickelt. Das drücken die beiden Blattgestalten im Öffnen und Verschliessen künstlerisch aus. Das Ich hat den Ausgleich und die Harmonie zwischen diesen Polaritäten zu schaffen, indem es in Liebe bewusst teilnimmt, wo wir von Natur aus nur diagnostizieren, und indem es bewusst Fehler oder Krankheiten auffasst, wo wir von Natur aus nur helfen möchten. Das ist Ich-Tätigkeit. So weit scheint der imaginative Hintergrund dieses Kapitells zu reichen. (Der mittelalterliche Künstler wird nicht die Absicht gehabt haben, dies alles auszudrücken, er gestaltete imaginativ, was einer höheren Wahrheit entspricht, die man sowohl künstlerisch ausdrücken wie als Idee erfassen kann. Der Künstler drückt die Idee mit sinnlichen Mitteln aus, er symbolisiert kein vorher Vorgestelltes. Allein im imaginativen Umgestalten der Erfahrungswelt liegt das Künstlerische. Wenn der Künstler situationsgemäss arbeitet und sich vom ersten Schritt zum zweiten führen lässt und so fort, lernt er auf die vielfältigste Art verwirklichen, was einer höheren Wahrheit entspricht. Daher gibt es viele Formen, eine höhere Wahrheit, eine Imagination auszudrücken, und viele Wege, wie man sie finden kann.)

Auf eine erste Art ist durch die Betrachtung und den Vergleich der Kapitelle ein Metamorphosenschritt von der griechischen Architektur zur Romanik sichtbar geworden. Im alten Griechenland schufen die Architekten Säulen, die künstlerisch zeigen, welche drei übersinnlichen Quellen den Menschen gebildet haben. Jeder dieser Quellen wurden gesonderte Baukörper, ja ganze Heiligtümer gewidmet. Die dorische Säule, die den Bildekräften des physischen Leibes künstlerischen Ausdruck verschaffte, finden wir in der Peristasis der Tempel der drei grossen Heiligtümer in Delphi, Epidauros und Olympia. Das den Bildekräften des Ätherleibes künstlerischen Ausdruck schaffende korinthische Kapitell schmückte das Innere der Rundtempel dieser drei Heiligtümer (Tholos der Athene Pronai in Delphi, Tholos von Epidauros und Philippaion von Olympia). Das den Seelenkräften Ausdruck gebende ionische Kapitell finden wir ausser in der Peristasis des Phillippaions in den Tempeln Vorderasiens – der Heimat des ionischen

Tempels – so zum Beispiel in Ephesus, Magnesia und Priéne. Die romanische Kirche wurde nicht mehr für Götter gebaut, ihre Kapitelle sollten von Menschen betrachtet werden. Der von den Göttern verlassene Mensch sass im Mittelalter im Inneren seiner Kirche, er stand nicht mehr vor dem Tempel. Drinnen flehte er zu seinem Gott, dem Sohn und dem Heiligen Geist um sein Seelenheil. Die Kapitelle verrieten ihm auf künstlerische Weise den Weg der Menschheitszukunft. Sie offenbarten ihm, er habe ein individuelles Ich und eine Biographie, ein Schicksal, das er gestalten lernen müsse. Wie er es zu gestalten habe, zeigte ihm eine weitere Gruppe von Kapitellen. Sie schilderten ihm in anschaulichen Bildern das Leben Jesu und das Leben bedeutender Persönlichkeiten der Bibel als archetypisch vorgelebte Biographien, deren Nachfolge aus eigener Kraft gesucht werden kann *(Abbildung 118)*.

Drei Gruppen von Kapitellen fanden wir bisher in Conques: die Gruppe, die die alten griechischen Motive neu verwebt, die Gruppe der zwölf Kapitelle, die die Vierheit der menschlichen Wesensglieder ausdrückt, und schliesslich die Gruppe von Kapitellen, die Schicksalsgestaltung zeigen. Wie verhalten sich dazu diejenigen Kapitelle, die den eigentlichen Reiz und auch die Fremdheit der Romanik ausmachen: die Kapitelle mit den Fabelwesen, Greifen, Faunen, Nixen, Tiersymbolen und Monstren, wie sie zum Beispiel I. Tetzlaff[78] zusammengestellt und kommentiert hat? Diese Kapitelle geben den Gefahren Ausdruck, die auf die Seele lauern, wenn sie sich selbst zu führen hat. Jeder Falle, die der Teufel bereithält, wurde künstlerisch drastisch Ausdruck verliehen. Diese Kapitelle sind also der Gruppe der Wesensglieder-Kapitelle zuzuordnen. Hier steht der viergliedrige Mensch vor den Versuchungen, die auf ihn lauern, wenn er im Leibe inkarniert ist. Es sind Mächte, die vom christlichen Wege wegführen, die es zu überwinden gilt, wenn der rechte Schicksalspfad gefunden werden soll.

Das Würfelkapitell, die Neuerfindung der Romanik im Hinblick auf die Kapitellgestaltung, findet sich in der ganzen Kirche von Conques nicht. Es wird uns erst in Hildesheim begegnen. Die Metamorphose des Kapitells aus dem vorchristlichen Griechentum ins nachchristliche Mittelalter gibt die Richtung an, in der gesucht werden kann, um zu erkennen, wie das Ganze des griechischen Heiligtums sich in den romanischen Kirchenbau verwandelt.

Der griechische Tempel muss von aussen angesehen werden, denn er wird im Inneren vom Gotte bewohnt. Die romanische Kirche haben wir dagegen von innen anzusehen, denn sie ist für Menschen, nicht für Götter gebaut. Sollte demgemäss die Metamorphose vielleicht in der Art einer Umstülpung zu finden sein? Vergleichen wir im Hinblick auf diese Frage beide Bauwerke.

In Paestum kam es beim Poseidon- oder Zeustempel für die Betrachtung von aussen darauf an, einen Standort zu finden, von dem aus die Zerstörung des Naos keine Rolle spielt. Ganz glückte das nicht, aber in der Phantasie war der sachgemässe Anblick so zu ergänzen, dass der dunkle Naos den Hintergrund des Licht- und Schattenspiels auf und zwischen den Säulen der Peristasis bildete. Diese gleiche Wirkung gewahrten wir in

Sainte-Foy, als wir von der Vierung auf Chor und Apsis blickten: beleuchtete Säulen vor einem dunklen Hintergrund, den die Wand des Apsidialumganges lieferte. Einmal auf diese Erscheinung aufmerksam geworden, bemerkt man, dass sie repräsentativ für das Grunderlebnis des gesamten Innenraumes von Sainte-Foy ist. Auch Lang- und Querhaus zeigen hellere Pfeiler und eine von Arkaden gegliederte hellere Wand vor den dunkleren Seitenschiffen und Tribünen, die als dunkle Wand dahinterstehen. Trotzdem das Licht durch die Fenster der Seitenschiffe und der Tribüne hereinscheint, bleiben ihre Wände im Dunkeln. Nicht nur diese Wirkungen korrespondieren. Aus der «menschlichen» Perspektive, also *vor* dem griechischen Tempel und *in* der romanischen Kirche stehend, liegt der plastische, Durchblicke öffnende Bauteil – die Peristasis im einen, die Arkadenwand im anderen Fall – vor der geschlossenen Wand. In ästhetischer Hinsicht sind also griechischer Tempel und romanische Kirche Umstülpungen voneinander. In der romanischen Kirche ist die Naoswand nach aussen und die Peristasis nach innen gerückt. Selbstverständlich musste sich beides dabei verwandeln und umbilden. Am wenigsten verwandelte der Umstülpungsprozess den Chor: Hier tragen die Säulen die Wand von der Kämpferplatte an. Allerdings ist der Architrav verschwunden, stattdessen finden wir gestelzte Rundbögen *(Abbildung 119)*. Die Kapitelle sind hier den griechischen (korinthischen) ähnlich geblieben; sie unterscheiden sich untereinander kaum.

Noch befriedigt dieser Vergleich von Tempel und Kirche nicht. Doch das Bild wird reicher, wenn wir uns der Tholos und besonders der Tholos von Epidaurus erinnern. Dieser Rundtempel hat aussen eine dorische Peristasis und innen eine korinthische Säulenstellung. Er wirkt im Inneren so wie die romanische Kirche als Ganzes, und zwar wegen der Säulenstellung im Inneren. Diese kehrt merkwürdig unverwandelt in Chor und Apsis der Romanik wieder. Was zur Griechenzeit noch räumlich weit auseinandergelegt wurde, wie zum Beispiel der Apollontempel und die Tholos in Delphi, erscheint in der Romanik wieder, in einen Bau zusammengeschoben. Der Tempel wurde dabei umgestülpt, die Tholos nicht. Dieser die Zukunft in der Griechenzeit vorwegnehmende Bau ist in der Chorapsis der romanischen Kirche Gegenwart geworden, und was griechische Gegenwart war, der Tempel für Götter, ist zum für Menschen bestimmten Langhaus der Romanik umgestülpt worden. Unter den westeuropäischen romanischen Kathedralen ist Sainte-Foy in Conques, wie keine andere, eine direkte Metamorphose griechischer Baukunst. Ähnliches gilt zwar für die gesamte Westromanik; wenn man das Kapitell dazunimmt, ist die Metamorphose hier aber am gründlichsten zu studieren.

In Delphi waren drei räumlich getrennte Komplexe durch die Hauptachse des Heiligtums verbunden, zum Ganzen geordnet. Wenn wir die Metamorphose so denken, dass sich «Kopfglied» und «Brustglied» Delphis in Haus und Apsis mit Chor wiederfinden, wo finden sich dann die «Gliedmassen», das Stadion von Delphi in Conques wieder? Das «Haupt» metamorphosiert sich geringfügig, nur der Rundbogen tritt hinzu und löst den Architrav ab. Das «Brustglied» wird umgestülpt wie ein Handschuh, verwandelt sich also stärker. Die am stärksten das Äussere verwandelnde Metamorphose hätten wir – wenn

119 Conques, Sainte-Foy, Säulen des Apsisumganges, die die Wand darüber tragen.

diese Reihe fortgesetzt wird – im «Gliedmassenteil» zu erwarten. Der Ort, wo wir den «Gliedmassenteil» zu suchen haben, zeigt sich aus dem räumlichen Zusammenhang, den Chor und Langhaus einerseits und Tempel und Tholos andererseits haben: der Gliedmassenteil ist auf der dem Kopfteil gegenüberliegenden Seite zu suchen, also im Westen der romanischen Kirche. Hier stehen die Türme mit der Eingangshalle. Den Turm oder die Türme für die gliedmassenartigen Organe der Gesamtkomposition zu halten, ist nicht schwierig, da sie äusserlich dieses Bild bieten. Wie aber ist die Metamorphose vom Stadion des griechischen Heiligtums zum aufragenden Kirchturm zu denken? In der klassisch griechischen Zeit war das Stadion derjenige Ort, in dem sich die Menschen versammelten, um zu üben, was der Entwicklung des Ich diente. Die Götter bewohnten die beiden anderen Glieder des Gesamtheiligtums. In der romanischen Zeit sind die Menschen aus dem «Gliedmassenteil» aus- und in den «Brustorganismus» eingezogen, unter dem Turm durch den Narthex treten sie in ihn ein. Nur der Chor bleibt den Priestern vorbehalten, hier steht jetzt der Opfertisch, der zur Griechenzeit vor der «Brustorganisation» des Heiligtums zu finden war. Diese Reihe hat nur dann einen Sinn, wenn im alten Ägypten ein Schritt davor und in unserer Zeit ein Schritt weiter zu beobachten wäre. Den ägyptischen Heiligtümern fehlte alles, was sich auf inkarnierte Menschen – von Priestern, den Dienern der Götter abgesehen – beziehen könnte. Erst in Griechenland begannen die Menschen, ein Organ des Gesamtheiligtums, und zwar den «Gliedmassenteil», in Besitz zu nehmen. Vom «Gliedmassenteil» her erfolgte der Schritt in den mittleren Teil des Gesamtorganismus in der Romanik. Der Turm wurde dadurch ein Bauteil, das der Vergangenheit angehörte, er wurde zum Mahnmal, zum Zeichen. Diese Funktion hatte der Turm in hervorragendem Masse. Von ihm wurden durch das Geläut der Glocken die Zeichen gegeben.

In dieser Betrachtungsweise ist auch die romanische Kathedrale ein dreigliedriger Organismus, dem die Idee des menschlichen Leibes zugrunde liegt. Wie der Baukünstler einen Bau gestaltet, hängt von der Zeit ab, in der er arbeitet. Diese Zeit markiert einen Moment der menschlichen Bewusstseinsmetamorphose; diese bestimmt auch die architektonischen Imaginationen, aus denen heraus der Künstler schafft. Die Uridee: der kosmische Menschenleib, in sich dreigliedrig gebildet und polar gebaut, ein rhythmisch sich organisierender Organkomplex zwischen gewölbtem Haupt und gestrecktem Gliedmassenteil, steht ewig dahinter. Aus Imaginationen dieser Art entsteht das Neue einer Stilrichtung, auch wenn sie noch mit dem alten Formenvorrat arbeitet. Unsere Betrachtung galt nicht der kontinuierlich fliessenden Wandlung innerhalb einer Kulturepoche der Menschheit, sondern den Sprüngen, den Diskontinuitäten, die von Kulturepoche zu Kulturepoche wirksam werden. Bei solchen «Sprüngen» wird die Menschheit geführt von der kosmischen Sternenschrift des Wortes «Mensch», des grossen Götterwerkes, aus dessen Imaginationen auch Bauwerke auf der Erde errichtet werden.

Auf die romanische Kirche kann man also mit einem dreifach differenzierten Blick hinschauen: im Westen erkennt man den Charakter der Gliedmassen. Zeichenhaft ragen sie auf, mitten in der Siedlung. Sie wiesen dem Blick den Ort, zu dem man ging, wenn es die Seele ersehnte oder wenn die Glocke rief. Man ging dahin als ein seelisch-geistiges Wesen, das in der eigenen Mitte lebte, voller Sehnsucht zum Guten – rechte Seite des Tympanons – und voller Furcht vor dem Bösen – linke Seite des Tympanons. Unter Menschenbrüdern versammelte man sich im mittleren Innenraum in der rhythmischen Organisation – gebaut im Zeichen des Kreuzes: Langhaus und Querhaus –, und gab sich dem hin, was vor und auf dem Altar in dem vom profanen Menschen nicht zu betretenden rundgekuppelten Raum, dem Haupt, als Opfer und Wandlung vollzogen wurde. Das spricht die Architektur der romanischen Kirche unmittelbar aus, so dass auch ein Mensch, der vom Christentum nichts weiss, es hören kann, wenn er die Bauformen mit künstlerischem Sinn auffasst.

Abschliessend, zugleich überführend, ist das erwähnte Phänomen in diese Betrachtung miteinzubeziehen, dass, vom Apsidialumgang abgesehen, die Säulen in Sainte-Foy nicht im eigentlichen Sinne architektonisch verwendet wurden. Sie wirken ästhetisch so, dass durch sie die Kräfte des Baus nicht wirklich aufgenommen wurden, sie wirken als plastischer Schmuck, als «Erinnerung». Die Mörtelgusstechnik mit den querwirkenden Kräften im Bau zusammenhängend zu sehen, haben wir als notwendig erachtet. Diese Kräfte gibt es in der Natur nur, wo Leben sich entfaltet. Die Plastik, im Gegensatz zur Architektur, arbeitet von vornherein nicht mit den physikalischen Kräften, mit denen es die Architektur immer zu tun haben wird: den Kräften des physischen Leibes. Die Plastik zeigt, dass sie Bild derjenigen Kräfte ist, die im lebendigen Organismus schaffend tätig sind. Gerundete, schwellende Flächen, aufstrebende Kanten, sich einziehende Buchten und herabsteigende Kerben geben den Schein lebendiger Formen, bringen Wachsendes, Werdendes, auch Welkendes und Sterbendes im schönen Schein zum Ausdruck. (Von einem griechischen Bildhauer wird erzählt, er habe seine Plastik am Fusse festgebunden, damit sie ihm nicht fortlaufe; das heisst doch, dass er allein künstlerisch, nicht gegenständlich auf sein Werk geblickt hat.) Das Leben scheint durch die plastische Kunst: es müssen daher die Kräfte des Lebendigen, also des Ätherleibes sein, die imaginierend im Bildhauer wirken, denen er im Werke Ausdruck verschafft. In der Kirche von Conques sind Architektur und Plastik verbunden, daher die beschriebenen schwerelosen Wirkungen, daher der Gebrauch querwirkender Kräfte, daher der Rundbogen mit seinem kontinuierlichen Übergang vom Tragen ins Lasten.

Sainte-Foy wurde aus architektonisch-plastischem Wollen geboren. Alle Mauern, Wände, Arkaden, Kapitelle, Säulen und Gewölbe wurden nicht nur nach architektonischen Gesichtspunkten gebaut, sondern auch mit plastischem Sinn behandelt. Damit haben wir im Westen Europas einen romanischen Stil vor uns, der durch plastischen Sinn vom imaginierenden Ätherleib des Künstlers tingiert ist.

San Miniato al Monte in Florenz

Im Jahre 402 wurde Ravenna Sitz des weströmischen Kaisers, während der Papst weiterhin in Rom residierte. In Ravenna endete schliesslich auch das weströmische Kaisertum, als die Stadt 539 durch die Byzantiner erobert wurde. 751 fiel die Stadt nach manchem Zwischenspiel endgültig in die Hand der Langobarden. In der Zeit der weströmischen Kaiser entwickelte sich hier ein christlicher Kirchenbaustil, dessen Besonderheiten schon alles enthalten, was wir später in der Romanik des 10. bis 12. Jahrhunderts immer noch finden. Wandgliederungen durch Lisenen und Bogenfriese finden sich schon am Baptisterium San Giovanni in Fonte, das der Erzbischof Neon (449–452) errichten liess. Blendarkaden gliedern die Langhausmauern der Kirche San Apollinare in Classe (530–549) und das Mausoleum der Galla Placidia (450). Galla Placidia, eine Schwester des weströmischen Kaisers Honorius, wurde von dem Westgotenkönig Alarich bei einem Überfall auf Rom entführt. Nachdem Alarich 410 gestorben war, heiratete sein Sohn und NachfolgerAthaulf Galla Placidia und machte sich so zum Schwager des Kaisers. Ihr

Mausoleum, ein kleiner Zentralbau in Kreuzform mit zentraler Kuppel, zeigt ausser den genannten Wandgliederungen im Inneren eine vollständige Auskleidung mit Mosaiken: Die Kuppel mit goldenen Sternen auf nachtblauem Untergrund, ein Bild des Himmelsgewölbes, bis zu dem sich der Blick zu weiten scheint, wenn man sich bei geschlossener Tür und abgeschalteter Beleuchtung an das milde honigfarbene Licht gewöhnt hat, das durch die kleinen Alabasterscheiben in den Innenraum dringt. Der Farbglanz funkelnder Tiefe lässt alle gegenständliche Räumlichkeit vergessen und nimmt den hingegebenen Betrachter seelisch vollkommen in sich auf. In diesem byzantinischen Element – der Mosaikkunst – wurde auch weiterhin auf der Apenninhalbinsel gearbeitet, besonders seit 539 die Rückeroberung Ravennas durch Ost-Rom stattgefunden hatte. Bald danach wird San Apollinare nuovo als arianische Hofkirche gebaut – mit wundervollen Mosaiken, die die Basilika (das Apsismosaik ist nicht erhalten) im Mittelschiff schmücken. Dieser Hinweis auf die Tradition romanischer Bauten in Italien genügt, um San Miniato, um 1140 erbaut, nicht mehr fremd gegenüberzustehen, das in der Mosaikkunst lebende malerische Element beherrscht hier alle Ansichten, auch die der Front.

Hoch über dem südlichen Arno-Ufer auf einem beherrschenden Hügel liegt die Basilika einer Benediktinerabtei, die auf eine karolingische Gründung zurückgeht. Unter Mitwirkung Kaiser Heinrichs II. wurde die Abtei 1018 neu gegründet und die Kirche zwischen 1140 und 1150 neu erbaut.

Im Gegensatz zu Sainte-Foy in Conques kann man nicht einfach um den Bau herumgehen, wie die Westansicht zeigt *(Abbildung 120)*. Hier soll allein die flächige Ansicht

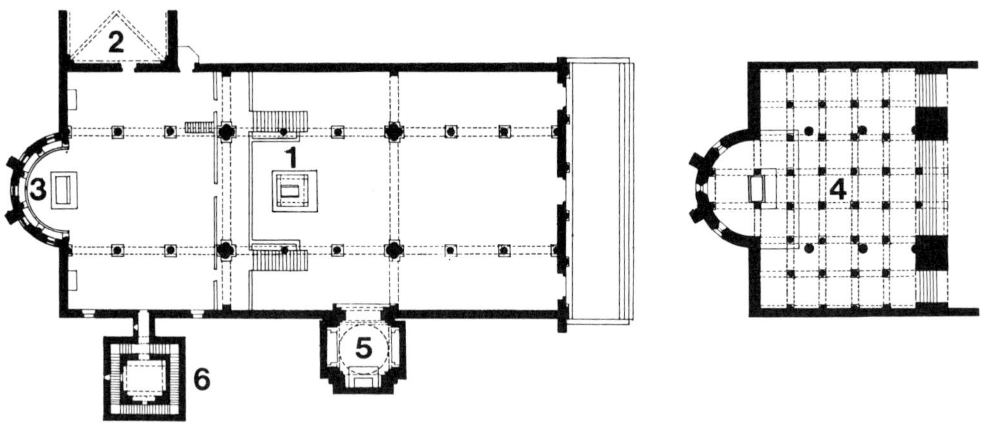

120b Florenz, San Miniato, Grundriss. 1: Kruzifix-Kapelle. 2: Sakristei. 3: Apsisrundung. 4: Krypta. 5: Kapelle des Kardinals von Portugal. 6: Glockenturm.

120a Florenz, San Miniato, Frontansicht. ▷

aus Westen vom Blick erfasst werden. Es ist sinnlos, um ein Bild herumzugehen, um es zu betrachten, weil es nur in der Fläche eine Ansicht hat; so bietet San Miniato auch nur eine Seite zur Betrachtung dar. Möglicherweise stand die Kirche einmal teilweise frei, aber diejenigen, die sie von der Front, die heute zu sehen ist, erblickten, nahmen sie durchaus im Sinne ihrer ästhetischen Wirkung auf. Nichts in der Westfront fordert uns zur Rundumbetrachtung auf; diese Einschränkung – beabsichtigt oder nicht – ist künstlerisch gerechtfertigt.

Fünf Bogenstellungen gliedern die untere Fassade der Westfront, die wie alle anderen geometrischen Muster dieser Schauwand aus Marmor aufgelegt wurden. Marmorinkrustationen aus geometrischen Mustern – Kreis, Halbkreis, Rechteck und Quadrat – wirken bewegt und geordnet und machen einen festlichen und auch heiteren Eindruck. Wenn diese Art des Schmuckes noch ein wenig weiter getrieben wäre, würde sie verspielt. Aber zur Landschaft, zum südlich strahlenden Sonnenlicht, zu der herrlichen Stadt Florenz passt alles aufs vollkommenste. Dieser Hügel könnte gar nicht besser geschmückt werden als durch die geometrisch-malerische Graphik seiner Kirche.

Unter diesem Eindruck treten wir ein. Sogleich ist festzustellen, dass die Aussenansicht mit der Innengestalt nichts zu tun hat. Aussen deuten die fünf Bogen auf eine Fünfteilung, innen finden wir ein dreischiffiges basilikales Langhaus ohne Transept. Auch die innere Gliederung in der Höhe hat nichts mit den Etagen zu tun, die aussen erscheinen. Hier wurde aus dem unmittelbaren Anschauen gebaut und geschmückt. Der Blick der hier wirkenden Baumeister wurde von den Flächen gefangen genommen, die sie aufrichteten. Er spielte darauf, rhythmisierte und fand Muster, vervielfältigte sie, ging den Kurven nach, umrahmte und garnierte, drang aber nicht durch die Gegenständlichkeit der Mauern, gestaltete sie nicht plastisch nach aussen durch.

Der Wandaufbau des Mittelschiffes *(Abbildung 121)* besteht aus je drei Arkaden auf Säulen zwischen kreuzförmigen Pfeilern, denen Halbsäulen vorgelegt sind. Die Halbsäulen gegen das Mittelschiff ragen bis zum Band über den Arkaden und tragen über korinthischem Kapitell und Kämpferplatte die Schwibbögen, den Hauptträger des offenen Dachstuhls *(Abbildung 122)*.

Der Hochchor, drei Travées lang, ist über Treppen in den Seitenschiffen zugänglich. Im Mittelschiff liegen die Eingänge zur Krypta. In den schwibbogenartigen östlichen Wandabschluss fügt sich eine runde Apsis ein, deren Decke ein Mosaik trägt, das Christus als Pantokrator zeigt *(Abbildung 123)*. Das Band über den Arkaden setzt sich auch durch die Apsis fort und folgerichtig finden wir darüber eine apsidiale Scheingalerie aus fünf Arkadenbögen, die von Halbsäulen getragen werden.

Sie Säulenbasilika – auch wenn sie wie hier durch einen Stützenwechsel mit Pfeilern gegliedert ist – erinnert stark an die altchristlichen Basiliken, auf die wir in Ravenna schon aufmerksam geworden sind. Hier wurden die Säulen aus Marmorimitat gearbeitet, dessen wolkige Zeichnung für eine schwerelose, leichte Wirkung sorgt, – eine Wirkung, die die aus dunkelgrünem Marmor aufgemauerten Halbsäulen vor den Pfeilern nicht haben. Diese tragen – auch in der ästhetischen Wirkung – die hochgeöffnete Wand, die Schwibbögen und den Dachstuhl. Das Querband über den Säulenarkaden fängt die Last auf und hält sie zwischen den schwibbogentragenden Halbsäulen. Der Stützenwechsel war konstruktiv begründet; die graphische Behandlung der Wand hatte dies zu berücksichtigen: zwischen alle tragend wirkenden Pfeiler wurden glatte Flächen ausgespannt. Ebenso wie die Aussenmauern sind auch die Wände mit Marmormustern inkrustiert, so dass das gesamte Mittelschiff, vom Dachstuhl abgesehen, eine Marmoroberfläche hat, wie der reich geschmückte Fussboden, datiert von 1207, und die Brüstung des Hochchores, auf der sich die Kanzel abstützt *(Abbildung 124)*.

Trotz der Vielfalt, Kleinheit und Verspieltheit der Muster wird der Blick zur Apsis geführt; und zwar vor allem wegen der Farbgestaltung der Schwibbögen, die in der Leibung hell und in der Mauer breit und dunkel inkrustiert sind. Keine weiterführende Bewegung entsteht, wenn man bewusst die Aufmerksamkeit auf einen Schwibbogen richtet; wenn man aber auf die Schwibbogenfolge achtet, wird der Blick zum Apsismosaik geführt. Die Apsisrundung läuft in die schwibbogenartige Leibung der Ostwand ein, sie ist nicht hell, sondern dunkel gehalten, wodurch der Blick zur Ruhe gezwungen wird. Dadurch wird der Pantokrator zum zentralen Erlebnis des Innenraumes. Der Blick spielt über die geometrischen Muster, wird vom Schwibbogenrund gefangen und in die Apsis geleitet – ein Vorgang, der dank der schlanken, hohen Säulen zwischen den weit geschwungenen Arkaden in schwereloser Leichte geschieht.

Wie der ganzen Kirche San Miniato aller plastische Schmuck fehlt, so zeigen auch ihre Kapitelle nichts, was nicht die Antike an Formen hinterlassen hat. Die Andersartigkeit von San Miniato ist offensichtlich. Worin bestehen aber im einzelnen die Unterschiede zwischen Sainte-Foy und San Miniato? Vergleichen wir die Decken: eine gemauerte Tonne dort, ein offener Dachstuhl hier. Alles Gebälk – im Zahn- und Kerbschnitt verziert und fein bemalt – setzt im Konstruktiven fort, was die Wand an abstrakten Mustern zeigt. Die Unterseite der Ziegeldeckung ist dem Blick preisgegeben. Auf die Sichtbarkeit der Dachkonstruktion nimmt auch die Teilung der Wand im Obergaden Rücksicht: die fünf Fenster, drei offen, zwei gemalt, stehen zwischen den Querbalken, die, von hölzernen Doppelkonsolen getragen, der Wand unmittelbar aufliegen. Die drei wirklichen Fenster korrespondieren mit den drei Arkaden, über deren Scheitel sie liegen. So werden die drei Arkaden und die fünf Querbalken zwischen den Pfeilern ineinander übergeführt.

Die Architektur in Conques ist vielfältig bereichert durch plastische Momente. Auf die architektonische Lösung wirken plastische Formen so zurück, dass Querschübe aufgefangen werden müssen. (Das ist in bescheidenem Masse auch in San Miniato zu beobachten.) Die Schwibbögen als plastisches Element erzeugen einen Querschub; dieser wird im Seitenschiff durch einen der Wand vorgelegten Halbpfeiler mit Schwibbogen durch das Seitenschiff aufgefangen. Ästhetisch wirksam wird diese architektonische Massnahme nicht. Das Graphische der Wände und die zum Christus-Bild hinführende Schwarz-

121 Florenz, San Miniato, Wandaufbau.

122 Florenz, San Miniato, Dachstuhl.

123 Florenz, San Miniato, Apsismosaik.

124 Florenz, San Miniato, Kanzel.

Weiss-Gliederung der Schwibbogenrundungen beherrschen das Bild, in das sich das Muster des Gebälks harmonisch fügt. In Conques ist der Christus im Westen plastisch, hier im Osten malerisch dargestellt. In Conques erscheint er aussen über dem Portal (auch wenn seine ursprüngliche Lage im Narthexportal war), hier erscheint er im Innersten der Apsiswölbung, dort als Weltenrichter, hier als Pantokrator, als Allherrscher. Die Erklärung für diese offenbare Polarität lässt sich finden, wenn wir uns das Bild des Judex und das des Pantokrators lebendig vorstellen.

Der Richter von Conques setzt voraus, dass die christliche Lehre, die die Beziehung des Menschen zum Nächsten, zur Kirche und zum weltlichen Herrschertum regelt, von Christus als Lebensmaxime gegeben ist. Am Ende der Tage richtet er nach dieser Maxime. Dann wird das «Gehet von mir, Verfluchte» und das «Kommt ihr Gesegneten meines Vaters» gesprochen. Christus als Richter setzt den Christus als Lehrer voraus.

Das Christentum als Lehre ist etabliert durch die Kirche, deren Macht auf der nach dem Tode zu erwartenden Abrechnung mit dem Leben beruht. Diese Prämisse macht das Tympanon von Conques verständlich. Wer die lehrende Nachfolge sucht, ob als Einzelner für sich, als Gründer einer Gemeinde, als primus inter pares, muss er Gefolgsmann dieses Christus werden, sein Streiter und Kämpfer. Man denke beispielsweise an Artus und seine Tafelrunde. Dadurch wurde ein altes keltisches Element des westlichen Europa repräsentiert. Dieses keltische Element behauptete sich in Europa besonders dort länger, wo es mit den fränkischen und normannischen Stämmen verschmolzen war, also im westlichen und nordwestlichen Europa. Die plastische Architektur der Romanik, aus deren Kapitellen und Konsolen solche Ungeheuer herausquellen, wie sie Artus bekämpfte, war Ausdruck keltischer Seelenart, die damals auf diese Weise nachklang und die Stimmung des Seelenuntergrundes der sich bildenden westeuropäischen Völker künstlerisch wiedergab (zum Beispiel im Tympanon von Conques). Das Ich – das die zwölf Kapitelle in Conques zeigen – kann nicht anders, als nach der Vernünftigkeit der Lehren fragen, wenn es sich zum Herrn der drei anderen Wesensglieder machen will. Was in der Aufklärung des 17. und 18. Jahrhunderts philosophisch formuliert wurde, warf hier künstlerisch seine Schatten voraus. Die Seelenkonfiguration, die sich in den westlichen Völkern Europas bildete, wurde mit plastischen Mitteln zum Ausdruck gebracht. Das Christentum wurde dadurch deutlich vereinseitigt.

Eine Vereinseitigung in anderer Richtung wurde im Bilde des Pantokrators dargestellt. Der auf dem Thron sitzende Allherrscher – unter sich die Symbole der Evangelisten, die Hand mehr weisend als segnend erhoben – repräsentiert die königliche Würde, unter deren Führerschaft die Kirche stand, sich organisierte und schliesslich auch stritt. Die kühle Ferne und Strenge, die gerade das Mosaik von San Miniato auszeichnen, passen ebenfalls gut dazu.

Die warmen Mosaiken, die die Bauten Ravennas schmücken, entsprechen mehr der Seelenstimmung der Arianer, deren Lehre durch die menschliche Vernunft erfasst werden konnte: der Sohnesgott ist vom Vatergott geschaffen, ist nicht von gleicher Wesenheit wie der (grössere) Vater. Der Christus ist also ein Wesen, das sich – wenn auch vor der Zeit – erst entwickelt hat. Diese Lehre war zu begreifen, sie rückte den Menschen in die Nähe des Christus. Athanasius dagegen lehrte, der Christus sei von Ewigkeit her gleicher Natur und Wesenheit wie der Vatergott – eine Lehre, die nur dekretiert und nicht begriffen werden konnte. In solcher Menschenferne scheint der Pantokrator von San Miniato zu weilen. Dieser thronende Herrscher schuf eine Kirche, die die moralische Weltordnung aus dem dekretierte, was einmal am Anfang unserer Zeitrechnung stattgefunden hatte. Die römische Kirche beherrschte ja zur Bauzeit von San Miniato unangefochten mit diesem Anspruch das Feld. Der Arianismus war längst von der Oberfläche verschwunden. An die Stelle der Einsicht trat das dogmatische Glaubensbekenntnis. Für die Völker Süd- und wohl auch Mitteleuropas war diese Grundhaltung charakteristisch: sich unter dem Allherrscher Christus zum Kampfe gegen Unglauben, also Heidentum und Ketzerei, zu scharen. Sozusagen der *südliche* Aspekt europäischer Volksbildung wurde als «Pantokrator» ins künstlersiche Bild gebracht.

Warum aber wurde der Pantokrator mit malerischen Mitteln gestaltet? Woher kam das die Fläche behandelnde graphisch-malerische Element, das zur Architektur auf der Apenninhalbinsel so dazutrat, wie sich im Westen Europas die Skulptur mit der Architektur verband? Welche Kräfte liegen der Malerei zugrunde? Kein Bau, kein architektonisches Kunstwerk kann entstehen, wenn nicht die physikalischen Kräfte miteinbezogen und bewältigt werden. Diese spielen in der Skulptur nur dann eine Rolle, wenn eine gewisse Grösse überschritten wird – vielleicht liegt darin die Grenze des Plastischen überhaupt. In der plastischen Kunst werden nicht die physischen Kräfte gebraucht, die in vertikaler und horizontaler Richtung aufeinanderwirken, sondern die Kräfte des Ätherleibes, der den physischen Leib reproduziert und wachsen lässt. Auf diese wird man beispielsweise aufmerksam, wenn man empfinden lernt, wie Morgenfrische und Abendmüdigkeit den eigenen Leib verwandeln wollen. Die Morgenfrische verjüngt den Menschen – das drückt sich künstlerisch in Wölbungen, Kanten und Spitzen aus. Was ihn am Abend altern lässt, bildet Mulden, Kerben und Löcher. Der Plastiker gestaltet diese Elemente in seinem Werk und erweckt damit den Schein der lebendigen Welt.

Dadurch, dass die Malkunst Flächen bildet, verlässt sie die räumliche Welt, in der die Lebensorganisation zuhause ist, wenn sie in den physischen Leib hineinarbeitet. Es ist das nächsthöhere Wesenglied des Menschen, das im Farbenleben der Malerei bildhaft erscheint. An einem Beispiel aus der Tierwelt soll dies dargestellt werden.

Die Weichtiere (Mollusken), zu denen die Kopffüsser (Kephalopoden), zum Beispiel Tintenfische, die Schnecken (Gastropoden = Bauchfüsser), die Muscheln (Bivalven) zu rechnen sind, zeigen die reichsten Farbmetamorphosen im Tierreich überhaupt, sie können ohne weiteres mit den Schmetterlingen oder den Vögeln konkurrieren. Dieses Farbenleben kann entweder während des ganzen Lebens sich als unveränderliche Zeichnung darstellen oder sich von der Jugend bis ins Alter gesetzmässig verwandeln, schliesslich aber auch – wie beim Tintenfisch (Sepia officinalis) – mit dem Verhalten korreliert sein:

Überrascht man beispielsweise eine Sepia auf der Nahrungssuche, wenn man an einem senkrechten, mit Algen bewachsenen Felsen taucht, wird sie sich ihrem Besucher zuwenden, den Kopf leicht senken, so dass ihr Rücken perspektivisch verkürzt sichtbar wird, auf dem sich zwei dunkelbraune grosse Augenflecke bilden. Schwimmt man dem Tier entgegen, verfärbt es sich ganz und steht als dunkelbraun-violetter Körper im Wasser. Ist man bis auf zwei, drei Meter herangekommen und hat die nötige Geistesgegenwart zu beobachten, was passiert, sieht man, wie es blitzschnell eine Tintenwolke in der Gestalt seines Leibes ausstösst, sich selbst himmelblau verfärbt und nach hinten oben davonschiesst. Sein situationsgemässes Farbenleben äussert sich in diesem Fall – zu dem seelisch die Empfindung der Furcht gehört – schwarz. Furcht zeigt es schwarz an! (Furcht tritt immer dann ein, wenn die Seele ganz in den Umraum hinaustritt und ihr dort das Unbekannte begegnet). Einen *weissen* Sattelfleck zeigt die Sepia dagegen, wenn sie schläft. Situationsgemäss empfindet sie einen Zustand, in dem sie ganz in sich selber bleibt und im Innenraum nur das hat, was sie selber möchte. Wie zum äusseren Wachen die schwarze Furcht gehört, gehört zum inneren Träumen die weisse Hoffnung. Beim Paarungsspiel zeigt der Tintenfisch ein zebraartiges Muster aus schwarzen und weissen Bändern, das über das erregte Tier hinwegläuft: der Rhythmus zwischen Furcht und Hoffen! Der Seelenleib des Tieres erfasst mit seiner Tätigkeit nicht nur die Seele, sondern ergreift den Ätherleib, die Lebensorganisation des Tieres, wodurch das Farbenleben entsteht.

Zwar nicht sinnlich, aber übersinnlich wahrnehmbar spielt sich der Schaffensprozess beim *Maler* so ab, dass sein Astralleib sich dem Ätherleib zuwendet und dieser Prozess Imaginationen bewirkt. Diesen heraufdrängenden Imaginationen stellt er im Kunstwerk ein Spiegelbild entgegen (siehe Seite 21 ff.).

Zur Architektur des südlichen Europa trat die aus dem Astralleib impulsierte Malerei und gestaltete nach ihren Gesetzen die Mauer zur Schauwand, zur Fläche, auf der sich das Seelische ins Bild bringt wie in San Miniato al Monte in Florenz. Das Bild in der Apsis, der Pantokrator, erglänzt in den Farben, die die Seele aus sich selbst empfängt. Die geometrischen Muster der Wände und Schwibbögen erhalten ihren Aspekt aus den Polaritäten, zwischen denen die eigentlichen Farben ausgespannt sind, dem Schwarz und dem Weiss. Noch weitgehender als in San Miniato wurden die Wände in der frühgotischen Baukunst von San Francesco in Assisi zum Malgrund gemacht. Sollte die im Untergrund der Seele liegende Welt damals in dieser Gegend Europas vor allem durchlebt worden sein? Die «Göttliche Komödie» Dantes, in der diese Welt als «Inferno» ausführlich beschrieben wird, lässt dies vermuten.

Sankt Michael zu Hildesheim

Das auf einer kleinen Anhöhe gelegene St. Michael befindet sich heute mitten in einer betriebsamen Stadt. Nach Süden, der Altstadt zugewendet, bietet die Kirche sich frei dem

Blick dar – fast so, wie sie in den ersten Jahren nach der Jahrtausendwende entstanden ist *(Abbildung 125)*. Lediglich die grossen gotischen Fenster des südlichen Seitenschiffes passen nicht ins Bild. Zwar wurde der Bau mehrfach «umgestaltet», aber die Zerstörung im letzten Krieg gab die «einmalige Gelegenheit», das alte Bild wiederherzustellen, was dankenswerterweise weitgehend geschah. So stehen wir, von Süden blickend, vor dem Kirchenbau, der auf den ersten Blick eher wie eine Festung als eine Kirche wirkt. (Dieser Eindruck verstärkt sich, wenn man dem Blick die gotischen Fenster mit der Hand verdeckt.) Ost- und Westtransept wirken als ruhende, mächtige Körper, zwischen denen sich das basilikale Langhaus bescheiden ausnimmt. Im Norden und Süden sind den Querhäusern bis zur Höhe des Traufgesimses achteckige Treppentürme vorgestellt, darüber erheben sie sich mit rundem Grundriss und Kegeldächern. Mächtige Vierungstürme, stumpfe Quader mit Pyramidendächern, betonen die monumentale Gewalt des Baues. Soweit ist die Kirche in beiden Hauptachsen seitensymmetrisch gebaut. Doch die beiden Chöre haben keine symmetrische Beziehung zueinander. Der westliche Chor ist wesentlich länger als der östliche, der aus einer halbrunden Apsis und einem schmalen Zwischenjoch aufgebaut ist. Unmittelbar neben dem Ostchor sind zwei kleine doppelgeschossige Nebenapsiden direkt an die Transeptwand gestellt. Alle drei Apsiden sind nach 1945 aus Grabungsbefunden erschlossen und neu errichtet worden. Der westliche, grosse Chor über einer Krypta oder Unterkirche war der Mönchschor. Krypta und Hochchor entsprechen sich im Innen-Grundriss. Die Ausschmückung dieses Chores stammt aus dem 13. Jahrhundert. Der Hochchor wurde auch in dieser Zeit bis unter die Westvierung vorgezogen und mit Querschranke und Lettner gegen das nördliche Querhaus versehen. Beides stört die Wirkung des Innenraumes erheblich. (Der Grundriss – *Abbildung 126* – enthält diese nachträglichen Einbauten nicht.) Das zwischen beide Vierungen eingespannte Langhaus hat eine flache Holzdecke. Die grossartige Deckenmalerei, von der *Abbildung 127* einen Eindruck gibt, stammt aus dem Übergang vom 12. ins 13. Jahrhundert und gehört ebenfalls nicht ins ursprüngliche Bild. Beide Vierungen waren wahrscheinlich einstmals freie Räume, von denen man die in den nördlichen und südlichen Querhausarmen errichteten Engelschöre *(Abbildung 128)* ungehindert betrachten konnte, was heute erschwert ist. In die westliche Vierung wurde der Hochchor vorgezogen, in die östliche wurde ein nicht dorthin gehörender Altar gebaut. Über einer Doppelarkade liegen die Engelschöre in linearem Verhältnis übereinander. Hinter der die Doppelarkade stützenden Mittelsäule liegt der Zugang zu den Treppentürmen, über welche die Engelschöre zugänglich sind. In dem die Chöre verbindenden Langschiff empfindet man stark, wie diese weite, hohe Halle mit ihren tief herabgezogenen Wänden über den Hauptarkaden zwischen beiden Vierungen gespannt ist. Von der Langschiffmitte her wirkt besonders zwingend die mit hohen Bögen ausgesonderte, im Grundriss quadratische Vierung. Das Langhaus zeigt unverändert die ursprüngliche Ordnung, es ist der «ruhigste» Teil der ganzen Kirche. Nach einem Pfeiler stehen jeweils zwei Säulen. Der Rhythmus dieses Stützenwechsels wiederholt sich dreimal, so dass auf der Nord- und der

125 Hildesheim, St. Michael.

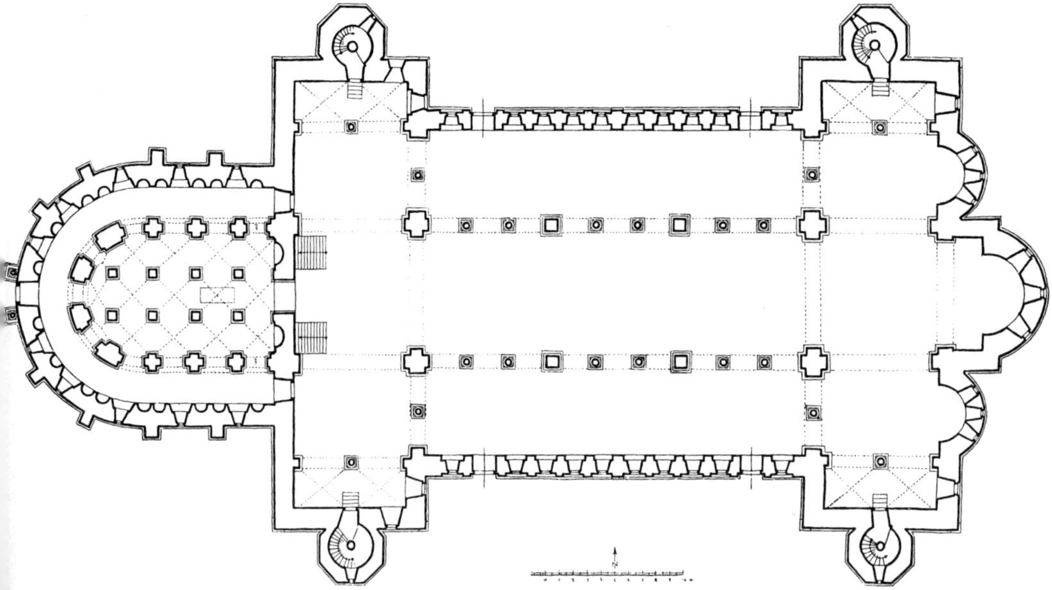

126a Hildesheim, St. Michael (Bernwardbau), Grundriss.

126b Hildesheim, St. Michael (Bernwardbau), Längsschnitt.

128 Hildesheim, St. Michael, Engelschor.

◁ 127 Hildesheim, St. Michael, Inneres der Kirche mit Deckenbild.

129 Hildesheim, St. Michael, zwei Würfelkapitelle.

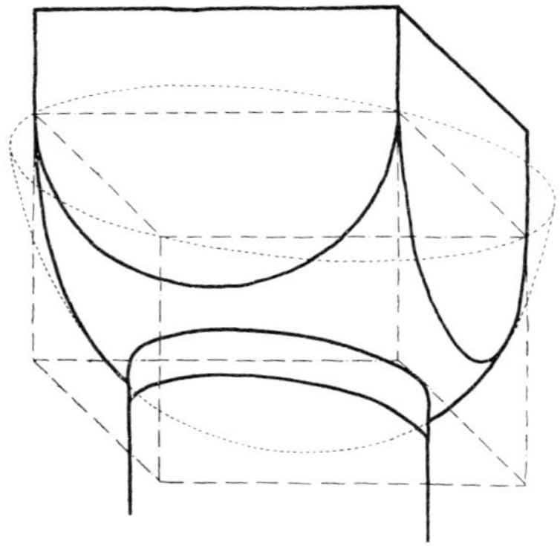

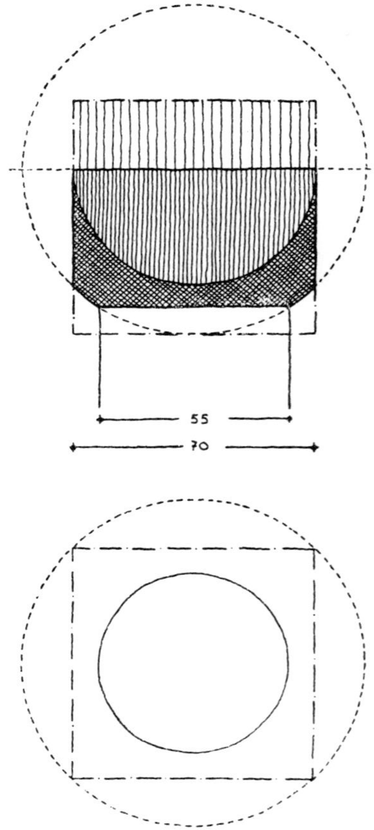

130a, 130b Stereometrische Darstellung und Konstruktion eines Würfelkapitells.

Südseite neun Arkaden das Hauptschiff von den Seitenschiffen trennen. Die Pfeiler markieren drei quadratische Joche zwischen den Vierungen. Ende des 12. Jahrhunderts wurde leider ein Umbau der Kapitelle vorgenommen. Von den zwölf reinen Würfelkapitellen wurden zehn gegen romanisch dekorierte Kapitelle grösseren Masses ersetzt. (Die zwei auch heute noch erhaltenen ursprünglichen Kapitelle in der nord-östlichen Arkade zeigt *Abbildung 129; Abbildung 130* gibt die Ansicht eines dieser grossartigen Kapitelle in einer zeichnerischen Darstellung wieder.)

Über den Arkaden verläuft ein Gurtgesims, das den von zehn Rundfenstern durchbrochenen Obergaden als einheitliche Fläche wirken lässt und ihn vom Doppelrhythmus des Stützenwechsels der Arkaden im Untergaden absetzt: das spricht dafür, dass es hier Malereien gegeben haben könnte; aber Hinweise darauf sind nirgends entdeckt worden. Man hat erschlossen, dass das Kircheninnere wie auch die Fassaden hell, wahrscheinlich weiss, ausgemalt waren – wie es im Inneren heute wieder zu sehen ist –, dass aber die architektonisch wirksamen Elemente – wie Vierungsbögen, Fenster- und Türgewände – mit rot-weisser Quaderung hervorgehoben waren. Reste einer ornamentalen Malerei wie auch einige figürliche Darstellungen auf weissen Wandflächen wurden im Nordarm des westlichen Querhauses entdeckt. Die Lichtverhältnisse muss man sich anders denken, als sie heute sind. Durch die südliche Aussenmauer des Langhauses kam nur ein Bruchteil des Lichtes, das heute durch die riesigen gotischen Fenster hereinscheint. Die Ostapsis hatte wahrscheinlich nur drei, und nicht fünf Rundfenster. Wir haben uns ein feierliches Halbdunkel, im Obergaden etwas heller, zwischen sehr viel dunkleren Vierungen vorzustellen, dahinter im Osten und vielleicht auch im Westen die runde, erhellte Apsis.

Wie keine zweite Kirche des frühen und vielleicht des ganzen Mittelalters ist St. Michael mit dem Namen des Gründers und Mitarchitekten verbunden, mit dem Namen des Bischofs Bernward. So schwierig es ist, aus den idealisierenden Überlieferungen dieser fernen Zeit sich ein zutreffendes Persönlichkeitsbild zu verschaffen, soll wegen des Grundmotives der denkerischen Haltung des Bischofs doch etwas aus seiner Biographie dargestellt werden.

Bernward stammte wahrscheinlich aus einem sächsischen Grafengeschlecht. Karl der Grosse hatte die Sachsen, die die norddeutsche Tiefebene zwischen Rhein und Elbe in jener Zeit besiedelten, zwischen 775 und 785 blutig unterworfen und sie zum Christentum gezwungen. Den Abschluss fand diese Unternehmung mit der Taufe des Sachsenherzogs Widukind. Zweihundert Jahre später, als Bernward 960 geboren wurde, hatte der sächsische Adel längst die fränkisch-christliche Kultur angenommen, die von Karl dem Grossen mit dem römischen Papsttum verbunden worden war, und dadurch auch das Kulturgut der Antike kennengelernt. Diese sozusagen zutageliegende Schicht bildete die Persönlichkeit Bernwards mit.

Der Volksstamm der Sachsen war erst im 5. Jahrhundert ins Land gekommen und hatte sich mit dem dort wohl von alters her angesiedelten Stamm der Cherusker verbunden. Dieser dürfte ein Zweig der über ganz Europa hin verbreiteten keltischen Urbevölkerung gewesen sein. Möglicherweise war Hildesheim damals ein keltisches Kulturzentrum. Zumindest hatte es auf dem Hügel, auf dem heute St. Michael steht, ein sächsisches Wotansheiligtum, und bei Ausschachtungsarbeiten wurde 1868 in Hildesheim römisches Tafelsilber gefunden, das für einen Teil der Cheruskerbeute aus der Varus-Schlacht 9 n. Chr. gehalten wird.

Keltisches und Sächsisches bildete in Hildesheim den Kulturuntergrund. Das Sächsische hing mehr mit den alten Glaubensinhalten zusammen, mit einem Gefühl für das Wirken der Naturgötter, und das Keltische mehr mit der Art, wie die Stammesordnung gehandhabt wurde. An der Spitze des Stammes stand der befehlsgewaltige Herzog, darunter die Unterfürsten bis hinab zum einfachen Krieger oder Bauern, der in blutsmässiger Bindung seinem Stamm diente. Der ganze Stamm war also hierarchisch-aristokratisch als Feldlager geordnet. Diese Ordnung lag aber in den Seelen der Menschen begründet, sie war nicht von aussen aufgezwungen. Hier in Sachsen war das Christentum mit der Seelenhaltung des alten keltischen Stammeskönigtums verbunden, dementsprechend wurde es zur Evangeliendichtung des «Heliand» umgedichtet. Darin erscheint Christus als fürstlicher Held, als Heerführer, der seine Mannen organisiert. Eine solche noch wirksame Grundstimmung muss man berücksichtigen, um die in der Biographie Bernwards auftauchenden Impulse zu verstehen.

Im Jahre 918 endete mit Konrad I. die Herrschaft der Karolinger, und mit Heinrich I. wurde zum erstenmal ein sächsischer Herzog deutscher König. Auch sein Sohn Otto, der spätere Kaiser Otto der Grosse hatte noch kein fränkisches Blut in den Adern. Bernward, etwa gleichaltrig mit Otto II., wuchs am Kaiserhof oder in seiner Umgebung auf – das hiess, man reiste auf bestenfalls verwilderten Römerstrassen oder Saumpfaden durch die Wälder von Pfalz zu Pfalz. Weil das Reich eine grosse Ausdehnung hatte, waren es weite Reisen. Auf einer Pfalz blieb man, bis die Vorräte der mit einer Pfalz verbundenen Gutshöfe aufgebraucht waren. Um solche Gutshöfe lagen die einzigen grösseren gerodeten Flächen, die es in Mitteleuropa damals gab. (Die «Goldene Aue», zur Pfalz von Tilleda gehörend, bestand nur aus einigen gerodeten Quadratkilometern Land, einem mit Korn bestellten Feld, daher «golden» genannt und weit in Europa bekannt.)

Die mit Otto II. vermählte byzantinische Prinzessin Theophanu gebar um 980 den späteren Otto III. in der Nähe der Pyrenäen. Bernward kam als sein Erzieher an den Hof. Schon 983 starb Otto II., 28 Jahre alt, von seinem Hofarzt irrtümlich vergiftet. Nachdem die Kaiserin Theophanu 991 gestorben war, entliess Otto III., dreizehnjährig, seinen Erzieher Bernward, sorgte aber für dessen Zukunft. Bernward wurde Bischof von Hildesheim und blieb es bis zu seinem Tode 1022. Nur eine grössere Reise, ein Kriegszug mit Heinrich II. 1007 nach Flandern, von wo aus er eine Pilgerfahrt nach Paris und Tours unternahm, führte ihn von Hildesheim weg. Vermutlich kam Bernward mit der Bischofswürde – er war der dreizehnte Bischof von Hildesheim – in eine kirchliche und weltliche Aristokratie hinein, in der viele seiner Blutsverwandten Rang und Namen hatten. Er war da kein Fremder. Sein Dauerstreit mit dem Erzkanzler und Erzbischof Willigis von Köln, der Bernward sowohl zum Priester als auch zum Bischof geweiht hatte, zeigte noch die westfälische (vielleicht auch ostfälische) Dickschädeligkeit der Kirchenfürsten. Auch Willigis war Sachse.

Thangmar, der die Vita Bernwardi verfasste, schrieb, dass der Wahlspruch Bernwards «Ne quid nimis» lautete – ein Satz, der uns schon am Tempel zu Delphi begegnete: «Von Nichts zuviel». Diesen Spruch von einem der sieben griechischen Weisen hätte Bernward in einem Stück des römischen Komödiendichters Publius Terentius gefunden. Wollte Bernward mit diesem Spruch seine Denkart charakterisieren? Der ganze Bau der Michaelskirche wurde aus Zahlenverhältnissen konstruiert – eine mit der klassischen Bildung des Bischofs zusammenhängende Tatsache. Seine Absicht einer Klostergründung, die er 996 verwirklichte, ohne selbst in das Kloster einzutreten, charakterisiert ihn. Klöster und damit die handwerkliche Kunst der Brüder waren damals unerlässlich, wenn unter dem Zeichen Christi Macht und Herrlichkeit der Kirche demonstriert werden sollten. So war das von ihm gegründete Benediktinerkloster schon zu seinen Lebzeiten wegen seiner Buchschreibekunst und vor allem wegen seiner Erzgusstechnik berühmt geworden. Hier hatten die Bauhütte und ihre Handwerker, die die St. Michaels-Kirche bauten, Unterkunft und Verpflegung gefunden. Das Kloster war gewiss eine unerlässliche Voraussetzung für seine grossen Pläne. Er berief als Abt Goderamnus, Probst im Kloster der Benediktiner von St. Pantaleon zu Köln. Diese von Erzbischof Bruno, dem Bruder Ottos des Grossen, gegründete Ordensgemeinschaft war dem sächsischen Königshaus eng verbunden; sie war bekannt wegen der strengen Einhaltung der Mönchsregeln und der grossen Wirksamkeit, die sie nach aussen entfaltete. Das nach der von Gorze in Lothringen ausgehenden Reformbewegung organisierte Pantaleons-Kloster erkannte die bischöflichen Aufsichtsrechte über die Klöster an.

Goderamnus traf mit sechs Mönchen 996 in Hildesheim ein; schon im September dieses Jahres weihte Bernward eine Kapelle der «Verehrung des Kreuzes Christi», in der bis zur Einweihung der Michaels-Kirche ein Splitter vom Kreuze Christi als Reliquie aufbewahrt wurde, den Otto III. Bernward anlässlich seiner Weihe zum Bischof geschenkt hatte.

Bernwards Wirken in Hildesheim bis zu seinem Tod (1022) dauerte 25 Jahre. In dieser Zeit wurde die Michaels-Kirche gebaut und das im Geviert nördlich anschliessende Kloster. Die Bronzeguss-Technik wurde beherrscht, eine Werkhütte arbeitete. Eine Bibliothek entstand. Hildesheim wurde zu einem Kulturzentrum. Bernward setzte sein Werk, auch heute noch unübersehbar, dem älteren Hildesheimer Dom gegenüber. (Das im Norden der Kirche liegende Kloster verstärkt den Eindruck einer mächtigen Burg, den die Kirche bietet, wenn man von der Stadt, also vom Dom her kommt.)

Im weiteren wird die Persönlichkeit Bernwards charakterisiert dadurch, dass er mit St. Michael einen Bau errichtete, den er seiner Familie, dem Andenken seiner Eltern und seines Bruders widmete. Ausserdem bestimmte er die Kirche dazu, sein eigenes Grab aufzunehmen. Damit war St. Michael mehr als nur eine Klosterkirche für Benediktinermönche. Was Bernward wollte, hatte Otto der Grosse mit dem Magdeburger Dom verwirklicht. Der weltliche Herrscher unterschied sich da vom geistlichen Herrscher nur durch die Art des Heeres, über das er verfügte: die Ritterschaft auf der einen, die Heerscharen der Engel auf der anderen Seite. Die Bauidee der Michaels-Kirche stammte gewiss von Bernward selbst. Er bestimmte die Standorte der Altäre und seines eigenen Sarkophages. Der Abstand vom Kreuzaltar auf der Mittelachse der Kirche an der Grenze von Langhaus und Ostvierung bis zum Grabe Bernwards in der Krypta beträgt beispielsweise nicht zufällig 42 Meter. Der gleiche Abstand ist zu messen in der Grabeskirche in Jerusalem von der Kreuzigungsstätte bis zum Grabe Christi. Westlich des vorgesehenen Ortes für Bernwards Grab in der Krypta liess er einen Marienaltar an die Ostwand bauen. Die Wand war damals hinter dem Altare offen, so dass der Blick vom Grab über den Marienaltar auf den Kreuzaltar fiel. Die Gottesmutter – wohl dem keltischen Element, das eine Urmuttergottheit verehrte, verwandt – wird so als Mittlerin zum Christus gesehen. Das im Mittelpunkt des Westwerks gelegene Grab war auch in Beziehung gesetzt zu Michael, dem Anführer der himmlischen Heerscharen, dem es geweiht war, und zwar durch einen Altar hoch im Scheitel der Chorwand über dem Grabe, nur durch einen mannshohen Umgang in dieser Wand zu erreichen, zu dem eine Stiege vom Chor her hinaufführte. Vor dem Kreuzaltar liess Bernward eine alte heidnische Irminsäule aufstellen, dahinter eine in seiner Werkstatt gegossene Christussäule *(Abbildung 131)*, die heute, nach wechselvollem Schicksal, gut erhalten im Hildesheimer Dom steht. In der Ostapsis folgte schliesslich ein Altar für Johannes den Täufer. Von den sieben Kultmalen in einer Achse stellt die heidnische Säule die Mitte dar. Zu den sieben Kultmalen treten neun Engelchöre – für jede Hierarchie ein Chor: zwei in jedem Querhausarm – und der Chor für den Erzengel Michael im Umgang des Westchores.

Die Werkmasse des Baues, offenbaren – wie wohl bei allen romanischen Kirchen – eine geometrische Konstruktion aus fränkischem Fuss (1 Fuss = 32,5 cm), in der die pythagoreischen Zahlengeheimnisse stecken. Diese sollen nur so weit dargestellt werden, dass die den Chören, die den asymmetrischen Teil des Bauwerkes bilden, zugrundeliegenden Zahlenverhältnisse ersichtlich werden.

Der römische Philosoph und Staatsmann Boethius gilt als der Vermittler für das antike pythagoreische Geistesgut im Mittelalter. Seine Bücher über Arithmetik, Geometrie und Musik waren die Grundlagen der mittelalterlichen Baumeister. Boethius wurde 525 in Padua auf Befehl des Ostgotenkönigs Theoderich hingerichtet. Bernward von Hildesheim kannte und schätzte Boethius so sehr, dass er seine Bücher im Kloster kopieren liess. Eine Bernward gehörende Abschrift des Arithmetikbuches findet sich noch im Hildesheimer Domschatz. Nach Boethius sind diejenigen Flächen und Körper mit der geringsten Seiten- beziehungsweise Flächenzahl, also Dreieck und Tetraeder, die Grundlage aller Flächen und Körper. Dem Dreieck wurde eine bestimmte, die Flächenharmonien ausdrückende Zahlenreihe zugrunde gelegt, die sich aus der Addition der Zählreihe ergibt: 1 + 2 = 3 + 3 = 6 + 4 = 10 + 5 = 15 usw., also die Zahlenreihe 1, 3, 6, 10, 15, 21, 28, 36 usw. Die Summe dieser Triangularzahlen wiederum ergab die Zahlenreihe des harmonischen Tetraeders: 1 + 3 = 4 + 6 = 10 + 10 = 20 usw., also die Zahlenreihe 1, 4, 10, 20, 35, 56, 84, 120 usw. Aus den Verhältnissen dieser Zahlenreihe und aus einem hexagonalen Achsenkreuz ist St. Michael in Hildesheim konstruiert, wie der Grundriss *(Abbildung 126)* zeigt. Der Anblick der Kirche von Süden, der so natürlich gegriffen erscheint, wurde in Wahrheit konstruktiv nach alten Zahlengeheimnissen gefügt! Eine erstaunliche Tatsache verbergen auch die asymmetrischen Chöre, die das 84 Fuss lange Langhaus und die 35 Fuss breiten Querhäuser nach Osten um 20 Fuss und nach Westen um 56 Fuss fortsetzen. Beide wurden aus Kreiselementen konstruiert: der Westchor aus einem ganzen Kreis von 28 Fuss Radius (= 56 Fuss Durchmesser) der Ostchor aus einem Halbkreis von 20 Fuss Radius. Die Radien und damit auch die Durchmesser beider Kreisflächen verhalten sich also wie 7:5. Es gibt aus den Triangularzahlen keine andere Möglichkeit als die von Bernward gewählte, konstruktiv dieses Verhältnis zu bilden: durch einen Vollkreis von 56 Fuss und einen Halbkreis von 20 Fuss. (Den Zahlen 5 und 7 begegnen wir bei der Betrachtung des ersten Goetheanums wieder, siehe Seite 316). In der Doppelchorigkeit und in der Rundung des Chorgrundrisses der Michaels-Kirche in Hildesheim – wie in allen doppelchorigen Kirchen der ottonischen Zeit – kündigte sich ein Zukünftiges an. Damit wurde etwas vorausgenommen, das sich erst in unserer Zeit zu einem eigenen, vom alten unabhängigen Bauimpuls entwickelte. Bei allen grossen Bauten der romanischen Epoche lässt sich im Sinne der hier vertretenen Metamorphose der Architektur Überkommenes, die damalige Gegenwart Repräsentierendes und die Zukunft Ankündigendes finden. Bei der Betrachtung von Sainte-Foy gewahrten wir den Gegenwarts-Charakter des *Langhauses,* den Zukunftsimpuls in dem *runden Chor* und den Hinweis auf die Vergangenheit im *Turm.* Den Kapitellen als Metamorphose griechischer Formen wurde ein zukünftiges Element hinzugefügt. Das Neue ist hier in St. Michael noch deutlicher zu erleben. Vom Vergangenen finden wir nur wenig.

Das von Bernward künstlerisch geschaffene Würfelkapitell (siehe *Abbildung 130*) besteht, von unten nach oben gesehen, aus einem Randwulst (der massgerecht zum Würfel des Kapitells gehört), darüber folgt ein Kämpferblock, etwas zurückspringend, und darauf die Kämpferplatte, dreifach in Wülsten vorspringend. (Siehe auch *Abbildung 129,* die die beiden noch erhaltenen Bernwardischen Würfelkapitelle zeigt.) Dieses Kapitell war etwas völlig Neues. Es hatte weder mit dem antiken Formvorrat zu tun, noch war es aus dem Tragen und Lasten der Kräfte geschöpft – sondern so, als ob es der plastischen Durcharbeitung noch harre: ein Block, feierlich erhaben, Stille ausstrahlend, von herber Schönheit – ein Volumen, das der Eindrücke noch harrt, in dem Erwartung lebt, ein Neugeborenes, in die Welt Tretendes, dessen Zukunft noch ferne im Umkreis liegt. Texte, die das Würfelkapitell als abstrakte Form beschreiben, widersprechen dem ästhetischen Eindruck. Abstraktheit setzt einen von etwas zu abstrahierenden Inhalt voraus. Hier hat

131a Hildesheim, St. Michael, Bronzesäule Bernwards («Christus-Säule»), um 1020; Gesamtansicht.

131b Detail von Abb. 131a: «Christus und die Samariterin».

131c Detail von Abb. 131a: «Lehrender Christus».

sich der Inhalt noch gar nicht angedeutet. In Conques dagegen scheint die Weisheit der ganzen Antike wie eine Erinnerung nachzublühen: Dorisches ruht unter Korinthischem, vermischt sich mit Ionischem und krönt sich mit dem Haupt des Menschen als Bild des Ich. Diese Gestaltungen sprossten aus dem Ätherleib hervor, der die Erinnerungen bewahrt, und aus dem diese plastische Architektur ganz und gar entstand. Auch in Hildesheim ist das Ichwesen zu spüren, aber ohne alle Beziehungen zu den Wesensgliedern, die der Mensch als inkarniertes Wesen hat: ein aus der Zukunft kommendes Ich, das offen ist für alle Erfahrungen. Ein Ich, das nicht durch die Fülle seiner Erlebnisse, die ihm durch den Ätherleib zugeflossen sind, alt und weise geworden ist. Das Ich eines Kindes, das staunend in die Welt blickt. Dafür wurde das Würfelkapitell Ausdruck. Das Ich in den Kapitellen von Conques wirkte wie unter der Erinnerung gealtert. – Gibt es diese beiden Iche nicht? Sind es nicht die zeitlichen Aspekte eines Überzeitlichen, das so, seine Rhythmen bildend, Kreise zieht – alt und jung, jung und alt? Gibt es eine Kunst, die so wie die Plastik die Vergangenheit bewahrt und die Zukunft hereinholt?

In Ruhe auf dem westlichen Hochchor von St. Michael sitzend, den Blick zum Ostchor gerichtet (wie in *Abbildung 127*), versuche man sich der Wirkung hinzugeben. Um zum ursprünglichen Erlebnis zu kommen, bemühe man sich, die Kirchenbänke wegzudenken oder für den Blick zu verdecken: bald erfüllt eine erhabene Stille den Kirchenraum. Nun stören sogar die späteren Kapitelle mit ihrem plastischen Schmuck; sie sind zu unruhig, zu laut für diese Stille. Die flache Decke, der ebene Boden, die tief herabgezogenen Wände – sie sind wie schwebend über den Arkaden mit den sprachlosen Kapitellen! Die Säulen tasten wie Finger nach unten. Die dunklere Ostvierung, die das hellere Halbrund der Apsis umrahmt, wirkt wie ein Tor in die Unendlichkeit. All dies fordert den ästhetisch Auffassenden heraus: er muss sein höheres Wesen in sich aufrufen, damit er sein Alltags-Ich in dieser unendlich hinaussaugenden Stimmung nicht verliert. Wer zu sich selber finden will, kann hier – durch Kunst von aussen gegeben – die vorbereitende Seelenstimmung erleben, die er in sich selber aufbauen muss. In dieser Stille kann Musik erklingen. Da hier wie auch in Conques das symbiontische Farberlebnis ein tiefes Blau ist, kann man fragen, welcher Klang der Seele das gleiche Erlebnis gibt wie die Architektur. Ein tiefer Glockenton, der, verhallend, nach einer Zeit sich leise wiederholend, nachklingt: dieses musikalische Erlebnis vermittelt dieselbe unendliche Weite, in der man sich verlieren kann. Ein Klang im Blau ist ästhetisch empfunden St. Michael.

Man kann Johannes Sommer für seine Arbeit über St. Michael danken, auch wenn man nicht mit der Ansicht übereinstimmt, dass der architektonisch-musikalische Zusammenklang absichtlich aus der Kenntnis der Gesetze der Akustik geschaffen wurde[79]. Der Künstler schafft – auch wenn er die Gesetze kennt – aus den unbewussten Grundstimmungen seiner Seele, aus viel tieferen und weisheitsvolleren Schichten als aus der Schicht des Verstandes. Rudolf Steiner beschrieb den menschenkundlichen Hintergrund, der hier in Betracht kommt: «Wenn wir nun auf das vierte Glied unserer menschlichen Wesenheit sehen, auf das Ich, und wir schieben dieses Ich in seinen Gesetzen hinunter in den

Astralleib hinein, weiter hinunter, lassen es darinnen beweglich, tätig sein, so bekommen wir wiederum eine andere Kunst, die da nicht enthält dasjenige, was im Ich wirkt, was wir etwa durch die Sprache, oder durch unser gewöhnliches Vorstellen zusammenfassen, sondern wir bekommen etwas, was vom Ich um eine Stufe gegen das Unterbewusste heruntergerückt ist. Gleichsam mit dem Horizonte unseres Bewusstseins gehen wir um die Hälfte eines Gliedes unserer Menschenwesenheit herunter, wir gehen um eine halbe Stufe herunter, wir tauchen unter mit dem Ich in den Astralleib hinein: dadurch entsteht die Musik.

Musik
Ich

Die Musik enthält also die Gesetze unseres Ich, aber nicht so, wie wir sie im gewöhnlichen prosaischen Leben ausleben, sondern hinuntergedrückt ins Unterbewusste, in den Astralleib hinein, gleichsam das Ich unter die Oberfläche des Astralleibes untergetaucht und dadrinnen, in der Gesetzmässigkeit des Astralleibes, schwimmend und wogend[80].»

Die Grundstimmung der Seele Bernwards war Ich-getönt, als er seinen Bau schuf.

Zusammenfassung

Den umgestülpten Tempel Griechenlands fanden wir im Langschiff des romanischen Domes wieder als das Mittelglied zwischen den westlichen «Gliedmassen»-Türmen und dem «Haupt» in Apsis und Chor im Osten des Baues. Aus dem Violett als symbiontischem Farberlebnis vor den Tempeln Griechenlands wurde das Blau, das jetzt im Inneren des Baues zu erleben ist. Dieses Erlebnis differenziert sich dreifach über Europa hin in einen westlichen, südlichen und östlichen Stil der Romanik. Im architektonisch-plastischen Stil des Westens erlebt die Seele das tiefe Blau so, dass sie sich in die Vielfalt des blauen Umraumes ausatmet. In diesem ästhetischen Zustand kommt ihr eine sie voll beanspruchende, vielfältige Fülle entgegen. Im architektonisch-malerischen Stil des südlichen Europa geleitet ein heiteres Blau die Seele über Flächen hin, die den Rahmen für Muster, Fresken und Mosaiken bieten. Im östlichen Europa der damaligen Zeit, dem heutigen Mitteleuropa, herrscht das strenge Blau der grossen Stille, in der das Ich sich in Ruhe halten lernt, um zu hören, was aus ihm selbst erklingen will, wenn es in die Seele einzieht.

In den Heiligtümern des alten Griechenland war die Idee des dreigliedrigen Menschenleibes zu entdecken: in die Landschaft ausgebreitet als Tholos, als heiliger Bezirk mit Tempel und Theater und als Stadion. – Die drei Kapitelle der griechischen Architektur sind ein künstlerisches Bild der Kräfte, die im physischen Leib, im Ätherleib und im Seelenleib wirksam sind.

In der Romanik kehrte die Dreigliederung metamorphosiert wieder: Turm, Schiff als Kreuz und Chor mit Apsis. Die Architektur versöhnte sich mit weiteren Künsten: im Westen mit der Plastik, im Süden mit der Malerei und im Osten mit der Musik. Dazu vereinigte die Romanik alle Stilelemente Griechenlands in den Kapitellen ihres westlichen Stils unter dem Zeichen, unter dem die Romanik überhaupt baute, dem Zeichen des Ich, dem menschlichen Antlitz.

Das erste Goetheanum

Wer den von Rudolf Steiner entworfenen und von ihm in Zusammenarbeit mit der Anthroposophischen Gesellschaft errichteten ersten Goetheanum-Bau nicht mit den Augen des Leibes gesehen hat, dem liegt dieser Bau ferner als die ägyptischen Pyramiden, die ja heute noch, wenn auch als Ruinen, in Ägypten stehen. Mit Geistesaugen angeschaut, liegt er demjenigen, der sich mit dem anthroposophisch-goetheanistischen Kunst- und Wissenschaftsimpuls verbunden fühlt, näher als alle äusserlich sichtbaren Bauwerke.

Goethes Art, mit den Gegenständen der Natur umzugehen, beruhte auf seinem Vermögen, lebendige Begriffe zu bilden, die in der Lage sind, die Metamorphose, die Wandlung in der Zeit, und damit das Leben selber in der Anschauung zu erfassen. Ist die Erscheinung lebendig, muss auch das Denken lebendig sein, wenn es erkennen will. Dieses Denken erfasst auch, was sinnlich nicht erscheint: die rückwärtslaufende Zeit. (Eine Andeutung der goetheanistischen Wissenschaftsart war der Versuch, die in der Laubblattfolge und der menschlichen Schädelreihe wirksame Idee, den Typus, zu entdecken – siehe Seite 17 ff. und Seite 113 ff.)

In den Einleitungen zu Goethes Naturwissenschaftlichen Schriften, die Rudolf Steiner für «Kürschners Deutsche National-Litteratur» verfasste[81], nannte er Goethe wegen dieser Entdeckung den Kopernikus und Kepler der Wissenschaft vom Organischen. Was diese für die Auffassung eines vom Menschen unabhängigen Sachzusammenhanges für die Erkenntnis der leblosen Welt durch die Entdeckung statischer Naturgesetze geleistet hatten, leistete Goethe dadurch für die lebendige Welt, dass er die in den Erscheinungen der Welt lebendig schaffende Idee, den Typus, denkend anschauen konnte. Die Ideen lebendig erfassen, dem Begriff die Kraft der Umbildung einpflanzen – dieses Vermögen eröffnet einen Zugang zum Schaffen der Natur, der auf keine andere Art gewonnen werden kann.

Menschenschädelreihe und Laubblattfolgen betrachtend, gewahrten wir, dass eine Form aus der anderen herauswächst und dabei entweder jünger oder älter wird, je nachdem, ob die Bildetätigkeit im physischen Leibe schaffend eine kontinuierliche Metamorphose erzeugt oder ob der Ätherleib rhythmisch eingreift und eine diskontinuierliche Gestaltwandlung hervorbringt. Der Mensch wird dann zum Künstler, wenn er als Handelnder aus den Gesetzen des Lebendigen schafft und seine Art zu schaffen der Schaffensart der Natur ähnlich wird. Das versuchte Rudolf Steiner bei der Errichtung des ersten Goetheanum-Baues, so schuf er ein Gesamtkunstwerk.

Die Grundkonzeption des Baues bestand in einem Betonsockel, auf dem sich zwei hölzerne, von Kuppeln gekrönte Zylinder erhoben. Die Achse durch die Mittelpunkte der Zylinder lag ost-westlich, der östliche Zylinder war kleiner, der westliche grösser, in einem Verhältnis ihrer Durchmesser von 5:7. In der Nord-Süd-Achse erschienen zwei Flügel, die von aussen wie ein Querbau wirkten, aber im Inneren nicht so durchgeführt waren. Sowohl Zylinder wie Kuppeln waren zweischalig errichtet, also mit einer äusseren und einer inneren Schale. Die innere Kuppelschale wurde von Säulen getragen, die hier die Zylinderwand ersetzten: in der grossen Kuppel von vierzehn, in der kleinen von zwölf Säulen. Um die kleinere Kuppel war aussen ein runder Anbau gesetzt, der den Betonsockel ganz überspannte. (Siehe die *Abbildungen 132, 133, 134,* aufgenommen vor dem Niederbrand des Baues in der Sylvesternacht 1922/23.)

Von diesem Bau sagte Rudolf Steiner, dass er ihn «Goetheanum» nennen durfte, weil er in der Architektur und in der Plastik so entstand, dass darin der Versuch lebte, Goethes Metamorphose-Anschauung zu verwirklichen. In der Literatur über das Goetheanum wurden die plastischen Metamorphosen beschrieben und gewürdigt (besonders die der Säulenkapitelle der grossen Kuppel), an denen die Verwandlung der einen Form in die andere genauso schön und deutlich vollzogen werden kann wie an der Laubblattfolge einer zur Blüte strebenden Pflanze[82].

Rudolf Steiner verstand seinen Bauimpuls ausdrücklich so, dass auch die Architektur, und nicht nur die Plastik darin, aus der Metamorphose-Anschauung gewonnen wurde[83]. Einerseits bedeuten die als «Heizhaus» und «Glashaus» bezeichneten Bauten Metamorphosen des Goetheanums, was Rudolf Steiner selbst detailliert schilderte. Andererseits könnte aber auch gemeint sein, dass die Grundgestalt des Doppelkuppelbaues selbst insofern eine Metamorphose ist, als sie sich aus einer Idee, aus einem Typus mit Notwendigkeit entwickelt hatte. Dieser Notwendigkeit war der Künstler Rudolf Steiner schaffend nachgegangen. Drittens konnte damit auch gemeint sein, dass der Goetheanum-Bau in einer Reihe von Bauwerken ein Metamorphosenschritt ist; das heisst, die ganze Reihe wäre aus demselben Typus hervorgegangen. Zunächst behandeln wir die an zweiter Stelle genannte Möglichkeit.

«Wenn sie unseren Bau in Betracht ziehen, so finden Sie, dass er ein Doppelkuppelbau ist, so dass die Kuppeln auf einem zylindrischen Unterbau aufsitzen. Er ist ein Doppelkuppelbau. Das ist das Wesentliche, denn dass eine Doppelkuppel vorhanden ist, das drückt das Lebendige an der Sache aus. Wäre nur eine einzige Kuppel vorhanden, so wäre das Wesen unseres Baues tot. Das Lebendige unseres Baues kommt dadurch zum Ausdruck, dass gewissermassen die eine Kuppel in der andern ihr Bewusstseinsspiegelbild hat, dass sich die beiden Kuppeln ineinander spiegeln, wie sich dasjenige, was von den Menschen in der Aussenwelt vorhanden ist, durch die Organe des Menschen spiegelt. Der Grundgedanke der Doppelkugel muss festgehalten werden bei allem, was in innigem organischem Zusammenhang steht mit unserem Bau, denn was nicht in irgendeiner, wenn auch noch so versteckten Form die Doppelkuppelform trüge, würde nicht das Wesentliche unseres Baugedankens zum Ausdruck bringen[84].»

Der zuletzt ausgesprochene Gedanke bezieht sich auf die Metamorphose des Goetheanums in die schon genannten Nebengebäude Glashaus und Heizhaus (siehe *Abbildun-*

gen 135 und 136), der Anfang des Zitates aber auf den Gesichtspunkt, der hier ausgeführt werden soll.

Alle Organe des physischen Leibes sind auch Sinnesorgane. Unter ihnen findet sich auch ein Doppelkugelorgan – das menschliche Auge (*Abbildung 137,* im Schema).

> Wär' nicht das Auge sonnenhaft,
> Die Sonne könnt es nie erblicken;
> Läg' nicht in uns des Gottes eigne Kraft,
> Wie könnt uns Göttliches entzücken?[85]

Damit sprach Goethe, ein altes Weisheitswort der Antike aufnehmend, aus, dass zwar das Auge ein vom menschlichen Organismus gebildetes Organ ist, der Bildeimpuls, die metamorphosierende Idee aber aus der Sonne wirkte. Nur die Sonne kann bilden, was Licht spiegeln soll. Was für das Auge gilt, gilt entsprechend für alle anderen Organe des Menschen. Der Mensch ist die aus dem Makrokosmos zum dreigliedrigen Mikrokosmos komponierte Gestalt, die sich zum Träger eines Geistes bildete. In der besonderen Form des Auges zeigt sich die ganze Gestalt unter dem Aspekt der Lichtwirkung. Die ganze Gestalt ist ein dreigliedriger Organismus aus einem Stoffwechselpol und einem Nerven-Sinnes-Pol mit dem ausgleichenden Doppelrhythmus dazwischen. Unter der Bildekraft des Lichtes entwickelte sich aus dem Stoffwechsel-Pol die dunkle, grosse hintere Augenkugel, aus dem Nerven-Sinnespol die nach aussen offene helle, kleine Augenkugel; die rhythmische Doppelheit von Linse und Regenbogenhaut vermittelt dazwischen. Das wäre kurz gefasst der Aspekt des physischen, räumlichen Leibes.

Dass diese Gestalt für das Licht gebildet ist, erfährt man aber erst, wenn die darin wirksamen Prozesse beobachtet werden. Wir haben uns der Tätigkeit zuzuwenden, die der menschliche Ätherleib im Auge entfaltet. Sie spielt sich ab durch drei beziehungsweise vier Prozesse. In der vorderen Augenkammer (siehe *Abbildung 137*) wird das von aussen kommende Licht aufgenommen, und zwar so, wie es von dem Ort her, wohin der Blick fällt, zum Auge kommt. Sobald das Licht in das Auge aufgenommen wird, wird es auch schon bearbeitet. Die Hornhaut hat bereits einen hohen Brechungskoeffizienten. Sobald das Licht durch die Pupille der Regenbogenhaut tritt, wird derjenige Teil ausgeblendet, der für das Auge nicht zu verarbeiten ist. Die Linse bringt den variablen Brechungsanteil dazu, der durch die Entfernung des beobachteten Objektes bestimmt ist. Hier, im zweiten Prozess, wird das Licht mit physikalischen Mitteln an die inneren Bedingungen des Auges angeglichen. Dadurch wird das Licht so zubereitet, dass es in der Netzhaut der hinteren Augenkammer «verdaut» werden kann. Hier wird dem Licht ein Ferment, der Sehpurpur, so entgegengesondert, dass der chemische Verdauungsprozess das Licht vollständig vernichten kann.

Wir erkennen in diesen Vorgängen unschwer die geschilderten umweltgerichteten Tätigkeiten des Ätherleibes wieder und in der Absonderung des Sehpurpurs den auf diese Seite bezogenen Sonderungsprozess[86]. Der Sonderungsprozess setzt sich in der anschlies-

132–134 Drei Ansichten vom ersten Goetheanum in Dornach, 1913–1922/23.

135 Dornach, «Glashaus», 1914.

136 Dornach, «Heizhaus», 1915.

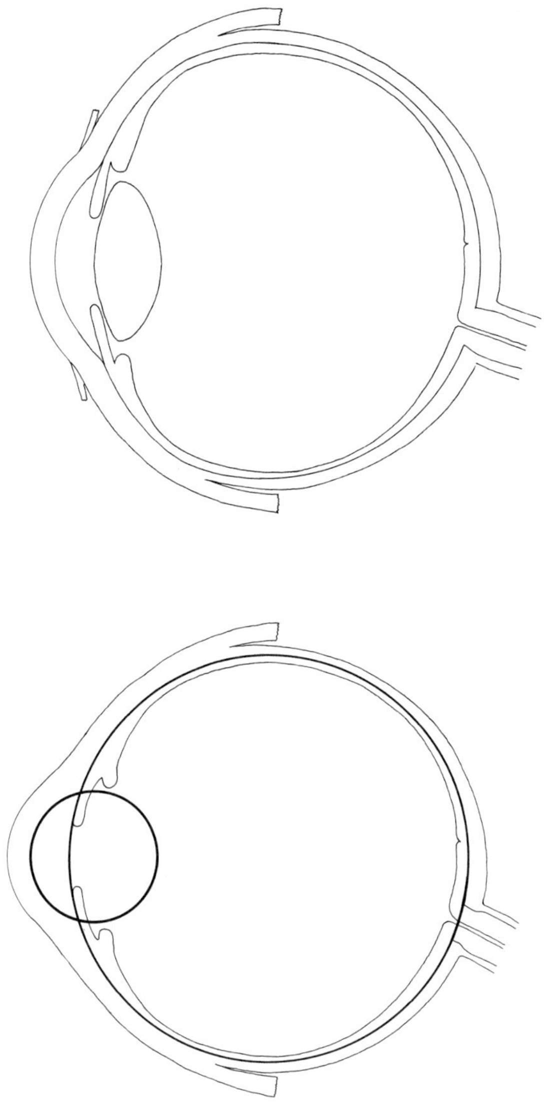

137 Schematische Zeichnung des Auges als Doppelkugelorgan.
(Die Durchdringung der zwei Kugeln ist in der unteren Zeichnung verdeutlicht dargestellt.)

senden Nerventätigkeit bis ins Gehirn fort. Der umweltgerichteten Seite der Lebensprozesse müssen auch hier aufbauende Prozesse gegenüberstehen. Wir entdecken sie, wenn wir die Tätigkeit der Sinne von diesem Gesichtspunkt betrachten. Die Grundlagensinne werden in die Seele eingesondert. Der Einsonderung des Sehsinnes korrelieren die abbauenden Tätigkeiten im Auge. Das eingesonderte Material des Sehsinnes wird vom Gestalt-, Denk- und Ich-Sinn der Ganzheit erbaut. Wir erleben diese Ganzheit als Sehfeld, indem wir unsere Seele bis dorthin weiten.

Die aufbauende Seite, deren man sich allein bewusst wird, zeigt also auch drei beziehungsweise vier Prozesse. In ein Schema gebracht, sieht die auf Auge und Empfindungsseele gerichtete Tätigkeit des Ätherleibes folgendermassen aus:

Lichtaufnahme Lichtangleichung Lichtverdauung		Auge
Absonderung	Sehpurpur Nervenprozess Sehsinn	Nerv
Gestaltsinn Denksinn Ichsinn		Empfindungs- seele

In der Sinneswahrnehmung ist es der Ätherleib, der die Brücke zwischen dem Leib, dem Sinnesorgan und der Seele, der Sinnesempfindung, schlägt.

Das Licht hat ausser der physischen Wirkung eine Lebenswirkung[87]. Diese setzt ein, wenn ein lebendiger Organismus, zum Beispiel die Pflanze, dafür offen ist. Das Licht hat auch seelische Wirkungen; wir nehmen solche im Sehfeld durch die Empfindungsseele wahr. Das Licht lässt sich im reinen Denken schliesslich als Geistlicht erleben.

Die Anthroposophie ist geistiges Licht, das, im Denken erfasst, ebenso in die menschliche Seele scheinen kann, wie das äussere Licht von der leiblichen Seite her. Durch die Beschäftigung mit solchen Gedanken wird die Gestalt des Goetheanums als Metamorphose der Lichtwirkung auf den architektonisch arbeitenden Künstler verständlich; denn die Innenraumbildung des Goetheanums lässt sich als architektonische, das heisst räumliche Metamorphose des auge-bildenden Typus verstehen. Die Lebensprozesse, die im Inneren entfaltet werden müssen, wenn die Raumgestalt einen Sinn haben soll, können nur in den Tätigkeiten, die darin stattfinden, entdeckt werden. Sie müssen hinzubringen, was der Raum fordert. Der Typus dieser Tätigkeit ist in den Worten Rudolf Steiners zu finden, die er zum geistigen Grundstein der Neubegründung der Anthroposophischen Gesellschaft gesprochen hat. Dabei wurde die gleiche geistige Wirklichkeit in die Kunst des Wortes gegossen, die in der Gestalt des Goetheanums sehr viel früher architektonisch ausgesprochen worden war[88]:

Menschenseele!
Du lebest in den Gliedern,
Die dich durch die Raumeswelt
In das Geistesmeereswesen tragen:
Übe Geist-Erinnern
In Seelentiefen,
Wo in waltendem
Weltenschöpfer-Sein
Das eigne Ich
Im Gottes-Ich
Erweset;
Und du wirst wahrhaft leben
Im Menschen-Welten-Wesen.

Denn es waltet der Vater-Geist der Höhen
In den Weltentiefen Sein-erzeugend:
Ihr Kräfte-Geister,
Lasset aus den Höhen erklingen,
Was in den Tiefen das Echo findet;
Dieses spricht:
Aus dem Göttlichen weset die Menschheit.
Das hören die Geister in Ost, West, Nord, Süd:
Menschen mögen es hören.

Menschenseele!
Du lebest in dem Herzens-Lungen-Schlage,
Der dich durch den Zeitenrhythmus
Ins eigne Seelenwesensfühlen leitet:
Übe Geist-Besinnen
Im Seelengleichgewichte,
Wo die wogenden
Welten-Werde-Taten
Das eigne Ich
Dem Welten-Ich
Vereinen;
Und du wirst wahrhaft fühlen
Im Menschen-Seelen-Wirken.

Denn es waltet der Christus-Wille im Umkreis
In den Weltenrhythmen Seelen-begnadend:
Ihr Lichtes-Geister,

Lasset vom Osten befeuern,
Was durch den Westen sich formet;
Dieses spricht:
In dem Christus wird Leben der Tod.
Das hören die Geister in Ost, West, Nord, Süd:
Menschen mögen es hören.

Menschenseele!
Du lebest im ruhenden Haupte,
Das dir aus Ewigkeitsgründen
Die Weltgedanken erschliesset:
Übe Geist-Erschauen
In Gedanken-Ruhe,
Wo die ew'gen Götterziele
Welten-Wesens-Licht
Dem eignen Ich
Zu freiem Wollen
Schenken,
Und du wirst wahrhaft denken
In Menschen-Geistes-Gründen.

Denn es walten des Geistes-Weltgedanken
Im Weltenwesen Licht-erflehend:
Ihr Seelen-Geister,
Lasset aus den Tiefen erbitten,
Was in den Höhen erhöret wird;
Dieses spricht:
In den Geistes Weltgedanken erwachet die Seele.
Das hören die Geister in Ost, West, Nord, Süd:
Menschen mögen es hören.

In der Zeiten Wende
Trat das Welten-Geistes-Licht
In den irdischen Wesensstrom,
Nacht-Dunkel
Hatte ausgewaltet,
Taghelles Licht
Erstrahlte in Menschenseelen,
Licht,
Das erwärmet
Die armen Hirtenherzen,
Licht,

Das erleuchtet
Die weisen Königshäupter.

Göttliches Licht,
Christus-Sonne
Erwärme
Unsere Herzen,
Erleuchte
Unsere Häupter,
Dass gut werde,
Was wir
Aus Herzen gründen,
Was wir
Aus Häuptern
Zielvoll führen wollen.

Rudolf Steiner hat mit der Anthroposophischen Gesellschaft dem aus der Christus-Sonne kommenden Wesen der Anthroposophie ein künstlerisch-architektonisches Menschheitsauge in diesem Doppelkuppelbau geschaffen. Im Osten der kleinen Kuppel, auf der Hauptachse, sollte die 9 m hohe, nie ganz vollendete Statue stehen, die den Christus zwischen dem doppelten Luzifer und dem doppelten Ahriman darstellt. (Sie ist nicht mitverbrannt und kann heute in einem besonderen Dachraum des neuen Goetheanums betrachtet werden.) Von Osten, vom kommenden Tag her erschien diese Statue als der künstlerische Abschluss und Höhepunkt des ganzen Doppelkuppelbaues, und zwar an dem Ort des Baues, der im Auge der Hornhaut entspricht, durch die das Licht ins Auge eintritt.

Auch die Metamorphosenreihen, die in den Architraven der beiden Kuppeln zu sehen waren, hingen in gewisser Weise damit zusammen, dass das Goetheanum aus den gestaltbildenden Wirkungen des Geisteslichtes gewonnen wurde (siehe dazu *Abbildungen 138 bis 141*). Bei der Betrachtung der Metamorphose des Architravs in der grossen Kuppel (von der Orgelempore her zum Vorhang zwischen beiden Kuppeln) bemerkt man eine doppelt sich öffnende Gestaltung, die von unten nach oben strahlend aufsteigt, sich wirbelnd in der Mitte verschlingt und reifend sich abkapselt. Es ist die Lichtwirkung, wie sie einfacher gar nicht beschrieben werden kann, wenn man an der Pflanze, von der Blüte bis zur Frucht, die Sonnenwirkung im Jahreslauf verfolgt. Rudolf Steiner arbeitete hier aus den Wirkungen des Lichtes, die erscheinen, wenn ein lebendiger Organismus sich für seine Seelenwirkung öffnet. Das Ausstrahlende der Blüte steigert sich in der Natur über die Färbung der Blütenblätter, über Geschmack und Duft der Honigblätter bis zum Verstäuben der Staubblätter. Das Verstrahlende mischt sich merkuriell mit den Mutterkräften der Erde, die ihre höchste Ausgestaltung im Fruchtblatt erfahren, und wächst dar-

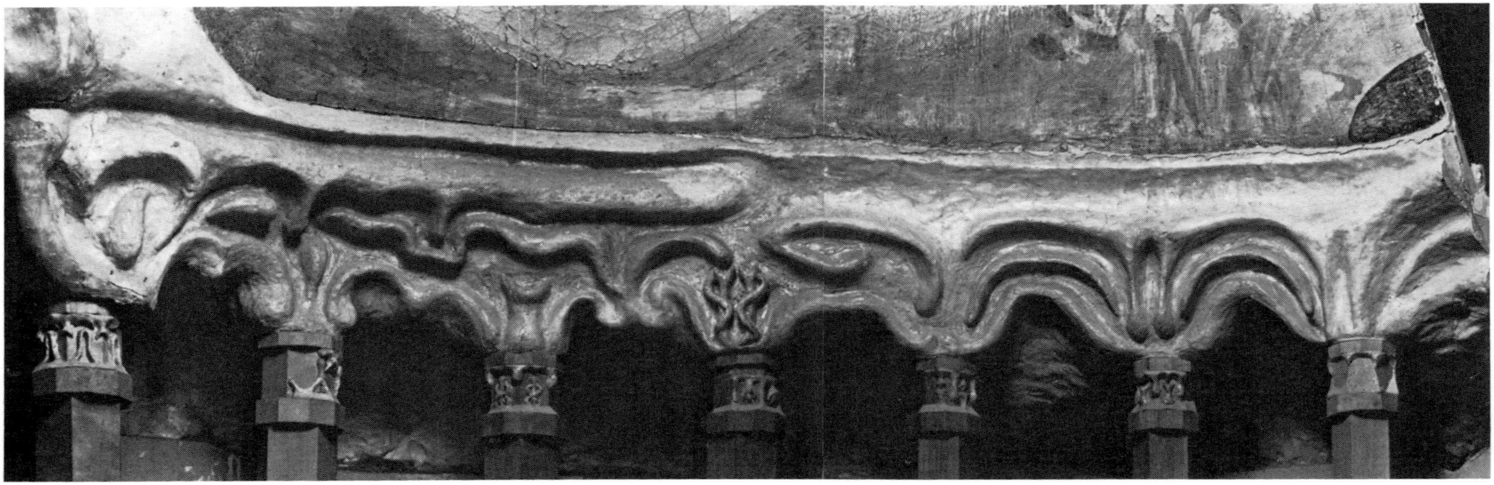

138/139 Erstes Goetheanum, Kapitelle und Architrave (oben im grossen und unten im kleinen Kuppelraum) – Modelle Rudolf Steiners.

140/141 Skizzen Rudolf Steiners zu den Säulen und Architraven der Kuppelräume.

aus zum Samen im Inneren der Frucht heran, den die Pflanze wieder in das Licht entlässt. Reifung im Lebendigen durch seelische Lichtwirkung ist hier das Thema.

In der kleinen Kuppel war mehr das Lastende betont; das kam im Architrav darin zum Ausdruck, dass seine Formen sich nach unten, zur Erde entwickelten, und nicht wie die Pflanzenformen im Architrav der grossen Kuppel von unten nach oben, die Erdenschwere überwindend. Beim kleinen Architrav begann die Metamorphose im Osten und bewegte sich der grossen Kuppel entgegen. Dieser Gestaltungsimpuls griff in ein undifferenziertes Material ein, umfasste das zu bildende Organ, schloss es ab und brachte es zur Reife, aber nicht in einer runden Wölbung wie in der grossen Kuppel, sondern in einem gebuchteten Stern – eine im ersten Moment erstaunliche Übereinstimmung mit der embryonalen Bildung der Linse im Auge: Der Linsenbildeimpuls greift in die undifferenzierte Hautanlage ein, verdickt sie, sie von aussen nach innen einstülpend, schnürt die Organanlage ab und reift sie schliesslich zu durchsichtiger Klarheit so, dass sich dabei ein Stern aus den Grenzen der über den Linsenäquator laufenden Bildeeinheiten entwikkelt.

Da es unter den vorhandenen Fotos keine Abbildung gibt, die die ganze Metamorphose eines Architravs zeigt, werden auch die beiden Zeichnungen Rudolf Steiners zur Architravmetamorphose abgebildet *(Abbildungen 140 und 141)*[89]. Diese Zeichnungen leisten für die Auffassung der Architravmetamorphosen eine gute Hilfe, da sie die einzelnen Metamorphosenschritte unabhängiger voneinander zeigen, als sie später im realen Architrav ausgeführt wurden, wo sie mehr ineinanderflossen.

Im Architrav der kleinen Kuppel wirken die Gestaltungskräfte des Lichtes so, wie sie in der menschlichen Embryonalzeit wirken, wenn sie der Seele ein Lichtsinnesorgan einbilden. Ihrem Wesen schuf der Künstler Rudolf Steiner einen grossartigen Ausdruck.

Metamorphose der Architrave[90]

Grosse Kuppel:	Lichtwirkung in einem physisch-ätherischen Organismus
Kleine Kuppel:	Lichtwirkung in einem seelisch-geistigen Organismus

Ein weiterer Aspekt des Goetheanum-Baues liegt in der Versöhnung seiner Architektur mit drei weiteren Künsten zu einem das ganze überhöhenden Gesamtkunstwerk: mit Plastik, Malerei und Musik. Die plastischen Formen gestalten sich nach den Bildekräften, die auch in der lebendigen Pflanze und im menschlichen Organismus tätig sind, so dass der Schein des Lebens entsteht.

Die Malerei entfaltete sich in den Kuppeln des Goetheanums. Beide Kuppelflächen waren so behandelt, dass sie Wände für die Bemalung werden konnten. Wie die physischleibliche Seite der Wirkung des Geisteslichtes in der Plastik des Goetheanums, kommt seine geistig-seelische Seite in der Malerei besonders der kleinen Kuppel zum Ausdruck. In der kleinen Kuppel gestaltete Rudolf Steiner die Metamorphose der nachatlantischen

Menschheitskulturen aus dem Formwillen der verwendeten Farben heraus. Gemäss ihrem mehr ätherisch-leiblichen Charakter blieb die Farbe der Malerei in der grossen Kuppel flutend.

Der plastische Höhepunkt des Baues, die Statue des Christus, krönte die kleine Kuppel im Osten. Die Orgelempore, als musikalischer Pol, entsprach ihr in der grossen Kuppel im Westen. Zwischen beiden Polen vermittelte die Malerei der Kuppeln. In diesem Aufbau des Gesamtkunstwerkes Goetheanum lag ein neuer Metamorphosenschritt der Architektur innerhalb der Kulturepochen.

Die drei räumlich voneinander unabhängigen, auf verschiedene Bauten verteilten Stile Griechenlands wurden vom Kapitell der Romanik in ein Grundmotiv gebracht und durch das Bild des Ich weiter entwickelt. Dazu brachte der romanische Kirchenbau eine Dreigliederung über Europa hin, in der jeweils eine zweite Kunst zur reinen Architektur hinzutrat: im Westen Europas die Plastik, im Süden die Malerei und im Osten die Musik. Diese Dreiheit der Romanik wurde im Bau des Goetheanums zu einer neuen Einheit verschmolzen. Wurde nun im Goetheanum das zusammengefasste Alte ebenso durch ein Neues erhöht wie in der Romanik? Im Goetheanum wurde eine neue Kunst, die Eurythmie, geboren. (Wir sehen ab von einigen früheren Anfangsimpulsen, die zeitlich davor lagen.) Weiter war gedacht, die Mysteriendramen im Goetheanum aufzuführen. Schliesslich sollte das Goetheanum der Ort sein, in dem die Anthroposophie in Ideenform den angemessenen Rahmen findet.

Ein dritter Aspekt ergibt sich, wenn die Metamorphose von der romanischen Kirche in den Goetheanum-Bau studiert wird. In St. Michael in Hildesheim waren Elemente von Doppelkuppeln zu bemerken, die im gleichen Grössenverhältnis wie diejenigen im Goetheanum über die Vierungen nach Ost und West hinaustreten. In Sainte-Foy in Conques steht im Ostchor die von Säulen getragene Innenwand, die zusammen mit einer geschlossenen, runden, mit Fenstern versehenen Aussenwand die Doppelschaligkeit zeigt. In San Miniato al Monte wird der Kuppelraum der Apsis zum Malgrund, auf dem das Mosaik des Pantokrators farbig erglänzt. Diese drei in der Romanik auftauchenden Elemente – Doppelkuppel, Doppelschaligkeit und Kuppelinnenwand als Malgrund – bildeten das Goetheanum so, dass die Kuppeln aus Ost und West sich aufeinander zubewegten, bis sie sich durchdrangen. Die beiden Flügel des Goetheanums waren die Transepte, die nach der Durchdringung beider Kugeln seitlich stehenblieben.

In Ägypten war der Tempelbau dem Menschen als Mensch verschlossen. Im griechischen Gesamtheiligtum war der «Gliedmassenteil» der Anlage, das Stadion, der für Menschen gebaute Ort, in dem sie die Ich-Kräfte der Zukunft im Agon als heilige von Götterfrieden umhegte Handlung übten. Die christliche Kirche des Mittelalters bot im mittleren Bereich des Baues dem Menschen Raum, seine Seele zu seinem Gott zu erheben. Der Chor war – wie das Innere des Tempels in Griechenland und die ganze Anlage im alten Ägypten – dem Priester vorbehalten. Im Goetheanum wurde der Rundbau der Ort, der für die Menschen bestimmt war. Die romanische Mitte rückte zur Seite, wie der Turm in der Romanik – der dort die Vergangenheit repräsentierte – in die Höhe gerückt war. Was wurde aus dem Turm im Goetheanum? Rudolf Steiner hatte das Heizhaus mit seinem Schornstein, das einzige turmartige Gebäude, als Metamorphose für einen technischen Zweck aus dem Bau ausgegliedert – ebenso das Glashaus *(Abbildung 135).* Das Glashaus enthält zwischen beiden Kuppeln immer noch die Mitte, die in der Romanik das Langhaus darstellte. Es wurde der Ort, wo Menschen arbeiten – aus dem alten Oratorium ist ein Laboratorium geworden. Das die alte Mitte noch enthaltende Bauwerk als Bereich für menschliche Arbeit ist eine genau so grossartige Metamorphose wie die Umwandlung des noch älteren Gliedmassenteils – ahrimanisch zum Schlot geworden – in den Bereich der Technik!

Der romanische Kirchenbau erschien als eine Umstülpung des griechischen Tempels (so umgestülpt, wie man einen Handschuh umstülpt), so dass das Innere nach aussen und das Äussere nach innen kommt. In einer anderen, vielleicht noch radikaleren Weise erscheint das Goetheanum als eine Umstülpung des ägyptischen Tempels. Der Zeitpunkt für den Umstülpungsvorgang in der Metamorphose der Architektur der Kulturepochen lag zwischen der griechischen und der romanischen Epoche. Der Umstülpungsvorgang wurde in der römischen Zeit vollzogen. Beide Typen traten damals gemeinsam auf: der römische Tempel war noch griechisch hinsichtlich Typus und Verwendung, und die römische Basilika, als Markt- oder Gerichtsbasilika bereits das für Menschen gebaute Haus, war sozusagen schon «romanisch». Der Typus des ägyptischen Tempels enthielt zwei, real oft mehr hintereinanderliegende geschlossene Räume, die Säulenhalle und den Naos, wobei letzterer der kleinere war. Schiebt man in Gedanken die Säulenhalle über den Naos, entsteht der Peripteros der Griechen (siehe Seite 161). Die ägyptische Anlage enthielt im Nacheinander, was in Griechenland ineinandergeschoben, in der Romanik umgestülpt war und im Goetheanum zu einem neuen Nacheinander oder Gegenüber in der Zweiheit des Doppelkuppelbaues wurde. Vergleichen wir die Gestalt der einzelnen Bauglieder – den ägyptischen Tempel und das Goetheanum – und was durch sie künstlerischen Ausdruck fand, erweisen sich beide Bauwerke als Polaritäten. Das Prinzip dieser Polarität ist die Umkehr von Eckig in Rund und von Rund in Eckig; im Ausdruck verwandelt sich das abstrakte Bild in das Bild lebendiger Kräfte. Für die Umkehr von Eckig in Rund und umgekehrt lassen sich die folgenden Baumerkmale anführen: die ägyptischen Grundrisse waren Rechtecke, die des Goetheanums Kreise. Entsprechend waren die ägyptischen Decken flach, die des Goetheanums Kugelflächen. Die Säulen Ägyptens waren im Querschnitt rund, die des Goetheanums eckige Pentagone. Die Kapitelle Ägyptens enthielten gewölbte, aus dem Kreis entwickelte Flächen, die Kapitelle des Goetheanums waren aus fünf-, sieben- und neuneckigen Querschnitten gebildet.

Um auf die Umkehr vom abstrakten Bild in das Bild lebendiger Kräfte aufmerksam zu werden, vergleichen wir Säulen und Architrave. Die ägyptischen Säulen mit ihrem Kapitell waren abstrakte Bilder der Pflanzen, die als Wappenzeichen für Unter- und Oberägypten galten: Papyrus und Lotos. Die Papyrusbündelsäule und die Lotossäule fanden wir in Luxor und Karnak. Der abstrakte Intellekt war offenbar für den Ägypter etwas noch okkult in der Zukunft Liegendes; in den Tempeln wurde er von den Künstler-Baumeistern aus der Vision eines zukünftigen Bewusstseins in die Säulen hineingeschaffen. Eine Entsprechung sehen wir in dem, was sich im Goetheanum als künstlerisches Bild von Kräften erweist, die aus dem kosmischen Umkreis heraus wirken und auf der Erde lebendige Gestalten schaffen: es waren die Kapitelle und die Architrave des Goetheanums. Auch sie sprachen von einer kommenden Metamorphose menschlicher Denkfähigkeit. Sie enthielten die Aufforderung an den Betrachter, sich auf den Übungsweg zu begeben, der das Denken zu einem lebendigen Organ umschafft, durch das die Lebenswelt und die in ihr wirksamen Kräfte aufgefasst werden können.

Der ägyptische Tempel war aus den vier Wesensschichten der Welt gebildet. Die mineralische Welt der Randgebirge des Niltales kehrte in der Mauer des Tempels wieder, und die Pylonen bezeichneten den Ort, durch den die Lebenswelt der Pflanzen, die im Erdenumkreis sichtbare Seelenwelt farbiger Erscheinungen und schliesslich der ganze Kosmos eingestülpt und zu Säulenhof, Säulenhalle und Naos wurden. Diese Vierheit enthielt das Goetheanum in seiner Gliederung von unten nach oben auch. Der Betonunterbau und die durch ebene Flächen begrenzten Säulen waren Ausdruck der Kräfte des physischen Leibes, die Architrave zeigten den Schein des Ätherleibes und die farbigen Kuppeln den Schein der Seelenwelt; das vierte Wesensglied, das Ich des Menschen selbst, war aufgefordert, diesen Kulturleib zu betreten. Wie der ägyptische Tempel das Bild des viergliedrigen Makrokosmos darstellte, war das Goetheanum seine Umstülpung, das Bild des viergliedrigen Mikrokosmos. Im ägyptischen Tempel näherte sich die Götterwelt dem Menschen auf eine alte Weise, im Goetheanum näherte sich der Mensch wieder der geistigen Welt auf zukünftige Weise.

Der letzte Aspekt gilt der Verwendung von und der Gestaltung mit Beton im Unterbau des ersten Goetheanums. Ihren Höhepunkt erreichte die plastische Architektur im Goetheanum dort, wo Rudolf Steiner mit Beton arbeitete. Das hängt ganz zweifellos mit den Eigenschaften des Betons zusammen. Auch darin spricht sich noch einmal die Polarität zum ägyptisch-griechischen Quaderbau aus[96]. Das Lastende trägt sich im Betonbau selbst. Das Gegenteil gilt für den Quaderbau; hier muss das Lastende gesondert getragen werden. Das ist ein mechanisches Prinzip. Sich selbst tragen, ist das Prinzip des Lebendigen.

Am Beispiel des Baumes soll dies verdeutlicht werden: der Anblick alter Bäume ist uns so selbstverständlich, dass wir kaum danach fragen, warum sie nicht umstürzen, jedenfalls so lange nicht, als sich die Bedingungen, unter denen sie wachsen, nicht radikal ändern und sie nicht sterben. Die Last, die in der Krone jährlich zuwächst, fängt der Baum durch synchrone Ausbildung tragender und stützender Elemente in das Ganze seiner Gestalt auf. Diese Tatsache kann man an einem Experiment ablesen, das die Natur oft selber vorführt: Wenn ein alter Baum freigestellt wird – sei es, dass seine Nachbarbäume absterben oder durch waldbauliche Massnahmen –, so antwortet er ziemlich schnell durch Ausbildung von Holz, wo Druck oder Zug auftreten, und zwar mit einer Exaktheit und in einer Grössenordnung, die jeden Baustatiker ehren würde. Nadelbäume antworten zum Beispiel am Stammfuss durch Ausbildung eines Widerlagers auf der dem Winde abgekehrten Seite. Das hier aufgebaute Holz weist eine höhere Druckfestigkeit auf als das vorher gebildete. Umgekehrt entwickeln die Laubbäume ein Zuglager auf der dem Winde zugekehrten Seite, und das gebildete Holz hat eine höhere Zugfestigkeit als das vorher gebildete. Nun ist die Zugfestigkeit beim Holz bei gleichem Durchmesser weitaus höher als die Druckfestigkeit. Im Laufe der Evolution hat das Baumwesen die Fähigkeit gewonnen, das statisch günstigste Stützprinzip zu finden; denn die Laubbäume sind eine jüngere, die Nadelbäume eine ältere Metamorphose des Baum-Typus.

Der Stahlbeton hat, wenn er vom Architekten sachgemäss zu einem selbsttragenden Bau gegossen wird, den Schein des Lebendigen in dieser die statischen Kräfte aufhebenden Weise in sich wie kein anderes Baumaterial, das es bisher gibt.

Nun könnte man meinen, die Griechen hätten ihren Peripteros aus dem Holzbau entwickelt, also aus dem Material, das in der Natur entsteht, wenn ein Baum sich selber trägt. Dass dies nicht zutrifft, bemerkt man, wenn man die Art ihrer Holzkonstruktion betrachtet. Sie behandelten das Holz als Quader und achteten überhaupt nicht auf das Prinzip seiner Bildung. Zum Aufeinanderstellen eignen sich Quadern aus Stein viel besser als solche aus Holz. Rudolf Steiner liess das Holz für den Bau der Säulen und Kapitelle massiv verleimen, wodurch es in Formen gebracht wurde, die dem selbsttragenden Prinzip, das ein materiell zusammenhängendes Ganzes erfordert, näher stehen als ein aus Balken gefügtes hölzernes Strebewerk. Weil Beton aus einem weichen, in Formen giessbaren Zustand – durchzogen von Armierungen mit hoher Zugfestigkeit – ins Starre gerinnt, können in ihm die tragenden und lastenden Kräfte mit der Form des Baues vom Architekten in Harmonie gebracht werden: dadurch entsteht im künstlerischen Schein, was in der Weisheit des Lebendigen schaffend wirkt. Damit kann sich die Architektur von allen äusseren Zwängen befreien und jede Form gestalten. Es ist zweifellos eine der grossen architektonisch-künstlerischen Taten Rudolf Steiners, dass er im Betonunterbau des ersten Goetheanums Formen schuf, die allein aus der Funktion des Baugliedes folgten und durch keine vom Material bedingten Notwendigkeiten beeinträchtigt waren. Das soll am Beispiel der Treppe gezeigt werden, die aus dem Unterbau hinauf zum Westeingang der grossen Kuppel unter der Orgelempore führte. (Siehe *Abbildung 142 und 143;* leider gibt es keine Ansichten aus anderen Perspektiven und keine die zeigt, wie die Einmündung dieser Treppe in das Obergeschoss von Rudolf Steiner gelöst worden war.) Diese Treppe wurde von zwei Pfeilern so getragen, als berührte sie mit der Eingangs- und der Ausgangsstufe nur gerade die Böden der beiden Geschosse. Aus dem Handlauf schwang sich die tragende Schale quer um die Stufen, diesen Halt gebend. Von zwei je aus Wölbung und Buchtung gebildeten Formen wurde die ganze Last von beiden Pfeilern gehalten. Aus der Wölbung des mehr tragenden und der Buchtung des mehr lastenden Elementes bildete sich ein Gelenk aus Kugel und Pfanne dort, wo die Last beweglich aufgenommen wurde. An dieser Geste zwischen Pfeiler und Treppenschale lag es, dass der Eindruck entstand, die Treppe könnte sogar wippen, wäre sie nicht oben und unten angelegt. Hier könnte der Schalk unten das Ganze anheben, um zu sehen, wie die Treppe oben antwortete. Näherte man sich mit solcher Absicht dem Treppeneingang, bemerkte man auf dem Geländerabschluss eine Plastik, die das verbot; denn sie drückte eine vollkommen nach innen gekehrte Ruhe aus. Rudolf Steiner selbst sagte, dass er mit dieser Plastik beabsichtigte, als plastisch lesbare Form etwas vor den Eintretenden zu stellen, was diesen in die Stimmung innerer Ruhe versetzen sollte, damit er sich dadurch auf das Innere des Goetheanums einstimmte *(Abbildung 144)*. Die drei in den zurückweisenden Kopf der Plastik einlaufenden Bögen erzielten diese Wirkung. Wie verhielten sich diese Treppe und ihre beiden Pfeiler zum Menschen? Beiden Pfeilern fehlte alles, was irgendwie den Eindruck von Ungeduld hätte erwecken können. Es fehlten ihnen sozusagen die Organe zum Fortlaufen: Fussgelenke und Füsse. Der Ausdruck des ewig Stehen- und Wartenkönnens stellte sich beim Betrachter ein durch die Rundung, mit der sie zum Boden abschlossen. Diese Treppe musste hin und wieder begangen werden, damit die Pfeiler an ihre Pflicht erinnert wurden und nicht einschliefen.

Die den Benutzer erwartende, sich selbst und ihn im Gleichgewicht haltende Treppe brachte aufs vollkommenste das organische Bauprinzip des Sichselbertragens, das uns in der Natur der lebendige Baum auf seine Art zeigt, ins künstlerische Bild. Der Einwand, diese Treppe sei zu plump, um das Prinzip vollendet ausdrücken zu können, wird erhoben, weil man durch die Möglichkeit, die der Spannbeton bietet, die wirklichen Kräfte durch geschickte Armierung zu verstecken, zu sehr daran gewöhnt ist, dass das Gefühl der Leichte in neueren Bauten vorherrscht. Wenn der Künstler die wirklichen Kräfte auch zu Erscheinung bringen will, so sind moderne Bauten als Beispiel dafür nicht geeignet. Es kommt heutzutage nicht darauf an, auszuführen, was technisch möglich ist. Der ökologische Zustand der Erde und der soziale Zustand der Menschheit belehren uns darüber hinreichnend. Wir haben das ästhetisch Erforderliche auszuführen. Das zeigte Rudolf Steiner in der Gestaltung dieser Treppe vorbildlich und beispielhaft.

Die Fenster der grossen Kuppel, durch die der Innenraum beleuchtet wurde, liess Rudolf Steiner aus verschiedenfarbigem Glas herstellen, das, wie er sagte, ein harmonisches Lichterlebnis (zumindest wenn die Sonne schien) bieten sollte. Wer die Wirkung nicht erlebt hat, kann schwer entscheiden, ob die farbsymbiontische Wirkung der Kapitelle und des Architravs dadurch nach unten hin differenziert wurde, so wie es die Malerei der Kuppeln auf andere Art nach oben hin bewirkte. Welche symbiontische Grundfärbung vorherrschte, wird man am leichtesten durch die Abbildungen der eben besprochenen Treppe gewahr. Nach dem Eindruck der Photos kann man ein je nach Buchtung und Wölbung mehr blau oder gelb tingiertes Grün erleben. Die grüne Treppe schwingt in einem mehr blau wirkenden Raum. Dieser Blauton des umgebenden Raumes fehlte den beiden Kuppeln wahrscheinlich. Am Architrav lässt sich das Grün auch durch die Photos noch deutlich erleben. Möglicherweise entwickelte sich aus dieser grünen Mitte das reale Farbenleben der Fenster nach unten beziehungsweise der Deckenmalerei nach

142 Dornach, erstes Goetheanum, Ansicht der Betontreppe.

143 Dornach, erstes Goetheanum, Ansicht der Betontreppe.

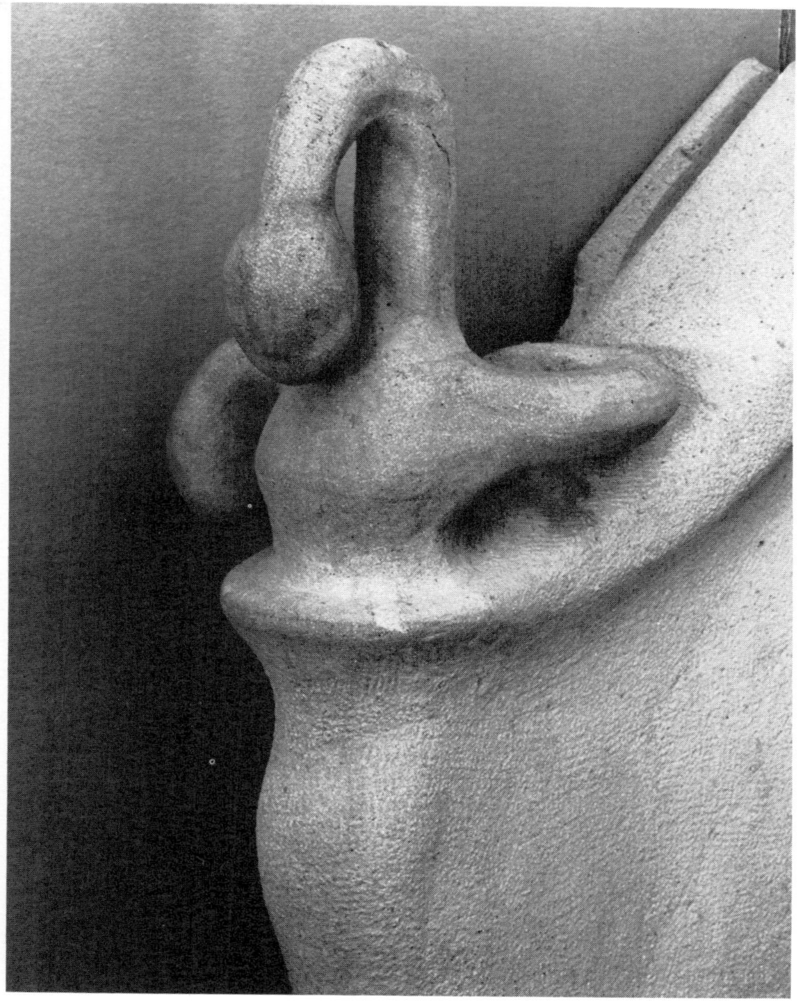

144 Dornach, erstes Goetheanum, Treppeneingangplastik.

oben. Eine gewisse Differenzierung liess sich wohl am Architrav der grossen Kuppel erleben. So scheint das Grün bei der Orgelempore im Westen bläulich gewesen zu sein und beim Zusammenschluss mit der kleinen Kuppel gelblich. Die Photos lassen ein differenziertes Erlebnis nicht zu.

Das symbiontische Farberlebnis vom ägyptischen Tempel bis zum Goetheanum zeigte eine Metamorphose durch einen Teil des Farbkreises. Auf das ägyptische Rot folgte das griechische sich differenzierende Violett, darauf das reine Blau der Romanik und schliesslich das zwischen Gelb und Blau spielende Grün des Goetheanums. Rot und Grün stehen sich ebenso polar gegenüber wie Rechteck und Kreis – die Basen beider Architekturen.

Es wurde versucht, die vier Architekturen in ihren symbiontischen Grundfarben zu malen (siehe *Abbildungen 145 bis 148*). Diese Bilder sind geeignet, die Grundstimmungen der Architekturen in der Seele entstehen zu lassen, die den Gang der Menschheitsentwicklung von Asien nach Europa – im gleichen Zeitabschnitt vor und nach der Zeitenwende – repräsentieren.

Es kommt nicht nur darauf an, sich einen neuen Kunstbegriff zu erarbeiten, wie es im ersten Teil versucht wurde; und es kommt auch nicht nur darauf an, dem nachzuspüren wie sich eine Kunst – die Architektur – durch die Zeiten wandelt, sondern es kommt auch auf den Versuch an, ein Bild zukünftiger künstlerischer Arbeit zu entwerfen. Die Kunst wird eine menschenbildende Kraft werden müssen. Nicht ein bürgerlicher Ästhetizismus ist damit gemeint, sondern eine rationell fassbare Methode, wie sie zum Beispiel die Waldorfpädagogik darstellt. Ein Ausblick in diese Zukunft soll am Beispiel der künstlerischen Therapie skizziert werden.

Die menschenbildende Kraft der Kunst

Die drei neuen Künste, die im Goetheanum ihre Geburtsstunde hatten, die Sprachgestaltung, die dramatische Kunst der Mysteriendramen und die Eurythmie, bauen auf dem Material des Wortes auf. Die Sprachgestaltung übt die Kunst, das Wort als Wort und den Laut als Laut rein erklingen zu lassen. Dazu arbeitet sie die menschlichen Sprachwerkzeuge so durch, dass sie dafür tauglich werden. Diese Grundlage braucht das Mysteriendrama, damit das Wort als Wort nicht hinter seiner Bedeutung untergeht. Die Lauteurythmie macht den ganzen Leib des Menschen zum Sprachwerkzeug, um im schönen Schein die Welt hervorzuzaubern, die als bildender Impuls dem Wort zugrundeliegt. Auch für die Anthroposophie – wie sie in Gedankenform auftritt – ist es nicht gleichgültig, welche Worte die Gedanken-Träger sind. So ist das Goetheanum auf vielfältige Weise ein «Haus des Wortes»; wie es selbst spricht durch seine Architektur, versöhnt mit Plastik, Malerei und Musik, wurde von einigen Aspekten dargestellt. Das Feld, auf dem die Kunst der Zukunft liegt, hängt in besonderer Weise mit dem Wort zusammen. Pädagogik, Therapie und Gestaltung sozialer Zusammenhänge als Künste arbeiten mit der Sprache.

Unsere Sprache ist eine Metamorphose vorangegangener Phasen des Sprechens, in der Zukunft werden weitere Phasen folgen[92]. Die der gegenwärtigen Phase vorangegangene bildete den Abschluss des menschlichen Sprechenlernens; Rudolf Steiner bezeichnete sie als Nachahmungsphase, in der der Mensch ganz als Bewegungsgestalt mit seinen Gliedmassen dasjenige begleitete, was er einerseits in der Natur und andererseits in seiner eigenen Seele wahrnahm. Von diesen beiden Seiten her bildete der Mensch die Sprache. Aus dem, was er in der Natur an Lauthaftigkeit aufnahm, entstanden die Konsonanten. Aus dem staunenden Nachahmen seiner Seelenregungen entstanden die Vokale. Auch heute dringen die Konsonanten aus der belebten und unbelebten Welt an unser Ohr. Im Wasser lebt das B, P, L, CH, SCH, im Wind das S, F, SCH, im nächtlichen Walde das D, T, K, M, N und so weiter. Dass die Vokale Ausdruck des Seeleninneren sind, ist auch unmittelbar zu empfinden. Im A und O lebt das Staunen, im E mehr die Antipathie, im U die Furcht und im I der Mut und das Selbstbewusstsein. Je mehr der Mensch sich auf sein Denken, auf seinen Intellekt stützen lernte, umso mehr übernahm die Sprachorganisation allein, was einmal Geste der ganzen Gestalt war. Nun erst wurde das Wort zum Träger des Gedankens. Der Ätherleib des Menschen bildet im Sprachprozess die Wortgestalt (siehe Seite 88). Ursprünglich war es wohl der Ätherleib als ganzer gewesen, aus dem sich das Wort des Menschen hervorgerungen hatte. Heute arbeiten wir sprechend mit dem auf die Sprachorganisation beschränkten Teil. Darin drückt sich eine Verarmung aus, die aber die Voraussetzung dafür war, dass die Sprache von ihrem Ursprung abgelöst

145 Ägyptischer Tempel, Aquarell. 146 Griechischer Tempel, Aquarell. ▷

und zum Werkzeug des Intellekts werden konnte, zum Vehikel des Begriffs. Die Kunst der Eurythmie will als neuer Kulturimpuls der Sprache wiedergeben, was sie verlieren musste, um Träger des Gedankens zu werden; sie gibt der Sprache den Zusammenhang mit dem ganzen Bewegungsmenschen wieder. Den Zusammenhang mit dem ganzen Ätherleib des Menschen stellt das Ich her, das die Bewegung führt. In der erwähnten Nachahmungsphase war es die im Ätherleib waltende Weisheit, die dem Menschen das Wort lehrte – der Eurythmist belehrt seinen Ätherleib, wenn er übt. Dieser Aspekt der Eurythmie ist zu berücksichtigen, wenn die Wirkung, die sie auf den Menschen ausüben kann, betrachtet werden soll. Denn jede Bewegung, die aus den ätherischen Gesetzmässigkeiten heraus gestaltet ist, hat auch eine Rückwirkung auf den Ätherleib, so wie Bewegungen, die aus den Gesetzmässigkeiten der Mechanik des menschlichen Skeletts gestaltet werden, auch zurückwirken auf den physischen Leib. Letzteres ist beim Turnen der Fall. Dazu braucht der Mensch kein waches und bewusst führendes Ich; das wäre nur hinderlich. Empfindungsseele und Ätherleib koordinieren lange eingeschliffene, schnelle Übungen. Je besser der Turner eine Übung beherrscht umso unbewusster läuft sie ab; in der Wiederholung gleicher Bewegungsabläufe wird sie ohne Ich-Kontrolle exakter.

Ein weiterer Unterschied zwischen Eurythmie und Turnen charakterisiert beide Bewegungsarten: das Turnen ist – der auftretenden physischen Kräfte wegen – auf den Halte- oder Unterstützungspunkt bezogen, zum Beispiel auf die Reckstange oder, beim Bodenturnen, auf die Unterlage. Bei der Eurythmie verhält sich dies anders. Hier muss es etwas geben, was sich zum Ätherleib so verhält wie der Unterstützungspunkt zur Mechanik. Das ist die Ebene, auf die sich das Geistig-Seelische des Menschen so bezieht wie das Physisch-Leibliche auf den festen Untergrund. Auf diese Ebene wird man aufmerksam, wenn man sich, aufrecht stehend, fragt, wo die im Sehfeld wahrzunehmende Horizontebene den eigenen Leib durchschneidet. Besinnt man sich auf das Erlebnis, kann man zunächst bemerken, dass diese Ebene nicht in Augenhöhe liegt, wie das geometrisch zu erwarten wäre, was für Gegenstände in kurzer Entfernung auch gilt. Es ist die Ebene, in der die Schultern und der Kehlkopf liegen. Auf diese Ebene, auf der die Seele ruht, bezieht sich die eurythmisch-künstlerische Bewegung. In dieser Ebene ist die Bewegung als solche frei möglich – ohne Bindung an physische Kräfte. Eine in der Schwerelosigkeit des Wasserinneren aufquellende Bewegung, ein langsam aufsteigender Wirbel – daraus könnte der Laut L in früheren Zeiten geworden sein – ist auch als Bewegungsgeste das vollkommenste eurythmische Natur-L, das sich denken lässt. Wegen ihrer Möglichkeit, schwerelose Bewegung auszuführen, sind die aus der Ebene der Seele frei beweglichen Arme das räumliche Ausdrucksmittel der Eurythmie. Die Füsse sind es nur insofern, als sie allein in der horizontalen Ebene zu freier Bewegung fähig sind. Die eurythmisch zu laufende Form liegt daher allein in der Ebene und nicht im Raum, der Sprung wird, auch wenn er manchmal gerechtfertigt sein mag, eurythmisch gesehen, problematisch bleiben.

Wenn die Eurythmie in der schwerelosen Welt freie Bewegung gestaltet, könnte die irrtümliche Meinung entstehen, hier sei Willkür möglich – im Gegensatz zum Turnen, wo ja die physikalischen Bedingungen gerade für das Einbinden in die Weltgesetzlichkeit sorgen. Diese Meinung ist troztdem in gewisser Weise zutreffend; die Pantomime zeigt uns dies. Da wird die schwerelos freie Bewegung, wo sie nicht in zurückhaltender Weise das Ausdrucksmittel seelischer Tatbestände bleibt, zur Karikatur, zur blossen Willkür. Die freie Bewegung hat daher ihre Gesetze in sich selbst zu suchen, hat sie nicht aus ihrer Bindung an die physikalische Welt zu beziehen, wie das im Turnen der Fall ist, hat auch ihre Inhalte nicht in der darüberliegenden seelischen Welt zu finden, wie es in der Pantomime geschieht. Die Welt der reinen Bewegung ist die ätherische Welt, die wirkende Zeit. Rudolf Steiner zeigte, wie und wo die ätherischen Bewegungsgesetze aufzufinden und in der Eurythmie fruchtbar zu machen sind[93]. Diese Gesetze sind genauso streng und notwendig wie alle anderen Weltgesetze, nur zwingen sie – im Gegensatz zu denjenigen der physischen Welt – den Menschen nicht mit Gewalt. Der Mensch hat die Freiheit, sich in sie einzuleben, so wie er sich in die Gesetzmässigkeit der Sprache eingelebt hat. Mit diesen Bemerkungen ist selbstverständlich nichts gesagt gegen Turnen oder Pantomime. Es kommt hier allein darauf an, herauszuarbeiten, woher die drei Bewegungskünste ihre Gesetzmässigkeiten beziehen. Die Gesetze der ätherischen Welt wirken entwickelnd. Man betrachte, wie sich eine Pflanze durch das Jahr entwickelt und wie sie dabei die Kräfte der irdischen Gewalt überwindet. Der vom Baum fallende Apfel oder, noch deutlicher, die von der Palme fallende Kokosnuss kommen unter die Wirkungsgesetze der Gewalt. Ihre Entwicklung oben am Baum geschieht gegen die Schwerkraft. Man betrachtet die eurythmische Kunst auf eine erste Art sachgemäss, wenn man in ihren Bewegungen die entwickelnden Gesetzmässigkeiten der schwerelosen Welt wahrnimmt.

Zum Bewegungssinn gehören zwölf Urphänomene[94]. Sechs hängen mit der Wahrnehmung der eigenen Gestalt zusammen: kopfwärts-fusswärts, links-rechts, vorn-hinten; sechs mit der Bewegung: ruhend-schnell, krumm-gerade, quellend-schwindend. Diese Zwölfheit ist das Material, aus dem die konsonantische Bewegung und die vokalische Geste (Ausdruck einer bestimmten Lage des Leibes) der Eurythmie komponiert sind. Dabei ist die konsonantische Bewegung das künstlerische Bild der Naturkräfte und die vokalische Geste dasjenige der Seelenkräfte, die einstmals die menschliche Sprache bildeten und durch diesen Vorgang den Leib erst zu einem menschlichen gestalteten. (So geschieht es in der Embryonalzeit und der ersten Kindheit auch heute noch.) In den zwölf Urphänomenen der konsonantischen Welt wirkt die Weisheit, deren Ausdruck der Tierkreis des Kosmos ist; in den sieben Urphänomenen der vokalischen Welt wirkt die Weisheit, deren Bild die Wandelsterne sind. Deshalb bringt die Eurythmie den Ätherleib wieder mit den Kräften in einen Bewegungszusammenhang, die den Leib in der Embryonalzeit entwickelten. Dabei kehrt sich die Lage-Bewegungs-Polarität um. Die im Bilde ruhend erscheinende Zwölfheit des Kosmos äussert sich in den bewegten Gesten der eurythmischen Konsonanten, die bewegten Bahnen der Wandelsterne äussern sich in den

147 Romanische Kirche, Aquarell. 148 Erstes Goetheanum, Aquarell. ▷

ruhenden Gesten der eurythmischen Vokale. Der harmonische Zusammenklang der Zwölfheit und der Siebenheit, der Lage- und der Bewegungsgesetze des Kosmos, ist der ätherische Leib des Menschen. Dieser wird als Bewegungs- und Gestenzyklus eurythmisch-künstlerisch zum Ausdruck gebracht.

Der Eurythmist kommt nur deshalb nicht in eine einseitige Umbildung seines Ätherleibes hinein (natürlich aber in eine Durchbildung seines Instrumentes im Ganzen), weil seine Kunst ihn durch alle Vokale und Konsonanten harmonisch hindurchführt. Das ändert sich aber, sobald eine eurythmische Übung über längere Zeit mit Ausdauer und Willen einseitig ausgeführt wird, was dann notwendig ist, wenn durch die Eurythmie ein heilender, die embryonalen Entwicklungskräfte aufrufender Impuls gesetzt werden soll. Bei dieser Art der Eurythmie kommt es dann nicht darauf an, mit der Bewegungsgeste die Lautbewegung nur so weit anzudeuten, als es der künstlerische Gebrauch erfordert; sondern hier muss die Bewegung bis ans Ende ihrer Möglichkeiten ausgesprochen werden, um die Wirkung auf den Ätherleib so stark wie möglich zu machen. Ein heileurythmisch ausgedrücktes I oder U ist daher in viel direkterer Weise Ausdruck einer ätherischen Bewegung, als es das I oder U der Eurythmie als Kunst sein darf. Der Bewegungsablauf wird von Rudolf Steiner mit folgenden Worten beschrieben. Zunächst das I. Rudolf Steiner lässt eine Eurythmistin die Übung vormachen und spricht dazu:

«Ein deutliches I durch Strecken mit beiden Armen. Dieses Strecken, das müsste man nun so bewirken, dass man jetzt wiederum zurückgeht (das heisst in die Ruhestellung; der Herausgeber) und dieselbe Bewegung etwas tiefer ausführt, wieder zurückgeht und beides horizontal macht. Jetzt gehen wir wieder zurück, und wenn Sie zuerst rechts vorne waren, so nehmen Sie jetzt, indem Sie nach unten gehen, rechts rückwärts, und nun nach vorn, jetzt etwas zurück und wiederum etwas tiefer. Nun will ich Sie nicht weiter plagen, aber wenn man nun das ausführen sollte, könnte man es noch mehr komplizieren dadurch, dass man noch mehr Stellungen nimmt, dass man also geradezu von dem I ausgeht, zurückgeht, ein wenig weitermacht, wiederum zurückgeht, ein wenig weitermacht und so weiter, so dass man möglichst viele solche I-Stellungen hat, die man von oben bis nach unten macht, immer wieder unter Zurückgehen (das heisst in die Ruhestellung; der Herausgeber.)... Jetzt versuchen Sie, diese ganze I-Übung ohne Zurückbringen der Arme (in die Ruhestellung; der Herausgeber) so zu machen, dass Sie die letzte Stellung durch das blosse Drehen herauskriegen: Drehen in der Ebene, schnell, schneller, noch schneller. Das würde also dasjenige sein, wodurch man diese I-Übung, die man zuerst so gemacht hat, wie wir es beschrieben haben, dann steigert.» – Das U: Eine Eurythmistin macht wiederum die Übung vor, und Rudolf Steiner spricht: «Recht hoch hinauf die Arme, in die Ausgangsstellung zurück, jetzt ein wenig tiefer, wieder zurück, ein wenig tiefer, jetzt horizontal, wieder zurück, jetzt nach unten, wieder zurück, weiter nach unten; das ist das Prinzip. Und jetzt machen Sie es gleich so, dass Sie es nach oben machen und jetzt, indem Sie herunterbewegen, lassen Sie das U bestehen, und machen Sie es jetzt immer schneller, so dass Sie zuletzt eine ziemliche Schnelligkeit haben.[95]»

Übt man die ästhetische Auffassung beider Bewegungsfolgen, bis durch die sich beseelenden Lebensprozesse erlebbar wird, was sich darin ausspricht, kann man in der U-Übung ein Wesen wirksam sehen, das sich in die Kopfwärts-Fusswärts-Richtung mit aller Macht entwickelt, während in der I-Übung ein Wesen den Willen zu schreiten entwickelt – jeweils in der freien Seelenebene, die sich durch Kehlkopf und Schultern des Übenden erstreckt. Diese Beobachtung weist auf ein wichtiges methodisches Entwicklungsprinzip einer Kunsttherapie, wenn sie rationell werden soll. Sie findet mit den Möglichkeiten, die der Künstler im Menschen bietet – durch Sinnessymbiosen und beseelte Lebensprozesse –, die rationelle Durchdringung, nicht durch wissenschaftliche Mittel. Dann wird Ausbildung und Weiterentwicklung einer Kunsttherapie darin bestehen, durch künstlerisches Anschauen den Blick zu erüben, mit dem man «sehen» lernt, welche Bildekräfte einem Menschen, dem man helfen will, fehlen. Beispielsweise wird man sehen lernen, wie ein Mensch steht, wie er geht, in welcher Haltung er ruht, in welchen Gesten er lebt, wie der Ausdruck seines Gesichtes wechselt, wie er die Hände hält, welche Farbe er hat, wie er spricht; seinen Blick wird man auffassen lernen sowie die Art, wie er zuhört. Der Kunsttherapeut hat die Aufgabe, aus diesen Wahrnehmungen die Intuition zu erfassen, welche Bewegungswesen im Ätherleib des Patienten wirken müssen, um ihm zu helfen, seine Krankheit zu überwinden. Er wird beispielsweise im Gehen und Stehen des Patienten erleben, wie es ihm schwerfällt, seinen Leib aus den Kräften der physischen Schwere herauszuheben und sicher oder lange aufrecht zu stehen. Das Bewegungswesen, das im heileurythmischen U lebt, vermittelt dem Ätherleib die Kraft, die ihm fehlt, um die Standsicherheit aus der Überwindung der Schwere zu erlangen. Zudem wird der Kunsttherapeut dem Patienten ansehen, dass ihm das heileurythmische I-Wesen die Kräfte, die zu einem leichten und sicheren Gang führen, wiedergeben kann.

Die genannten Übungen für die Therapie des Nicht-Stehen- und Nicht-Gehen-Könnens gab Rudolf Steiner an[95]. Die notwendige Sicherheit, dass diese Angaben sachgemäss sind, kann man nicht einmal aus dem empirischen Beweis ihrer therapeutischen Wirksamkeit gewinnen. Diese Sicherheit bekommt der Therapeut nur, wenn sein künstlerisches Auffassen so geübt ist, dass er «sieht», was Rudolf Steiner geschildert hat. Darauf kommt in der Kunsttherapie alles an. Die Heileurythmie wurde von Rudolf Steiner in einer Weise eingeführt, die es dem übenden Therapeuten erleichtert, sich das künstlerische Auffassen zu erüben. Insofern ist die Heileurythmie auch geeignet, prinzipiell in das Problem der Kunsttherapie einzuführen. Diejenigen Therapeuten, die mit anderen Künsten arbeiten wollen, können an der Heileurythmie lernen, dass es darauf ankommt, die Urphänomene ihrer Künste in den Tätigkeiten des Ätherleibes zu entdecken. Die dadurch erwachsenden Fähigkeiten ermöglichen eine rationelle Therapie. Dass diese prinzipielle Möglichkeit besteht und eine rationelle Therapie nicht auf die Heileurythmie beschränkt bleibt, ist dem praktisch arbeitenden Therapeuten Gewissheit.

Hier wird noch von einem Fall berichtet, der zum eigenen selbständigen Forschen ermutigen soll; denn Mut ist es, was auf therapeutischem Felde in der Zukunft nötiger und nötiger werden wird.

Rudolf Steiner beschrieb in dem Vortrag «Das moralische Erleben der Farben- und Tonwelt»[96], wie das musikalische Erlebnis einer Prim für denjenigen zu einem konkreten Seeleninhalt wird, der durch das Sinneserlebnis der Prim hindurch in die angrenzende ätherische Welt gelangen und die Prim in ihrer übersinnlichen Wirkung erfassen kann; dieser Vorgang wurde hier als ästhetisches Auffassen beschrieben: «Wir werden zum Beispiel durch eine Prim, die wir absolut empfinden, nicht etwa in Anlehnung an frühere Töne der Tonskala erfühlen, wie wir hineinsteigen aus der Sinneswelt in die spirituelle Welt, und zwar auf eine gefahrvolle Weise. Die Gefahr liegt darinnen, dass uns dieses Hineinsteigen droht, ganz gefangenzunehmen, dass uns die Prim wie mit furchtbarer Saugekraft durch das Fenster des Tones holen will, uns ganz verschwinden lassen will in der spirituellen Welt. Wir werden empfinden, wenn wir also die Prim als eine Absolute empfinden, dass wir spirituell noch zu schwach sind in der physisch-sinnlichen Welt, und dass wir aufgesogen werden von der spirituellen Welt, wenn wir durch dieses Fenster gestiegen sind. Das wird die moralische Empfindung sein, die wir haben können beim Aufsteigen in die spirituelle Welt durch die Prim. Aber das charakterisiere ich jetzt nur so einfach, das wird eine ganz differenzierte, unendlich mannigfaltige, Einzelheiten in sich enthaltende Empfindung sein, die wir da erleben.»

Daran entzündet sich die Frage, wie man eine Prim spielen muss, damit das ästhetische Erlebnis sich dem nähert, wovon Rudolf Steiner spricht. Für die Variation einer Prim sind nur zwei veränderliche Parameter vorhanden: Einmal die Anschlagstärke jedes Tones (auf einem Klavier), zum anderen der zeitliche Abstand beider Töne. Probiert man die sich ergebenden Möglichkeiten durch, sie mit dem ästhetischen Empfinden prüfend, findet man, dass nur die folgende Art, die Prim zu spielen, sachgemäss ist: der erste Ton wird stark angeschlagen (bei getretenem Pedal); wenn er verklingt, sende man ihm mit zartem Anschlag den zweiten nach. Wer das Ergebnis prüft, wird finden, dass das Klavier in gewisser Weise ein ungeeignetes Instrument dazu ist. Der Anschlag wir als sinnlich-harter Aufprall von der Seele so erlebt, dass sie sich schockiert zusammenzieht, was dem Prim-Erlebnis widerspricht. (Geeigneter wäre ein Instrument, dessen Ton von vornherein aus der Weite des Umkreises kommt.) Sieht man von diesem Klaviereffekt ab, ist die ästhetische Wirkung so, dass die Seele aus ihrem Gehäuse herausgezogen wird und sich in einem unendlichen, dunkelblauen, in weiter Ferne helleren Raum verliert. Diese Empfindung wird besonders stark durch den zweiten, nachklingenden Ton erzeugt, der den endgültigen Impuls, sich zu verlieren, gibt. Geht man, dieses Erlebnis prüfend, der Frage nach, welche Geste der Ätherleib unter diesem Seelenerlebnis ausführt, ergibt sich die Antwort ohne weiteres: er atmet die Lunge aus. Nichtausatmen-Können aus seelischen Gründen ist eine asthmatische Erkrankung. Die Prim so zu spielen, dass ihr Wesen, das auf den Ätherleib wirkt, das Asthma bekämpft, wäre eine musiktherapeutische Anwendung dieses Forschungsergebnisses. Solche und andere erste Schritte zu einer eigenen

Forschung sind möglich. Gehen wir aus von dem durch Rudolf Steiner gesicherten Boden einer Menschenkunde, die den *künstlerischen* Menschen erfasst, und bringen wir den notwendigen Enthusiasmus mit, wird die Kunsttherapie als rationelle Methode Zukunft haben. Die Kunst ist ein grosses und weites, ja ein unbekanntes Feld. Nicht nur die Architektur eignet sich dazu, menschheitliche Entwicklungslinien in ihr wiederzufinden. Durch alles, was wahre Künstler geschaffen haben, scheint die ätherische Welt hindurch. Lernen wir es wahrnehmen. In unser aller Möglichkeiten liegt es.

Verzeichnis der kunstgeschichtlichen Fachausdrücke

Abakus
(lat.: von griech. abax Tischplatte), meist rechteckige oder quadratische Deckplatte, die den oberen Abschluss des *Kapitells* bildet. Der Abakus der dorischen Säule ist ebenflächig und ungegliedert, der des ionischen und korinthischen Kapitells durch Hohlkehle und Leiste profiliert und vielfach auch mit Ornamenten verziert. Siehe *Dorische Ordnung.*

Abaton
(griech.: das Unbetretene), in der griechischen Baukunst der Teil eines heiligen Bezirkes, der nur vom Priester oder besonders berechtigten Laien betreten werden darf. In Epidauros der den Patienten vorbehaltene Raum, in dem sie sich zum Heilschlaf niederlegten.

Adyton
(griech.: das Unzugängliche), auch *Abaton* genannt. In griechischen Tempeln der Raum, in dem das Kultbild steht und der als Allerheiligstes nur vom Priester betreten werden darf. Ein ganz- oder dreiseitig abgeschlossener Raum in der *Cella* von verschiedener Bauart.

Akroterion
(griech.: höchster, äusserster Teil), bekrönende, meist aufrecht stehende Giebelverzierungen an Tempeln, Stelen usw., sowohl am Scheitel wie an den seitlichen Ecken des Giebeldreiecks. In der älteren griechischen Baukunst eine bemalte Scheibe, später pflanzliche Motive (Palmette, Akanthus) und vollplastische Akroterien wie Vasen, Dreifüsse, Fabeltiere oder menschliche Gestalten. Siehe *Dorische Ordnung.*

Altis
(griech.), Temenos, Peribolos, Bezeichnung für einen griechischen Tempelbezirk. In Olympia der heilige Bezirk, ein von Ölbäumen und Eichen bestandener Hain.

Ante
(lat.), die vorgezogenen Seitenwände der *Cella,* die die Vorhalle des *Antentempels* bilden.

Antefixa
(lat.: die angenagelten Dinge), Stirnziegel, bemalte Platten aus gebranntem Ton, die am *Geison* befestigt sind.

Antenstirn
(lat.), auch Antenpfeiler, Verbreiterung der Stirnflächen der Anten. Dieses Bauelement geht auf das altgriechische Megaron zurück, dessen Mauern aus ungebrannten Lehmziegeln errichtet waren und durch senkrechte Bohlen geschützt wurden.

Antentempel
(lat.: templum in antis), die älteste Form des griechischen Tempels, bestehend aus einem rechteckigen Raum, der *Cella* mit Vorhalle *Pronaos.* Diese wird gebildet aus den verlängerten Seitenwänden der Cella, den *Anten,* zwischen denen in der Regel zwei Säulen stehen. Doppel-Antentempel haben auch hinten eine ebensolche Vorhalle (Opisthodomos).

Anthemion
(von griech.: anthos Blume), antikes, aus dem Orient stammendes Bandornament aus über Ranken aufsteigenden Palmetten und Lotosblüten.

Apsidialumgang
(griech.: Apside, Rundung, Bogen) auch Chorumgang, Bauelement der Apsis in der «plastischen Romanik» Frankreichs. Ein Umgang ausserhalb der säulengetragenen Apsiswand, der von ausstrahlenden Apsidial- oder Chorkapellen gerahmt sein kann.

Apsis
(griech.: Rundung), Exedra, Konche, in spätrömischer Zeit aufgekommene Bezeichnung für einen halbkreisförmigen, mit einer Halbkuppel überwölbten Raum, der einem ihm übergeordneten Hauptraum ein- oder angebaut ist und sich meist in seiner vollen Höhe und Breite zu diesem öffnet. In der kirchlichen Baukunst bildet die Apsis einen wichtigen Bestandteil des Kirchengebäudes.

Architrav
(von ital.: architrave aus griech.: Ober-, Haupt-, und lat.: trabs: Balken), in der antiken Baukunst und den von ihr beeinflussten Baustilen der waagerechte, den Oberbau tragende Hauptbalken. Da dieser beim griechischen Tempel auf Säulen ruht, auch Epistyl (griech.: auf den Säulen liegend) genannt. – Der steinerne Architrav, von einer Säulenachse zur andern in Blöcke unterteilt, ist in der *dorischen Ordnung* glatt und hat oben eine Abschlussleiste (taenie, lat.: Band), an der unterhalb kleine Leisten (regulae) mit Tropfen (guttae) angebracht sind. Im ionischen und korinthischen Stil ist der Architrav durch zwei oder drei übereinanderliegende horizontale Streifen (fasciae) gegliedert und mit einer mehrfach unterteilten Leistenbekrönung versehen. Siehe *Dorische Ordnung.*

Arkade
(franz.: arcade, von lat. arcus: Bogen), Bogenstellung. Ein auf Stützelementen (Pfeilern, Säulen) ruhender Bogen. Auch eine fortlaufende Reihe von Bogenstellungen wird Arkade genannt, ebenso ein Gang, der von offenen Bogenstellungen begrenzt wird. Im romanischen Kirchenbau setzt die Arkade den Mittelraum vom Umgang, in der Basilika das *Mittelschiff* von den *Seitenschiffen* ab, ohne sie optisch oder akustisch zu trennen. Über den Arkaden verläuft das Arkadengesims, darüber erhebt sich die Arkadenmauer. Die *Blendarkade* (ohne Maueröffnung) dient zur dekorativen Gliederung einer Wandfläche. Arkaden können auch in mehreren Geschossen übereinander angeordnet sein, z.B. Engelchöre in St. Michael in Hildesheim.

Arkadenleibung
(franz.) innerer Abschluss des Arkadenbogens, Innenfläche der Arkade.

Basilika
(lat.: basilica von griech.: basilike stoa Königshalle), ursprünglich das Amtsgebäude des Archon Basileus auf der Agora von Athen. Im römischen Reich eine langgestreckte Halle, in der Märkte und Gerichtsverhandlungen abgehalten wurden. Sie ist im Innern meist durch Säulen- oder Pfeilerstellungen in drei bis fünf Schiffe unterteilt. Das Mittelschiff ist in der Regel breiter und höher als die Seitenschiffe und hat in den Hochwänden Fenster, die über dem Dachansatz der Seitenschiffe liegen (Lichtgaden, *Obergaden*). Das Christentum übernahm mit dem Namen auch die Grundform der Basilika für die ersten, im 4. Jahrhundert errichteten Kirchen. Das «basilikale Schema» blieb für die kirchliche Baukunst des Abendlandes auch in späteren Stilepochen massgebend.

Baldachin
(franz.: baldaquin, ital.: baldacchino), dachartiger Aufbau über einer geweihten Stätte, einem Kultgegenstand oder einer Statue, zu deren Schutz oder Hervorhebung. Am häufigsten ist der an eine Wand angelehnte Baldachin über einer Figur.

Biforium
(lat.: Zweibogenöffnung), Fenster mit zwei durch eine Mittelsäule getrennten bogenförmigen Feldern. Im romanischen und besonders im gotischen Kirchenbau verwendet.

Blendarkaden
eine Blendbogenfolge, die keine Maueröffnung überbrückt, sondern der geschlossenen Wand nur vorgeblendet, das heisst aufgelegt ist. Die Blendarkade ist ein in der romanischen und gotischen Baukunst beliebtes Mittel zur Gliederung der Eingänge (Parodoi).

Blendbogen
ein der Mauer vorgelegter Bogen, der in der Regel zu *Blendarkaden* vereinigt wird.

Blendgiebel
als Blendgiebel werden *Giebel* bezeichnet, denen kein Dachquerschnitt entspricht.

Bogen
Bauglied. Die Bogenlinie beginnt in den Kämpferpunkten. Die Kämpferlinie ist bei gleich hoch liegenden Kämpferpunkten auch die Spannweite. Der höchste Punkt des Bogens ist der Scheitel. Die Bogenhöhe ist der senkrechte Abstand zwischen Scheitel und Kämpferlinie. Die Fläche zwischen der Bogen- und der Kämpferlinie ist das Bogenfeld, das auch geschlossen sein kann *(Tympanon).* Der erste Stein des Bogens ist der Bogenanfänger, der oberste Stein im Scheitel der Schluss-Stein. Die Innenfläche des Bogens nennt man Leibung, die obere Fläche den Bogenrücken. Die vordere Ansichtsfläche des Bogens heisst Haupt- oder Bogenstirn, deren Höhe die Bogenstärke. – Ausser zur Überspannung von Öffnungen dienen Bogen zur Entlastung nicht genügend tragfähiger Bauteile, zur Übertragung von Horizontalschub (*Schwibbogen),* zum Überdecken, Gliedern und Unterteilen von Innenräumen, zur Übertragung von Gewölbeschub (Strebebogen) und zur Gliederung von Wandflächen (*Blendbogen).*

Bogenfries
eine fortlaufende Reihe von kleinen, der Wand vorgeblendeten Bogen, meist Rundbogen, die oft reich profiliert und auf Konsolen gesetzt sind. Der Bogenfries wird in der romanischen Baukunst zum Schmuck des Aussenbaues (besonders unter Dachgesimsen), aber auch als Wandgliederung im Innern verwendet.

Brüstung
Waagerechte, brusthohe Sicherung von Fenstern, Terrassen und dergleichen.

Cella
(lat.: Kammer, Zelle), das von Mauern umschlossene Gehäuse im antiken Tempelbau mit dem Götterbild. Bei den Griechen Naos, bei den Ägyptern Sekos (Barkenkammer) genannt. Die Cella war fensterlos und empfing ihr Licht vom Eingang, den man über eine Vorhalle (Pronaos) erreichte. Siehe *Dorische Ordnung.*

Chor
(griech.: choros), bezeichnet im Mittelalter den für das Gebet der Geistlichen, beziehungsweise der Mönche bestimmten Platz in der Kirche. Bei grösseren *Basiliken* mit *Querhaus* war es der meist quadratische Raumteil der *Vierung,* an den sich die *Apsis* anschliesst. Viele Variationen dieses Grundtyps sind in Romanik und Gotik gebaut worden.

Diazoma
(griech.: Gürtel), im Halbkreis angeordneter breiterer Umgang zwischen den Sitzstufen im griechischen Theaterbau.

Dorische Ordnung
älteste der griechischen Ordnungen, im 7. Jahrhundert im griechischen Mutterland entstanden. Benannt nach den Dorern, einem der Hauptstämme Altgriechenlands. In der dorischen Ordnung ist das Fundament des Tempels im Boden verborgen. Die sichtbare Basis bildet ein dreistufiger Unterbau, die *Krepis.* Auf seiner oberen Fläche, dem *Stylobat,* erheben sich die Wände und Säulen. Die Wand der *Cella* besteht aus Quadern,

deren untere Lagen *(Orthostaten)* doppelte Höhe und Länge der übrigen Quader haben. Die Säulen stehen ohne Basis unmittelbar auf dem Stylobat. Der mit 16 bis 20 vertikalen Furchen *(Kannelüren)* versehene Säulenschaft ist nach oben verjüngt und zeigt eine Schwellung *(Entasis).* Über der Säule folgt das *Kapitell,* das aus dem bauchig auslaufenden *Echinus* und der quadratischen Deckplatte *(Abakus)* besteht. Das Gebälk beginnt mit dem *Architrav* (Epistyl), einem Steinbalken, der horizontal auf den Säulen ruht. Die folgende horizontale Gebälkzone ist der *Triglyphenfries.* Er besteht aus den vertikal unterteilenden Dreischlitzplatten (Triglyphen), die in der Säulenachse und in der Mitte des Interkolumniums liegen, und den etwa quadratischen Feldern zwischen ihnen, den *Metopen.* Als oberer Abschluss des Gebälks folgt ein weit ausladendes Gesims, das *Geison.* Über dem Geison folgt eine aufgebogene Rinnleiste *(Sima),* die den Regen aufnimmt und durch Wasserspeier, meist als Löwenkopf gebildet, abführt. Das dreieckige *Giebelfeld (Tympanon)* an der Vorder- und Rückseite des Tempels wird an den Schrägseiten von einem Schräggeison begrenzt, das eine Sima trägt. *Akroterien* schmücken die Spitze und die beiden Endpunkte des Giebels.

Dorisches Kapitell
siehe *Kapitell* und *Dorische Ordnung.*

Echinus
(griech.: Igel, Seeigel), Polster, der wulstartige, im Querschnitt kreisförmige Teil des dorischen *Kapittels,* der zwischen der Deckplatte und dem Säulenschaft vermittelt. Siehe *Dorische Ordnung.*

Eckkontraktion
Verringerung des Eck*interkolumniums.* Die Eckkontraktion tritt in der *dorischen* Ordnung als Folge des Triglyphenkonfliktes auf.

Eierstab
siehe *Kyma.*

Entasis
(griech.: Anspannung), die leichte Schwelle des Schaftes der griechischen Säulen, die kurz unterhalb der Schaftmitte am stärksten ist. Siehe *Dorische Ordnung.*

Entlastungsbogen
Überfangbogen, ein Bogen innerhalb des Mauerwerkes, der eine oder mehrere Öffnungen überspannt und deren obere Abdeckung (zum Beispiel einen Sturz) entlastet.

Epistyl
(griech.), *Architrav* eines Tempels.

Euthynterie
(griech. euthera teria, Steuerlager), *Stylobat,* oberste Schicht des Stereobats *(Krepis)* des Stufenunterbaus der griechischen Tempel.

Firstziegel
Hohlziegel zum Abdecken des Dachfirstes.

Flankenjoch
siehe *Joch.*

Fries
in der Baukunst allgemein jeder glatte schmale Streifen zur Abgrenzung oder Teilung von Flächen, im besonderen der waagerechte Streifen am oberen Rand einer Wandfläche. Am dorischen Tempel heisst Fries der unter dem Gesims des Daches umlaufende, in *Triglyphen* und *Metopen* gegliederte Streifen. In der ioni-

schen und korinthischen Ordnung ist er ein ungeteilter, mit Figuren geschmückter Streifen unter dem Gesims. Siehe *Dorische Ordnung.*

Gebälk
Gesamtheit der Balken einer Deckenkonstruktion oder einer Dachkonstruktion. In der antiken Architektur die Gesamtheit von Balken (*Architrav,* Epistyl), Fries (siehe *Dorische, Ionische, Korinthische Ordnung*) und Kranzgesims *(Geison).*

Geison
Kranzgesims, das über den Fries des griechischen Tempels vorkragt und unter der Vorkragung in bestimmten Abständen die Mutuli (lat. *Mutulus* Hängeplatte) trägt, die mit Tropfen (Guttae) besetzt sind. Siehe *Dorische Ordnung.*

Gesims
ein meist horizontales Bauelement, das eine Aussenwand in einzelne Abschnitte gliedert. Die Grundform der Gesimse sind vorspringende Platten mit waagerechter Begrenzung. Gesimse können an ihrer Unterseite durch wulstartige Zierformen *(Kyma)* geschmückt sein.

Gewölbe
krummflächiger, oberer Abschluss eines Raumes. Das Gewölbe besteht in der Regel aus Steinen, die sich zwischen Widerlagern verspannen (echtes Gewölbe). In frühester Zeit wurde das Gewölbe durch Vorkragen einzelner horizontaler Steinschichten gebildet (unechtes Gewölbe).

Giebel
Abschlussform eines Satteldaches oder eines anderen Bauteiles. In der Antike trägt das Giebelfeld *(Tympanon)* bauplastischen Schmuck und wird von *Akroterien* gekrönt.

Giebeldach
ein Satteldach, das mit Giebeln abschliesst.

Gurt
der Wand oder dem Tonnengewölbe vorgelegte Halbpfeiler.

Gurtgesims
Kordongesims, Stockwerkgesims.

Guttae
tropfenartige Gebilde der *dorischen Ordnung,* die in drei Gruppen zu sechs Tropfen an den *Mutuli* und ausserdem sechs Tropfen in einer Reihe unter den *Regulae* angebracht sind.

Hippodrom
(griech.), Pferderennbahn, dem *Stadion* ähnlich, das heisst eine doppelte Bahn mit halbkreisförmigem Abschluss.

Hochchor
Teil des *Chors* über der *Arkaden*zone, in der Höhe des Lichtgadens einer Basilika.

Hohlkehle
konkaves Zierprofil, häufig an Gesimsen, aber auch an Säulenbasis und Säulenschaft.

Hypostylos
(griech.), Innenraum, seltener Vorhalle, mit Säulen.

Interkolumnium
(lat.), Säulenabstand, gemessen von Säulenachse zu Säulenachse.

Ionische Ordnung
griechische Säulenordnung der in Attika siedelnden Ionier. Hauptverbreitungsgebiet der ionischen Ordnung ist jedoch das kleinasiatische Siedlungsgebiet. In der ionischen Ordnung sind *Stereobat, Krepis* und *Stylobat* ähnlich der *dorischen Ordnung* ausgebildet. Die ionische Säule hat eine Basis aus einer quadratischen Sockelplatte (Plinthe) und meist einer Hohlkehle (Trochilus) zwischen zwei Wülsten (Tori) von kreisförmigem Grundriss. Die ionische Säule ist schlanker als die dorische. Ihr mit bis zu 24 *Kannelüren* versehener Schaft ist geschwellt *(Entasis)*, doch weniger stark verjüngt als der Schaft der dorischen Säule. Die *Kannelüren* sind durch Stege voneinander getrennt und schliessen über der Basis und unter dem Kapitell halbrund ab. – Charakteristisch für das ionische Kapitell sind die beiden Voluten, die über einem Wulstkörper miteinander verbunden sind. Das Zentrum der Voluten heisst Auge. Den oberen Abschluss bildet eine profilierte Abdeckplatte *(Abakus)*. Auf den Kapitellen ruht das Epistyl, das sich in drei Unterabteilungen (Faszien) gliedert, die oben leicht vorspringen. Darüber folgt der Bilderfries. Den oberen Abschluss bildet das *Geison* oder Kranzgesims und die Rinnleiste *(Sima)*. Giebelfeld und Akroterien sind ähnlich der *dorischen Ordnung*.

Ionisches Kapitell
siehe *Kapitell* und *Ionische Ordnung*.

Joch
(franz.: travée), Gewölbefeld eines Bauwerkes, das in der Richtung der Längsachse gezählt wird. (Im Gegensatz zu den Schiffen, die in der Querachse gezählt werden.)

Kämpfer
Zone, an der die Krümmung eines *Bogens* oder eines *Gewölbes* beginnt und an der die Lasten eines Bogens oder eines Gewölbes vom aufgehenden Mauerwerk aufgenommen werden.

Kämpfergesims
ein Gesims in der Zone eines Kämpfers.

Kämpferplatte
eine Platte unmittelbar über dem Kämpfer eines Bogens oder eines Gewölbes.

Kannelüren
(aus griech.-lat.: canna Rohr), senkrechte, konkave Kehlen (Rillen) am Schaft einer Säule der klassischen Ordnungen. Die Kannelüren können scharfkantig aneinandergestossen wie in der *dorischen Ordnung* oder durch Stege voneinander getrennt sein wie in der *ionischen Ordnung*.

Kapitell
(von lat.: capitulum, beziehungsweise capitellum: Köpfchen), ausladendes Kopfstück einer Stütze. Das Kapitell vermittelt zwischen Stütze und Last. Die ägyptische Baukunst hat Blatt- und Blütenkapitelle nach den Vorbildern von Lotos, Papyrus, Lilie und Palme entwickelt. Daneben kommt auch das Hathor-Kapitell vor, meist ein Blockaufsatz mit den Gesichtern der Göttin Hathor über dem Kapitell. – In der griechischen Baukunst ist das *dorische Kapitell* ein stereometrisches Kapitell aus *Echinus* und *Abakus*. Beim *korinthischen Kapitell* sind zwei Akanthusblattkränze übereinandergeordnet und die Ecken durch je zwei diagonal gestellte Voluten verziert. Das korinthische Kapitell blieb, wenn auch variiert, das ganze Mittelalter über erhalten. Das *ionische Kapitell* ist ein Volutenkapitell zwischen einem Wulstkörper, der mit einem plastischen *Eierstab* dekoriert ist, und einem profilierten *Abakus*. Auch das ionische Kapitell wird noch in der mittelalterlichen Baukunst verwendet. – Im Mittelalter werden figurierte Kapitelle verwendet. An den Ecken oder in der Mitte von Kapitellflächen stehen Köpfe von Tieren oder Menschen. Auch ganze Szenen werden, vor allem in der fran-

zösischen (plastischen) Romanik, am Kapitell abgewickelt. Schliesslich gibt es im Mittelalter Kombinationen vielfältigster Art zwischen den verschiedenen Kapitellformen. Eine eigenständige mittelalterliche Schöpfung ist das *Würfelkapitell* (Bischof Bernward von Hildesheim). Beim Würfelkapitell wird der Kapitellkörper aus einer auf dem Säulenschaft ruhenden Kugel gebildet, von der der eingeschriebene Würfel Segmente abschneidet, so dass vier Ansichtsflächen entstehen, die glatt oder verziert sein können.

Kassettendecke
(franz.: cassette: Kästchen), Decke mit vertieften Feldern. Die Kassette entsteht aus der Konstruktion der Balkendecke, die durch Querträger verspannt ist. Zwischen Balken und Querträgern bleibt die Kassette als Vertiefung.

Konfessio
(lat.: Bekenntnis), in altchristlichen und mittelalterlichen Kirchen eine Vorkammer vor dem unter dem Altare liegenden Grab eines Märtyrers (Confessor). Die Konfessio sollte den Gläubigen die Annäherung und Berührung des Grabes ermöglichen, wozu in der Wand zwischen Konfessio und Grab eine Öffnung war.

Konsole
(franz.), vorspringendes Tragelement, im Steinbau ein Kragstein, auf dem ein Bogen, ein Gesims, Skulpturen und dergleichen mehr ruhen.

Korinthische Ordnung
Sonderform der *ionischen Ordnung*. Sie unterscheidet sich von letzterer hauptsächlich durch die Form des *Kapitells*. Das korinthische Kapitell hat einen Blattkelch (Kalathos), bestehend aus 16 Akanthusblättern, von denen 8 einen unteren Kranz bilden, während die übrigen 8 höher ansteigen. Aus dem Blattkranz entwickeln sich acht Volutenpaare, die an den Ecken, beziehungsweise in der Mitte jeder Ansichtsfläche angeordnet sind. Die überstehenden Eckvoluten tragen die konkav eingezogene Abdeckplatte *(Abakus)*, in deren Seitenmitte je eine Blume (Abakusblume) sitzt. Die klassische Ausbildung findet das korinthische Kapitell in der *Cella* der Tholos von Epidauros.

Korinthisches Kapitell
siehe *Kapitell* und *Korinthische Ordnung*.

Krepis
sichtbarer Unterbau des griechischen Tempels. Siehe die klassischen Ordnungen.

Kyma, Kymation
(griech.: Welle), konkav oder konvex ausgebildete Stäbe (Blattwellen) als Abschlussleiste zwischen einzelnen Bauelementen. Das dorische Kyma ist eine unterschnittene, sonst aber nicht profilierte Leiste, die mit Blattgebilden bemalt war. Das ionische Kyma zeigt plastische ovale Gebilde *(Eierstab)*, die durch schmale Hohlstege getrennt sind.

Langhaus
siehe *Schiff*.

Laterne, Laternentambour
(von lat.: lanterna: Lampe), ein lichteinlassender, kuppelförmiger Aufsatz über einer Decken- oder Gewölbeöffnung, zum Beispiel über der Vierung.

Leibung
1. im Inneren eines Raumes die Begrenzung (Gewände) einer Maueröffnung, eines Bogens, eines Fensters oder Portals; 2. die den Raum schliessende Unterseite eines Gewölbes.

Lettner
eine Abschlussmauer zwischen dem Mönchschor und dem Raum der Laienbrüder in Klosterkirchen. Ausserdem findet sich der Lettner in Kirchen der Bettelorden und wurde im späten Mittelalter bei Domen, Kathedralen und Stiftskirchen die Regel.

Lisene
(von franz.: lisière Rand), schwach vortretende, vertikale Mauerverstärkung ohne Basis und Kapitell zur Gliederung von Fassaden, hauptsächlich in der (plastischen) romanischen Epoche. Die Lisenen können oben durch *Blendbogen* oder Rundbogenfriese miteinender verbunden sein.

Lotossäule
ägyptische Säule mit einem Lotoskapitell, auch als Bündelsäule.

Megaron
(griech.), Haupthalle mit Herd im griechischen Wohnhaus, davor meist eine Vorhalle zwischen *Anten.* Das Megaron kommt bereits in Troja und Tiryns vor und bildet die Vorstufe des griechischen Antentempels.

Metope
(griech.: Zwischenfeld), das meist mit Bauplastik geschmückte Feld zwischen *Triglyphen* der *dorischen Ordnung.* Siehe *Fries.*

Mutulus
(lat.), der Dielenkopf, Hängeplatte an der Unterseite des *Geisons* der *dorischen Ordnung.*

Naos
(griech.), *Cella* eines griechischen Tempels.

Narthex
(griech.), Vorhalle einer frühchristlichen *Basilika.*

Obergaden
Gaden, Lichtgaden, der über die Seitenschiffdächer erhöhte, obere Teil (Obergadenwand) des Mittelschiffes einer *Basilika,* in dem die Hochschiff-Fenster (Obergadenfenster) liegen. In St. Michael in Hildesheim ist die Grenze gegen den Untergaden durch einen *Kämpferfries* sichtbar gemacht.

Opisthodomos
(griech.: Hinterhaus), die der Vorhalle *(Pronaos)* entsprechende Halle zwischen den *Anten* der *Cella*rückseite des Doppelantentempels.

Orchestra
(griech.), der kreisförmige Tanzplatz im Zentrum des griechischen *Theaters.*

Orthostat
(griech.), unterste Schicht des aufgehenden Mauerwerks eines Gebäudes, bestehend aus grösseren, oftmals aufrecht gestellten Steinen. Beim griechischen Tempelbau (siehe *Dorische Ordnung*) die Schicht über dem Mauerfuss, die den Sockel der Cella bildet und von einer Abdeckplatte abgeschlossen ist.

Palästra
(griech.), Ringerschule oder Kampfstätte im antiken Griechenland, oft in Verbindung mit einem Gymnasion. Die Palästra hat meist einen *Peristyl*hof und anschliessend Salb- und Waschräume.

Palmsäule
ägyptische Säule mit einem Palmblattkapitell.

Papyrusbündelsäule
ägyptische Säule, Papyrusbündeln nachgebildet, mit Kannelüren, die den dreikantigen Stengeln der Papyruspflanze entsprechen.

Papyrussäule
ägyptische Säule, nach der Papyruspflanze gebildet. Ihr Schaft ist unten eingezogen und wächst aus Niederblättern heraus.

Peribolos
(griech.), *Temenos,* der einen Tempel umgebende, oft durch Säulenhallen begrenzte heilige Bezirk.

Peripteros
(griech.), Peripteraltempel, Tempel mit *Cella,* Umgang und Säulenkranz. Ringhallentempel.

Peristasis
(griech.), Ringhalle des *Peripteros.*

Peristyl
(griech.), die einen Hof umgebende Säulenhalle. Das Peristyl kann den Hof eines Wohnhauses, einen Tempelhof oder den Vorhof einer altchristlichen *Basilika* rahmen.

Pfalz
(althochdeutsch, von lat.: palatinum), mittelalterliche Residenz von Kaisern, Königen oder Bischöfen.

Pronaos
(griech.), Vorhalle der *Cella* eines griechischen Tempels.

Propylon, Propyläen
(griech.), Torbau eines meist von hohen Mauern umschlossenen griechischen Tempelbezirkes *(Temenos).* Das Propylon hat meist eine oder mehrere Türen, eine grössere äussere und eine kleinere innere Vorhalle. Die bedeutendste Anlage hat die Akropolis von Athen. Auch die Anlagen von Delphi und Epidauros hatten ein Propylon.

Proskenion
(griech.), erhöhte Bühne.

Prostylos
(griech.), Tempel mit einer den *Pronaos* umschliessenden Säulenvorhalle an der Frontseite.

Pylon
(griech.), Torbau des ägyptischen Tempels, mit zwei turmartigen geböschten Bauten, in deren Schlitzen Fahnenmasten aufgestellt waren. Im Inneren des Pylon sind Treppen, die Fronten waren in der Regel mit Reliefs geschmückt. Der besterhaltene Pylon ist der von Edfu.

Quader
Quaderstein, in regelmässige Form gebrachter Hau- oder Werkstein mit meist glatten, parallelen Flächen.

Querhaus
siehe *Querschiff.*

Querschiff
auch Querhaus, Transept, quer zum Langhaus verlaufender Bauteil. Bei der frühchristlichen Basilika eine seitliche Ausweitung am Ostende des *Langhauses,* die nicht immer gleich breit und hoch sein musste und

an die unmittelbar die Apsis anschliesst. Bei romanischen Kirchen folgt auf das Querhaus oft noch ein Chorquadrat. Dadurch wird der Grundriss zum Kreuz. Die Durchdringung von Lang- und Querhaus ergibt das Vierungsquadrat. Die ottonischen Anlagen der «musikalischen Romanik» sind doppelchörig und haben oft zwei Querschiffe.

Regulae
(lat.), kleine Plättchen mit sechs Tropfen *(Guttae)* unter der vorspringenden Leiste *(Taenia)* des *Architravs* der *dorischen Ordnung*. Die Anzahl der Regulae entspricht den *Triglyphen-* und *Metopen*feldern.

Relief
(franz.), plastische Komposition in der Form von Bas-, Flach- und Hochrelief. Das Relief wird mehr oder weniger herausgearbeitet, bleibt jedoch immer mit dem Mauergrund verbunden.

Rundstab
stabförmiger, zylindrischer Bauteil, hauptsächlich bei Profilen, Rippen, Fenster- und Portalgewänden.

Säule
Stützglied mit kreisförmigem Grundriss und im Gegensatz zum Rundpfeiler mit Verjüngung und manchmal auch mit Entasis. Die Säule ist gewöhnlich in Basis, Schaft und Kapitell gegliedert.

Säulentrommel
ein Teilstück des nicht monolithischen Säulenschaftes.

Sanktuarium
(lat.), allgemein der Raum mit dem Heiligtum. In christlichen Kirchen der *Chor* mit dem Hochaltar.

Schatzhaus
Thesauros, ein kleines Gebäude zur Aufbewahrung von Weihegaben einer Stadt oder eines Landes im Temenos griechischer Kultstätten.

Scheibenakroterion
kreisförmige Scheibe aus bemaltem Ton als bekrönendes Element der Giebelspitze in der älteren griechischen Baukunst.

Schiff
Kirchenschiff, Innenraum in Langbauten. Bei Kirchen unterscheidet man einschiffige Kirchen (Saalkirchen) und mehrschiffige; hier heisst der mittlere Raum Mittelschiff oder Hauptschiff. Die seitlichen, meist paarweise angeordneten und oft niedrigeren Räume nennt man Seitenschiffe (Abseiten). Der obere Teil eines Mittelschiffes heisst bei Basiliken Hochschiff. Das südliche Seitenschiff wird manchmal Männer-, das nördliche Frauen-Schiff genannt, das Langhaus im Gegensatz zum Chor Laienschiff. Die einzelnen Schiffe werden durch Stützglieder (Säulen und Pfeiler, in St. Michael in Hildesheim *Stützwechsel)* getrennt und können gleich hoch (Halle) oder verschieden hoch sein (Basilika, Pseudobasilika, Staffelhalle). – Ein Schiff quer zum Hauptschiff heisst Querschiff.

Schildbogen
der Bogen an der Wand-, beziehungsweise an der Fensterseite eines Gewölbes.

Schwibbogen
Schwebebogen, waagerecht gespannter Bogen zur Übertragung des Horizontalschubes.

Seitenschiff
Abseite, seitlich, meist zu beiden Seiten des Mittelschiffes angeordnete Raumteile, durch Wandöffnung (Arkaden) mit letzterem verbunden.

Sima
(griech.), Rinnleiste der *dorischen, ionischen* und anderer antiker Ordnungen.

Skene
(griech.), Bühnenhaus des griechischen *Theaters.*

Stadion
(griech.), Laufbahn, deren Grundform zwei parallele, gerade, durch eine Kehre verbundene, mehrspurige Bahnen bilden. Zu beiden Seiten liegen ansteigende Zuschauerränge.

Stützenwechsel
ein wiederkehrender Wechsel von Pfeilern und Säulen, bei dem ein Pfeiler auf eine oder mehrere Säulen folgen kann. Der Stützenwechsel kommt vor allem in der ottonisch-romanischen («musikalischen») Baukunst Niedersachsens vor (Hildesheim, Quedlinburg, Gernrode).

Stylobat
(griech.), oberste Stufe des antiken Tempelunterbaues, auf dem die Säulen aufruhen. Siehe *Dorische Ordnung.*

Taenia
vorspringende Leiste am *Epistyl* der *dorischen Ordnung.*

Telesterion
(griech.: Ort der Einweihung), Raum oder Halle griechischer Mysterienstätten, in der die versammelten Mysten die Theophanie erlebten.

Temenos
Altis, auch *Peribolos* (griech.), der durch eine Mauer oder Säulenhalle begrenzte und durch ein *Propylon* zugängliche griechische Tempelbezirk.

Theaterbau
Das griechische Theater ist so in die Landschaft eingefügt, dass die Sitzreihen auf dem natürlichen Gelände aufruhen. Ein Altar *(Thymele)* im Zentrum der als kreisrunder Tanzplatz ausgebildeten *Orchestra* bildet die Mitte des Theaters, um die konzentrische Sitzstufen ansteigen. Zwischen diese ist manchmal ein etwas breiterer Umgang *(Diazoma)* eingefügt. Die Sitzränge sind durch radiale Treppen in einzelne Sektoren (Kerkides) unterteilt. Hinter der *Orchestra* ist meist ein Bühnenhaus *(Skene)* angefügt, das mit einem Vorbau (Hyposkenion) versehen sein kann. Zwischen Skene und Zuschauerrängen liegen seitlich die Eingänge (Parodoi).

Tholos
(griech.), Rundtempel, dessen *Cella* von einem Säulenkranz umgeben war. So die Tholoi von Delphi, Epidauros und das Philippeion von Olympia.

Tonne
Tonnengewölbe, Gewölbeform mit längs einer Achse gleichbleibendem Querschnitt in Form eines Halb- oder Viertelkreises, eines Segment- oder Spitzbogens.

Tonnengewölbe
Gewölbeform mit längs einer Achse gleichbleibendem Querschnitt in Form eines Viertel- oder Halbkreises, eines Segment- oder Spitzbogens.

Transept
(franz.), Bezeichnung für das Querhaus oder *Querschiff.*

Tribüne
(lat.), 1. Schaubühne oder Rednerbühne; 2. Empore.

Triglyphe
(griech.), Dreischlitzplatte am Fries der *dorischen Ordnung.*

Trommel
siehe Säulentrommel.

Tympanon
1. Giebelfeld eines antiken Tempels, meist mit Bauplastik geschmückt; 2. Fläche über einem Portal innerhalb des Bogenfeldes.

Untergaden
Basales Gewände von Basiliken, durch Arkaden geöffnet. In St. Michael in Hildesheim vom Obergaden durch einen *Kämpfer*fries getrennt.

Vierung
der Raumteil einer Kirche, der aus der Durchdringung von *Langschiff* und *Querschiff* entsteht. Diese sind in der Regel gleich breit, daher bildet sich ein Quadrat, das Vierungsquadrat. Die Vierung kann aussen durch einen Vierungsturm, eine Vierungskuppel oder einen Dachreiter betont werden.

Volute
(franz.), Spiral- oder Schneckenform, die am ionischen *Kapitell,* aber auch an Konsolen und Giebeln vorkommt.

Wölbung
siehe Gewölbe.

Wulst
Stab, Rundstab, Viertelstab und dergleichen, als Element von Gesimsen und Friesen.

Würfelkapitell
ein mittelalterliches Kapitell, dessen stereometrische Grundform aus einer auf dem Säulenschaft ruhenden Halbkugel gebildet wird, von der ein eingeschriebenes Quadrat Segmente abschneidet, so dass vier halbkreisförmige Ansichtsflächen entstehen.

Anmerkungen

1 Franz Marc, * 1880, † 1916. «Turm der blauen Pferde» (1913), Berlin, ehem. National-Galerie, seit 1939 verschollen.

2 Albrecht Dürer, * 1471, † 1528. «Grosses Rasenstück» (1503), «Hirschkäfer» (1505), beide in der Albertina, Wien.

3 Rudolf Steiners Vorträge über Kunst: Siehe: Übersichtsbände zur Rudolf Steiner Gesamtausgabe, Erster Band: Bibliographische Übersicht. Rudolf Steiner Verlag, Dornach 1982.

4 Wassily Kandinsky, * 1866, † 1944. «Über das Geistige in der Kunst» (München 1912), 10. Aufl. Benteli Verlag, Bern-Bümpliz 1980. – «Punkt und Linie zu Fläche» (München 1926), 7. Aufl. Benteli Verlag, Bern-Bümpliz 1973.

5 O.H. Schindewolf, * 1896, † 1971, Phylogenie und Anthropologie aus paläontologischer Sicht. In: Neue Anthropologie, herausgegeben von H.-G. Gadamer und P. Vogler, Bd. 1, Biologische Anthropologie, Erster Teil, Verlag Georg Thieme, Stuttgart, und Deutscher Taschenbuch Verlag, München; Stuttgart 1972, S. 230–292.

6 J. Bockemühl, Äusserungen des Zeitleibes in den Bildbewegungen der Pflanzen. In: Elemente der Naturwissenschaft, Zeitschrift, herausgegeben von der Naturwissenschaftlichen Sektion am Goetheanum, Philosophisch-Anthroposophischer Verlag, Dornach, Michaeli 1967 (Nr. 7, S. 29).

7 Siehe beispielsweise in: Rudolf Steiner, Theosophie (1904), Kap. Leib, Seele und Geist. GA 9, 30. Aufl. Rudolf Steiner Verlag, Dornach 1978 (S. 39 ff.).

8 J.W. Goethe, Gedichte, Gott und Welt, Vermächtnis (12. Februar 1829), 4. Strophe.

9 Siehe: W. Schad, Säugetiere und Mensch – Zur Gestaltbiologie vom Gesichtspunkt der Dreigliederung. Verlag Freies Geistesleben, Stuttgart 1971 (z. B. S. 44 und S. 174 f.).

10 Siehe: Christian Morgenstern, Sämtliche Dichtungen I, Bd. 6, Galgenlieder, Gingganz und Horatius Travestitus. Zbinden Verlag, Basel 1972, S. 20 (Das grosse Lalula).

11 M.C. Escher, * 1898, † 1972. «Graphik und Zeichnungen», mit einer Einleitung und Bilderläuterungen des Künstlers. 7. Aufl. Heinz Moos Verlag, München 1973 (Nr. 74 und 75).

12 Siehe: Anm. 10, S. 64 (Das Nasobem).

13 Frits H. Julius, * 1902, † 1970, wirkte jahrzehntelang als Lehrer (insbesondere für Zoologie, Botanik und Chemie) an niederländischen Waldorfschulen, vor allem an der Vrije School in Den Haag. Die meisten seiner Bücher sind in holländischer Sprache erschienen, einige in deutscher Übersetzung (Verlag Freies Geistesleben, Stuttgart, und Mellinger Verlag, Stuttgart).

14 Paul Klee, * 1879, † 1940. Siehe: Tagebücher von Paul Klee 1898–1918, herausgegeben und eingeleitet von Felix Klee. Verlag M. DuMont Schauberg, Köln 1957, S. 427.

15 Rudolf Steiner, Das Rätsel des Menschen, Vortrag vom 15. 8. 1916. GA 170, 2. Aufl. Rudolf Steiner Verlag, Dornach 1978.

16 J.W. Goethe, Gedichte, Lieder, Ein Gleichnis (6. September 1780).

17a Aus: Christa Wolf, Kindheitsmuster. Aufbau Verlag, Berlin und Weimar 1976.

17b Siehe: Jochen Bockemühl, Bildebewegungen im Laubblattbereich höherer Pflanzen. Elemente der Naturwissenschaft, Heft 4, 1966, S. 7–23. Philosophisch-Anthroposophischer Verlag, Dornach.

17c J.W. Goethe, Dichtung und Wahrheit, Vierter Teil, Sechzehntes Buch. Artemis-Gedenkausgabe, 2. Aufl. Zürich 1962, 10. Bd., S. 735.

18 Siehe die ausführliche Darstellung in: Rudolf Steiner, die Geheimwissenschaft im Umriss, Kapitel «Die Weltentwickelung und der Mensch». GA 13, 29. Aufl. Rudolf Steiner Verlag, Dornach 1977. Für den vorliegenden Zusammenhang siehe im besonderen Anm. 15.
19 Rudolf Steiner, Das Rätsel des Menschen, 15 Vorträge, gehalten in Dornach vom 29.7. bis 3. 9. 1916. GA 170, 2. Aufl. Rudolf Steiner Verlag, Dornach 1978. Siehe Vorwort.
20 Albrecht Meyer, Gavr'inis, Bretonische Felsbilder aus alteuropäischer Mysterienwelt. Verlag Freies Geistesleben, Stuttgart 1974.
21 Das ägyptische Totenbuch, übersetzt und kommentiert von G. Kolpaktchy. Otto Wilhelm Barth Verlag, Weilheim Obb. 1970 (S. 68 ff., Ein Hymnus an Ra).
22 Frank Teichmann, Der Mensch und sein Tempel, Ägypten. Verlag Urachhaus, Stuttgart 1978, S. 22.
23 J.W. Goethe, Faust, Der Tragödie zweiter Teil, Erster Akt, Weitläufiger Saal mit Nebengemächern.
24 Wolfgang Schad, Säugetiere und Mensch. Verlag Freies Geistesleben, Stuttgart 1971, S. 216 f.
25 Siehe beispielsweise: Anm. 19, Vortrag vom 13. 8. 1916.
26 Siehe: Anm. 21, Kap. LXXXIII, S. 144, Um in einen königlichen Phönix verwandelt zu werden.
27 Grabmal des Nakht, 18. Dynastie. Einige Farbtafeln beispielsweise in: Ägyptische Tempel- und Grabmalereien, einführender Text von Christiane Desroches-Noblecourt. R. Piper Verlag, München 1962 (in Übereinkunft mit der UNESCO).
28 Siehe beispielsweise: Rudolf Steiner, Anthroposophie, Eine Einführung in die anthroposophische Weltanschauung, Vortrag vom 9. 2. 1924. GA 234, 4. Aufl. Rudolf Steiner Verlag, Dornach 1974.
29 Anm. 7, Kap. Die drei Welten.
30 Vergleiche: Griechische Sagen, Apollodoros, Parthenios, Antoninus Liberalis, Hyginus. Artemis Verlag, Zürich 1963 (S. 395, Register).
31 Die Schilderung folgt den Hymnen in: Die Homerischen Hymnen, deutsch von Thassilo von Scheffer. Dieterich'sche Verlagsbuchhandlung, Leipzig 1974 (S. 49 ff., An den delischen Apollon, An den pythischen Apollon).
32 Georges Roux, Delphi, Orakel und Kultstätten. Hirmer Verlag München 1971, S. 44
33 Aischylos, * 525, † 456; Orestie: Agamemnon, Choephoren, Eumeniden. (Der Anfang der «Eumeniden» ist zitiert nach der Übersetzung von K.O. Müller, Göttingen 1833.) – Euripides, * 485–480, † 406; Iphigenie bei den Tauriern (408).
34 Pausanias' Beschreibung von Griechenland, Zehntes Buch, 24, 4.
35 Siehe: Anm. 32, S. 170.
36 Gottfried Gruben, Die Tempel der Griechen. Hirmer Verlag, München 1966, S. 32 ff. (Der dorische Tempel).
37 Siehe: Anm. 36, S. 39.
38 Plutarchs vergleichende Lebensbeschreibungen, Alexander, Kap. 40. In der Übersetzung von Joh. Friedr. Sal. Kaltwasser im Verlag von Philipp Reclam jun., 9. Bd., Leipzig o. J., S. 60 f.
39 Siehe beispielsweise: Herodot, Historien, I, 53 (und I, 91). In der Übersetzung von A. Horneffer im Alfred Kröner Verlag, Stuttgart 1955, S. 22.
40 Siehe: Anm. 32, S. 172 f.
41 Laokoon, Marmor, römische Kopie in den Vatikanischen Museen, Rom.
42 Siehe dazu: Carl Gustav Carus, Die Lebenskunst nach den Inschriften des Tempels zu Delphi (1863). Verlag Freies Geistesleben, Stuttgart 1968.
43 «Sage dem Könige, der kunstvolle Wohnsitz sei in den Staub gesunken, Phoibos habe keine Hütte mehr, keinen weissagenden Lorbeer, keine redende Quelle, denn erloschen auch sei die Kraft des redenden Wassers.» Zit. nach: Ernst von Lasaulx, Der Untergang des Hellenismus und die Einziehung seiner Tempelgüter durch die christlichen Kaiser (1854). In: Ernst von Lasaulx, Verschüttetes deutsches Schrifttum, herausgegeben von H.E. Lauer. Der Kommende Tag Verlag, Stuttgart 1925, S. 167. – Siehe auch: Anm. 32, S. 195.

44 Homer, Ilias; zum Beispiel: 2, 715 ff. und 4, 193 ff.
45 Pindar, Siegeslieder, Dritte Pythische Ode.
46 Pausanias' Beschreibung von Griechenland, Zweites Buch, 27, 3.
47 Siehe: Theodoros Papadakis, Epidauros – Das Heiligtum des Asklepios. 5. Aufl. Verlag Schnell & Steiner, München/Zürich und Art Editions Meletzis & Papadakis, Athens 1976, S. 19.
48 Anm. 47, S. 20.
49 Anm. 47, S. 3.
50 Pausanias' Beschreibung von Griechenland, Zweites Buch 27, 1.
51 Pausanias' Beschreibung von Griechenland, Zweites Buch, 27, 2.
52 Siehe: Anm. 46.
53 Siehe: Anm. 36, S. 134.
54 Pausanias' Beschreibung von Griechenland, Zweites Buch 27, 5.
55 Rudolf Steiner, Geisteswissenschaft und Medizin, Vortrag vom 23. 3. 1920. GA 312, 4. Aufl. Rudolf Steiner Verlag, Dornach 1976.
56 Siehe: Anm. 46.
57 Rudolf Steiner hat in Gesprächen Ärzte aufgefordert, die Veränderung der Harnsäure-Abscheidung durch Denkprozesse zu untersuchen. Diese Anregung ist Ende der zwanziger Jahre von G. Suchantke aufgegriffen worden. – Siehe dazu die Beiträge von Gerhard Suchantke in: Natura, eine Zeitschrift zur Erweiterung der Heilkunst nach geisteswissenschaftlicher Menschenkunde, 1. Jg. 1926/27, Photomechanischer Nachdruck im Natura Verlag, Arlesheim 1981, besonders 4. Jg. (Bd. IV).
58 Siehe dazu: Adolf Portmann, Von Vögeln und Insekten. Verlag Friedrich Reinhardt, Basel o. J. (1957), S. 76.
59 Platon, Phaidon. In der Übertragung von Rudolf Kassner im Verlag Eugen Diederichs, Jena 1918, S. 112.
60 Hans-Volkmar Herrmann, Olympia – Heiligtum und Wettkampfstätte. Hirmer Verlag, München 1972, S. 42 (Kap. Die Ursprünge: Mythos und Geschichte).
61 Pindar, Siegeslieder, Erste Olympische Ode, nach der Übersetzung von A. Graf Schenk von Stauffenberg. Fischer Bücherei, Frankfurt 1962.
62 Pausanias' Beschreibung von Griechenland, Fünftes Buch, 7, 6 ff.
63 Siehe: Anm. 61, Dritte Olympische Ode.
64 Anm. 60, S. 41.
65 Pausanias' Beschreibung von Griechenland, Fünftes Buch, 20, 1.
66 Pausanias' Beschreibung von Griechenland, Fünftes Buch, 13, 8 ff.
67 Pausanias' Beschreibung von Griechenland, Fünftes Buch, 16, 1 ff.
68 Siehe: Anm. 36, S. 53.
69 Pausanias' Beschreibung von Griechenland, Fünftes Buch, 10, 9.
70 Pausanias' Beschreibung von Griechenland, Fünftes Buch, 20, 9 f.
71 J.W. Goethe, Italienische Reise, Zweiter Teil, Neapel, 23. 3. 1787.
72 Siehe: Anm. 71, Neapel, 17. 5. 1787 (an Herder).
73 Siehe dazu: Friedrich Krauss, Paestum – Die griechischen Tempel. 4. Aufl. Gebr. Mann Verlag, Berlin 1978, sowie Anm. 36, S. 233 ff. (Paestum).
74 In dem verdienstvollen Werk von Friedrich Krauss (siehe: Anm. 73) ist dargelegt, mit welch feinen Mitteln die Teile zu einem Ganzen gefügt wurden. Im folgenden wird darauf eingegangen.
75 Auch in diesem Zusammenhang muss auf die Arbeit von Krauss (Anm. 73) verwiesen werden.
76 Siehe im besonderen die Kapitel «Sinnessymbiosen oder die Betätigung der Sinne in der Kunst» und «Die Beseelung der Lebensprozesse».
77 Die Löcher, die in Stirn, Brust, Unterleib und Säulenschaft zu erkennen sind, rühren von den zerstörenden Tätigkeiten her, die hier reichlich stattgefunden haben.

78 Siehe: Ingeborg Tetzlaff, Romanische Kapitelle in Frankreich. DuMont Buchverlag, Köln 1976.

79 «Hier, in den Vierungen, spürt man die aus dem Grundriss ablesbare Durchdringung von Langhaus und Querhäusern als stark beeindruckende Raumspannung. Dies wurde früher sicher erst recht deutlich, wenn vom Westchor her Gesänge der Mönche in den Raum drangen oder feierliche Prozessionen durch die Kirche zogen und an den Vierungen wendeten. Das Geheimnis des Raumes ist nicht nur mit den Augen zu erfassen, man sollte es auch hörend zu erfahren versuchen. Bernward war mit den Regeln der Akustik durchaus vertraut, und er hat bei dem Entwurf für seine Kirche sicher daran gedacht, dass Gesänge und Gebete vom Klang her rechte und feierliche Wirkung erhalten sollten. Es ist aber wichtig, daran zu denken, dass der gregorianische Choral von seinem Wesen her eine Erlebniseinheit mit der Architektur ermöglicht, wie sie sonst wohl kaum harmonischer sein kann.» Aus: Johannes Sommer, St. Michael zu Hildesheim. Karl Robert Langewiesche Nachfolger/Hans Köster, Königstein im Taunus 1978, S. 28.

80 Rudolf Steiner, Kunst im Lichte der Mysterienweisheit, Vortrag vom 29. 12. 1914. GA 275, 2. Aufl. Rudolf Steiner Verlag, Dornach 1980.

81 Rudolf Steiner, Goethes Naturwissenschaftliche Schriften, mit den Einleitungen und Kommentaren von Rudolf Steiner, Bd. I. Nachdruck aus «Kürschners Deutsche National-Litteratur». Rudolf Steiner Verlag, Dornach 1975, S. LXXIII.

82 Siehe beispielsweise: Carl Kemper, Der Bau. Studien zur Architektur und Plastik des ersten Goetheanum. 2. Aufl. Verlag Freies Geistesleben, Stuttgart 1974. – Betr. «Goethe und Goetheanum»: so ist ein Aufsatz von Rudolf Steiner in der Wochenschrift «Das Goetheanum» vom 25. 3. 1923 betitelt; heute veröffentlicht in: Rudolf Steiner, Der Goetheanum-Gedanke inmitten der Kulturkrisis der Gegenwart, Gesammelte Aufsätze 1921 bis 1925. GA 36, Dornach 1961.

83 Siehe: Rudolf Steiner, Wege zu einem neuen Baustil, Fünf Vorträge, gehalten während der Arbeit am Goetheanum 1914. Philosophisch-Anthroposophischer Verlag, Dornach 1926 (geplant in der Gesamtausgabe, GA 286). – Rudolf Steiner, Der Baugedanke des Goetheanum, Vortrag mit Erklärungen zu den Bildern des Baus, gehalten am 29. 6. 1921. Philosophisch-Anthroposophischer Verlag, Dornach 1932, 2. Aufl. Verlag Freies Geistesleben, Stuttgart 1958. – Rudolf Steiner, Bilder okkulter Siegel und Säulen. GA 284/285, Rudolf Steiner Verlag, Dornach 1977. – Die Veröffentlichung weiterer «Bau-Vorträge» in der Gesamtausgabe ist geplant in GA 287/288/289.

84 Siehe: Anm. 80, Vortrag vom 4. 1. 1915.

85 J.W. Goethe, Zahme Xenien III.

86 Siehe S. 48 f.

87 Siehe S. 17 ff.

88 Rudolf Steiner, Die Konstitution der Allgemeinen Anthroposophischen Gesellschaft und der Freien Hochschule für Geisteswissenschaft. GA 37/260a, Rudolf Steiner Verlag, Dornach 1966, S. 34 ff.

89 Siehe auch: Hagen Biesantz – Arne Klingborg, Das Goetheanum, Der Bau-Impuls Rudolf Steiners. Philosophisch-Anthroposophischer Verlag, Dornach 1978.

90 Selbstverständlich kann das Goetheanum unter anderen Aspekten betrachtet werden als unter diesem, der die Gestaltung aus den Lichtkräften berücksichtigt. Es ist zu wünschen, dass die verschiedensten Aspekte zusammengetragen werden.

91 Vergleiche damit die Besprechung der Mörtelgusstechnik in der Romanik, S. 275.

92 Siehe dazu beispielsweise: Rudolf Steiner, Geisteswissenschaftliche Sprachbetrachtungen, Sechs Vorträge, Stuttgart 1920. 4. Aufl. Rudolf Steiner Verlag, Dornach 1981.

93 Siehe dazu Rudolf Steiners Vortragskurse und Ansprachen zur Eurythmie: Eurythmie, Die Offenbarung der sprechenden Seele. GA 277, 2. Aufl. Dornach 1980. – Die Entstehung und Entwicklung der Eurythmie. GA 277a, Dornach 1965. – Eurythmie als sichtbarer Gesang. GA 278, 3. Aufl. Dornach 1975. – Eurythmie als sichtbare Sprache. GA 279, 4. Aufl. Dornach 1979. – Alle im Rudolf Steiner Verlag, Dornach.

94 Siehe S. 52.

95 Rudolf Steiner, Heileurythmie, Vortrag vom 13. 4. 1921. GA 315, 4. Aufl. Rudolf Steiner Verlag, Dornach 1981.

96 Siehe: Anm. 80, Vortrag vom 1. 1. 1915.

Literatur

Sinne und Menschenkunde der Kunst

Dröscher, Vitus B., Magie der Sinne im Tierreich. List Verlag, München 1966.
Kandinsky, Wassily, Essays über Kunst und Künstler. Benteli Verlag, Bern-Bümpliz 1963.
– Punkt und Linie zu Fläche. 7. Aufl. Benteli Verlag, Bern-Bümpliz 1973.
– Über das Geistige in der Kunst. 10. Aufl. Benteli Verlag, Bern-Bümpliz 1980.
Lauer, Hans Erhard, Die Sinne des Menschen und die Entwicklung der Künste. Novalis Verlag, Schaffhausen 1980.
– Die zwölf Sinne des Menschen. 2., erw. Aufl. Novalis Verlag, Schaffhausen 1978.
Putscher, Marielene (Hg.), Die fünf Sinne. Heinz Moos Verlag, München 1978.
Scheurle, Hans Jürgen, Überwindung der Subjekt-Objekt-Spaltung in der Sinneslehre. Georg Thieme Verlag, Stuttgart 1977.
Schober, Herbert/Ingo Rentschler, Das Bild als Schein der Wirklichkeit. Heinz Moos Verlag, München 1972.
Steiner, Rudolf, Die Philosophie der Freiheit. GA 4, 14. Aufl. Dornach 1978.
– Goethes Weltanschauung. GA 6, 5. Aufl. Dornach 1963.
– Von Seelenrätseln. GA 21, 4. Aufl. Dornach 1976 (siehe im besondern Kap. IV, 5).
– Goethes Geistesart. GA 22, 6. Aufl. Dornach 1979.
– Anthroposophische Leitsätze. GA 26, 7. Aufl. Dornach 1976 (siehe im besondern Leitsatz Nr. 170).
– Anthroposophie, Psychosophie, Pneumatosophie; 12 Vorträge vom 23. bis 27. 10. 1909. GA 115, 3. Aufl. Dornach 1980.
– Vortrag vom 22. 1. 1914, in: Der menschliche und der kosmische Gedanke. GA 151, 5. Aufl. Dornach 1980.
– Vortrag vom 20. 6. 1916, in: Weltwesen und Ichheit. GA 169, 2. Aufl. Dornach 1963.
– Das Rätsel des Menschen, 15 Vorträge vom 29. 7. bis 3. 9. 1916. GA 170, 2. Aufl. Dornach 1978.
– Vortrag vom 25. 8. 1918, in: Die Wissenschaft vom Werden des Menschen. GA 183, Dornach 1967.
– Der Goetheanismus, ein Umwandlungsimpuls und Auferstehungsgedanke; 12 Vorträge vom 3. 1. bis 2. 2. 1919. GA 188, 2. Aufl. Dornach 1967.
– Vortrag vom 8. 8. 1920, in: Geisteswissenschaft als Erkenntnis der Grundimpulse sozialer Gestaltung. GA 199, Dornach 1967.
– Vortrag vom 22. 7. 1921, in: Menschwerden, Weltenseele und Weltengeist. GA 206, Dornach 1967.
– Kunst und Kunsterkenntnis, 9 Vorträge aus den Jahren 1888 bis 1921. GA 271, 2. Aufl. Dornach 1961.
– Kunst im Lichte der Mysterienweisheit, 8 Vorträge vom 28. 12. 1914 bis 4. 1. 1915. GA 275, 2. Aufl. Dornach 1980.
– Das Künstlerische in seiner Weltmission, 8 Vorträge aus der Zeit Mai/Juni 1923. GA 276, 2. Aufl. Dornach 1961.
– Das Wesen der Farben, 12 Vorträge aus den Jahren 1914 bis 1924. GA 291, 3. Aufl. Dornach 1980.
– Vortrag vom 29. 8. 1919, in: Allgemeine Menschenkunde als Grundlage der Pädagogik. GA 293, 8. Aufl. Dornach 1980.
– Heileurythmie, 8 Vorträge vom 12. bis 18. 4. 1921 und vom 28. 10. 1922. GA 315, 4. Aufl. Dornach 1981.

Ägypten

Anthologien:

Altägyptische Lebensweisheit, eingeleitet und übertragen von Frhr. Fr. W. von Bissing. Artemis Verlag, Zürich 1955.

Ägyptisches Totenbuch, übersetzt und kommentiert von Grégoire Kolpaktchy. Otto Wilhelm Barth Verlag, Weilheim Obb. 1970.

Ägyptische Unterweltsbücher, eingeleitet und übersetzt von Erik Hornung. Artemis Verlag, Zürich und München 1972.

Meisterwerke altägyptischer Dichtung, übertragen von Erik Hornung. Artemis Verlag, Zürich und München 1979.

Ausstellungskataloge:

Hildesheim: Götter und Pharaonen, Verlag Philipp von Zabern, Mainz 1979.

München: Nofretete – Echnaton, Haus der Kunst e. V. 1976.

Köln: Tut Anch Amun, Verlag Philipp von Zabern, Mainz 1980.

London: Treasures of Tutankhamun, Westerham Press Ltd., Westerham, Kent o. J.

Brunner-Traut, Emma, Ägypten. Verlag W. Kohlhammer, Stuttgart 1978.

Ions, Veronica, Ägyptische Mythologie. Emil Vollmer Verlag, Wiesbaden o. J.

Lange, Kurt/Max Hirmer, Ägypten. Hirmer Verlag, München 1975.

Lauer, Jean-Phillippe, Saqqara. Gustav Lübbe Verlag, Bergisch-Gladbach 1977.

Noack, Detlef M., Tut Ench Amun. Verlag A. Egger, Köln o. J.

Roeder, Günther, Bd. I: Die ägyptische Götterwelt. Artemis Verlag, Zürich 1959.

– Bd. II: Mythen und Legenden um ägyptische Gottheiten und Pharaonen. Artemis Verlag, Zürich 1960.

– Bd. III: Kulte, Orakel und Naturverehrung im alten Ägypten. Artemis Verlag, Zürich 1960.

– Bd. IV: Der Ausklang der ägyptischen Religion mit Reformation, Zauberei und Jenseitsglauben. Artemis Verlag, Zürich 1961.

Teichmann, Frank, Der Mensch und sein Tempel, Bd. I: Ägypten. Verlag Urachhaus, Stuttgart 1978.

Uehli, Ernst, Kultur und Kunst Ägyptens – Ein Isisgeheimnis. 2. Aufl. Philosophisch-Anthroposophischer Verlag, Dornach 1975.

Woldering, Irmgard, Götter und Pharaonen. Pawlak Verlag, Herrsching 1975.

Griechenland

Andronicos, Manolis, u.a., Die Museen Griechenlands. Ekdotike Athenon S.A., Athen 1976.

Arias, Paolo Enrico/Max Hirmer, Tausend Jahre griechische Vasenkunst. Hirmer Verlag, München 1960.

Cook, Robert und Kathleen, Südliches Griechenland. Hans E. Günther Verlag, Stuttgart 1970.

Dantis, Xenophon, Der Aphaeatempel in Aegina. Athen 1965.

Gruben, Gottfried, Die Tempel der Griechen. Hirmer Verlag, München 1966.

Herodot, Geschichten und Geschichte, Buch I–IV, übersetzt von Walter Marg. Artemis Verlag, Zürich und München 1973.

Herrmann, Hans-Volkmar, Olympia, Heiligtum und Wettkampfstätte. Hirmer Verlag, München 1972.

Homerische Hymnen, herausgegeben von Anton Weiher. Heimeran Verlag, München 1970.

Hunger, Herbert, Lexikon der griechischen und römischen Mythologie. Rowohlt Taschenbuch Verlag, Reinbek bei Hamburg 1974.

Kalogeroponlou, Athena G., Alt-Korinth. Verlag M. Pechlivanidis, Athen o. J.

Katalog, 100 Jahre deutsche Ausgrabung in Olympia, Ausstellung 1. 7.–1. 10. 1972 – XX. Olympiade München. Prestel Verlag, München 1972.
Kerényi, Karl, Antike Religion. Verlag VMA, Wiesbaden 1978.
– Auf Spuren des Mythos. Verlag VMA, Wiesbaden 1978.
– Die Mysterien von Eleusis. Rhein Verlag, Zürich 1962.
– Die Mythologie der Griechen, Bd. I: Die Götter- und Menschheitsgeschichten. Deutscher Taschenbuch Verlag, München 1966.
Kirsten, Ernst/Wilhelm Kraiker, Griechenlandkunde, 1. und 2. Halbband. Carl Winter Universitätsverlag, Heidelberg 1967.
Krauss, Friedrich, Paestum – Die griechischen Tempel. Gebr. Mann Verlag, Berlin 1978.
Krauss, Friedrich/Reinhard Herbig, Der korinthisch-dorische Tempel am Forum von Paestum. Verlag Walter de Gruyter, Berlin 1939.
Lullies, Reinhard/Max und Albert Hirmer, Griechische Plastik. Hirmer Verlag, München 1979.
Meletzis, Spyros/Helen Papadakis, Akropolis und Museum. Verlag Schnell & Steiner, München 1976.
Napoli, Mario, Paestum. Istituto Geografico de Agostini, Novara 1970.
Papadakis, Theodoros, Epidauros. Verlag Schnell & Steiner, München 1976.
Pausanias, Beschreibung Griechenlands, übersetzt und eingeleitet von Ernst Meyer. Artemis Verlag, Zürich 1967.
Petrakos, Basilios Chr., Delphi. Esperos Verlag, Athen 1971.
Pindar, herausgegeben und übersetzt von Oskar Werner. Ernst Heimeran Verlag, München o. J.
Roux, Georges, Delphi, Orakel und Kultstätten. Hirmer Verlag, München 1971.
Scheffer, Thassilo von, Die Kultur der Griechen. Phaidon Verlag, Wien 1935.
Schoder, Raymond V., Das antike Griechenland aus der Luft. Gustav Lübbe Verlag, Bergisch Gladbach 1975.
Teichmann, Frank, Der Mensch und sein Tempel. Bd. II: Griechenland. Verlag Urachhaus, Stuttgart 1980.
Themelis, Petros G., Mykene – Nauplia. Delta Verlag, Athen o. J.
Uehli, Ernst, Mythos und Kunst der Griechen im Geiste der Mysterien. 2. Aufl. Philosophisch-Anthroposophischer Verlag, Dornach 1979.
Vontsas, G., Acropolis von Athen. Edition Thera, Athen 1976.
– Epidauros. Edition Thera, Athen o. J.
Yalouris, Nikolas, Olympia – Altis und Museum. Verlag Schnell & Steiner, München 1972.

Romanik

Adamski, H.J., Bernwardstür am Dom zu Hildesheim. Bernward Verlag, Hildesheim 1977.
Algermissen, Konrad, Bernward und Godehard von Hildesheim. Verlagsbuchhandlung August Lar, Hildesheim 1960.
Aubert, Marcel, L'Eglise de Conques. Henri Laurens Editeur, Paris 1954.
Bandmann, Günter, Mittelalterliche Architektur als Bedeutungsträger. Verlag Gebr. Mann, Berlin 1951.
Bernoulli, Christoph, Die Skulpturen der Abtei Conques, Basler Studien zur Kunstgeschichte Bd. 13. Birkhäuser Verlag, Basel 1956.
Beseler, Hartwig/Hans Roggenkamp, Die Michaelskirche in Hildesheim. Selbstverlag der Evangelisch-Lutherischen Michaelsgemeinde zu Hildesheim 1979.
Bouillet, A., Liber Miraculorum Sancte Fidis. Alphonse Picard et Fils, Paris 1897.
Budde, Rainer, Deutsche Romanische Skulptur 1050–1250. Hirmer Verlag, München 1979.
Busch, Harald/Bernd Lohse, Vorromanische Kunst und ihre Wurzeln. Umschau Verlag, Frankfurt a. M. 1965.
Cicognani, A. Giovanni, Giotto e i Giotteschi in Assisi. Casa Editrice Francescana, Assisi 1979.

Dehio, G./G. v. Bezold, Die kirchliche Baukunst des Abendlandes. Verlag der J. G. Cotta'schen Buchhandlung Nachf., Stuttgart 1892.

Dehoulières, F./Marcel Aubert, Bulletin Monumental. A. Picard, Libraire, Paris 1940.

Eckstein, Hans, Die Romanische Architektur – Der Stil und seine Formen. DuMont Buchverlag, Köln 1977.

Elbern, Victor H./Hermann Engler/Hans Reuther, Der Hildesheimer Dom – Architektur, Ausstattung. Bernward Verlag, Hildesheim 1976.

Gaillard, Georges, u.a. Rouergne Roman, La nuit des temps 17, Zodiaque, Paris 1963.

Götz, Wolfgang, Zentralbau und Zentralbautendez in der gotischen Architektur. Gebr. Mann Verlag, Berlin 1968.

Grote, Ludwig, Die Stiftskirche in Gernrode, Deutsche Bauten, Bd. 19. August Hopfer Verlag, Burg bei Magdeburg 1932.

Hoffmann, Wolfbernhard, Hirsau und die «Hirsauer Bauschule». Verlag Schnell & Steiner, München 1950.

Jantzen, Hans, Ottonische Kunst. Münchner Verlag o. J.

Kottmann, Albrecht, Das Geheimnis romanischer Bauten. Julius Hoffmann Verlag, Stuttgart 1971.

Kubach, Hans Erich, Architektur der Romanik. Belser Verlag, Stuttgart 1974.

Lehmann, Edgar, Der frühe deutsche Kirchenbau. Deutscher Verein für Kunstwissenschaft, Berlin 1949.

Maiuri, Bianca Teolato, Museo Nazionale Napoli. Istituto Geografico de Agostini, Novara 1971.

Mâle, Emilie, L'art religieux en France. Librairie Armand Colin, Paris 1924.

Martin, Kurt, Die ottonischen Wandbilder der St. Georgskirche Reichenau-Oberzell. Jan Thorbecke Verlag, Sigmaringen 1975.

Messerer, Wilhelm, Romanische Plastik in Frankreich. DuMont Buchverlag, Köln.

Meyer, Peter, Europäische Kunstgeschichte. Schweizer Spiegel Verlag, Zürich 1947.

Möbius, Friedrich, Romanische Kunst. Union Verlag (VEB), Berlin 1969.

Mrusek, Hans-Joachim, Romanik. VEB E. A. Seemann Verlag, Leipzig 1972.

Müller, Werner, Die Stiftkirche Gernrode in der neueren kunstgeschichtlichen Forschung. Wissenschaftl. Zeitschrift der Hochschule für Architektur und Bauwesen, Weimar 1961 (VIII/4, S. 413 ff).

Müller, Werner/Gunther Vogel, dtv-Atlas zur Baukunst, Bd. I. Deutscher Taschenbuch Verlag, München 1977.

Pantz, Walter und Elisabeth, Die Kirchen von Florenz. Vittorio Klostermann Verlag, Frankfurt a. M. 1952.

Pirenne, H., Geburt des Abendlandes. Pantheon, Akademische Verlagsanstalt, Berlin 1939.

Previtali, Giovanni, Giotto – Gli Affreschi di Assisi. Fratelli Fabbri, Editori, Milano 1969.

Ruf, P. Gerhard, Franziskus und Bonaventura. Casa Editrice Francescana, Assisi 1974.

Salvini, Roberto/Arnold von Borsig, Toskana – Unbekannte romanische Kirchen. Hirmer Verlag, München 1977.

Santi, Bruno, San Miniato. Becocci Editore, Firenze o. J.

Schulz-Mons, Christoph, Die Chorschrankenreliefs der Michaelskirche zu Hildesheim. Bernward Verlag, Hildesheim 1979.

Solms, E. de, Sainte-Foy de Conques, Les points cardinaux 12. Zodiaque, Paris 1965.

Sommer, Johannes, Das Deckenbild der Michaelskirche zu Hildesheim. Verlag Gebr. Gerstenberg, Hildesheim 1966.

– St. Michael zu Hildesheim. Robert Langewiesche Nachf. Hans Köster, Königstein i. T. 1978.

Stierlin, Henri, Die Architektur der Welt, Plan und Bauwerk, Bd. 1 und Bd. 2. Hirmer Verlag, München 1977.

Tetzlaff, Ingeborg, Romanische Portale in Frankreich. DuMont Buchverlag, Köln 1977.

– Romanische Kapitelle in Frankreich. DuMont Buchverlag, Köln 1976.

Thümmler, Hans, Die Baukunst des 11. Jahrhunderts in Italien, Römisches Jahrbuch für Kunstgeschichte, Bd. 3. Verlag Anton Schroll, Wien 1939.

Unterkircher, Franz, Der Sinn der deutschen Doppelchöre. Inaugural-Dissertation, Philosophische Fakultät der Universität Wien, Wien 1942.

Goetheanum

Bemmelen, Daniel van, Das erste Goetheanum als Menschheitsbau. Philosophisch-Anthroposophischer Verlag, Dornach 1975.
Biesantz, Hagen – Arne Klingborg, Das Goetheanum, Der Bau-Impuls Rudolf Steiners. Philosophisch-Anthroposophischer Verlag, Dornach 1978.
Kemper, Carl, Der Bau. Studien zur Architektur und Plastik des ersten Goetheanum. 2. Aufl. Verlag Freies Geistesleben, Stuttgart 1974.
Raab, Rex/Arne Klingborg/Åke Fant, Sprechender Beton, Wie Rudolf Steiner den Stahlbeton verwendete. Philosophisch-Anthroposophischer Verlag, Dornach 1972.
Steiner, Rudolf: siehe Anm. 83.

Verzeichnis der Abbildungen

Nachweis der Abbildungen

Thomas Göbel, D-7532 Niefern 1: Abb. 3–6, 10–12, 14, 15, 17, 19–21, 24, 25, 28–30, 35–37, 40, 41, 44–46, 54, 55, 57–65, 68–72, 74–78, 80, 83, 84, 90, 91, 93, 95–101, 104–107, 110–115, 117–119, 121–123, 137.
Reinzeichnungen: Johannes Brackel.
Für folgende Abbildungen liegen die Rechte beim Philosophisch-Anthroposophischen Verlag, Dornach: Photo O. Rietmann, St. Gallen: Abb. 132–135; Photo E. Gmelin, Dornach: Abb. 136, 138–140; Photo Heydebrand-Osthoff, Dornach: Abb. 142, 143; Photo Gross, Basel: Abb. 144.
Folgenden Stellen danken Verlag und Autor für die Überlassung des Abdruckrechts:
Georg Thieme Verlag, Stuttgart: Abb. 1. –; Jochen Bockemühl, Dornach: Abb. 2. –; Gertraude Kühn, Arlesheim: Abb. 7. –; Beeldrecht, Amsterdam/Bild-Kunst, Bonn: Abb. 8, 9. –; Ernst Barlach Nachlassvertretung, Hamburg: Abb. 13. –; British Museum, London: Abb. 16a, 16b. –; Hirmer Verlag, München, und Hirmer Fotoarchiv, Hirmer Verlag, München: Abb. 18, 27a, 27b, 32, 33, 34, 38, 39a, 39b, 42, 47, 48a, 48b, 49, 50, 51, 53, 56, 81, 82, 85, 86a, 86b, 87a, 87b, 88, 89, 92, 94. –; Egger Verlag, Mittenwald/Brixen: Abb. 22, 23. –; Kohlhammer Verlag, Stuttgart: Abb. 26. –; Bildarchiv Foto Marburg: Abb. 31, 52a, 52b, 66, 67, 79, 108, 109. –; Verlag Schnell & Steiner, München: Abb. 43. –; Thames and Hudson, London: Abb. 73. –; Gebr. Mann Verlag, Berlin: Abb. 102, 103, 126a, 126b, 130a, 130b. –; Zodiaque, Paris: Abb. 116. –; Scala Istituto Fotografico Editoriale, Firenze: Abb. 120a, 124; Becocci Editore, Firenze: Abb. 120b. –; M. Jeiter, Pressebild, Aachen: Abb. 125, 128, 129. –; Hermann Wehmeyer, Hildesheim: Abb. 131 a–c. –; Gerstenberg Verlag, Hildesheim: Abb. 127. –; Rudolf Steiner Verlag, Dornach: Abb. 140, 141. –; Ilse-Maria Marburg, Pforzheim: Abb. 146, 148. –; Michael Englert, Pforzheim: Abb. 145, 147. –

Philosophisch-Anthroposophischer Verlag
Goetheanum CH–4143 Dornach

Hagen Biesantz/Arne Klingborg
unter Mitwirkung von Åke Fant, Hans Hermann, Rex Raab, Nikolaus Ruff

Das Goetheanum
Der Bau-Impuls Rudolf Steiners

Herausgegeben von der Sektion für Bildende Künste und der Sektion für Kunstwissenschaft am Goetheanum
Inhalt: Vorwort – Auf dem Wege zu einem neuen Baustil – Das erste Goetheanum – Das zweite Goetheanum – Rudolf Steiners Ästhetik – Rudolf Steiners Bau-Impuls in der modernen Architekturgeschichte – Das Goetheanum in der Fachliteratur – Das Weiterwirken von Rudolf Steiners Bau-Impuls – Zur Architektenarbeit am Goetheanum – Architekten-Verzeichnis – Die Dornacher Bau-Chronik – Literatur.
132 Seiten, 170 Abbildungen z.T. farbig. Leinen und kartoniert

Rex Raab/Arne Klingborg/Åke Fant

Sprechender Beton
Wie Rudolf Steiner den Stahlbeton verwendete

Herausgegeben von der Sektion für Bildende Künste am Goetheanum
Inhalt: Vorwort – Moderne Architekten machen eine Entdeckung – Ein Bau erhebt sich aus der Asche – Der Dornacher Hügel – Ausblick.
180 Seiten, mit 126 Abbildungen. Grossformat, Leinen

Åke Fant/Arne Klingborg/A. John Wilkes

Die Holzplastik Rudolf Steiners in Dornach

Inhalt: Einleitung von Hagen Biesantz – Die grosse Plastik und ihre architektonische Umgebung – Erläuterungen Rudolf Steiners zu seiner Holzplastik – Der Werdegang der grossen Plastik – Das grosse Modell.
2. Auflage, 86 Seiten mit 73 Abbildungen, Leinen

Kate A. ter Horst-Arriens

Zwischen Gut und Böse
– auf dem Pilgerpfad in Saulieu

Mit liebevoller Wahrnehmung und eingehender Kenntnis mittelalterlicher Kunst lässt Kate A. ter Horst vor allem die Kapitelle der burgundischen Kirche vor uns aufleben. Es sind bildkräftige Darstellungen, in denen der Weg des Menschen zwischen den Versuchungen der Widersachermächte einprägsam erscheint. Zugleich ist es der Verfasserin gelungen, den Blick auf die Zeit der französischen Romanik überhaupt zu erweitern.
ca. 90 Seiten mit zahlreichen Abbildungen, kartoniert
(Rudolf Geering Verlag)